中国当代青年法学家文库

刘艳红刑法学研究系列

实质刑法观

（第二版）

刘艳红　著

Substantive Theory of Criminal Law

中国人民大学出版社

·北京·

总　序

近代中国命运多舛，历经战火和民主思想洗礼的法律学科百废待兴。中华人民共和国成立后法治建设也走过了一段曲折、艰难的道路。改革开放的春风吹拂大地，万象更新。伴随着经济的飞速发展，我国在立法、司法、执法、守法等法治建设的方方面面取得了长足发展，法治在社会治理的方方面面发挥着重要的作用。我国的法律体系趋于完备，各个法律部门具有“四梁八柱”功能的规则体系已经建成，无法可依的时代已经成为历史，中国特色社会主义法律体系已基本形成。可以说，在立法方面，我们用短短几十年的时间走过了西方几百年走过的道路。与此同时，司法体系已基本完备，司法作为解决纠纷、维护社会正义最后一道防线的功能日益凸显，依法行政和法治政府建设也有长足进步。法学教育欣欣向荣，蓬勃发展，法学院从最初的寥寥几所发展到今天的六百多所，在校法学学生已逾三十万人。

中国市场经济腾飞的四十年也是我国法学研究蓬勃发展的四十年。风雨百年过，智慧树常青。得益于法学前辈融汇东西的学术积累，经过学界同仁的不懈探索和创新，各个法学学科都涌现出了一大批杰出的法学家。他们不仅躬耕学问、立身治学，而且积极为国家法治建设贡献智慧。他们严谨治学，具有深厚的法学功底，深谙各部门法的骨骼和精髓，并归纳总结出自成一派的法学观点；他们借鉴域外，精通比较法学的逻辑和方法，在博采众长之后，致力于完善我国的相关法学理论。多年的刻苦钻研早已使他们成为中国当代法治和法学教育的大梁，并在著作等身之际桃李天下，培育出更多优秀的青年学者。

当下法学发展的社会环境更是得天独厚。中国以昂扬的姿态迈入新时代，在党的领导下，我国的经济与社会发展更加繁荣昌盛，经济总量已跃居世界第二位。在习近平总书记的领导下，社会治理模式愈见清晰，“一带一路”宏伟倡议彰显大国担当，“中国梦”植根于每一个百姓的心里。全面依法治国被确立为国家治理的基本方略，建设法治中国、全面建设法治国家开始成为社会发展大方向和主旋律。党的十八大强调法治是治国理政的基本方式，并围绕全面推进依法治国、加快建设社会主义法治国家的战略目标，规定了法治建设的阶段性任务，强调要更加注重发挥法治在国家治理和社会管理中的重要作用。党的十九大报告更是以宪法为纲，突显了法治在社会发展中不可替代的基本性作用，全面依法治国使中国站在了新的历史起点。

对于我们法律人而言，这不仅是最好的时代，也是新的起点。历经半个多世纪，中国的法学发展从中华人民共和国成立初期的百废待举，学习西方的法律内容和格局，到如今逐渐形成自己的理论体系和话语体系，经历了从“照着讲”到“接着讲”的过程，法学已全面服务于国家治理，并深切关注人类命运共同体的前途和命运。随着科学技术的飞速发展和社会矛盾的日益变化，法学研究也面临着前所未有的挑战。随着我国经济转轨、社会转型，社会结构和执法环境发生了深刻变化，如何以问题为导向，如何利用法律思维解决现实社会问题，成为当代法学与实践相结合的新思路和新机遇。

法学学科以法的发展为研究对象，以公平正义为主要价值追求，不同于其他学科之处在于其实践性。“问渠哪得清如许？为有源头活水来”。法学学者要注重理论研究，但不可囿于象牙塔中，而应当走进生活、走向社会，密切关注我国的法治建设实践。法学学者需要守经，既坚守法治理念，守护法治精神，维护社会正义，也要与时俱进、不断创新，切不可因循守旧、故步自封。法学学者需要注重对域外有益经验的借鉴，但不可定于一尊，奉某一外国法律制度为圭臬，忽视本国法治实践，照搬照抄外国的法律制度。面对任何社会问题，法学学者都有义务和责任展开相应的法治思维，以法治的方法解决我国的现实问题。在互联网和各项新的科学技术飞速发展、日新月异的今天，法学学者不仅要思考当下所遇到的法律问题，也要思考未来的法治走向和可能面临的问题。这些都对青年学者们提出了更高更新的要求。所幸我们的法学学者一直在孜孜不倦地努力，不断贡献着智慧与力量。

中国人民大学出版社邀请我组织这套“中国当代青年法学家文库”，我欣然同意。这套书收录了我国当代青年法学研究者中的佼佼者们的代表作。入选著作具有以下特征：既秉持我国法学研究的脉络和精神传统，又反映我国当代法学研究的创新发展水平；既注重对基础理论的深入研究，又注重解决重大社会现实问题；既注重立足于中国学术研究，又有广博的域外研究视野；既博采众长，又落足于中国法学学科体系、话语体系的创新发展。这些作品综合运用了多种研究方法，探索了中国法学研究可能的学术转向，既有效吸收其他学科的研究方法和研究成果，也使法学研究的方法和成果能够为其他学科的学者所借鉴。我希望这套文库的问世，能够为国家法治建设建言献策，为中国法学理论的构建添砖加瓦，为世界法律文化的发展注入中国元素，为中国法治文化的传承贡献一份应有的力量。

是为序。

2018年4月

目　录

第一章　理性选择：形式与实质的（合）理性

理性问题如此宏大而又抽象，使得任何试图靠近它的努力总显得苍白。然而，实质的刑法立场这一命题，从一开始便和理性、合理性、形式理性、实质理性等一系列理性主义问题交织在一起。选择刑法的立场以什么为基点？为什么选择实质的刑法立场？实质的刑法立场与形式的刑法立场是何种关系？由于事关立场问题，与之相关的出发点——理性与合理性——当然是一个不可绕过的话题，否则，无论提出形式的抑或实质的刑法立场都将如沙上建塔，难以立论。而理性问题又是如此深远，这决定了本书不得不从考察理性与法律的传统开始，继而总结理性主义法律观的形成，并分析理性主义到合理性的发展以及形式合理性与实质合理性的对峙，从而为实质的刑法立场这一命题提供理论前提和基础。借用美国著名的社会主义法专家、统一法学派的代表人物之一哈罗德·J. 伯尔曼（Harold. J. Berman，1918—2007）的一句话："一个溺水者眼前会闪过他的整个生命过程。这可能是他下意识的努力，以便在他的经验范围内寻找摆脱险境的办法。所以，我不得不从遥远历史的视角，从头考察西方的法律与法制、秩序与正义的传统，以便找到摆脱目前困境的出路。"①

① ［美］哈罗德·J. 伯尔曼著，贺卫方等译：《法律与革命》，序言，4页，北京，中国大百科全书出版社，1993。

一、理性主义法律观

（一）理性主义法律观的演变：法律与理性的传统

理性是法律的生命，也是法律的本质。法律思想的发展史表明，从古希腊、古罗马的法律思想，到欧洲中世纪神学法学，再到近代西方法学中的古典自然法学以及以康德、黑格尔等人为代表的哲理法学，及至20世纪以降的现代法学，理性主义与法学有着深厚的渊源，理性主义对法学也产生了巨大影响。正是理性主义的不断向前发展，促使法学不断向更高、更深的层面发展。

古希腊法律思想家们以独具特色的理性自然法观开创了西方法治理性主义的先河，并且，古希腊大部分理论家在论证其哲学和政治法律观念时，都是从自然、理性等出发的。他们对法律的解释从一开始就是和理性一词等同起来的。自然主义法学派奠基人柏拉图（Plato，前427—前347）从分析人的认识理性出发，表达了人类对于法的理性追求。他认为，人的灵魂有理性、理智、信念和想象四种状态，而其中“人们用以思考推理的，可以称为灵魂的理性部分”，理性状态是灵魂中的“最高部分”，因而“人们应该按照理性的要求有秩序地活着”，而不能按照“心灵的无理性部分或欲望部分”活着。虽然柏拉图明确了人的灵魂中理性部分的功用在于思考推理，但是，理性部分的内容究竟是什么才是更重要的问题。对此，柏拉图认为，理性就是一种至善，他说，“任何人凡能在私人生活或公共生活中行事合乎理性的，必定是看见了善的理念的”。而这种至善就是法律，“法律会以某种方式告知：遇到不幸时尽可能保持冷静而不急躁诉苦，是最善的”。促使人们克制不幸时的痛苦的“是理性与法律”，“根据理性的指示决定下一步的行动应该是最善之道。我们的最善部分是愿意遵从理性指导的”①。至善、理性与法律在柏拉图这里合而为一了——法律就是理性的命令和体现，就是理性的结

① ［古希腊］柏拉图著，郭斌和、张竹明译：《理想国》，165、253、271、276、403页，北京，商务印书馆，1986。

晶。柏拉图在《理想国》中还提出了构建人治的理想国之设想，但其梦想最终还是没有实现。他认为，法律是根据理性的一种“推定”，以此出发，他提出自己的立法主张，即要根据人类全部的善德来制定全面的法律，不要被动地缺少什么就制定什么。“什么是国家制度的至善，什么是立法者立法所追求的至善，以及，什么是极恶”[①]，是立法者在立法时必须要考虑的问题。由于柏拉图着重从道德理想的价值角度界定理性，因而其理性思想还可以称为价值理性观。

亚里士多德（Aristotle，前384—前322）在柏拉图的基础上进一步发展了理性主义。亚里士多德将法律界定为不受主观愿望影响的客观理性，将自然、法律和理性等同看待。他认为，由自然正义产生自然法，这是人类理性的体现，是人类行为和国家的道德标准，是制定实在法的根据。因此，以人类理性体现的自然法为基础所制定的法律是不受主观影响的理性，是最高的权威。[②] 与此同时，自然法理论之集大成者斯多葛学派认为，理性是宇宙的统治力量，渗透于万物之中的自然法是一种普遍法则，体现了人类的理性。该学派的创始人芝诺（Zeon，前336—前264）更加明确表示法律是理性的产物。在他们看来，理性指的是世界具有合乎理性的本性，它是被一定秩序和逻辑支配着的整体。可见，他们所持的是一种本体理性观。同时，受他们的神学观念的影响，这种理性也因此是一种神学理性观，即认为世界中存在着一种纯粹的、脱离物质的理性，它是上帝用来统治世界的大法，体现的是神的意志。

古罗马时期的法律思想家们在古希腊法律思想家的影响之下，进一步发展了神学理性的法律观，除此之外，他们还提出了实践理性观。西塞罗（Cicero，前106—前43）认为，法和法律是有区别的，法是指自然法，法律则是由“人民通过的法律”，而自然法是指体现神界的“正

① ［古希腊］柏拉图著，郭斌和、张竹明译：《理想国》，198页。

② 参见［古希腊］亚里士多德著，吴寿鹏译：《政治学》，40页，北京，商务印书馆，1965。

确理性”的东西。[1] 西塞罗在重复斯多葛学派的思想时说道，“法律乃是自然中固有的最高理性，它允许做应该做的事情，禁止相反的行为。当这种理性确立于人的心智并得到实现，便是法律。因此，他们通常认为，智慧就是法律，其含义是智慧要求人们正确地行为，禁止人们违法”[2]。这种理性观也是一种本体理性观。奥古斯丁（Aurelius Augustine，354—430）、阿奎那（Thomas Aquinas，1225—1274）等人的法律观受到了斯多葛学派尤其是西塞罗的自然法学理论的影响，把自然法思想整合进神学思想之中，形成了颇具特色的神学法律观。奥古斯丁认为，一个没有理性的人，需要别人用命令来控制他的各种欲望，而法律的作用与目的，就是用命令来控制那些没有理性的人的各种欲望。[3] 显然，奥古斯丁所说的理性指的是与人的行为有关的理性，即人的实践理性。阿奎那认为，人的行为受理性支配，人类行为的准则和尺度是理性，理性可以根据需要指挥一切力量去达到它所指的目的。而法是要受理性的限制的，符合理性的才能称为法。因而，法是理性的精神，法是理性的一种命令，是正义的体现。法既以理性为原则，又是理性的产物。法律则是理性的具体形式，是法的外化。[4] 显然，阿奎那所说的理性也是神的或者说宇宙的理性，因而是一种神学理性观；但同时他所说的理性也涉及人的行为的发生、控制机制等实践性的问题，因而也是一种实践理性观。

在近代西方法学的发展过程中，理性主义对法学的影响达到了顶峰。从 17 世纪至 19 世纪，可以称为“理性法”时代。此一时期，理性对整个欧洲近代法制的建立与发展，包括各国法典的编纂，都有决定性

① 参见［古罗马］西塞罗著，王焕生译：《论共和国，论法律》，171 页，北京，中国政法大学出版社，1997。

② ［德］H. 科殷著，林荣远译：《法哲学》，15 页，北京，华夏出版社，2002。

③ 参见张宏生主编：《西方法律思想史资料选编》，84、86 页，北京，北京大学出版社，1983。

④ 参见［意］托马斯·阿奎那著，马清槐译：《阿奎那政治著作选》，102、104 页，北京，商务印书馆，1963。

的影响。[①]

在“理性法”时代，早期的资产阶级进步思想家进一步发展了理性与法律的关系的理论，其中以17、18世纪资产阶级革命时期古典自然法学派的成就最为突出，而其他的法哲学流派也作出了不少贡献。

作为早期重要的启蒙思想家、自然法的阐释者霍布斯（Thomas Hobbes，1588—1679）认为，自然法就是一种合乎理性的规律或规则，是人类理性的体现，它只适用于有理性的人类，而实现了自然法的人就是正义的。自然法的实质就是理性，只有体现了人类理性的自然法才能使人们的利益得到保障。人们正是出于理性的驱使才建立了国家，以保障他们的利益，因此，自然法应该成为人们行为的最高规范，是人们行为的道德准则。[②] 他明确指出，“自然律是理性所发现的戒条或一般法则。这种戒条或一般法则禁止人们去做损毁自己的生命或剥夺保全自己生命的手段的事情，并禁止人们不去做自己认为最有利于生命保全的事情”[③]。显然霍布斯所说的理性既是本体理性，也是实践理性。

洛克（John Locke，1632—1704）作为17世纪英国资产阶级革命时期著名的政治思想家、古典自然法学派的杰出代表，他首先站在本体理性、价值理性的立场充分论述了理性和法律的关系。在洛克看来，“自然状态有一种为人人所应遵守的自然法对它起着支配作用；而理性，也就是自然法，教导着有意遵从理性的全人类：人们既然都是平等和独立的，任何人就不得侵害他人的生命、健康、自由或财产”。“罪犯在触犯自然法时，已是表明自己按照理性和公道之外的规则生活，而理性和公道的规则正是上帝为人类的相互安全所设置的人类行为的尺度”，犯罪是“对自然法所规定的全人类和平和安全的侵犯”。人类法的制定，只有以人类理性为最高准则，才是公正和合理的。他指出，“各国大部分国内法确是这样，这些法律只有以自然法为根据时才是公正的，它们

① 参见颜厥安：《法与实践理性》，238页，北京，中国政法大学出版社，2003。

② 参见［英］霍布斯著，黎思复、黎廷弼译：《利维坦》，Ⅸ、109～122页，北京，商务印书馆，1985。

③ ［英］霍布斯著，黎思复、黎廷弼译：《利维坦》，97页。

的规定和解释必须以自然法为根据”。显然，首先洛克认为自然法就是理性，理性、正义和自然法是一致的。其次，洛克所说的理性还包括实践理性，因为他说，“自然法是所有的人——立法者以及其他人的永恒的规范。他们所制定的用来规范其他人的行动的法则，以及他们自己和其他人的行动，都必须符合于自然法”。“理性把一个人提高到差不多与天使相等的地位，当一个人抛开了他的理性时，他的杂乱的心灵可以使他堕落到比野兽还要远为残暴。人类的思想比恒河的沙还多，比海洋还宽阔，假使没有理性这个在航行中指示方向的唯一的星辰和罗盘来引导，幻想和情感定会将他带入许许多多奇怪的路途。”“当理性被抛到一边时，人的意志便随时可以作出种种无法无天的事情来。”① 显然，洛克认为理性应当成为人们行动的指导和准则，符合理性的行为才是符合自然法的行为。

法国 18 世纪资产阶级革命前夕，以伏尔泰（Voltaire，1694—1778）、孟德斯鸠（Baron de Montesquieu，1689—1755）、卢梭（J. J. Rousseau，1712—1778）等人为代表的启蒙思想家们，在崇尚理性主义、讲究人性尊严的文化大旗之下，孕育了近代最初的启蒙思潮。启蒙运动时期也被称为“理性法”时代的巅峰。

“启蒙运动”这个概念本身具有与中世纪的蒙昧信仰相对立的启迪理性之含义，这个词的法文为 Siècle des Lumières，德文为 Zeit der Aufklärung，英文为 the Enlightenment，均含有“以光明驱逐黑暗”之意。“18 世纪启蒙运动的‘双亲’是 17 世纪的自然神论（它是近代自然科学的神学庇护所）和古典主义，它从它们那里继承了一个共同的思想精髓，即理性精神。”② 因而启蒙时代是理性高扬的时代。启蒙思想家们将 16、17 世纪以来的自然法理论进一步转化为自由、平等、博爱、天赋人权等标语式口号来武装人们的思想，并以“健全的理性”为核心的自然法理论为武器，向宗教神学和君主专制发起了猛烈的攻击。他们

① ［英］洛克著，叶启芳、瞿菊农译：《政府论》（下篇），6～8、10、84、49 页，北京，商务印书馆，1982。

② 赵林：《古典主义与启蒙运动》，载《法国研究》，2004（1），7 页。

将理性推崇为人们思想和行为的基础，用理性来批判一切不合理的意识形态和政治制度，认为理性主义能够战胜蒙昧主义和（宗教）信仰主义。

孟德斯鸠作为启蒙运动的杰出代表，理性论是其政治法律哲学观中最基本的理论。他认为，一般的法律是人类的理性，各国的法律是人类理性在特殊场合的适用，因此，法律和地理、地址、气候、人种、风俗、习惯、宗教信仰、人口、商业等都有关系，而这些关系就是法的精神。孟德斯鸠在其名作《论法的精神》一书的开篇就明确指出，“从最广泛的意义上来说，法是事物的性质产生出来的必然关系。在这个意义上，一切存在物都有它们的法。上帝有他的法；物质世界有它的法；高于人类的‘智灵们’有他们的法；兽类有它们的法；人类有他们的法。有人说，我们所看见的世界上的一切东西都是一种盲目的命运所产生出来的，这是极端荒谬的说法。因为如果说一个盲目的命运能产生‘智能的存在物’，还有比这更荒谬的么？由此可见，是有一个根本理性存在着的。法就是这个根本理性和各种存在物之间的关系，同时也是存在物彼此之间的关系”①。这种“法”就是孟德斯鸠所说的自然法，它是人类理性的体现。他指出，“一般地说，法律，在它支配着地球上所有人民的场合，就是人类的理性；每个国家的政治法规和民事法规应该只是把这种人类理性适用于个别的情况”②。

正如《论法的精神》一书的译者张雁深在该书中文版译者前言中所指出的，孟德斯鸠的“理性论在当时神学统治一切的时代，是一枚烈性的炸弹，它摇撼了封建主义和专制暴政的堡垒——教会的统治。笛卡尔是先驱；他把上帝和人分开。笛卡尔把理性当作一切知识的最后标准，把神学驱逐出科学的领域。这对孟德斯鸠的影响是巨大的。孟德斯鸠进了一步，他不但把科学和神学分开，而且把上帝和人分开。这样，上帝有上帝的法律，人有人的法律。所以在他辽阔的、包罗万象的、建立在

① ［法］孟德斯鸠著，张雁深译：《论法的精神》（上册），1页，北京，商务印书馆，1961。

② ［法］孟德斯鸠著，张雁深译：《论法的精神》（上册），6页。

人类自然知识基础上的国家和法的理论领域里，是完全没有上帝和神学的地位的”。

显然，孟德斯鸠和其他自然法思想家一样，认为抽象的理性是自然法的渊源，而自然法则是法律的基础。对此，卢梭也指出，“毫无疑问，存在着一种完全出自理性的普遍正义”，制定法律是为了使人们遵守“正义的法则”，“并使正义能符合于它的目的”①。显然，卢梭也认为人世间存在着一种作为理性之体现的自然法则。

在马克思看来，这些启蒙思想家“不承认任何外界的权威，不管这种权威是什么样的。宗教、自然观、社会、国家制度，一切都受到最无情的批判，一切都必须在例行的法庭面前为自己的存在作辩护或者放弃存在的权利”。总之，理性是启蒙主义者手中的标尺，他们以此去丈量整个社会的思想；理性也是他们手中的漏斗，他们用其筛去一切僵化的清规戒律，留下资产阶级眼中的真理和正义，构筑所谓“理性的王国”，即建立资产阶级的民主共和国代替封建专政社会；理性不但成为宏伟、高亢的启蒙乐章中最为突出的音符，其地位在这一时期也被提到了前所未有的高度。当然，这一时期的思想家们对理性的态度也有差异。例如，伏尔泰对理性奉若神明，对资本主义抱有乐观态度与极大的信心。卢梭虽然也承认理性的存在，但绝不赞成人与社会完全受理性摆布，而主张尊重自然情感和自由意志，并且对资本主义现代文明忧心忡忡。他曾说，“文明人毫无怨声地戴着他的枷锁……只是不断地夸耀他们在枷锁下所享受的和平与安宁，其实他们是把最悲惨的奴隶状态称为和平”②。

总之，在笔者看来，17、18 世纪启蒙思想家们所说的理性是价值理性。他们以文艺复兴的人文主义为基础，宣扬人性论和人道主义，以理性为武器向封建思想发起冲击。因此，他们所说的理性既包括人权、人道等人性论，也包括自由、平等、博爱等精神寄托和价值观念。此

---

① ［法］卢梭著，何兆武译：《社会契约论》，48～49 页，北京，商务印书馆，1980。

② ［法］卢梭著，李常山译：《论人类不平等的起源和基础》，133～134 页，北京，商务印书馆，1961。

外，启蒙思想家们的理性观念完成了对价值理性从中世纪到近代的世俗化改造，因为以往的价值理性是与宗教唯心、蒙昧主义纠缠在一起的，而启蒙运动的理性思潮扫荡了愚昧和无知，客观上为人提供了一种安身立命之所，为人们的生活提供了意义、信仰、追求等精神观念。同时，启蒙运动所宣扬的理性也是一种认知理性，因为它注重利用人的思维能力和理智铲除蒙昧主义，注重通过人的主体意识和人的能动性将人从宗教神学中解放出来。启蒙运动时期理性主义哲学思潮的发展，使自古罗马以来的自然法观念成为一个完整的理性主义的系统的思想体系。

18 世纪末期和 19 世纪前期，德国古典唯心主义哲学家康德（Immanuel Kant，1724—1804）和黑格尔（G. W. Friedrich Hegel，1770—1831）接受并传播了诸如天赋人权、人类理性、自由与平等等启蒙运动的思想，并仍然采用理性主义的研究方法，以理想中的法而非实在法作为研究的重点，“即仍然肯定理性与法律的内在关系，并用抽象的推理方法进行研究”[①]。

康德是“理性法”时代理性法理论的集大成者。康德在继承古典自然法学派的本体理性和实践理性的基础上，又对西方的古典理性进行了批判。正是这种对古典理性的批判和吸收，使得理性主义从一个新的角度得到了发展。康德从考察人的理性本身入手阐明了他的理性主义法律观。康德在分析人性时，认为在人性中有较劣的部分，即满足生理要求的欲望；人也有理性，人是具有理性的动物，这是人类所独有的优点。他说，“人，地球上唯一有理性的生物，在他体内的那些运用理性的自然能力，不是在单个人中而只是在全人类中才能获得完全的发展”[②]。

康德认为人类理性有两个方面：一是认识理性，即认识真理的能力；二是“实践理性”，即“可以决定自愿选择的行动”，是选择合乎正义行为的能力，是用于指导人们如何行动的。康德认为人生来具有自由权利，人具有自己的意志自由，而意志自由是那种仅仅“和那决定选择

① 刘全德主编：《西方法律思想史》，84 页，北京，中国政法大学出版社，1996。

② ［德］康德：《永久和平》，6 页。转引自张宏生主编：《西方法律思想史资料选编》，322 页。

行动力量的原则有关”的实践理性①，其表现之一，就是具有选择行动的自由。一个人如何行动，依据什么原则来行动，就是一个人的行为的“准则”。在自然状态中，人们没有法律，滥用自己的自由，便可能侵犯他人的自由。法律的作用就是调节人们的行为，使其互不侵犯，以便人人都获得自由。而关于什么是自由，康德说，“自由概念只能从理性的实践法则来推断，作为事实来看，理性的实践法则被称为绝对命令”②。为了保证每个人的自由，并从法律和人的理性的重要性出发，康德提出“人类最大的实际问题，就是解决自然强加给他们的如何建立一个文明社会，根据法律，他们共同执行这一正义的原则”③。换言之，人如何发挥他们的实践理性以执行法律是保障人类自身自由所要面临的最大问题。康德还指出，人类运用理性的能力有一个无限发展和不断完善的过程。这是他对人类和人类历史抱有乐观信念的依据。按照康德的逻辑，正是由于人类有理性，因而人类能够离开自然状态而建立由法律所规定的秩序；这种由法律来调节人们相互间关系的生活，才是文明的社会的生活；只有在这种社会中，人类的理性才能得到完全的发展。④

黑格尔是从康德的理性观出发的，不过他不同意康德对理性的两种严格区分，而认为理论理性即纯粹理性与实践理性是统一的，前者是后者的基础，从而建立了他的辩证法的法哲学体系。⑤ 他指出，一方面，理性就是“无限的东西即理念”⑥，“理性是世界的灵魂，居于世界之中，构成世界内在的、固有的、深邃的本质，或者说理性是世界的共性”⑦。这种意义上的理性是极为抽象的，它是万事万物本身存在与发展的合理根据，是绝对精神运动的轨迹；而法律就是从理性自身发展中

① 参见［德］康德著，沈叔平译：《法的形而上学原理》，12、13页，北京，商务印书馆，1991。

② 张宏生主编：《西方法律思想史资料选编》，323～324页。

③ ［德］康德：《永久和平》，11页。

④ 参见张宏生主编：《西方法律思想史资料选编》，323页。

⑤ 参见李龙主编：《西方法学名著提要》，305页，南昌，江西人民出版社，1999。

⑥ ［德］黑格尔著，范扬、张企泰译：《法哲学原理》，163页，北京，商务印书馆，1961。

⑦ ［德］黑格尔著，贺麟译：《小逻辑》，80页，北京，商务印书馆，1980。

产生出来的。在黑格尔看来，理性是母树，而法律是枝叶；理性是全体，而“法不过是整个的一个分支或像藤类植物，攀缘在自在自为地屹立着的树上”。他还指出，“合乎理性的东西即自在自为的法的东西”①。显然，法律与理性在此是同义的。另一方面，理性也包括人的认知理性，这种认知理性则是对作为世界共性的理性的认识能力亦即理性的能力。用黑格尔的话来说就是，“发现经验知识是有条件的，那是理性的能力——理性即是认识无条件的事物的能力。至于这里所谓理性的对象，无条件的或无限的事物，不是别的，而是自我同一性”，“理性就是把这纯粹的同一性本身作为对象或目的之抽象的自我或思维”②。

通过对事物绝对理性和人们理性能力的揭示，黑格尔还提出了一个著名的命题：“凡是合乎理性的东西都是现实的，凡是现实的东西都是合乎理性的。”③ 他以理性主义为旗帜，要求一切事物都要合乎理性，都要在理性面前接受审查和检验。理性是万物的本质与根源，决定了万物的存在与消亡。黑格尔排斥了关于人类行为的任何主观的、任意的标准，他把法、正义、理性作为客观的精神追求，有力地批判“以不法为法”的现象。理性是引导人们前进的永恒动力，而绝非权宜之计。其内涵之深邃远非空泛的自然法学所能比。当时，伟大的德国诗人海涅曾对此作了极高的评价，他称黑格尔的“凡是命题”追求进步国家，坚持自由原则，孕育着未来的革命。在理性面前，不存在任何最终的、绝对的、神圣的东西，在它面前，除了发生和消灭、无止境地由低级上升到高级的不断过程，什么都不存在。④

19 世纪以来，古典自然法学遭到了哲理法学、分析法学、历史法学等其他法学流派的批判，而且随着现实主义法学、批判法学运动的兴起，古典自然法学渐渐地走向了衰落。然而，随着西方社会政治、经济的发展，到 20 世纪，西方社会又出现了新的矛盾与冲突，政治、法律

---

① ［德］黑格尔著，范扬、张企泰译：《法哲学原理》，163、225 页。

② ［德］黑格尔著，贺麟译：《小逻辑》，126 页。

③ ［德］黑格尔著，范扬、张企泰译：《法哲学原理》，序言，11 页。

④ 参见刘全德主编：《西方法律思想史》，95 页。

乃至经济的发展是否应遵循一定的价值原则的问题，重新被人们提起，自然法所一贯强调的人的理性和道德准则重新被人们关注。在此历史条件下，自然法观念逐渐得到了复兴。经过德国新康德主义法学家鲁道夫·施塔姆勒（Rudolf Stammler，1856—1938）、法国的马里旦（Jacques Maritain，1882—1973）和美国的富勒（Lon L. Fuller，1902—1978）等人的努力，自然法观念在20世纪重新得到人们的重视，成为法学研究领域的一股新的思潮，形成了新自然法学派。① 新自然法学派的杰出代表人物马里旦继承并发展了自然法学派的自然法思想。马里旦批判和否定了17、18世纪的理性主义自然法理论，将其斥为一种“变形的”理论；他继承了中世纪阿奎那的神学自然法思想，因而他颂扬基督教和天主教神学自然法理论；他结合20世纪的新情况，将复兴自然法理论构筑在神学的基础上，并注入了一些新的内容。马里旦认为自然法是人权的哲学基础或理性基础。法律必须是一种理性的秩序，自然法是一种神圣理性的秩序。② 马里旦从本体论和认识论两方面阐述了自然法的含义。从本体论来看，马里旦是这样解释自然法的：“正是靠着人性的力量，才有这样一种秩序或安排，它们是人的理性所能发现的，并且人的意志为了要使它自己同人类基本的和必然的目的合拍，就一定要按照它们而行动。不成文法或自然法就不外乎是这样。”从认识论的角度来说，自然法是一种不成文法，要认识它是相当困难的。马里旦赞成阿奎那所说的“凡一个人根据其本性所倾向的每一件事物都属于自然法”。因此，他认为人通过理性能认识和发现自然法，但人的理性认识自然法的真正方式不是通过理性知识，即不是通过概念判断而得来的明确的知识，而是通过人类本性的倾向而得来的知识，“在这中间，理智为了要进行判断，就求教并倾听悠久趋向的颤动的弦线这一问题所发出的内在旋律”③。他同时指出，国家是由人创立的，但它体现了理性，

① 参见刘全德主编：《西方法律思想史》，153～154页。

② 参见［法］马里旦著，霍宗彦译：《人和国家》，85～86、298页，北京，商务印书馆，1964。

③ ［法］马里旦著，霍宗彦译：《人和国家》，81、86、87页。

构成一种不具人格的、持久的上层建筑。[①] 在马里旦的神性的自然法体系中，自然法的本质实际上就是人类的理性，这种理性既是人类的认识理性，也是宇宙的本体理性。

（二）理性主义法律观的本质

前文通过分析表明，各个不同历史时期若干重要的法律思想家的理性主义法律观是建立在不同的法哲学理论基础之上的：古希腊柏拉图、亚里士多德等人的理性主义法律观建立在正义、自然法的基础之上；古罗马西塞罗、阿奎那等人的理性主义法律观建立在上帝、宗教神学的基础之上；启蒙思想时期的理性主义法律观建立在自然权利、自然法和社会契约理论基础之上；康德、黑格尔等德国古典哲学家的理性主义法律观建立在自由哲学的基础之上；而新自然法学派虽不是一个严格意义上的学派，没有统一的学术纲领和一致的学术主张，但是，毕竟是在传统的自然法观念的基础之上发展起来的一个学派，因此，其理性主义法律观基本上也是建立在传统自然法理论中人权、自由等哲学观的基础之上的。哲学基础的差别，导致他们的法律理性观的内容也存在差异。比如，在中世纪，理性主要是用来为神学思想服务的，神法所体现的内在理性成为人类所必须遵从的共同理性，自然法是永恒的上帝的旨意，是上帝的法律的代名词，理性则成为上帝赋予人类的本能；而近代西方法律思想家则是从人性论出发强调人的理性的作用，认为自然法是正确的理性法则，理性则是法律制定的根据；而德国的古典哲学家则认为自然法是构成世界最本质的东西，人的理性正是用来承认自然法的，它同时也是事物发展的根据，是法律产生的基础；等等。

然而，从各位学者的论断中，我们仍然可以发现关于法律理性观的一些共同的东西，而这也正是前文交代理性主义法律观在法律思想史上的演进过程的意义。

很显然，从古希腊开始，法律就被赋予理性的意义；理性主义法律观长期发展的结果是理性最终内化为法律的本质；法律作为体现人类共

① 参见［法］马里旦著，霍宗彦译：《人和国家》，12页。

同权利或正义的自然法的体系，其内容正是对自然法的这一事物判断的理性之反映。而理性主义法律观的基本内容可以概括为两个主要方面：其一，从本体论和价值论的角度理解，理性是指事物本质之所在，人类共同的善德、公平、正义是它的内涵；法律是人类理性的体现，是公平、正义的规则。其二，从实践论和认识论的角度而言，理性的意义在于，法律通过人类的理性认识而被发现，法律是人类理性的体现，人们的行动通过作为理性之体现的法律得以被规制。

首先，法律是人类理性的体现。理性主义法律观相信：存在着人类共同理性，世界上存在着符合人类共同理性的永恒不变的自然规律即自然法；自然法高于实在法，自然法是合乎正义的，并且是实在法即法律的制定基础；法律只受理性的指导、支配，法律就是健康的理性；理想的法律就是符合某种“自然”即理性的法律。这是一种本体理性，也是一种价值理性。

虽然如前文所述，历史上各位法律思想家们所说的自然法以及理性两个词的含义明显存在着差别，但是，无论认为自然法是神的法则还是人类的法则，不同时代的学者对自然法的认识在这一点上都是相同的，即自然法是反映自然存在的秩序的法，它是“人类所共有的权利或正义的体系，它是自然界的永恒和谐的本质在国家和法的领域的体现”①。实在法生活在自然法里。只不过，这种“自然存在”在不同的学者那里因时代不同而有不同认识——或者是神的存在或宇宙的存在，或者是人类的存在，或者是不受任何主观影响的纯客观存在，等等。用德国学者科殷的话概括，“自然法首先是为了形成社会的制度扎根于社会道德和客观事实的各种原则的总和。它同时引发遵守社会道德的义务，要根据它的各种原则来塑造现行的实在法制度”②。

而理性，从词源上看，它源于古希腊的哲学术语 logos，是指世界的普遍规律性。③ 但是，世界的普遍规律性是如此之抽象，以至于人们

① 苏国勋：《理性化及其限制》，219 页，上海，上海人民出版社，1988。

② ［德］H. 科殷著，林荣远译：《法哲学》，164 页。

③ 参见［德］H. 科殷著，林荣远译：《法哲学》，13 页。

很难明确它究竟所指为何。因此，尝试给理性下一个准确的定义显然是极其困难的。套用孟德斯鸠关于自由的一句名言——“没有一个词比自由有更多的含义，并在人们意识中留下更多不同的印象了。”① ——没有一词比理性有更多的含义，并在人们意识中留下更多不同的印象了。如果说有一个词可以和自由一词相媲美的话，那也许就是理性。不过，对理性加以定义也并非本书的重点和研究目的。自由或理性的定义尽管千差万别，但人们脑海中总是有着粗浅的关于它们的认识。亚里士多德和斯多葛派学派都认为，世界虽然是物质的，但是理性处处赋予物质世界的材料以“质上特定的如此存在”，它起着塑造物质世界的作用，并给了世界以和谐的秩序。② 这一概括，似乎在某种程度上可以表明理性的特征。再结合历代法律思想家的研究，可以对理性作如下总结性的概括：理性是相对于感性的，它是一种超经验主义；它代表的是事物的本质的、基础的、普遍的一面；人类共同的善德、公平、正义及正当性与合理性是它的内涵；按照自然法学派的观点，自然法就是理性，法律（实在法）则是这种理性的体现。

自然法和理性之间的关系，导致人们对自然法的认识随着理性的变化而变化。“就自然法而言，从其最初产生开始，自然法的内容随着人类认识史上的每一项成就的取得而变化，认识越前进，自然法的内容越具体、丰富。所以，自然法都是在理性的光照下印现出来的，或者说是被理性之光照亮的人类有关自己本性的认识。”③ 至于以后随着科学发现和发明的不断出现，人类理性进入了一个新的阶段，产生了实证主义法律理论，那是因为，“法实证主义是现代世界对自然法论危机的一种回应，我们甚至可以说，法实证主义是自然法论之子”④。而且，这也恰恰说明，自然法与实证主义共同分享理性的成果，都是依赖于理性的。所以，如果通过其他途径不能很好地理解什么是理性，那么，对自

---

① ［法］孟德斯鸠著，张雁深译：《论法的精神》（上册），153 页。

② 参见［德］H. 科殷著，林荣远译：《法哲学》，13 页。

③ 葛洪义：《法律与理性》，205 页，北京，法律出版社，2001。

④ 颜厥安：《法与实践理性》，代序，218 页。

然法的理解也许可以帮助我们。

其次，法律通过人类理性而被认识和发现，人们用法律也即用理性规制自己的行为，这就是理性的实践性。“实践（praxis）就是行动（action，不是 behavior），而法律规范的应然性格，使得我们认为法律必然与行动相关，所以法律的理性当然是实践理性。”[①] 因此，理性主义法律观所指的理性当然也是实践理性。

理性是人们行动的工具。理性被认为是与生俱来的，是人本性中的东西，是人天生就有的用来判断事物是非曲直的基本准则，这种基本准则或者说自然法就是人们通过理性而发现的人类法则。人类认识事物的过程就是理性的展开过程，对自然法的把握和人与生俱来的理性的展开是一致的。于人类而言，理性是某种永恒的、不败的、具有普遍约束力的观念。这种观念用来判断是非善恶，是否具有这种观念是人与自然界之万物的重要区别；这种观念实际就是指导人们行动的自然法则，它要求“人们必须做善事，从善若流，受善的指引，避于作恶，疾恶如仇”[②]。作为人类理性之体现的自然法则诱导人们树立善德和正义观念，并通过实在法贯彻其善恶、正义的理念。实在法告诉人们哪些是禁止做的事情，哪些是可以做的事情；实在法的强制性要求人们根据其规定决定自己的行为，当人们这样做了，他也就是理性的。因此，一个具有理性的人是根据自然中固有的最高理性——法律来决定自己行为的产生、性质等实践性问题的，理性也必然和人的行动控制相关，它昭示着人们应遵从理性而行动，它必然具有实践的色彩。

理性也是人们的思维工具。理性是在知觉及其所认识到的事物的基础之上形成的对事物的一般判断，它是人的一种自然的理智的判断方向。这种判断的内容是对事物善恶是非的判断，而判断最终是为人们的行动发挥作用的。理性作为人们的思维工具，其特点在柏拉图、阿奎那、洛克、康德等人的论述中体现得尤为明显；同时，我们也可以借用法国近

① 颜厥安：《法与实践理性》，代序，2 页。

② ［德］H. 科殷著，林荣远译：《法哲学》，18 页。

代哲学的创始人之一勒内·笛卡尔（Rene Descartes，1596—1650）的理性主义哲学来更深刻地领会理性作为人们的思维工具的特性。

笛卡尔明确指出，所谓人的“聪明才智，指的就是判别真假是非的理性”①。思维的理性或者说理性的思维意味着，人类在认识事物的过程中要能够透过对事物的感觉认清其本质。这就要求人们对事物的认识要识破幻觉，而“识破幻觉，更要用精确意义的理性。我们的感觉常常欺骗我们：一座方塔，远看却是圆的；一根手杖插在水里，看起来却是折断的；而且我们还会做梦，梦中的现实都不真实。如果单用感官，实在无法察觉这类骗局”。只有“用更高级认识能力——理性——才行。感官只能得到个别的、片面的知觉，只有理性才能获得普遍的、必然的认识。因此我们必须时刻谨防感官的欺骗，有意识地对一切进行仔细分析，把它分成尽可能小的部分，小到一下就能清楚明白地洞察其本质。把每一个部分都认识透彻之后，对全体也就得到了可靠的认识”②。显然，理性对事物的清楚明白的认识才是真理的标准。于法律而言，自然法与实在法相吻合，它们与理性相适应，因而也与正义的本质相适应，理性的判断表示出正义的事情的本质。

理性认识高于感性认识。如前所述，理性是“某种永恒的、不败的、具有普遍约束力的观念”，这种普遍的观念不能通过感官的知觉形成。感性材料的堆积不是科学的、理性的认识。只有将理性作为核心贯穿到感性材料之中，对之进行加工分析才能建立关于事物的合理的科学。“建立科学要经过两道手续，首先要通过分析鉴定材料是否可靠，然后要通过综合把可靠的材料统一成为体系。这分析和综合，笛卡尔认为都要用一种工具来进行，这就是理性所固有的天赋观念。”③人类正是“通过反复实践获得一些基本资料之后，又在实践中精练、打磨，制成高级观念，作为以后扩大实践的指导，这样，人类的认识才能不断提高，从个别提高到一般，再从比较狭窄的一般提高到更加广阔的一般，

① ［法］笛卡尔著，王太庆译：《谈谈方法》，代序，9页，北京，商务印书馆，2000。
② ［法］笛卡尔著，王太庆译：《谈谈方法》，代序，10页。
③ ［法］笛卡尔著，王太庆译：《谈谈方法》，代序，17页。

永无止境”[①]。

于立法者而言，实践理性的体现在于，立法者立法时应当遵循自然规律的要求，使法律符合理性的原则。只有合乎理性的法律，才是公正的法律；否则，就会违反人类理性，破坏自然规律，给人类带来灾祸。

当然，无论是对于立法者还是普通民众而言，实践理性都是一种有限理性，因为“知识的不完备性，对困难的预见，可能行为的范围等都决定了理性只能呈现为有限的理性”[②]。

总之，正如《牛津法律大辞典》中所写的那样：“由于长期的自然规律思维的延续，理性已成为法律思想史的重要因素。”[③] 尽管理性主义法律观的传统表明，理性与法律最初只是在自然法那里发生密切联系的，但是，自然法和实证法从来都不是分开的，实证法的产生和发展恰恰是建立在自然法的基础之上的。因此，在现实的人类社会法律的制定过程中，立法原则本身就蕴含着理性；在实定法的适用过程中，也常常运用理性主义法律观的正义、公平等价值内涵。

需要指出的是，笔者所说的理性主义法律观主要针对自然法理论。因为自然法是西方法哲学史中源远流长的主流派思想，一部法哲学史实际上就是自然法产生和发展的思想史。虽然在20世纪以后产生了实证法学派、社会法学派、社会哲理学派、分析法学派、批判法学派、统一法学派等各种法学流派，但是，几乎所有的法学派别的产生、形成与发展都是以或批判或发展自然法理论为基础的，是在与自然法的论战中逐渐取得自身独立性的。

二、法（律）的合理性问题

法律是理性的体现，理性是法律的生命和本质；法律就是健康的理

① ［法］笛卡尔著，王太庆译：《谈谈方法》，代序，20页。

② ［美］赫伯特·西蒙著，詹正茂译：《管理行为》，81页，北京，北京经济学院出版社，1988。

③ ［英］戴维·W. 沃克著，北京社会与科技发展研究所组织翻译：《牛津法律大辞典》，751页，北京，光明日报出版社，1988。

性，理想的法律就是某种符合“自然”即理性的法律。那么，什么是符合理性的法律，也就是法律的合理性问题，自然成为面对法律时所必须要解决的问题。从法律理性观中可以自然地引出法律的合理性问题。

对理性的肯定和推崇必然导致用理性来衡量判断事物，是否合乎理性即事物的合理性问题成为理性主义所要着重解决的问题。根据现代法理学的一般见解，法律的合理性分为工具合理性与价值合理性：工具合理性因其具有形式与手段的特性，又可称为形式合理性；价值合理性因其探讨的是事物（比如法律）内在的正当性，因而又可称为实质合理性。

（一）黑格尔的法律合理性观

对法律的合理性最早提出理论分析的思想家是黑格尔。学界在论及合理性问题时，一般只是追溯到韦伯，并认为对于“合理性”问题“真正起点始于德国著名的社会学家马克斯·韦伯”。“西方首先论述法的合理性者是马克斯·韦伯。”①

但笔者认为，韦伯只是首次明确提出了价值合理性与工具合理性、形式合理性与实质合理性这两对概念，但是首次对法的合理性进行深入且系统论述之人，绝不是首次提出形式合理性与实质合理性思想之人。实际上，在此前，一些法律思想家已经有了关于它们的零散的论述，如启蒙时期的卢梭就曾论述法律的形式合理性的体现及法律的普遍有效性，他指出，“我说法律的对象永远是普遍性的，我的意思是指法律只考虑臣民的共同体以及抽象的行为，而绝不考虑个别的人以及个别的行为”②。但真正在韦伯之前对合理性问题进行相对深入的论述的学者是黑格尔，他首次既论述了形式合理性，又论述了实质合理性。对此，我国台湾地区学者颜厥安也持同样的见解，他说，“在此特别要指出的是，黑格尔已经在对需求体系的描述中提出了‘目的—工具’（Zweck-Mittel）的基本解析。所谓目的当然是指需求的满足，而工具指的则是满

① 严存生：《法之合理性问题》，载《法律科学》，2002（4），84页。

② ［法］卢梭著，何兆武译：《社会契约论》，50页。

足需求的方式。此一解析已初步点出了其后对目的理性或工具理性的研究与批判。所以通过黑格尔对需求体系的研究我们已然可以看出市民社会或资本主义生产方式中所必然隐含的目的理性（Zweckratio-nalitt）与宰制自然（Naturbeherrschung）的因子"[①]。

黑格尔法哲学本质上是理性主义的，黑格尔辩证法就是理性主义的思想形式。黑格尔由探讨理性入手，结合法律与理性的关系，展开了他的关于形式合理性和实质合理性的论断。

合理性是从"理性"中派生出来的一个概念。黑格尔首先对合理性进行了解释，他认为，"抽象地说，合理性一般是普遍性和单一性相互渗透的统一。具体地说，这里合理性按其内容是客观自由（即普遍的实体性意志）与主观自由（即个人知识和他追求特殊目的的意志）两者的统一，因此，合理性按其形式就是根据被思考的即普遍的规律和原则而规定自己的行动"[②]。显然，黑格尔所说的合理性是指合规律性、客观性。

而法律的合理性，在他看来，是指法律的合规律性。黑格尔认为规律分为自然规律和法律，自然规律就是自然法或哲学上的法，是世界的最高真理；法律则是人定法，"是被设定的东西，源出于人类"。人定法与自然法可能会彼此符合，但也可能会发生冲突，即"存在和应然之间的争执，亘古不变的自在自为地存在的法和对什么应认为法而作出规定的那种任性之间的争执"。而"恰恰是在自在自为地存在的法和任性所认为的法的对立中，包含着一种需要，对法加以彻底的认识"。但在认识法的过程中，"人必然会碰到他的理性，所以他也必然要考察法的合理性"。对法的合理性考察，正是法学作为一门科学的事业，这与仅仅处理各种矛盾的法律规则是不同的。但是，由于法律规则是自然规律的体现，因而，法的合理性问题也就递进为法律的合理性问题，而且随后黑格尔就指出，"实定法的主要任务是指出什么是合法的"。因而，"如

---

① 颜厥安：《法与实践理性》，241页。

② ［德］黑格尔著，范扬、张企泰译：《法哲学原理》，254页。

果有人要问某一法律规定得是否合乎理性，这纵然对于从事这种科学的人说来好像是反复盘问，但是他们至少不应该感到绝对惊讶”[①]。总之，黑格尔是以其理性主义法律观为前提，以理性作为审查和检验事物的标准，逐步展开其法律的合理性理论的。

1. 法律具备形式合理性

在黑格尔看来，法律的形式理性是法律的外在技术品质，它表现为法律是一套明确的、稳定的、可以预测和操作的规则体系，这种规则是针对所有人的行为制定并有效实施的。黑格尔提出以制定法、习惯法、判例法和引证法作为法律的表现形式，他认为法律是客观精神的体现，必须通过具体形式表现出来，必须具有客观现实性，是实定的东西。他明确指出，“法的东西要成为法律，不仅首先必须获得它的普遍性的形式，而且必须获得它的真实的规定性”[②]。围绕这一基本论点，黑格尔从如下几方面展开了有关法律形式理性的论证。

其一，现实性与规则性。法律不是精神上的主观臆想，它是现实存在的，是针对世俗生活所制定的规则。黑格尔指出，法律“必须采取在某个国家有效的形式；这种法律权威，也就是实定法知识即实定法学的指导原理”。法律的“形式的本质意义，在于自在的法就得作为法而被制定。我的意志是一种合理的意志，它是有效的，而这种效力应得到别人的承认。这里，我和别人的主观性现在都必须消灭，意志必须达到确实性、固定性和客观性，但只有通过形式它才能获得这些东西”[③]。通过客观而普遍的规则形式，法律便获得了其效力。

其二，普遍性与可预测性。黑格尔认为法的东西要成为法律，必须予以公布，以使人明确预测自己的行为、规制自己的行动；法律必须是针对所有人普遍地、客观地存在的有效规则，而不是主观的、偶然性的东西。黑格尔指出，“法的客观现实性，一方面对意识而存在，总之是

① ［德］黑格尔著，范扬、张企泰译：《法哲学原理》，序言，15页；正文，3、221页。
② ［德］黑格尔著，范扬、张企泰译：《法哲学原理》，218页。
③ ［德］黑格尔著，范扬、张企泰译：《法哲学原理》，227～228页。

被知道的，另一方面具有现实性所拥有的力量，并具有效力，从而也是被知道为普遍有效的东西”。在论证法律的概念时，他进一步明确指出，“法律是自在地是法的东西而被设定在它的客观定在中，这就是说，为了提供于意识，思想把它明确规定，并作为法的东西和有效的东西予以公布。通过这种公布，法就成为一般的实定法”。“把某物设定为普遍物，就是说，把它作为普遍物而提供于意识，这大家晓得就是思维。在把内容归结为它的最简单的形式时，思维就给了它最后的规定性。”总之，“法律必须普遍地为人知晓，然后它才有拘束力”①。

其三，实践性与可操作性。黑格尔认为以普遍规则的形式制定并颁布的法律，是易于被执行和证明的，实践性或者说可操作性是其形式上的重要特性。他说，当“法采取法律的形式而进入定在时就成为自为的”。而当法采取了法律的形式之后，法律的可操作性便随之显现。“在法院中，法所获得的性格就是它必须是可以证明的。法律程序使当事人有机会主张他们的证据方法和法律理由，并使法官得以洞悉案情。这些步骤本身就是权利，因此其进程必须由法律来规定，同时它们也就构成理论法学的一个本质的部分。”为了使法律易于操作，他认为法律所规定的内容既要明确又不能过细。“法律规定的愈明确，其条文就愈容易切实地施行。但是规定得过于详细，也会使法律带有经验的色彩，这样，法律在执行过程中就不免要被修改，而这会违背法律的性质。”②

2. 法律具备实质合理性

关于法律的实质，他认为法律不仅仅是形式上的一套规则，还是自由的体现。“法的基地一般说来是精神的东西，它的确定的地位和出发点是意志。意志是自由的，所以自由就构成法的实体和规定性。至于法的体系是实现了的自由的王国，是从精神自身产生出来的、作为第二天性的那精神的世界。”因此，立法时除了注重对法律形式技术的掌握，还要注重法律所规定的实体的内容。他说，“法的东西要成为法律，不

① ［德］黑格尔著，范扬、张企泰译：《法哲学原理》，218、224页。
② ［德］黑格尔著，范扬、张企泰译：《法哲学原理》，229、231、316～317页。

仅首先必须获得它的普遍性的形式，而且必须获得它的真实的规定性。所以，想要进行立法，不宜只看到一个环节，即把某物表达为对一切人有效的行为规则，而且要看到比这更重要的、内在而本质的环节，即认识它的被规定了的普遍性中的内容”①。

至于法律的形式合理性与实质合理性之间的关系，首先，根据黑格尔关于事物的形式和内容的统一这一辩证哲学思想，可以认为它们之间是统一的。他说，“形式和内容的统一”，“在其最具体的意义上，形式就是作为概念认识的那种理性，而内容是作为伦理现实和自然现实的实体性的本质的那种理性，两者自觉的同一就是哲学理念”。换而言之，事物的形式是它的客观外在性，事物的内容是它的内在的东西，而事物的“客观外在性，就是内在的东西本身”。从这种辩证哲学出发，他指出法律的形式合理性和实质合理性也是统一的。“法律就是法，即原来是自在的法，现在被制定为法律。”所谓原来自在的法即黑格尔认为的精神的东西，其实体性的本质是自由意志，当它获得规定性的形式时，就是法律，因此法律是形式和本质的同一。其次，在形式合理性和实质合理性这一对范畴中，形式的东西是首要的，实质的内容只有借助于形式规则才能获得其生命力。因为黑格尔指出，“法首先以实定法的形式而达到定在，然后作为适用而在内容方面也成为定在”②。可见，形式理性是第一位的，实体的内容只有取得形式上的理性才能获得有效性。

3. 小结

对黑格尔的法律合理性思想，可以总结如下：在黑格尔看来，规律分为自然规律和法律，自然规律是“自在自为的东西”即合乎理性的东西，因为他说“合乎理性的东西即自在自为的法的东西”③。法律则正是对自在自为的自然规律的规定，也即黑格尔所说的“自在自为地合乎理性的、其本身为普遍的规定”的东西，所以，法律的合理性实际上是

① ［德］黑格尔著，范扬、张企泰译：《法哲学原理》，10、218页。
② ［德］黑格尔著，范扬、张企泰译：《法哲学原理》，227、31～32、222页。
③ ［德］黑格尔著，范扬、张企泰译：《法哲学原理》，225页。

是否合乎自然规律即自然法的问题。形式的合理性是法律合理性的第一要素，它意味着自在自为的法被制定为规则并被公布于众，这种规则具有普遍性，是针对普遍的人和事的，而不是针对某个特殊的人或素材的；这种规则是人们行动的指南，使人们可以根据它预测自己的行为；这种规则是客观有效并且具有可操作性的。法律也具有实质的合理性。法律不仅仅是一套规则，还是对自在自为的法即自然规律或者说自然法的体现，由于自然规律是合乎理性的东西，因而只有体现了自然规律的法律才是合乎理性的。法律的实质合理性与形式的合理性是统一的，因为法律正是作为自在自为的法即自然规律的“定在”而存在的，它必然要体现自然法的自由、正义等实体性的内容。

（二）马克斯·韦伯的法律合理性观

合理性是德国著名社会学家、哲学家马克斯·韦伯（Max Weber，1846—1920）思想的核心概念，也是韦伯用来分析其社会理论的基本概念。

新康德主义是黑格尔哲学之后兴起的一种理性主义，它一方面继承理性主义的思想观念，强烈反对非理性主义和思辨的自然主义；另一方面又带有对过去理性主义形式的批判和自我反思的性质。作为一名新康德主义的社会学家，韦伯以极其深刻的形式继承了欧洲理性主义的传统，同时也亲身体验到了19世纪理性主义产生危机时新的精神思潮，并在此基础上提出了其深刻的合理性论断。①

韦伯是采用合理性概念来分析社会行动的。他将社会行动类型分为合理性和非合理性两大类，而合理性又被分为工具合理性和价值合理性两大类。他指出，“如同任何行为一样，社会行为也可以由下列情况来决定：①目的合乎理性的，即通过对外界事物的情况和其他人的举止的期待，并利用这种期待作为‘条件’或者作为‘手段’，以期实现自己合乎理性所争取和考虑的作为成果的目的；②价值合乎理性的，即通过有意识地对一个特定的举止的——伦理的、美学的、宗教的或作任何其

① 参见苏国勋：《理性化及其限制》，43～46页。

他阐释的——无条件的固有价值的纯粹信仰，不管是否取得成就；③情绪的，尤其是感情的，即由现时的情绪或感情状况；④传统的，由约定俗成的习惯"[①]。在此，韦伯实际上是将社会行动分为了四种类型，即工具合理性行动（也称目的—工具合理性行动）、价值合理性行动、情感行动和传统行动。

这四种行动类型又可以简化为两大类：合理性行动和非理性行动。工具合理性行动是基于目的的合理性，这是指对达成目的可资运用手段的估价，在此基础上去追求一个限定的目标并设法预测其可能的后果。价值合理性行动立足于信念、理想的合理性之上，在行动者看来，这种理想或期望是符合他本人价值的，为此他要不惜一切代价尽可能去实现这一理想价值。这两种行动都经过了理智的思考和判断，尽管理智程度有所不同，但都属于合理性行动。反之，情感行动是以官能的快感或冥想"与神合一"的愿望为刺激的反应，传统行动以过去事物、习俗的神圣性为行动的标准，两者均不经过理智的思考和计算，因而属于非理性行动。[②] 由于目的—工具合理性行动既有使行动摈弃巫术、情感的形式合理性一面，同时也有导致人们行动常规化、传统化的实质非理性一面，因而，韦伯有时把目的—工具合理性又称为"形式合理性（formal rationality）"。由于价值合理性行动既有使行动从属于价值、理想、信念等无法用理智计算和控制的情绪、巫术的形式非理性一面，同时也有使行动打破传统、信仰的藩篱，破除单一和僵化，激发创造性和革命性的实质合理性一面，因而，韦伯又将价值合理性称为"实质合理性（substantive rationality）"[③]。此外，韦伯还"将形式合理性与实质合理性的区分适用于经济活动：前者是指经济的可计算性，后者是指经济对道德的、政治的、功利的、平等的、享乐主义的以及诸如此类的价值或

① ［德］马克斯·韦伯著，林荣远译：《经济与社会》（下），56 页，北京，商务印书馆，1997。

② 参见苏国勋：《理性化及其限制》，83 页。

③ ［德］马克斯·韦伯著，林荣远译：《经济与社会》（上），107 页，北京，商务印书馆，1997；苏国勋：《理性化及其限制》，92 页。

目标的实现”[1]。在将形式合理性与实质合理性广泛地用于分析人类行动、经济活动、资本主义的产生与形成等社会各领域的同时，韦伯还用形式合理性和实质合理性的概念深入分析了法律的合理性。

1. 法律的形式合理性

韦伯指出，只有具备形式合理性的法律才是治理人类的合法形式，这种形式实际上就是我们所说的法治。他说，“今天最为流行的合法形式是对合法的信仰：对形式上具体并采用通常形式产生的章程的服从”[2]。随后，韦伯从如下几个方面描述了法律的形式合理性。

（1）抽象的规则性，即法律是一套具有普遍性的规则章程。韦伯认为，“一种现代的法是由‘法的原则’组成的，也就是说，是由抽象的准则组成的”；它们“往往采取相同的、典型的警句简练的形式，在这个意义上，也是法律谚语的形式”来描述适用这些法律规则的前提、条件或事实情况，并提出人们做什么或不做什么的要求以及违反它的法律后果。因此，在内容上，这些法律规则就是对“一定的事实应该带来一定的后果”的规定。这些法律规则在种类上具体可分为命令型、禁止型和允许型三类。命令型规则是期望他人做某些特定的事情，禁止型规则是期望他人放弃某些特定的事情，允许型规则是人们自己允许他人可以不受第三者的干扰做某事。[3]

法律的规则性是其区分于风俗惯例、伦理习惯、宗教命令等的重要形式特征。由于法律是成文的准则而不是宗教教义或者伦理习惯等，因而法律是由代议制的立法机关根据法律程序制定的，而这种立法过程也就是建立“法的准则”，即制定“一般准则的章程”的过程。这种“一般准则的章程”在法学家的语言里，具有一条或若干条理性的“法律原则的性质”；而“司法”就是“把那些制订为章程的准则和通过法学家的思维劳动由它们派生出来的各种‘法律原则’，‘应用’到具体的‘事

① ［美］哈罗德·J. 伯尔曼著，贺卫方等译：《法律与革命》，654页。
② ［德］马克斯·韦伯著，林荣远译：《经济与社会》（上），67页。
③ 参见［德］马克斯·韦伯著，林荣远译：《经济与社会》（下），20、175页。

实’中去”①。

作为抽象规则的法律具有稳定性。“法原则上历来就是同样适用的东西，只不过需要作明确无误的解释和应用到具体的个案上。”正因为法律的稳定性，所以才需要根据不断出现的事实情况对法律作出解释。作为抽象规则的法律还具有被国家赋予强制力以保证其施行的特征，法律能够通过“一个强制机器以某种方式保障着这些限制得到遵守”②。

（2）理性的系统性，即法律是一套高度体系化的逻辑系统。在韦伯看来，体系化是法律高度发达之后的产物，是法律思想发展到成熟阶段才会出现的法的逻辑上的升华。“体系化的任何形式都是后来的产物。原始的‘法’不知体系化为何物。”至于何为法律的体系化，他指出，“按照我们今天的思维习惯，体系化意味着：建立所有由分析所获得的法的原则的联系，使它们相互之间组成一个逻辑上清楚的、本身逻辑上毫无矛盾的和首先原则上没有缺漏的规则体系，也就是说，这种体系要求，一切可以想象的事实在逻辑上都必须能够归纳到它的准则之一的名下，否则，它们的秩序就失去法的保障”。至于那些“在法学上不能理性地‘构想’的东西，在法律上也是无关紧要的”，“因此，适用的、客观的法是法的原则的一种‘完美无缺的’体系，或者本身潜在地包含着这样一种体系，或者它本身必须被看作是为了应用法的目的这样一种体系”。与法律的这种“体系的‘完美无缺’相适应，‘法律上的井然有序’也是整个社会的一个基本范畴”③。总之，对法律事实的分析形成法律原则，对法律原则的有序安排形成法律关系，法律关系的逻辑升华则形成法律体系：法律就是这样一种理性化了的规则体系。

（3）逻辑的可阐释性，即法律是可以经由逻辑阐释方法加以分析的。韦伯认为，只有通过逻辑分析和解释的法律概念，才能成为体系化形式中的法律规范。他指出，“任何正式的法在形式上至少是比较合理的。然而，只有仅仅在从实质法上和诉讼法上尊重一些明确无误的、普

---

① ［德］马克斯·韦伯著，林荣远译：《经济与社会》（下），13～14页。
② ［德］马克斯·韦伯著，林荣远译：《经济与社会》（下），12、144页。
③ ［德］马克斯·韦伯著，林荣远译：《经济与社会》（下），16、18页。

遍的事实特征的意义上，一种法才是‘正式的’。但是，这种形式主义又可能具有双重性质，即或者法律上重要的特征具有感觉上直观的性质，对这些外在特征负有连带责任：说过某一句话，签过字，采取某种特定的、其意义永远固定的象征性行动，这意味着最严格方式的法的形式主义；或者通过逻辑的意向的阐释挖掘法律上重要特征的含义，并据此采取抽象规则的形态，构建和运用固定的法的概念”①。很显然，形式化特征最重要的表现当然是一些直观的、可以感知的外在特征，诸如用特定词语表达、在文件上签署姓名等，但是，通过逻辑上的分析来揭示与法律相关事实的特征，也是法律的形式品质。

法律的规则性和体系化的意义也在于：根据抽象的法律概念规则以及体系化了的法律系统，来对法律进行“逻辑的意向的阐释”，从而形成具有严格形式的、具有理性意义的法律原则。而所谓的“逻辑的意向的阐释”，是指“通过逻辑的手段，让各种得到承认、适用的法的规则，结合成为抽象的法律原则的一种本身毫无矛盾的相互联系，并使之理性化”②。通过这种逻辑阐释的手段，将抽象的法律原则应用到一个个具体的案件事实，然后得出判决。很显然，高度体系化的法律是一种本身毫无矛盾的且具有内在紧密联系的逻辑系统，根据它们的内在联系，可以进行对其内涵的“意向阐释”即法律解释，而这种阐释反过来又使得法律的体系化任务得以产生，使得体系化的特征进一步形成并得以维护。这种阐释是根据体系化了的法律的内在逻辑进行的，因此，法律的适用也就是采用逻辑的手段，将抽象的法的原则应用于具体的事实并最终得出判决结论。

(4) 理智的可控制性。我国学者苏国勋提出，韦伯的法律形式合理性思想还有一个特征，即理智的可控制性③，因为韦伯在分析原始的法律制度时使用了“合理性的”一词。在韦伯看来，原始法律的两个明显的特征，即它的僵死的形式性和非理性，使它与现代形式法律相区别。

---

① ［德］马克斯·韦伯著，林荣远译：《经济与社会》（下），17页。

② ［德］马克斯·韦伯著，林荣远译：《经济与社会》（下），17、18页。

③ 参见苏国勋：《理性化及其限制》，222页。

原始法律具有形式性是它固执于僵硬规定的程序规则的结果；它的非理性表现在原始组织为了消除争议、分歧而固定地采用一些神秘的不可思议的方法或者巫术的手段，"它们起初毫无例外地或者是直接的魔法的行动，或者在某种程度上是在魔法上很重要的行动，而且在其象征上仍然长久地保持这种性质的残余"[①]。用韦伯的话说，这些方法和手段"不能由理智加以控制"。在这里，他以对比的方式描述由理智控制的消除分歧的手段是具有合理性的。

2. 法律的实质合理性

韦伯认为，法律在形式合理性之外，还具有实质合理性。法律的实质合理性是指其价值内容上的合理性，但是，这种合理性在韦伯看来是非理性，它与形式合理性之间是一种紧张对立的关系。他指出，法律的实质合理性意味着，"除了对于抽象的意向阐释进行逻辑的概括外，其他属于品格的威严的准则，也应该对法律问题的判决有影响：伦理的要求，或者功利主义的或其他的适当性规则，或者政治的原则，它们既突破外在特征的形式主义，也突破逻辑抽象的形式主义"；而实质合理性之所以是非理性的，在韦伯看来，主要是因为价值合理性或"实质上合理这个概念含义十分含糊"[②]。

法律的形式合理性与实质合理性之间存在矛盾，用韦伯的话来说，"法逻辑的抽象的形式主义"与"通过法来满足实质要求的需要之间"存在着"无法避免的矛盾"。"因为特殊的法的形式主义会使法的机构像一台技术上合理的机器那样运转，它为有关法的利益者提供了相对而言最大的活动自由的回旋空间，特别是合理预计他的目的行为的法律后果和机会的最大的回旋空间。它把法律过程看作是和平解决利益斗争的一种特殊形式，它让利益斗争受固定的、信守不渝的'游戏规则'的约束。"[③]

① ［德］马克斯·韦伯著，林荣远译：《经济与社会》（下），25页。
② ［德］马克斯·韦伯著，林荣远译：《经济与社会》（上），17、107页。
③ ［德］马克斯·韦伯著，林荣远译：《经济与社会》（下），140页。

在韦伯看来，法律从实质合理性到形式合理性是一个由原始到现代、由落后到进步的发展过程。韦伯指出，按理论上的发展阶段，法和法律过程的一般发展是从通过"法的先知们"进行魅力型的法的默示，到由法的名士豪绅们进行经验的立法和司法，进而到由世俗的最高统治权和神权统治的权力进行强加的法律，最后由受过法律教育的人即专业法学家进行系统的制定法的章程，以及专业的、在文献和形式逻辑培训的基础上进行的"法律维护"。"在这当中，法的形式的品质从原始法律过程中的受魔法制约的形式主义和受默示制约的非理性的结合发展起来，可能是经由受神权政治或者世袭制度制约的、实质的和无形式的目的理性的曲折道路，发展为愈来愈专业化的、法学的即逻辑的理性和系统性，而这样一来——首先纯粹从外表观察——就发展为法的日益合乎逻辑的升华和归纳的严谨，以及法律过程的愈来愈合理的技术。"①

3. 小结

综观韦伯关于法律的形式合理性与实质合理性的论断，其要点可以概括为：法律在首要的意义上是一种形式的法，即它是一种系统化了的、一清二楚的、目的合乎理性地制定出来的稳固的形式准则或者说规则体系："以'形式合理（formal rationality）'为特征的法律的理想类型是这样一种类型，其中法律表现为一种逻辑一致的抽象规则的结构，根据这种结构，能够认定特定案件和问题中的有效事实并解决这些案件和问题。"② 这一规则体系为人们的行为提供可预测性，为行为的结果提供可计算性；它能够排除传统的约束和任意专断，而让主观的权利只能产生于客观的准则；同时，这一规则体系是具有可操作性的，可应用的，本身逻辑上毫无矛盾和毫无漏洞、前后连贯的统一体；这一规则体系有助于法律的阐释，法律的阐释又进一步推动了法律的体系化。与法律的形式理性相适应，其产生是由立法机关严格根据法律程序予以制定的；在司法领域则具有一套严谨的司法技术、诉讼程序、审判原则和证

① ［德］马克斯·韦伯著，林荣远译：《经济与社会》（下），201页。
② ［美］哈罗德·J. 伯尔曼著，贺卫方等译：《法律与革命》，653页。

据规则等，以保障法律的有效运行。形式合理性是一种客观的事实判断，它是一种工具理性；具备形式合理性的法律是自由的保证。法律的实质合理性，在内容上主要是关于伦理、政治经济、功利主义、正义公平、适当性等的实质原则；在本质上则是关于这些实质价值的逻辑关系判断；它是一种主观的价值判断，体现的是价值理性。现代法律体系是高度合理的。但是，“这种合理性纯粹是形式的，它与实质合理性即从某种特殊的实质目的上看的意义合理性、信仰或价值承诺之间处于一种永远无法消解的紧张对立关系之中”[①]。

（三）麦考密克的法律合理性观

英国法哲学家麦考密克（N. MacCormick，1941—2009）作为制度法学的代表人物，在马克斯·韦伯关于法律合理性的理论基础之上，进一步对法律的合理性进行了系统的阐述。

与韦伯一样，麦考密克也是从行动的合理性开始，再论述法律的合理性的。关于行动的合理性，他指出，“对行动的合理性的最根本的要求是：每一项行为或对行为的抑制都应当是根据某种行动的理由证明其是合理的。这个要求可以用以下两种一目了然的方式予以满足：或者一项行为或抑制可被认为其本身是对的或其本身是好的（在这种情况下它就是‘价值上合理的’），而不考虑任何进一步的目标；或者一项行为或抑制可被认为倾向于达到某种期待的目的或后果（在这种情况下它就是‘目的上的合理的’）”[②]。显然，麦考密克也是从目的—工具/形式合理性与实质/价值合理性两方面来衡量行动的合理性的，而且其论断在行动合理性的含义上也与韦伯的论断相一致。

麦考密克接着分析了什么是合理性。与韦伯一样，他认为合理性本身就是指形式的合理性。他说，“合理性的本身是一个技术上的优点，或者我们甚至可以说，是一个‘形式上的’优点。它表现在对手段是否

---

① 苏国勋：《理性化及其限制》，227页。

② ［英］麦考密克、魏因贝格尔著，周叶谦译：《制度法论》，229页，北京，中国政法大学出版社，1994。

适合目的的估计上，表现在把那些从可能相互矛盾的理由中作出选择的原则加以系统化使之成为一个始终如一的、连贯的整体上”①。可见，在关于什么是形式合理性的论述上，麦考密克与韦伯的看法是一致的，即认为形式的合理性主要是外在的技术上的规则性、逻辑上的体系性等。随后，麦考密克进一步论述了法律的合理性。

1. 法律的形式合理性

（1）形式合理的法律首先是一套规则或规范，他说，“一项合理的法律程序要求有旨在支配一群人的行为的规范，从给这种行为提供严格的评价标准的意义上是规范。根据这些规范，某些形式的行为被认为‘错误的’而受到排斥，某些用来合法地执行旨在达到个人目的的安排的方法是‘有效的’，别的方法是‘无效的’等等”。

（2）这套规则在内容上应该是明确无误的，从而给人们的行为提供指南，以使他们能够合理地预计自己的行为。“对每一条规则的说明中都有仔细划定的与每一条别的规则不同的适用范围，除非是在逐条都有明确的例外或限制的情况下例外。”②

（3）这套规则是一个前后统一、完整严密且具有普遍性的逻辑系统。他指出，“这些规范的主旨应该是无处不在的（但可能只是或多或少地普遍适用），而且它们应该是一致的，即没有相互的矛盾或冲突”。这套规则具有普遍性，它是针对一般事实和一般对象规定的抽象规则。“为了保证把这些规范经常和持久地适用于个别的情况，就必须在有关的社会内任命一些人担任司法职务。对争论进行裁决的过程必须包括一个合理的进行实地调查的过程。”而且，为了保证规则适用的有效性，在适用规则之前，必须要查明特殊案件的事实符合规则规定的一般事实，“无论何时只要一项规则规定的一般事实能够通过已经在特定案件中特殊使用的合理的证明程序予以确定，就应当是该规则规定的后果得到具体的实现。如果事实不能确定，就没有充足的理由实现该规则所规

① ［英］麦考密克、魏因贝格尔著，周叶谦译：《制度法论》，238页。

② ［英］麦考密克、魏因贝格尔著，周叶谦译：《制度法论》，242～244页。

定的法律后果”[①]。

（4）这套规则的制定、修改和适用都有专门的机构和严格的程序，是由立法者根据严格的法律程序制定出来的。“一个始终一致的和没有矛盾的规范系统的建立，自然要求有一个相对具体的而且（在大多数情况下）是由立法设计和起草的规则系统。”同样，对它们的修改也必须要严格根据法律程序并由立法机构进行。至于“修改或修正整套规范的持续的过程，要求存在一个立法者或立法机构，有一个由训练有素的法律工作者组成的专家团体供他们咨询”。此外，为了很好地将它们适用于特殊的对象，即“保证把这些规范经常和持久地适用于个别的情况，就必须在有关的社会内任命一些人担任司法职务。对争论进行裁决的过程必须包括一个合理的进行实地调查的过程”[②]。

2. 法律的实质合理性

在考察了法律的形式合理性之后，麦考密克将行动合理性分为工具合理性与价值合理性、形式合理性与实质合理性两方面的逻辑思路进行考察，进一步展开了对法律实质合理性的论述。他说，“我们在构筑我们的法律制度和执行这些制度的程序中都需要有高度的合理性。法律推理不仅是由实践合理性所支配的，而且是实践合理性的一种形式。我们不应当低估合理性在法律推理中的广泛运用。但我们应当认识到即使在这种情况下也有一些限度，即经验的判断不能超出任何可以用法律的逻辑解释的理由。在法律和法律程序中，合理性是首要的优点；但除它以外还有别的优点。如果没有智慧、同情和正义感的话，仅有合理性就似乎可能让我们有理由去做真正无理的事”[③]。在此，麦考密克所说的法律的合理性实际上包括形式的合理性，其具体是指法律制度的形成和执行，法律制度需要逻辑上的意向的阐释，形式的合理性是法律的合理性的首要优点；除此之外，法律的合理性还有别的优点——虽然麦考密克

① ［英］麦考密克、魏因贝格尔著，周叶谦译：《制度法论》，242～243、244页。
② ［英］麦考密克、魏因贝格尔著，周叶谦译：《制度法论》，242～244页。
③ ［英］麦考密克、魏因贝格尔著，周叶谦译：《制度法论》，248页。

没有直接指明其是实质合理性，但其论述已经表明，这一“别的优点”就是除形式合理性之外的法律实质的合理性，因为它是根据正义、同情、善良等内在价值理念考察法律实质是否合理的问题。

在形式合理性与实质合理性的关系上，麦考密克批判了韦伯将它们对立起来的观点，而认为在追求法律的形式合理性的同时，还应该追求实质的合理性。他说，“原则性理由优于从简单的规则进行的推理，实质性理由胜过法学论述中的‘权威性理由’”。而在法律适用和法律推理的过程中，之所以还要追求法律的实质合理性，是“因为尽管立法者可能试图加以避免，总会有可能的矛盾存在于对既定的规则的可能的解释中，总会有关于这样一些事物的矛盾，这些事物被恰当地列入规则的有效事实这个法定术语的范围之内，而且甚至总会有各种规则之间的矛盾。而且如果可能有在这些互相矛盾的理由之间作出选择的理由的话，它们必然是更高序列的理由”。那么，什么是这种更高序列的理由？换言之，“什么样的理由可被引用来证明一项选择，即一个判决无论如何是合理的呢？”对此，麦考密克回答，“由于这样一项判决必然意味着对法律解释或分类的争论问题作出裁决，如果一个制度只能提出这样的理由——它们必须是目的—理由”，即“某种形式的‘目的—合理性’”。这似乎表明，在法律逻辑的范围内，通过目的—工具合理性，或者说通过形式合理性自身，似乎可以找到解决矛盾的理由。然而，遗憾的是，如果更仔细地审查法律适用的过程，就会发现，法官适用法律的过程或者说法律推理主要关心的是法律规则本身所蕴含的后果，即法律规则的逻辑体系的逻辑后果，而不是判决的行为的后果或其他可能的后果。为了明白这一逻辑的后果，“需要做的是评价法院由于受在这个案件的争论点上所作裁决的约束而在其他类似的案件中必须作出的判决类型的优点和缺点。于是我们便走出了特殊目的的领域而进入了那些普遍化的价值的领域，这些价值是我们希望通过一般地遵守法律规则和原则而坚持的”①。

---

① ［英］麦考密克、魏因贝格尔著，周叶谦译：《制度法论》，245～247页。

总之，在麦考密克看来，形式合理的法律虽然是一套完整的规则体系，但是在这个体系之内以及在规则体系与事实之间，总是不可避免地存在矛盾，即使通过立法者的努力也不能使之消除。为此，如果仍停留在法律形式的圈子之内为消除这种矛盾寻找理由，显然是不可能的，而只有求助于更高序列的理由，即通过对法律规则所蕴含的价值进行探讨来寻找解决矛盾的理由，这样的理由，也就是实质合理性的理由，须用道德、正义、情感、智慧等来判断。

三、形式合理性与实质合理性的辩证统一

法律的形式合理性与实质合理性的辩证统一关系表现为，形式合理性是对实质合理性的体现。法律和法的关系表明，法律是对法的体现——实定法是对自然法的体现。前文论述表明，法可以分为自然法和实在法，自然法是反映自然存在的秩序的法，它是社会共同权利和正义原则的总和体系；自然法就是理性，法律则是这种理性的体现。易言之，形式上合理的法律即实在法体现的正是自然法的实质理念，所以说，法律的形式合理性是对实质合理性的体现。然而，前文关于法律理性观的论述实际上是建立在这样一种理论预设上的：人世间存在着一种超实定法的自然法。问题是：这种预设是否成立？对这一问题的回答直接关系到法律的实质合理性是否存在，以及它与法律的形式合理性之间如何辩证统一。因此，要深入理解法律的形式合理性是实质合理性之体现，必须肯定实质合理性的存在，而要肯定其存在，必须先肯定自然法的存在，因为法律实质合理性的内容正是自然法所蕴含的内在价值。为此，我们必须跳出自然法的范围，来回答对自然法的批判，其中主要是回答来自实证主义法学家的批判，即否认自然法与理性之间的关系。因为“自然法和实证法的冲突及调和，是数千年来法律思想的骨干”[①]，而自然法的骨干思想就是理性主义，实证法学派的主要论点则是反理性主义。在肯定了存在法律实质合理性的基础之上，才能表明法律的形式

① 吕海荣：《法律的客观性》，25 页，台北，蔚理法律出版社，1987。

合理性是实质合理性之体现这样一种辩证统一关系。

（一）实证法学派对法律实质合理性的责难

实证主义法学派对自然法学派的攻击是从对理性的诘难开始的。英国18世纪著名哲学家、伦理学家大卫·休谟（David Hume，1711—1776）作为实证主义法学派的先驱，从理性怀疑论和经验主义的角度出发，反对把理性作为世界的指导，并提出以经验而非理性作为分析一切事物的基础，认为人类所获得的有关人类境况的唯一真正的知识是通过观察和经验获得的。他说，“任何事物的存在，只能以其原因或结果为论证，来加以证明，这些论证是完全建立在经验之上的……只有经验可以把因果的本性和范围教给我们，使我们可以根据一件事物的存在，来推测另一件事物的存在”①。在此基础之上，休谟从本体论的角度彻底否定了自然法。休谟将知识分为实然和应然两类：前者关心的是事实的真相是什么，后者关心的是事情应该是什么样的。它是有关事物的价值的知识，人们认识事物必须区分应然与实然。他指出，“在我所遇到的每一个道德学体系中，我一向注意到，作者在一个时期中照平常的推理方式进行，确定了上帝的存在，或是对人事作了一番议论。可是突然之间，我却大吃一惊地发现，我所遇到的不再是命题中通常的‘是’与‘不是’等联系词，而是没有一个命题不是由一个‘应该’或一个‘不应该’联系起来的。这个变化虽是不知不觉的，却有着极其重大的关系。因为这个应该或不应该既然表示一种新的关系或肯定，就必须加以论述或说明”②。休谟还明确指出，一种法律规范是否合理，根据人类理性是无法判断的，只能根据人类欲望作出取舍。因为，合理性问题属于价值问题，而价值判断不像古代及近代自然法理论所设想的那样可以依赖客观存在的理性来判断，那种超验的理性并不存在，实际存在的只有人类各式各样的欲望与要求。在休谟看来，自然法学派关于理性应用

① ［英］韦恩·莫里桑著，李桂林等译：《法理学》，108页，武汉，武汉大学出版社，2003。

② 转引自［英］韦恩·莫里桑著，李桂林等译：《法理学》，125页。

于人类行为的解释是站不住脚的。认定某一行为方式正当与否，只不过是人类的意向、愿望，而不是理性，因而也就无所谓合理与不合理。这样，休谟就抽掉了自然法的基石——理性，并由此展开了对自然法体系的系统批判，为法律实证主义的合理学说提供了思想基础。①

如果说休谟打倒了理性和自然法的传统，那么，以边沁（Jeremy Bentham，1748—1832）为代表的功利主义则在否认理性和自然法的同时，提出以功利主义作为分析社会政治、经济、法律等的具有普遍主义的道德原则。他说，“自然把人类置于两位主公——快乐和痛苦——的主宰之下，只有它们才指示我们应当干什么，决定我们将要干什么。是非标准，因果联系，俱由其定夺”。人类的快乐和痛苦就是功利的内涵，因此，“功利原理是指这样的原理：它按照看来势必增大或减小利益有关者之幸福的倾向，亦即促进或妨碍此种幸福的倾向，来赞成或非难任何一项行动”。功利主义是一切的基石，边沁以之代替自然权利和自然法。边沁是这样分析自然法的，他说，“有时候，你听到的不是自然法一语，而是理性法、真正理性、天然理性、天然公正、正常秩序。其中任何一个都将同样常用，并且极经常地用于政治。后三个术语比其他几个可容忍得多，因为它们并不非常明确地故作玄虚。它们只是有气无力地坚持要被当作关于它们本身的实在标准看待，而且似乎满足于有时被认作表示有关问题符合适当标准，不管该标准可以是什么。不过，在大多数场合说功利更好：功利一语更为清晰，因为它更明确地指痛苦和快乐”②。边沁的功利主义法律思想被后来的实证主义法学者广为接受。

19世纪英国分析法学的首创者约翰·奥斯丁（John Austin，1790—1859）使实证法学登上了一个新的巅峰。作为边沁的学生，“奥斯丁在构思他的讲义时，考虑到了对分析和社会进步的极为重要的智识性综合；他提出的人类状况视角描述了一条主导原则，那就是功利主

① 参见周世中：《法的合理性研究》，125页，济南，山东人民出版社，2004。

② ［英］边沁著，时殷弘译：《道德与立法原理导论》，11、58、74页，北京，商务印书馆，2000。

义，它是社会正义的指示器”[①]。奥斯丁认为所有的法律和人类的行为规则都是严格地、普遍地建立在功利基础上的。他虽然和边沁一样，坚持事实和价值相分离的原则，但是，他所认为的功利原则实际上和自然法学派所说的自然法、人类理性等具有密切联系。罗马法学家把它称为“自然理性”，启蒙思想家和现代法学者称之为“人类理性”或“永恒的现实的理性”，这些提法都是含混不清的。他把“自然理性”称为“天理”，认为“人类理性”或“永恒的现实的理性”不外乎是人类本质中所特有的一种感觉、看法或判断，其实质就是功利。既然实在法把自然法作为其指导原则，那么所谓天理、自然理性也必然是功利的一般原理。奥斯丁声称这是根据经验和观察得出的。[②] 对此，英国学者韦恩·莫里桑指出，至此，奥斯丁与边沁所不同的是，他是一位法律多元论者，因为他没有否认自然法的作用，只是把它降到了次要地位。[③]

虽然实证法学派学者之间的观点不尽相同，但总体而言，他们具有如下共同认识：一是认为只有实在法是法。任何可以承认为法律的准则都必须可以被证明是一种外在的、历史的行动，通过这种行动，它本身得到承认或生效。任何的认识最终都必须能够从感知中引申，这是一目了然的。这个命题排除任何对某种超实在法的自然法的承认。[④] 二是区分法的应然和实然，认为法是什么是一回事，其应该是什么即法的善恶是另一回事；着重于对法概念的分析，排斥对法律进行目的论和价值的思考；根据逻辑推理来寻求可行的法；并且否认道德判断有可能建立在观察和理性证明的基础之上。

（二）超验自然法与法律实质合理性之肯定

实证法学派对自然法的否定存在着明显的漏洞。休谟反对理性的存在，并提出以人类的意向、愿望等作为判断法律或行为好坏的标准；边沁的功利主义虽然也站在否定理性主义及自然法的立场上，但是他却以

---

① ［英］韦恩·莫里桑著，李桂林等译：《法理学》，235页。

② 参见张宏生主编：《西方法律思想史资料选编》，361页。

③ 参见［英］韦恩·莫里桑著，李桂林等译：《法理学》，243页。

④ 参见［德］H. 科殷著，林荣远译：《法哲学》，55页。

功利主义作为衡量立法和法律制度是否合理的标准，并且将功利主义定义为最大多数人的最大快乐或最大幸福，换言之，作为衡量事物是否合理的标准。问题是，其一，不管是人类的欲望还是功利原则，它们本身和理性一样，是相对抽象和含混的，其内容是实质性而非形式性的。其二，人类欲望标准或功利主义标准的提出，恰恰从另一方面表明，在具有外在形式特征的法律之外，存在着一个衡量它们好坏的实质标准。其实，实证法学派自休谟以来提出并经由边沁、奥斯丁等人发扬，对法作“应然”和“实然”的区分开始，就表明了他们开始了对于在法律本身是什么的问题之外法律应该是什么的追问。纵然实证法学派学者认为法律的“应然”属于价值范畴的问题，从而将之与“实然”问题区分开。但是，脱离了价值内涵的法律规范如同枯燥的数字一般毫无意义。但法律准则不是数学公式，法律也不可能是毫无意义的，它的产生便和自然法息息相关，它从来都是价值的体现。法律的应然和实然正如一纸之两面，何以能分开？其三，虽然休谟认为衡量法律的实质标准不是自然法和理性，而是人类的欲望，可是，人类的欲望也有好坏、正邪、善恶之分。按照休谟的观点，用人类的欲望衡量法律是否合理，便意味着，满足了人类邪恶欲望的法律显然是不合理的法律，与人类健康、公正的欲望相一致的法律则是合理的。这实际上表明，欲望标准本身也蕴含了人类抽象理性和自然法的观念。其四，虽然边沁、奥斯丁等人认为衡量法律的实质标准不是自然法和理性，而是功利主义，可是，如果进一步追问：衡量最大多数人的最大幸福的功利主义背后的标准是什么？最大多数人的最大幸福的标准本身，难道不正蕴含了人类抽象理性和自然法的观念吗？最大多数人的最大幸福的判断也有一个标准问题。对于每个人而言，虽然幸福、快乐的含义是有差别的，但是，无论如何它都有被一般人大致认可的内容，而这些内容，对于社会上的大多数人来说，当然是根据那种存在于他们心中的自然法的观念如正义、善良、适当等天道、天理进行认定的。即便边沁本人也承认这一点，他在明确地指明功利一词是指“快乐和痛苦”之后，接着分析了快乐和痛苦的来源，他说：“快乐和痛苦通常出自四种可辨认的来源，它们分别可称为自然的、政治的、道德的和宗教的，只要属于其中每一种来源的快乐和痛苦能够产生束缚任何法律或行为规则的力量，它们就全部可称为约束力。”[①]至于快乐和痛苦的具体类型，包括名誉之乐或苦、仁慈之乐或苦、作恶之乐或苦、和睦之乐与敌意之苦等。[②]仔细揣摩，快乐和痛苦的四种来源中又有哪一种不是与自然法休戚相关？自然法实际上就是人类社会的道德底线，因为它教育人们莫作恶而要行善。而宗教与自然法天然地交织在一起，因为在神学法学家们眼里，自然法也就是上帝的宗教的法，到了韦伯的除魅时代，法律和宗教的关系才变得清晰。然而，宗教和自然法存在的基础与性质是如此相像，以至于直到今天，人们也很难对它们的关系作一个明确的界定。至于政治，那恰恰不过是要将自然法制定为实在法的一种方式，而且，偏离了天然正义、公平的暴政带给人类的是痛苦，反之才是快乐。而边沁所提出来的仁慈、作恶等快乐和痛苦的具体类型，更是有力地印证了笔者的观点，即隐藏在边沁所说的功利主义——大多数人的快乐和痛苦——背后的，不是别的什么东西，恰恰是自然法所昭示的真正理性、天然正义、合理公平、正常秩序等。总之，虽然边沁以功利主义作为衡量法律合理与否的标准，但是这个标准的实质，仍然未能超出自然法的标准。只不过，边沁将自然法的仁慈、善良、正义、公平等实质价值用快乐和痛苦替代，然后又将人类的快乐和痛苦定义为功利主义。

而奥斯丁关于功利的界定更是明确地表明了他对自然法的认可。表面上看起来他将自然法降低到了次要地位，因为他是在功利主义的前提之下谈论自然法的，是在界定功利主义时使用自然法或理性概念的。但由于他将功利的本质界定为自然法、理性等，因而，实际上他也并非如莫里桑所言将自然法降低到了次要地位。在笔者看来，他与边沁一样，只不过是把自然法、理性等词语用功利加以替代罢了。因此，与自然法学派相比，笔者赞成这样一种观点——功利主义者的“知识并没有什么真正的进步，修辞术是实际上的胜利者”[③]。

---

① ［英］边沁著，时殷弘译：《道德与立法原理导论》，74、81页。

② 参见［英］边沁著，时殷弘译：《道德与立法原理导论》，90页。

③ ［英］韦恩·莫里桑著，李桂林等译：《法理学》，116页。

实证主义者的观点也遭到了19世纪末新康德主义者的批判，首当其冲的是面对纯粹的经验主义。实证主义者要努力去证明形式性质的、先验的理智结构的存在。“只有形式的东西才是实质性的；一种方法愈是形式的，它就愈是实质的。在事情的整个深度里，对一个问题越是作实质性（Emge）的表述，它就必然会更加具有形式的基础。”[①] 以新康德主义为出发点的德国法哲学家埃姆格从这些倾向之一即所谓的“马堡学派”中，提出了施塔姆勒关于正确的法的说法。[②] 施塔姆勒指出，想统一规定一切可能的目的和手段的绝对适用的程序的思想，我们称为法的理念，因此，法的理念不是一种必须实现的理想状态，不是一种令人承担义务的、思想的内容，而是一种程序，它使得把整个法的愿望理解为达到某些特定的、最高的目的——在程序的种种实际目标的统一之下的最高目标成为可能。某一项具体的法律原则与在这个意义上的法的理念相一致时，施塔姆勒将之称为法的“正确性”，这样的法就是“正确的法”。他一再强调正确的法所涉及的仅仅是一种形式的程序，而未对某些特定的、社会道德的内容进行检查。在此意义上，他认为正确的法的思想仅仅具有形式的意义，而且都仅仅表示，某种特定的法在其内容上与固有的基本思想处于和谐之中。于是，法律理念的内容、它的“公式”，是“想自由的人的共同体”，是“纯洁的共同体”，它同时也是“社会的理想”。至于什么是“想自由”，施塔姆勒一方面将它理解为一种愿望，另一方面则将它理解为一种纯粹社会道德的愿望。[③] 这样，施塔姆勒关于正确的法的理论在萌芽状态时虽然被设想为形式的法学学说，但是意味着重新引入一些绝对的价值概念。这样，严格的实证主义法学派的观点受到冲击，人们开始认为价值判断并不仅仅是受感情制约的，对它也能作理性的阐述。韦伯就是这种看法的代表人物。

韦伯在对严格的实证主义法学进行批驳的基础上，指出了自然法是

① ［德］埃姆格：《法哲学和经济哲学文献》。转引自［德］H. 科殷著，林荣远译：《法哲学》，51页。

② 参见［德］H. 科殷著，林荣远译：《法哲学》，51页。

③ 参见［德］H. 科殷著，林荣远译：《法哲学》，53～54页。

存在的。他说，“自然法是独立于整个成文法而且与之相比效果更突出的准则的总和，它们所具有的威严不是出于任意专断、为所欲为制定的章程，而是相反，章程的使人承担义务的力量是由它们合法化的。也就是说，是这样的一些准则，它们不是依仗渊源于某个合法的立法者，而是依仗纯粹内在固有的品质而成为合法的：一种法的合法性的特殊而且唯一、始终一贯的形式，而且即使宗教的默示和传统及其体现者权威的神圣性正在丧失，这种形式也能依旧存在。因此，自然法是革命创造的秩序之特殊的合法性形式”①。

显然，“韦伯对合理性的法律形式主义的论述带有明显的黑格尔哲学的影响。在他看来，体现在西欧法律和现实中的合理性，来源于自然界的永恒和谐的本质，即现实的合理性来源于自然界的合理性，法律（成文法）来自自然法”②。

这样，传统实证主义学派在新自然主义法学派、社会法学派等的反驳之下，慢慢不再坚守对自然法的否定和法律价值的极端排斥，并且，随着20世纪以来新分析实证主义法学的出现，实证主义法学者否认自然法及理性的观念开始出现了一些缓解和改变。新分析实证主义法学基本上继承了传统分析法学理论，即严格地区分实然的法和应然的法，只对法进行逻辑的分析而不涉及任何价值的评价。但是，与传统分析法学不同的是，“现代分析法学尽管仍然坚持法律与道德无关的基本观念，但态度已经不那么绝对，有的学说出现了向自然法靠拢的倾向”③。以英国法学家哈特（H. L. A. Hart，1907—1992）为例，作为新分析实证法学派的代表人物，他虽然仍然坚持区分事物应然和实然的划分，但已经不像休谟等人那样坚决地反对自然法并怀疑理性。哈特把各种各样的关于法律秩序的最低限度的内容称为自然法，承认自然事实与法律和道德规则之间具有理性的联系。他探讨了自然法学的价值观念的核心，即人的脆弱性、大体上的平等性、有限的利他主义、有限的资源和有限的

① ［德］马克斯·韦伯著，林荣远译：《经济与社会》（下），189页。
② 苏国勋：《理性化及其限制》，225页。
③ 刘全德主编：《西方法律思想史》，231页。

理解力与意志力，它们就是哈特所认为的自然法的最低限度的内容。[①]

很显然，实证主义法学派所作的极力反对自然法理论以及极力排除法律价值问题的努力，由于其自身理论的缺陷、其阵营中学者们的认识不统一，以及其他学派的批判，都被证明是失败的。理性主义在自然法那里是后者的同义语，而在实证主义者那里也不是法律的身外之物，最终，“不论是自然法或实证主义，都以不同的方式感染了对理性主义的信仰”[②]。而美国的《人权法案》（Bill of Human Right）得以并入美国的成文宪法，是自然法观念最丰硕的成果之一，它不仅使这种权利具有特定内容，同时也使它获得法律的承认。世界上“当今的各项法律，尽管不甚完备，在发展过程中却有一大部分归功于对合理而普遍自然法的信仰”[③]。作为人世间的最高法则，自然法虽然是一种超实定法的法，却也是生长在世界上每个人心中的法，是一种无处不在的法，它代表着人世间基本的善良、正义、公平等理念，而法律——实在法正是对自然法的体现，这正是法律的理性所在，也是前文笔者论述理性主义法律观的目的之所在。无论是什么法学派，实际上都在一定程度上肯定了自然法的存在，而且“所有的自然法教条不管对立法还是对司法都有过或多或少的重要影响。它们有一部分生存期大大超过其产生时的经济条件，并构成法的发展的一种独立的因素。在形式上，它们起初增强了变为在逻辑上抽象的法的倾向，从根本上提高了法律思想的逻辑力量。实际上，它们的影响极为不同，但是到处都有重大的影响”[④]。总之，“自然法是绝对的、一般性的且超历史的，亦即，它不同于人类所制定之法律（实证法），自然法优于实证法，它适用于全人类，而且适用于所有时代”[⑤]！

---

① 参见［英］哈特著，张文显等译：《法律的概念》，189～195页，北京，中国大百科全书出版社，1996。

② ［英］Dennis Lloyd著，张茂柏译：《法律的理念》，80页，台北，联经出版事业公司，1984。

③ ［英］Dennis Lloyd著，张茂柏译：《法律的理念》，81、84页。

④ ［德］马克斯·韦伯著，林荣远译：《经济与社会》（下），195页。

⑤ ［德］考夫曼著，刘幸义等译：《法律哲学》，33页，北京，法律出版社，2004。

（三）法律（合）理性之内容：形式与实质合理性的辩证统一

前文关于理性主义法律观的论述也表明，理性主义实际上是源于自然法的一种思想，正是由于自然法学家们对自然法的探讨，才产生了法律的理性主义的有关结论，诸如理性是法律的生命、法律是理性的体现等。而正是对法律与理性的探讨，才产生了法律的合理性问题。从自然法到理性，从法的理性到法律的理性，再到法律的合理性问题，是一个顺次相沿的逻辑发展过程。因此，如果要探讨法律的合理性问题，只有回溯到法律与理性的关系，最终回溯到自然法与实定法即法律的关系，才能明白法律合理性问题中形式合理性与实质合理性的关系。因为，当我们肯定自然法的存在，肯定法律（实定法）是自然法即理性的体现和客观定在时，我们就会肯定法律的合理性自始就包含了对实质合理性的关注，即立法者制定出来的法律是否符合理性，是否符合自然存在的秩序，是否符合作为社会共同权利与正义原则之体现的自然法。借助了形式合理性之外观的法律只有体现了自然法的正义、自由、公平等人类基本的是非善恶观念，才具备了实质合理性，最终也才具备了合理性。总之，“价值合乎理性的适用的最纯粹的类型，是用‘自然法’来表述的。不管面对它的理想的要求受到多么大的限制，它的逻辑推论的原则对于行为有着非同小可的实际影响，这是毋庸争辩的”①。易言之，法律的实质合理性就是指的法律合乎自然法的正义、公平、美德、善良等价值内涵。所以说，法律的形式合理性代表着实质上的公正要求。法律是对人类抽象公平及正义价值的一种记载，它是有关权利与正义的价值体系，其外在的规则体现的恰是自然法的内在价值，因而法律是形式合理性与实质合理性的统一。

四、理性选择——形式合理性抑或实质合理性

纯粹法学派的代表人物、奥地利学者凯尔森（Hans Kelsen，

① ［德］马克斯·韦伯著，林荣远译：《经济与社会》（上），67页。

1881—1973）在分析实在法与自然法的关系时指出，“有种情况即使不大常见，但却的确是有的，那就是被称为‘自然的’或‘正义的’原则与一定的实在法背道而驰”①。此时，就是法律的形式合理性与实质合理性相冲突之时。虽然形式合理性的法律是对自然法的体现，因而形式合理性本身蕴含了实质合理性，但是，法律的形式合理性和实质合理性毕竟是侧重于不同合理性的两种法律形式：法律的形式合理性侧重于对形式化的、意义明确的法律条文的规定以及法律原则的体系的构成和概念逻辑的阐释，它讲究的是法律的可操作性；而实质合理性侧重于对法律的内在品质诸如正义、公平、善良等价值观念的追求，它本身恰恰是抽象的、并非明确无误的，并且缺乏可操作性。形式合理性与实质合理性的这种差别，正如伯尔曼所指出的，“形式合理性表示通过逻辑概括和解释的过程对抽象规则的系统阐述和适用，它强调的是通过逻辑的方法搜集全部法律上具有效力的规则并使之合理化，再把它们铸造成内部一致的复杂的法律命题。相比之下，实质合理性突出的方面不是符合逻辑的一致性，而是符合道德考虑、功效、便利和公共政策”②。

那么，法律的形式合理性与实质合理性之间存在矛盾时，亦即人们必须作出理性选择时，究竟应该如何抉择？这对于法律的适用具有极其重要的理论和实际意义。笔者以为，法律的形式合理性和实质合理性的这种矛盾关系，决定了在对法律的合理性的追求过程中，应该分别对形式合理性和实质合理性的追求有所限制。其前提是，对法律合理性的追求不能过分。无论是形式的合理性还是实质的合理性，都只能是相对的合理性，绝对的合理性是不存在的：过分地追求形式合理性将会导致法律的变异；过分地追求实质合理性则会导致对法治的践踏与破坏。如果法律的形式合理性与实质合理性发生冲突，则只能在坚持形式合理性的前提之下追求实质的合理性；法律的形式合理性是第一位的，实质合理性是第二位的。

---

①［奥］凯尔森著，沈宗灵译：《法与国家的一般理论》，11页，北京，中国大百科全书出版社，1996。

②［美］哈罗德·J.伯尔曼著，贺卫方等译：《法律与革命》，654页。

（一）实质合理性对于形式合理性的实现具有重要作用

从形式合理性和实质合理性的辩证统一关系来看，实质合理性的内涵需要借助形式合理性来体现，反之，形式合理性的实现当然需要借助实质合理性。

首先，如果仅仅将法律理解为字面的规则，那就不可能理解法律的性质；如果不透过法律背后隐含的实质正义，那就不可能使法律的适用得出符合正义的裁决；如果对法律规则仅作独立的理解而不是放在社会的、历史的、文化的或政治的等背景下，则难以将抽象的法律适用于具体的案件。这一切决定了对法律的适用需要追求实质的合理性，需要从实质的价值角度理解法律规范。

其次，形式合理的规则在适用中的情况是复杂的。“尽管想象中的特殊规则在特殊事例中的特殊适用的程序是简单的，但整个规则系统自然是极其复杂的。正如韦伯指出的，这种‘形式上合理的’系统的发展要求具有特殊的历史和文化的特殊的社会情况和经济情况。”① 因此，如果脱离政治的、经济的、文化的价值内涵，脱离法律的实质正义、公平等价值观念，是不可能理解形式合理的法律规则的。因此，形式的合理性是可以通过实质的合理性得到保证的，韦伯对此就明确指出，“一个制度的合法性可通过”“价值合乎理性”“得到保证”②。

再次，从实质合理性本身的意义来说，为了使法律不至于停留在形式合理性的形式主义的框框之内，并使形式的法律规则和司法不至于过分地触犯法律的公平、正义等实质理想，必须尽可能最大化地使形式合理的法律体现实质合理性。这样一种过程，也就是追求实质合理性的过程。“把在一个实践理性的制度内可以合法地追求的目标普遍化，就是创造长久的价值。”③ 总之，法律的实质合理性对于保障法律形式合理性的实现具有重要作用。

---

① ［英］麦考密克、魏因贝格尔著，周叶谦译：《制度法论》，244页。

② ［德］马克斯·韦伯著，林荣远译：《经济与社会》（上），64页。

③ ［英］麦考密克、魏因贝格尔著，周叶谦译：《制度法论》，237页。

（二）法律的形式合理性优越于实质合理性

前已述及，如果法律的形式合理性与实质合理性发生冲突，则只能在形式合理性的前提之下追求实质的合理性；法律的形式合理性是第一位的，实质合理性是第二位的。这就是形式合理性与实质合理性之间理性选择问题的答案。这表明，对法律实质合理性的追求要受到法律形式合理性的限制，即不能超越和突破法律的形式合理性追求实质的合理性。对此，可从基本法理和法律适用技术两方面加以分析。

首先，从基本法理分析，对法律实质合理性的追求受形式合理性的限制。

由于实质合理性与自然法的理念具有一致性，而“自然法原则无论表现为赞同还是反对一个实在法律秩序，反正在任何情况下，它们的效力都有赖于非客观性的价值判断”①。或者如韦伯所指出的，形式合理性具有事实的性质，它是关于不同事实之间的因果关系的判断；实质合理性具有价值的性质，它是关于不同价值间的逻辑关系的判断。因此，形式合理性是关于手段和程序的可计算性的一种客观的合理性，实质合理性则是基于目的和后果的价值的主观的合理性。② 这样，当我们在判断一项实在法是否符合正义、公平、适当等价值原则时，难免会带有判断者的主观随意性，而主观的东西总难免不可靠，为此，必须对实质合理性的追求作一个客观的限制，以保证判断结果的相对可靠性、稳妥性。如果一项实在法在实质上是自然的、合理的，我们需要遵守它；如果一项实在法在实质上与法的实质理性相抵触，我们不能违背它或超越它，擅自制定法律规则并用以解决法律纠纷，换言之，我们也应遵守它。因为，一项实在法的颁行是经过严格的程序并由特定的机构进行的，在一定程度上，它是社会上一般人的普遍的正义观的体现，如果以违背实质合理性为理由而擅自将之废除或弃而不用，实质合理性就会超越形式合理性，成为判断事物是非的标准，而这种状况正如韦伯在分析

① ［奥］凯尔森著，沈宗灵译：《法与国家的一般理论》，11页。
② 参见苏国勋：《理性化及其限制》，227页。

原始社会时所指出的，是“用一些神秘不可思议的方法、巫术的手段”来统治社会，那将是一种蒙昧的状态，因为它是纯主观的价值判断，缺少相对客观的形式上的制约，其后果将会导致恐怖的专制。在这一点上，古典自然法学派的观点是要受到批判的。例如，西塞罗、奥古斯丁等古典自然法学家就以公正、正确作为法律的价值内涵，认为不公道或者邪恶的法律不能称为法律。“这意味着，就算国家或政府正式颁布了规则之类的东西，它也可能被别人宣布为不是法律。而且，别人在宣布的时候，可以以自己认为的‘公道’、‘公平’、‘邪恶’之类的主观价值作为唯一的判断标准。”[①] 这样的结果，只会导致“人法”或“无法”。因此，追求法律的实质合理性必须以遵守形式上合理的法律规则为前提，不能在实在法的范围之外，以实质合理性作为判决的标准。至于在形式合理性的范围之内，对于实质合理性的追求，则是通过对实在法的解释来实现的。总之，对法律实质合理性的追求不是对形式合理性的僭越，而是在遵从形式合理性的前提下，对形式合理性的维护和实现。

其次，从法律适用的技术上分析，即从实质合理性的具体实现方式来看，无论何种形式的实质合理性的实现途径，都要受到形式合理性的限制。

追求法律的实质合理性，主要通过立法和法律解释两种方式。立法方式主要是指在制定法律时，为了最大限度地追求实质合理性，应尽量将违背人类公平、正义等价值理念的行为规定为违法犯罪行为，以使形式合理的法律规则充分体现自然法的实质理念；应尽可能多地使用不确定的法律概念和抽象模糊的、包容性大的概念语言，例如，在法律条文中使用诸如“诚实善良”“公平正义”等抽象的法律概念，以避免法律的技术性、形式性过于明显而削弱法律的实质内涵和价值容量。

法律解释方式主要是针对法律准则中所使用的抽象的概念，进行合理的解释、延伸和扩展，以使具有实质内容的法律更加系统化、理性化。法律不仅仅是具有客观性、普遍性、统一性等形式特征的规则体，

① 刘星：《西方法学初步》，266页，广州，广东人民出版社，1998。

更是制度化、规则化了的正义要求。法律规则是依据并体现公平、正义等价值和价值标准的，它必然根植于人类社会共有的客观价值和内在的公正原则，并且其目的必然是维护社会的正义秩序，因而，法律规则只能用作为其背景的公平、正义等原则加以解释。

但是，使用立法或者法律解释方式追求法律的实质合理性是有一定限度的。形式合理性要求法律概念必须是明确、具体的，最好是毫无漏洞的。因为“只有当规范或规范性原则的内容能够通过语言明确地表示时，谈论它们才是有意义的”①。只有通过明确的文字表述，法律所蕴含的实质价值才能得以存活，并且只有在这种形式下它才能接受科学的分析。所以，如果立法者在制定法律时一味地使用抽象的法律概念，将会使法律失去形式的合理性；而且，根据法律规则背后的正义等价值解释法律时，不能够超越法律规则文本的可能含义的范围，不得类推解释，否则就是对法律规则的突破，也会使法律失去形式的合理性。因此，在追求法律的实质合理性时，不能抛开形式合理性无限制地追求实质内容的合理，以至于突破法律的外在形式特征，从而导致法律虚无主义。

另需特别说明的是，根据理性主义法律观的理论，实在法是以自然法为基础的，实质的正义等价值是法律的基础，如果限制对法律实质合理性的追求，并在其与形式合理性发生冲突时坚持形式合理性的优位原则，是否与自然法学派所坚持的理性主义法律观相违背？答案是否定的。经过自然法学派与其他学派的长期论战，“目前似乎有一种倾向是只提出自然法理论的‘软弱的’形式”。这种“软弱”的自然法理论“承认法学的主要任务是对现行有效的法律制度进行调整研究，而且承认，对自然法的审议有如下的任务：(a) 给法律的内容提供正当的理由；(b) 试图给法律义务的约束力提供道德基础；(c) 力求指出实质性的正义的主要特征；(d) 协助解决法律上的疑难问题。软弱的自然法理论并不认为有效的法律可以从自然法理论中推导出来，也不认为来源于

① ［英］麦考密克、魏因贝格尔著，周叶谦译：《制度法论》，138 页。

实证法的法律准则仅仅因为它们不符合自然法的原则而应被视为无效”[①]。易言之，即使自然法理论也不否认，应该在坚持法律形式合理性前提之下给法律的理解或适用提供实质正当理由；即使有些法律规则并不完全符合自然法理论的价值内涵，法律一经制定就应得到遵守，不能因其不符合自然法的价值原则就认为一项业已生效的法律规则是无效的，失去了法律的形式合理性而徒有实质合理性的法律只会退回原始社会的蒙昧时代，并且不再需要讨论法律以及法律的形式合理性和实质合理性的问题。

（三）结论

理性是相对于非理性，合理性是相对于不合理性而言的，而理性与非理性之间、合理性与不合理性之间的界限，虽然大致是清楚的，却很难做到绝对清晰。因为理性的内容如公平、正义等价值理念极其抽象，合理性的标准亦如万花筒一般纷繁多样。实质合理性则是模糊的，缺乏客观外在的形式并难以把握的，相对于实质合理性，形式合理性是相对清楚的、客观的、易见易懂的。这决定了对法律的合理性的追求必须要以可见易感的形式合理性为原则，在此前提下展开对实质合理性的追求。反对那种为了追求法律的实质合理性而置形式合理性于不顾，突破法律的形式规则体系，进行所谓的单一符合实质合理性的正义、公平原则的法官造法或类推解释等活动，否则，司法活动就会变成无形式化的司法。无形式化的司法为“绝对任意专断和主观主义的反复无常提供机会”[②]，其结果将会导致对法治的践踏，法律的形式合理性不复存在，实质合理性也会失去依归。因此，抛却法律的形式合理性而过分追求实质合理性的行为本身就是非理性的。而这正是众多理性主义者所担心的，或者说是他们反对以实质合理性作为衡量事物的首要价值目的之关键所在。例如，韦伯就明确指出，“从目的合乎理性的立场出发，价值合乎理性总是非理性的，而且它越是把行为以之为取向的价值上升为绝

① ［英］麦考密克、魏因贝格尔著，周叶谦译：《制度法论》，134页。

② ［德］马克斯·韦伯著，林荣远译：《经济与社会》（下），142页。

对的价值，它就越是非理性的，因为对它来说，越是无条件地仅仅考虑行为的固有价值（纯粹的思想意识、美、绝对的善、绝对的义务），它就越不顾行为的后果”①。显然，韦伯的这一立论是建立在这样的前提之上的，即不能过于追求事物的价值/实质合理性，否则，很可能抛弃对工具/形式合理性的坚守；价值/实质合理性只是相对的合理，而不可能是绝对的合理。

总之，笔者以为，法律的规则性、客观性、体系性、统一性、普遍性等基本而重要的形式特征，保证了法律的正义、公平等抽象的、主观的实质合理性的透明性；法律的正义、公平等价值理性内涵，则保证在法律规则不够明确时，可以依据这些人类理性在形式合理性的范围内对法律进行目的价值的解释，以保证法律的形式合理性能得到最大限度的维护与遵守，使法律的形式合理性具有长久的价值。在法律的形式合理性与实质合理性发生冲突时，承认法律的形式合理性是对实质合理性的体现的前提，决定了在追求形式合理性时，不能抛开实质合理性，从而导致价值虚无主义；在追求实质合理性时，不能抛开形式合理性的限制，以至于突破法律的外在形式，从而导致法律虚无主义。易言之，在形式合理性与实质合理性之间，法律的形式合理性是第一位的，实质合理性是第二位的，只能在坚持形式合理性的前提下追求实质的合理性。

① ［德］马克斯·韦伯著，林荣远译：《经济与社会》（上），57页。

第二章　刑事法治模式：形式与实质的法治国

“从法治这个命题中，可以合乎逻辑地引申出刑事法治的概念。刑事法治是刑事领域中的法治，是刑事法的价值内容。”[①] 中华文化法治意识的缺乏，体现在刑事法领域便是建构刑事法治观念的淡薄及对刑事法治模式选择的迷茫。当今中国刑法发展和适用过程中所暴露出来的一系列问题，诸如刑事立法万能主义，刑法司法解释的蔓延、扩张，刑事司法的僵化与机械，刑事法官与刑法条文之间的被动（而非能动）关系，以及由这些问题所导致的刑法学研究中长期的“低水平的重复”，刑法学者研究刑法学时方法论意识的缺失，刑法解释学较之同等地位的部门法如民法等远为落后，都与未探讨刑事法治模式这一根本性的问题有直接关系。现代化的刑事法治所面临的问题也即法治现代化所面临的根本性问题，就是法治如何理性化，形式合理性与实质合理性在（刑事）法治的建构中应该作何取舍。对这一问题的回答，不但决定着对刑法根本性难题的理解，如罪刑法定原则与社会危害性理论之间的关系、我国刑法的犯罪论体系的发展走向等，而且决定着刑法学研究的方法论问题——例如，是坚持刑法哲学，还是坚持刑法解释学？是将刑法解释学当作刑法学发展的根本途径，还是斥之为低级的法条注释？而这些，又进一步决定我国刑法学究竟是朝着形成如同德、日等大陆法系国家那样精致而深厚的刑法理论的方向发展，还是仍旧徘徊在此前粗糙的和惯

---

① 陈兴良：《刑事法治论》，1页，北京，中国人民大学出版社，2007。

于不负责任的法典批判主义。为此，笔者将立足于前文对理性主义法律观详尽的探讨基础，在下文展开对我国刑事法治所面临的理性化问题的研究，最终回答选择何种刑事法治模式来构建我国的刑事法治。

一、法治国模式：形式与实质的法治国

法治与法治国，两个一字之差的概念，传递出二者之间扑朔迷离的关系，从而导致法学界对其关系长久以来的纷争：法治与法治国，字面所传递的紧密关系可否理解为二者是等同的概念？抑或在二者字面的紧密关系背后，恰恰存在着重大差别？这虽然不是本书所探讨的重点，却是行文的严谨性要求必须面对的问题。

法治——rule of law，即依法而治；法治国——Rechtsstaat，是依法而治的国家政体或者说以法律为基础的国家。长期以来，中外学者对法治与法治国关系的认识存在着严重分歧。

从源流上看，“法治”产生于17世纪英国的学说，而“法治国”概念源于19世纪德国形式主义的法治国思想[①]，两者之间在起源、理论与实践上存在着重大分歧，这已在西方学术界引起了广泛关注。[②]“以Franz Neumann为代表的学者认为法治与法治国两者之间存在着重大差别。支持其论点的有伯尔曼等人。”[③] 如伯尔曼指出，英国人所称的“法治”意义上的“法的统治”已经超过了“法治国”意义上的“依法而治”[④]。我国学者刘军宁认为，从法的内涵上看，法治强调的不仅是应依法办事，而且是所依之法必须合法；法治国则仅仅主张依法办事。这又引申出两者在与正义关系上的区别：法治既合乎实质的正义，也合乎形式的正义。法治国充其量只合乎形式的正义，但这种单纯的形式正

---

① 参见高道蕴等编：《美国学者论中国法律传统》，218页，北京，中国政法大学出版社，1994。

② 参见刘军宁：《从法治国到法治》，载刘军宁等编：《经济民主与经济自由》，88页以下，上海，上海三联书店，1997。

③ 郑永流：《德国“法治国”思想和制度的起源与变迁》，载夏勇主编：《公法》，第2卷，38页，北京，法律出版社，2000。

④ ［美］哈罗德·J.伯尔曼著，贺卫方等译：《法律与革命》，259页。

义在后果上可能是极不正义的。[1] 可见，在区别论者看来，法治国即依法而治（the rule by law），其仅仅具有工具意义；而法治即法律主治或法的统治（the rule of law），则不仅包含依法而治的意思，而且包含有目的、有价值的观念。从这个意义上讲，认为法治和法治国是有区别的两个概念的区别论无疑是正确的。但是，基于起源于 19 世纪德国形式主义的法治国概念的重要缺陷，在现代，法治国的概念还被注入了人权、正义、民主等新的含义，现代法治国的理念不但强调依法而治，而且强调良法之治，因此，尽管现代“法治国”的概念被继续使用，但需要分清的是，它早已不是早期工具意义上的法治国概念了。

如下文所要论及，随着第二次世界大战以后德国形式主义的法治国走向实质主义的法治国，法治国的工具主义思想早已融入实质主义的法治国思想之中，纯粹只有工具色彩的依法而治在事实上已经不存在。从这个角度看，过于强调早期法治国依法而治的形式意义上的思想与法治之间的严格界限，已经没有太大意义。对此，我国学者郑永流指出，法治和法治国区分论者与同一论者之间“分歧的主要根据在于，区别论者将法治国认定只具形式意义，而法治与实质意义相连；同一论者则没有作这种区分。但事实上，人们既可以对法治国又可以对法治作出形式与实质的区别，但不可在语言上将法治国只与形式相连，而将正义归于法治的私藏品，因为在 Rax、Fuller 笔下的法治看不到什么实质的内容，而波恩法治国则是形式与实质的统一”[2]。当今，在法治和法治国词语的使用上，无论是我国还是其他国家（如法国等），无论是理论界还是实务界，都没有过于强调两者间的严格界限，而是常常将两者相互混用。此外，根据法治或法治国是否具备形式或实质的意义来讨论二者是区别或是同一关系还存在一个缺陷，那就是忽略了法治和法治国概念形成与发展的起源以及法治国的法治目标，而后者是明显含有实质性意义的问题，因为它表达的是法治国的正当性诉求而不仅仅是工具层面的治

① 参见刘军宁：《从法治国到法治》，88 页以下。

② 郑永流：《德国“法治国”思想和制度的起源与变迁》，38 页。

国手段。“法治国必须承继传统形式意义的法治国的杰出理念”，“同时必须符合国家追求整体实质正义即将国家行为确实用法而非单纯用法律加以束缚，使得法治国无疑地可……达到良法之治”，而这“无疑是今后法治国概念的发展最主要关注之处”[①]！因此，如果仍停留在法治和法治国早期发展的阶段，从是否具有实质意义的角度来区分法治和法治国，并认为法治兼具形式和实质双重意义，而法治国只具有形式意义，显然与当今法治和法治国的理论不相符合，并且明显存在着偏颇。有鉴于此，下文将主要在同一论的基础上展开相关论述。

当然，如果从字面上来理解，法治国侧重于国家，是指国家法治化的状态或者法治化的国家，是指国家应受法律的规范与限制，或者说是指特定国家以法律作为治理国家的手段和根本措施。它是相对于警察国、文化国而言的一个概念。而法治侧重于对公民权利和自由的保障，它既是人类历史上的一项重大成就，也是一种法律理想。它是相对于人治而言的一个概念，并且法治本身“包含法治国家和法治社会在内，法治国家与法治社会是法治发展的相互连接的两个阶段，它们都是法治的构成部分”[②]。从此角度而言，法治和法治国是有区别的两个概念。因此，下文的论述不排除在此意义上使用法治和法治国两个概念。

（一）古典法治理念：形式与实质法治国思想之雏形

法治理念是起源于西方自由主义的人类文明之精华，因而法治是一个历史性的概念。而形式与实质的法治思想则是与法治理念相伴相生的一对范畴。

古典法治思想是随着希腊文明的崛起和罗马帝国的兴盛而产生的。具体而言，法治作为思想观念，起源于古希腊亚里士多德。在以何种方式治国较有成效这一问题上，古希腊的柏拉图认为，人治才是最理想的或最好的统治，法治是统治国家“第二等好”的方式。与之相反，亚里士多德认为国家最好的统治方式就是“以法律为治”即法治，“法治应

① 陈新民：《德国公法学基础理论》（上册），100页，济南，山东人民出版社，2001。

② 卓泽渊：《法治国家论》，115页，北京，中国方正出版社，2001。

当优于一人之治”。遵循这种法治的主张，亚里士多德认为，人治中的人，尽管聪明睿智，然而每个人都有感情，如果任凭感情用事，难免会产生偏见和政治腐化。“至于谁说应该让一个个人来统治，这就在政治中混入了兽性的因素。常人既不能消除兽欲，虽最好的人们（贤良）也未免有热忱，这就往往在执政的时候引起偏向。”① 只有法律可以免除一切情欲的影响并可避免上述弊端，因为法律是不受感情因素影响的理性；在这里，统治者和被统治者都是自由民，他们之间是平等的，他们都享受法律上的权利；有了法律可以遵循，即便是统治者也不敢胡作非为，破坏法纪②，因而法治是免除一切感情和欲望影响的理性之治。

而关于什么是法治，亚里士多德给出了流传千古的关于法治的命题：“法治应当包含两重含义：已成立的法律获得普遍的服从，而大家服从的法律又应该本身是制定良好的法律。”显然，亚里士多德所认为的法治具有以下特点：第一，法治是规则之治。“已成立的法律”即为经由立法者制定为普遍规则的法律，这是法治必须具备的形式要件。“正式订定的法律”具有最高的终极性的权威，因而法治的前提就是有一套制定好的法律规则并能获得民众的广泛服从，“公民们都应遵守一邦所定的生活规则，让各人的行为有所约束”。第二，法治是守法之治。“法律获得普遍的服从”表明“法律应在任何方面受到尊重而保持无上的权威，执政人员和公民团体只应在法律（通则）所不及的‘个别’事例上有所抉择，两者都不该侵犯法律”③。不是依据法律而是依据专横的命令来统治的政体实际上不是一个政体，因为任何真实的政体都必须以普遍性的法律规则为基础，而命令永远不可能成为普遍性的规则。第三，法治是良法之治。法治本身蕴含价值基础，因为法律有良法和恶法之分。但是，什么样的法律才是良法？对此，亚里士多德指出，“相应于城邦政体的好坏，法律也有好坏，或者是合乎正义的或者是不合乎正

---

① ［古希腊］亚里士多德著，吴寿鹏译：《政治学》，167～168、169页。

② 参见吴恩裕：《论亚里士多德的〈政治学〉》，载［古希腊］亚里士多德著，吴寿鹏译：《政治学》，11～12页。

③ ［古希腊］亚里士多德著，吴寿鹏译：《政治学》，147、192、199、276页。

义的。这里，只有一点是可以确定的，法律必然是根据政体（宪法）制定的。既然如此，那么符合于正宗政体所制定的法律就一定合乎正义，而符合于变态或乖戾的政体所制定的法律就不合乎正义”。显然，亚里士多德所认为的良法，就是符合正义的法律。至于什么是正义，正义就是人间的至善，是判断人间是非曲直的标准，也是社会秩序建立的基础，它以公共利益为依归，按照一般的认识，它还是某些事物的平等的观念。“所谓‘公正’，它的真实意义，主要在于‘平等’。如果要说‘平等的公正’，这就得以城邦整个利益以及全体公民的共同善业为依据。”① 因此，良法不是为了所谓的“好人们”或“富人们”的利益而创制的，而是为了多数人或者说群众的利益而创制的。因此，诸如由多数人通过的一部把少数人的财产在多数人的成员中进行分配的法规是非正义的法律即恶法，另外一些压制性的法律——不管它是由人民、暴君还是由富人提出的——也都是卑鄙的和非正义的。为了使立法者制定良好的法律，亚里士多德还从政体、国情、教育等方面提出了许多基本原则，“但是，关于司法机关是否在所有的情况下都必须执行恶法或人民必须遵守恶法的问题，他却没有表明其观点”②。第四，法治的作用在于人权和自由的保障机能。亚里士多德认为，“法律不应该被看作‘和自由相对的’奴役，法律毋宁是‘拯救’”自由。③

笔者以为，亚里士多德关于法治是规则之治、守法之治以及法律的至上权威等的观点，奠定了法治的形式要件；而他关于法治分为良法之治与恶法之治、正义的法律之治与非正义的法律之治的看法，虽然其中还存在着诸如恶法究竟应否遵守等尚未解决的问题，但是其所针对的明显是法治的实质要件，即法律之治中法律的价值基础是什么，它在价值上应该被如何评价。而且亚里士多德所没有回答的恶法是否应该遵行的问题，恰恰为以后法学者进一步发展法治理念，并思考形式法治与实质

① ［古希腊］亚里士多德著，吴寿鹏译：《政治学》，148、153 页。

② ［美］E. 博登海默著，邓正来译：《法理学：法律哲学与法律方法》，12 页，北京，中国政法大学出版社，1999。

③ 参见［古希腊］亚里士多德著，吴寿鹏译：《政治学》，276 页。

法治之间的关系问题，留下了广阔的空间。以亚里士多德的法治观为代表的古典法治思想虽然在中世纪神学政治家、法学家那里并未得到发展——譬如，阿奎那并不认为法治是最优之治，由一人所统治的君主制才是最优之治，从而比亚里士多德大为退步，因为亚氏在主张君主制的同时还主张法治，易言之，他主张的不是单一的君主政体而是混合政体。但是，随着人类社会对国家治理方式的日益重视，法治理念终究得以在近代社会勃兴，直至成为现代社会的一个经典概念、一种治国的理想模式。而且亚里士多德关于法治的形式特性和实质特性思想的提出，为以后法治国的两种基本类型——形式与实质法治国思想的形成奠定了重要基础。

（二）近代法治理念：形式与实质法治国思想之形成

如果说古希腊的古典法治思想为形式与实质的两种法治国思想的分野奠定了雏形，那么，立足于古典法治思想，而发源于 17、18 世纪的英国和 18 世纪末、19 世纪前期德国的自由法治国思想，则直接导致了形式意义法治国思想的正式形成。至 20 世纪中期，垄断资本主义的高度发展和资本的集中经营，暴露出形式法治国思想过分注重法治的概念规则体系和程序性的弊端，一种积极的、以追求实质正义为目标的实质意义的法治国思想逐渐兴起，并最终形成现代意义的实质法治国思想。因而，从法治国的发展理念而言，法治国经历了从自由法治国思想到形式意义的法治国思想，再从形式法治国思想到实质法治国思想的一个发展历程。

1. 自由法治国思想的兴起

近代意义上的法治国思想发源于 17、18 世纪的英国和 18 世纪末的德国。自由法治国思想在英国以洛克为代表，在德国则以康德为代表。自由法治国思想的核心是：在反对专制王权的基础上，主张以正式颁布且具有普遍有效性的法律而非专制性命令来治理国家，以便有效地限制国家权力以保障公民个人自由不受国家权力的侵害；只有一部为立法机构正式制定并能得到有效执行的法律规则，才能为人们根据自己意志而行动的权利即自由权划定明确的界限。因此，与形式和实质法治国两个概念的对立不同，自由法治国思想不是形式法治国思想的反面，它只是从自由主义思想出发来要求法治；在形式法治和实质法治理念之间，它倡导形式意义的法治，并认为这种法治才是保障公民自由权的有效方式。

（1）英国的自由法治国思想

作为英国及整个西方社会法治主义的奠基人和“自由主义的鼻祖”，洛克提出了以自由主义为基调的自由法治国思想。洛克认为：第一，一方面法治原则是公民自由权的保障。自由不是人们“爱怎样就可怎样……而是在他所受约束的法律许可范围内，随其所欲地处置或安排他的人身、行动、财富和他的全部财产的那种自由，在这个范围内他不受另一个人的任意支配，而是可以自由遵循他自己的意志”①。法治原则对于人们的自由保障具有重要作用。人们为了自由和安全，便把他们全部的自然权利交给他们所加入的社会，社会才把立法权交给它认为适当的人选并给予委托，以便让立法机关颁布确定的、经常有效的法律来治理他们，而不是以临时的命令进行统治。另一方面，政府只有“根据既定的和公布的法律来行使”权力，人民才能“知道他们的责任并在法律范围内得到安全和保障，也使统治者被限制在他们的适当范围之内，不致为他们所拥有的权力所诱惑”② 而作出侵犯公民自由的行为。总之，法律的目的不是废除或限制自由，而是保护和扩大自由；哪里没有法律便没有自由。第二，法律至上主义。法律必须是由专门的立法机关制定的，而不是哪个个人或君主的专断意志，因此，法律必须要付诸实施并需要加以服从。“法律一经制定，任何人便不能凭他自己的权威逃避法律的制裁，也不能以地位优越为借口，放任自己或任何下属胡作非为，而要求不受法律的制裁。公民社会中的任何人都不能免受它的法律制裁。”③ 第三，司法活动的重要性。洛克认为，司法及法律的执行活动

① ［英］洛克著，叶启芳、瞿菊农译：《政府论》（下篇），36页。
② ［英］洛克著，叶启芳、瞿菊农译：《政府论》（下篇），86页。
③ ［英］洛克著，叶启芳、瞿菊农译：《政府论》（下篇），59页。

极为重要。法律不是为了其自身被制定的，而是通过法律的执行成为社会的约束，使国家的各部分各得其所、各尽其职；当执法活动完全停止时，政府将会因此搁浅，人民也会变成没有秩序或联系的杂乱之众。“哪里没有司法来保障人们的权利，在社会内部也没有其他权力来指挥强力或为公众供应必需品，哪里就肯定不再有政府存在。”① 法律不能被执行那就等于没有法律，一个没有法律的政府将是不可思议的。

在洛克的自由法治国思想中，蕴含了丰富的形式意义而缺乏对法治国实质意义的描述。虽然洛克承认自然法和人类理性的存在，但是它们既不确定，又不为公众所知晓，从而导致公民充满着恐惧，其自由也处在危险之中。为此，根据社会契约论，人民让渡一部分权利，其中包括立法权给政府，政府据此制定正式公布的法律来治理人们，或者说，来保障人们的自由。这样，政府必须依照法律治理公民即实行法治，才能有效保障公民自由并维持国家运转。而这种法治最重要的是形式要件，即形式上确定且众所周知的，也为民众所接受和承认、作为是非判断标准和裁判他们之间纠纷的共同尺度的法律。易言之，和亚里士多德一样，洛克所说的法治首先是规则之治：法律必须得到所有人的一致遵守，表明法治也是一种守法之治；法律必须由专门的机关制定并执行，表明法律的立法和司法活动过程的重要性，而这也是形式法治的特征。至于这种法治国是否含有价值诉求等实质性的意义洛克并未论及。由于洛克的法治理论是以保障个人自由权利为出发点和核心的，因而可被称为自由主义法治观；又由于这一自由法治观是以法治的形式要件为内容的，笔者认为，其还可被称为“自由主义式的形式意义法治国”。

（2）德国的自由法治国思想

在德国法制史上，最初酝酿法治国概念的是康德和威廉·洪堡（Wilhelm V. Humboldt，1767—1835）。康德并没有在其著作中明确提出法治国的概念，但是，他在1797年所撰写的《法律学》一书的第二篇

① ［英］洛克著，叶启芳、瞿菊农译：《政府论》（下篇），132页。

“公法”第一节“国家法”中所表达的国家观，对于促进日后德国法治国思想的产生打下了坚定的理论基础。[①]

深受洛克等启蒙思想家的影响，康德等德国思想家们都非常强调个人自由的重要性。自由是康德道德哲学和政治哲学的基石、核心。如前文所述，康德认为自由是人的一种与生俱来的天赋权利，他说，“自由是独立于别人的强制意志，而且根据普遍的法则，它能够和所有人的自由并存，它是每个人由于他的人性而具有的独一无二的、原生的、与生俱来的权利……但同时，这种权利不多于他可以同样彼此地约束他人的权利”[②]。从自由主义出发，康德提出了他的国家观。他认为：在人类最初生活的原始状态，人人享有与生俱来的自由，但是每个处于自由状态的人在与别人相处时难免会滥用自己的自由而侵犯别人的自由，其结果将会导致人类缺乏安全感并由自然状态变为战争状态。为此，人们必须从自然状态中予以解脱并组成国家，以实力来界定个人的义务及行为界限。所以，国家对于康德而言，并非历史的产物而是人类理性的产物。在此基础之上，“康德第一次对法治国的核心内容——法律与国家的关系作了一个经典的表述”[③]，即国家“是许多人依据法律生活而组织起来的联合体”，这种联合体是一种文明的社会组织，也是“唯一的法治社会”，在这种社会中，人们过着“一种用法律来规定的秩序的生活”[④]。而“国家的任务（及个人自由所系）在于维持‘法律秩序’”[⑤]。显然，在康德看来，国家的任务是通过法律维持公民自由活动的空间和范围。

正是因为康德的国家观建立在满足个人自由的基础之上，其对法治国概念的产生所作出的重要贡献，就在于他提倡用法律来统治国家。这样，和洛克的法治国思想一样，康德的法治国观念也被称为自由的法治

① 参见陈新民：《法治国公法学原理与实践》（中册），54页，北京，中国政法大学出版社，2007。

② ［德］康德著，沈叔平译：《法的形而上学原理》，50页。

③ 郑永流：《德国“法治国”思想和制度的起源与变迁》，42页。

④ 转引自张宏生主编：《西方法律思想史资料选编》，322页。

⑤ 陈新民：《法治国公法学原理与实践》（中册），56页。

国思想。康德在《法律学》一书“公法”篇“国家法”这一节还开宗明义地指出：“法律的概念必须向公众公布，以产生一个法律状态，即为公法，此也为一个民族（一群人民）或一群种类，彼此在共同的意志——即宪法——下之法律状态下，相互影响所需要的‘法律制度’。此外，康德也提及民法体制（民族个人间的法律关系）及国际法等制度。”① 加之前文康德将国家定义为“许多人依据法律生活而组织起来的联合体”，他这种结合国家与实证法律的国家观立场，以及国家任务在于维护法律秩序的看法，极为清晰地将国家统治与法律连在一起，因此被德国及我国学者普遍认为是形式主义的法治国家观。这样，与洛克的法治国思想相类似，康德的法治国思想最终也可概括为“自由主义式的形式意义法治国”②。

德国著名政治学家及哲学家洪堡也是构建德国自由法治国思想的早期人物。与洛克和康德的自由法治国思想所不同的是，洪堡的法治国理念是“自由主义式的实质意义法治国”，而不是“自由主义式的形式意义法治国”③。

洪堡的政治、哲学思想典型而积极地以个人主义及自由主义为出发点。他认为，人类真实的目的是不断发展自我，因此自由是不可或缺的因素。而国家的任务不外乎两种：一种是积极地向国民提供各种形式的福利，另一种是消极地以消除恶行为目的。详言之，就是给社会提供安全保障，使公民在行使自己人身与财产权时，免受他人的侵犯。并且后一种任务才是国家的根本任务。因为如果国家采取积极的福利措施来影响人民的生活，就会使人民生活形成“一种制式化（Einförmigkeit）”，社会发展的多样性就会被压缩甚至毁灭；同时，还会使个人放弃其所担负的自行改善生活、为自己及家庭谋取福利的责任心，这种对国家福利作

① 转引自陈新民：《法治国公法学原理与实践》（中册），56页。

② 陈新民：《法治国公法学原理与实践》（中册），56页。

③ 陈新民：《法治国公法学原理与实践》（中册），57页。

用的过分依赖将会使人民永远无法成熟并成为国家监护下的婴儿。[①] 基于反对警察国的思想，洪堡呼吁人民不可信赖国家权力这种以谋求全民福利为任务所给予的授权，因为一种为国民谋取福利的行为或者以该行为为行使国家权力的出发点，往往会导致为谋求少数人的福利而发展成为赤裸裸的权力滥用。因此，洪堡极力主张国家任务应力求单纯，仅仅限于维护法律秩序即消除恶行即可。洪堡基于国家任务有限性（限于维护法律秩序）的观点，提倡对抗独裁主义的极权主义国家侵犯的自由法治观。但是洪堡“既未详细指出此法律秩序的产生及来源为何，亦未强调权力分离原则，当然更未指出‘法治国’的名词，对法治国的理念并非以形式意义来了解，反而将注意力集中在（有限的）国家任务上，这即是以实质意义来强调国家的法治制度。故有学者称其法治国理念为‘自由主义式的实质意义法治国’（materieller Rechtsstaat liberaler Prägung），在十九世纪中这是极少数持实质意义‘法治国观’的例子”[②]。

18 世纪，德国哲学家普拉西度斯（J. W. Placidus，生卒不详）在其 1789 年出版的《国家学文献》一书中，首次使用了法治国的概念。普拉西度斯是康德的信徒，一位自由主义思想家，他支持康德的国家“是许多人依据法律生活而组织起来的联合体”的观念，所以普拉西度斯自称，他的那本涉及讨论德国在 18 世纪末所推行的国家与法律制度相结合之运动及国家学文献的《国家学文献》一书，是一本具有批评性质的“法治国家学”（Rechts-Staats-Lehre）的书籍，从而有别于一般国家学偏向神学或哲学的角度。虽然普拉西度斯提出的“法治国”原来用语是合并“法与国家”两个词而成的，并且中间还有连字符“-”，但是其意义并不受影响。这样，法治国终于作为学说而首度出现。[③]

德国浪漫派学者米勒（Adam Müller，生卒不详）在其 1809 年出版的《国政艺术之要素》一书中，将国家司法部部长当成是“法治国的

① 参见［德］洪堡著，林荣远、冯兴元译：《论国家的作用》，36～38、137、142 页，北京，中国社会科学出版社，1998。

② 陈新民：《法治国公法学原理与实践》（中册），57 页。

③ 参见陈新民：《法治国公法学原理与实践》（中册），58 页。

代表”（Repräsentanten des Rechtsstaates），法治国这一用语从而再度出现。在德国第三位使用法治国用语且极为重要的一位学者是韦尔克（Carl Theo-dor Welcker，1790—1869）。韦尔克在其1812年出版的名为《法、国家及刑罚的最后理由》一书的第二篇，使用了“客观理性法及法治国的理由”作为篇名，法治国的用语被当作标题，显得非常醒目。韦尔克的法治国观念是：法治国家最高的法律在外观上是规范全民的客观形式的法，有了这种形式的法作保障，人民才能享有自由的空间；同时，法律的精神也是为了保障人民的自由，形式的法应尽可能达成美德及和谐的目的，以及促进实现全民最大的福利；法律不单是规范公民个人自由的工具，也是定位人民与国家关系的工具，因此靠法律来决定国家与人民关系是法治国家的性质。可见，韦尔克对宣扬法治国概念的贡献，不仅是书中法治国的名词非常醒目，而且虽然其对法治国主要是提倡形式意义的认定，但是他对国家任务的重视及法治国自由、美德、和谐等价值判断的主张，表明其法治国思想也具有实质意义的一面。[①] 可以说，韦尔克所持的是一种折中的法治国思想。

2. 自由法治国到形式法治国思想之形成

以洛克、康德等人为代表，以自由主义为核心和出发点所构建的近代法治国观念，虽然也出现了诸如洪堡的带有实质意义色彩的法治国观，还有韦尔克的折中法治国思想，但总体而言，自由法治国的主旋律仍然是形式意义的，这不但是因为洪堡的实质意义的法治国观在当时是极少数的，而且是因为韦尔克的“折中主义的法律法治国观很快就为形式法治国论所取代”[②]。实际上，自由主义天然就带有强烈的法律形式欲求，因为自从古希腊的西塞罗提出自由就是做法律许可的事情的观念之后，人们对自由与法律的关系便有了根深蒂固的见解，这种见解就是：法律是自由的保障，在法律沉默的地方——法律没有禁止的行动范围之内，公民是自由的；而在法律发言的地方——法律允许人们为或不

① 参见陈新民：《法治国公法学原理与实践》（中册），58～60页。

② 郑永流：《德国“法治国”思想和制度的起源与变迁》，48页。

为一定行为的范围之内，法律实际是在通过每个人自己的行为为保障别人的自由提供前提，这表现为，任何人不得为法律所禁止之事，因为这会侵犯他人的自由；任何人可以为法律许可的行为，这是他自己的自由。而法律保障公民自由权最基本和最直接的途径便是，制定一套明确稳定且可以预见的行为规则。这样一来，外在、客观、稳定、可预期并且具有普遍性和可把握性的形式意义的法律观，就当然成为自由主义法治国思想的主流。因此，洛克和康德等法哲学家的“自由主义式的形式意义法治国”为真正形式意义的法治国思想的出现，奠定了坚实的基础，甚至可以说，自由法治国思想与 19 世纪末 20 世纪初出现的真正意义上的形式法治国思想之间具有内在的逻辑联系。

如果说洛克的自由法治国思想和当时的社会背景有紧密联系的话，这种联系在 18、19 世纪的法国等西方国家表现得更为明显。在 17 世纪英国资产阶级革命前夕，社会阶级关系急剧分化，社会经济制度矛盾急剧加深，封建制度面临深刻的经济和政治危机。在这种情况下，人们开始反对以国王为代表的封建土地贵族和教会中的僧侣，从而爆发了持续近半个世纪的资产阶级革命。洛克恰好经历了整个资产阶级革命，他目睹了革命前夕封建王朝的专权与黑暗，深感资产阶级革命的必要性，同时又感到人民主权和自由的重要性，于是提出了政府的目的是保护私有财产，而最好的政府形式是议会制。这样，洛克的政治思想学说必然建立在坚决反对专制君主制，猛烈抨击封建王权、君权神授、王位世袭等落后的封建制度的基础上，并必然大力宣传天赋人权、主权在民、君主立宪和自由平等人权等先进的资产阶级思想。

英国资产阶级革命开创了欧洲近代史的新纪元，标志着欧洲进入了近代资本主义时期。英国革命的成功在全世界产生了巨大影响，继它之后一系列资产阶级革命接踵而来。它所建立的君主立宪政体曾被欧洲各国资产阶级理论家和革命家所推崇和向往。它在革命中形成的政治思想哺育了一代启蒙思想家[①]，18 世纪法国资产阶级时期的启蒙思想家们提

① 参见王哲：《西方政治法律学说史》，158 页，北京，北京大学出版社，1988。

出法治国思想，就是深受洛克影响的结果，法国启蒙思想家如孟德斯鸠、卢梭等人的法治理论就是以洛克所宣扬的天赋人权和自由平等为其理论指导与基石的。

孟德斯鸠的“三权分立”论，卢梭的“主权在民”和“契约论”等，是这一时期法治国理论构建的基础。孟德斯鸠在研究政治自由、法律和政体的相互关系时，得出了国家权力划分的结论。孟德斯鸠首先指明了什么是自由。他认为，在一个有法律的社会里，自由仅仅是一个人能够做他应该做的事情，而不被强迫去做他不应该做的事情；或者说，自由是做法律所许可的一切事情的权利。如果一个公民能够做法律所禁止的事情，他就不再有自由了，因为其他的人也同样会有这个权利。为了保障自由，必须将国家的三种权力即立法、司法与行政权相分离并授予不同的机关。如果一个国家将所有这三种权力合而为一，虽然没有专制君主的外观，却会让人们时时感到君主专制的存在。孟德斯鸠认为，立法权应该授予议会，司法权应该授予法院，行政权则授予君主。[①] 显然，三权分立的理论认为只有国王或政府才有权力制定临时或永久的法律，并修正或废止已制定的法律，只有这样的法律才最具权威性和普遍约束力。法治被认为是依照形式化的成文法来治理国家，主观擅断的法官意见被认为违反了形式意义的成文法，是破坏法治的行为。这样，孟德斯鸠的“三权力分立的理论，为‘形式法治国家原则’（das formalle Rechtsstaatsprinzip）提供了相当的体系架构”[②]。卢梭沿袭了孟德斯鸠的形式法治国思想，他认为：法律而非官员是国家构成的基本要素，实行法治的国家才是民主共和国，法治国是理想的国家政体；而法律必须被服从，任何人只受法律而非某个个人的意志支配等。[③]

在德国，19世纪中期资产阶级革命的失败使“法治国的形式化有

---

① 参见［法］孟德斯鸠著，张雁深译：《论法的精神》（上册），153～166页。

② 苏俊雄：《刑法法治国家原则之实践观察》，载《台大法学论丛》，总第24卷，1995(2)，278页。

③ 参见张宏生主编：《西方法律思想史资料选编》，303页。

了更有说服力的政治理由”[①]。19 世纪中期德国资产阶级革命的失败使德国的法治国思想与制度开始向形式化发展变化。莫尔（Robert von Mohl，1799—1875）是推动这种变化的先行者，也是形式法治国思想的代表者。莫尔认为法治国是人类理性发展的极致，法治国是国家形式的最高层次和人类社会发展的最终结果。关于法治国的概念，莫尔的见解与卢梭的社会契约论极为相似，他认为：每个人如果完全依据自己的意愿行动，就可能侵犯他人的权利；如果不加以限制，人类共存的社会就不会存在；而最好的限制手段以及国家权力的行使，都应该“随时在法律上明白掌握”，也就是必须“披上法律形式”的外衣。只有如此，才能使社会每个成员自由而全面地发挥自己的能力并得到最大可能的支持与促进。所以，莫尔的法治国思想观念具有非常明显的形式意义。[②]这种形式法治国思想的特点是，扬其法律形式，而抑其自由实质。对法律形式的推崇成为形式法治国思想的主要理念导向。莫尔的法治国思想，尤其是其对法治国的形式分析，对德国后来的一批形式法治国论者，如施塔尔（Friedrich Julius Stahl，1802—1861）、贝尔（Otto Bähr，1817—1895）、格奈斯特（Rudolf von Gneist，1816—1895）、迈尔（Otto Mayer，1846—1924）等产生了重大影响。比如，施塔尔明确指出应将国家活动的范围和人民自由的范围，严格通过法律加以规定；法治国的概念仅仅是指达成法治国目标以及内容的方式和特征。而贝尔的法治国思想更是一种明显的形式意义上的见解，他认为：法律应该是明确的白纸黑字的成文规范，它们具有优先于国家行政权及司法权的地位；必须设立合法的诉讼制度来行使这些法律以保障公民的权利等。[③]格奈斯特、迈尔等更是从依法行政的角度论述了这种形式法治国的意义。比如，迈尔指出：“法治国的行政，为了以法律的方式来决定，人必须尽最大的可能通过法律来加以约束。宪法应将此任务赋予立法机关，立法机关应尽最大可能制定法规或命令来约束行政权，这是法治国

① 郑永流：《德国“法治国”思想和制度的起源与变迁》，49 页。

② 参见陈新民：《法治国公法学原理与实践》（中册），61～62 页。

③ 参见陈新民：《法治国公法学原理与实践》（中册），63～64 页。

无可怀疑的第一任务。”[①] 从 19 世纪 30 年代到 20 世纪初，形式的法治国理念成为在法治国的起源地——德国占统治地位的法治国理论。

3. 形式法治国思想到实质法治国思想的演变

然而，19 世纪末 20 世纪初，在经济上，资本主义创造出了比以往任何社会都要丰富的物质财富，资本主义的生产方式已由自由竞争发展成为垄断经营。人们之间的交往日益频繁，社会关系日益复杂，社会的变化日益迅速，但个人的生存能力受到了社会的严重制约，就业、教育、卫生、交通和环境等，都成了严重的社会问题。在政治上，封建复辟的危险性已消除，但无产阶级已经成为一个有马克思主义指导的成熟的革命阶级，工人运动一浪高过一浪。资产阶级理论家认识到：对这种社会形势除了政府以外没有任何一个组织或个人能够应付，对政府的角色有必要重新塑造；在哲学上已不能再强调矛盾的斗争性而应强调矛盾的统一性，否则就不可能有政权的巩固和社会秩序的稳定。于是，以狄骥为代表的法学家展开了对以“天赋人权”为指导思想的个人主义法治理论的批判。狄骥的社会连带主义法学理论——也被称为“团体主义”的法理学思想，就是在批判个人主义法治理论的基础之上建立起来的。尽管在 20 世纪西方国家的文化是多元化的，如存在新自然法学、新分析实证法学、社会法学、经济分析法学、新自由主义法学、制度法理学、存在主义法理学、现象学法学、行为主义法学、批判法学和统一法学等，然而，从本体论上说，社会连带主义思想或团体主义思想却是法理学上的一种共识。

在普通法系国家，团体主义思想也以这样或那样的形式被提了出来。在英国，狄骥的理论得到了当时改良主义者拉斯基的坚决拥护和大力宣扬。当代学者米尔恩也认为，人们之间的关系是一种“伙伴关系”，“伙伴关系”的基础是相互合作，条件是互相信任。[②] 在美国，实证主

① 转引自郑永流：《德国“法治国”思想和制度的起源与变迁》，51 页。

② 参见［英］米尔恩著，夏勇等译：《人的权利与人的多样性》，67～69 页，北京，中国大百科全书出版社，1984。

义法学的主要代表人庞德也接受了社会连带主义，他认为“今后法学思想的道路”“似乎是一条通向合作理想而不是通向相互竞争的自我主张理想的道路”，合作是 20 世纪法律的文明观念。他说，“我们现在对合作所赋予的价值，是在上一世纪赋予自由的个人自我主张那种价值如此之高，以至于在我们今天看来是极其荒谬的东西，而在当时看来却不算是”过高代价的情况下出现的。[①] 在这种团体主义思想影响下，淡化法律对公民个人权利的保障而强调法律为社会大众提供服务，强调实质的正义而可以忽视法律程序上缺陷的实质法治理论应运而生。实质法治国思想的主要特点是“包含更多的实质性内容。它在一定程度上包括一项或多项以下内容：确保最低限度社会福利的规定，即‘福利国家’维护某种形式市场经济的各种规定，保护最基本的人权的规定，促成民主政治制度化的规定”。而且，实质法治国理论也在一定程度上包括全部或几乎全部形式法治国理论的制度形态，“包括法律制定机关，法律条文，以来源为导向的有效性标准，协调一致的解释方法，可靠的事实发现程序，一个易于操作、公正独立的司法系统，对法院适用法律时修正先前条文权力的有力限制，只有通过法院或类似司法机关在提供正式通知和听审机会后最后施行的补救和制裁措施等”。但是，形式法治国思想在很大程度上强调体现法律形式的特点，实质法治国思想则考虑到更多的实质性内容，诸如经济与非经济、福利与非福利、民主和非民主等，这是二者的不同点。[②]

二、刑事法治国之标志：罪刑法定原则

（一）古典法治国思想及近代自由法治国思想与形式罪刑法定原则

“罪刑法定原则”便是“形式法治国的最重要的制度构成”[③]。与形

① 参见［美］庞德著，沈宗灵等译：《通过法律的社会控制·法律的任务》，76～69 页，北京，商务印书馆，1984。

② 参见［英］罗伯特·萨莫斯著，钱弘道译：《形式法治理论》，载夏勇主编：《公法》，第 2 卷，113 页。

③ 郑永流：《德国“法治国”思想和制度的起源与变迁》，55 页。

式法治国思想相适应，此一时期的罪刑法定主义是形式的罪刑法定："从形式意义的层面观察，法治国家原则在刑法上的作用，首先表现为对于'法律安定性'（Rechtssicherheit）的保障机能。"[①] 即对犯罪的处罚规定，必须在刑法构成要件之中，明确其侵害法益的范围及行为类型，且在行为完成之前，对于构成要件的规定，国民均具有预见的可能性。

早期古典法治国和近代自由法治国的思想家们非常重视形式的罪刑法定主义。他们从反对封建专制主义出发，以追求人的解放为价值目标，要求刑法能够最大限度地保障公民的人身自由、尊重公民的人格尊严，主张权利平等，反对罪刑擅断、司法专横、出入人罪。由此确立了个人本位的政治法律思想，并为罪刑法定原则提供了理论基础。洛克就明确提出，"制定的、固定的、大家了解的、经一般人同意采纳和准许的法律，才是是非善恶的尺度"，认为只有"……以法律规定的刑罚处罚任何社会成员的犯罪"才是合法的，而只有立法机关才享有制定法律的权利，这种权利不能转让给任何他人，总之，国家"应该以正式公布的既定的法律来进行统治"[②]。孟德斯鸠也指出，"专制国家是无所谓法律的。法官本身就是法律。君主国是有法律的：法律明确时，法官遵照法律；法律不明确时，法官则探求法律的精神。在共和国里，政制的性质要求法官以法律的文字为依据，否则在一个公民的财产、荣誉或生命的案件中，就有可能对法律作有害于该公民的解释了"[③]。贝卡里亚的思想则充分地体现了古典法治国思想家们的形式罪刑法定主义思想。他在深刻揭露了封建社会以前的专制时期的刑法制度的蒙昧擅断的本质的同时，明确指出，"只有法律才能为犯罪规定刑罚。只有代表根据社会契约而联合起来的整个社会的立法者才拥有这一权威。任何司法官员（他是社会的一部分）都不能自命公正地对该社会的另一成员科处刑罚。超越法律限度的刑罚就不再是一种正义的刑罚"，"当一部法典业已厘

① 苏俊雄：《刑法总论》，Ⅰ，228页，台北，大地印刷厂有限公司，1998。

② ［英］洛克著，叶启芳、瞿菊农译：《政府论》（下篇），16、53、88页。

③ ［法］孟德斯鸠著，张雁深译：《论法的精神》（上册），76页。

定，就应逐字遵守，法官唯一的使命就是判定公民的行为是否符合法律”。总之，“从本质上来讲，刑罚应该是……由法律规定的”[①]。

总之，形式的罪刑法定主义认为法是指立法机关颁布并制定的成文法，强调刑罚权之发动须依据形式完备的成文法律。首先，何种行为是犯罪以及对犯罪处以何种刑罚，都须在刑法中予以明确规定。如果法律没有明文将某种行为规定为犯罪，就不能将这种行为认定为犯罪；如果法律没有明文规定处罚某种行为，就不能对这种行为进行处罚。刑法规范的表现形式应该具有确定性，其内容必须极为明确、周详，以使人民知悉其权利界限，避免法官恣意解释，相对强调对公民自由的保障；刑法的内容除了刑法典的规定便是法官的法条操作而无其他价值要素在内。因此，形式的罪刑法定主义论者极为崇拜成文的法律形式，认为成文的法律才能体现社会的稳定管理，以文字记载的法律具有稳定性，能够抵御各种欲望的侵袭。其次，要求对什么行为是犯罪、应处何种刑罚的规定是明确的，不明确的刑罚法规违反罪刑法定原则的基本理念，因而是无效的。在他们看来，没有明确规定什么范围内的行为是处罚对象的刑罚法规，不具有告知国民什么是犯罪及应处何种刑罚的机能。如果法律中没有明确规定行为的类型，或者没有实施实际的行为，就不能断定任何人是犯罪人；法律如果只规定行为应受处罚，或虽规定刑种但没有规定刑度即绝对的不定期刑，就是不被允许存在的。最后，对于刑罚法规没有直接规定的行为，类推适用是被禁止的；刑法只适用于其施行以后的犯罪行为，而不追溯至其施行前的行为，即禁止事后法等。根据这种极端形式的罪刑法定主义思想，1791 年法国甚至制定了一部刑法典草案，对各种犯罪都规定了具体的构成要件和绝对确定的法定刑，毫不允许法官有根据犯罪情节斟酌科刑之余地。基于此，形式的法治国观念和形式的罪刑法定主义理论提出，“立法宜由‘对法律学理透彻、经验老到’之人来将全民意志形诸法条”[②]，并认为只有如此才能制定出

① ［意］贝卡里亚著，黄风译：《论犯罪与刑罚》，11、13、109 页，北京，中国大百科全书出版社，1993。

② 转引自陈新民：《法治国公法学原理与实践》（中册），70 页。

内容完备、法条严格的成文法典。

（二）形式罪刑法定原则到实质罪刑法定原则的形成

与实质法治国理论相适应，罪刑法定主义由形式意义演变成了实质意义。实质的罪刑法定除了要求形式的罪刑法定所强调的刑法规范和程序的完备外，更要求：刑法规范在内容上必须符合公平、正义之理念；必须考虑民主和社会原则，强调个人利益对社会利益的服从；在传统形式的人权保障基础之上，更加强调实质的人权保障。极端的实质的罪刑法定原则还认为，哪怕形式上不完全符合法律但在实质上侵犯了正义的行为也同样应该被认定为犯罪。意大利著名刑法学家曼多瓦尼等权威人士则更为详细地论述道，所谓体现实质的罪刑法定原则的刑法，是指具有下列倾向的刑法：（1）在法的本质问题上，强调“不违背正义要求不为罪”，即认为罪刑法定原则中的“法”只能是体现人类正义要求的“法”，反对“恶法”也是“法”的观点；（2）在刑法渊源上，强调“无刑罚处罚不为罪”，认为除制定法外，实际为人民所遵循的习惯法或司法创造的法，只要能作为适用刑罚的参考，都应该是刑法的表现形式；（3）在犯罪本质问题上，强调“无社会危害不为罪”，认为在认定犯罪时可以撇开法律规定的形式，直接以行为对社会的危害作为认定犯罪的标准；（4）在法的价值取向问题上，着重强调个人的利益应服从社会的需要，将维护、保卫社会生活的基本条件作为刑法的首要任务。这样，坚持实质的罪刑法定原则得出的必然结论就是，只要行为的社会危害性达到了犯罪的程度，即使在没有法律明文规定的情况下，也应受刑罚处罚；只要行为不具备应有的社会危害性，即使有法律的明文规定，也不得当作犯罪来处理。[①] 当然，在笔者看来，曼多瓦尼等人的主张当然有些极端，譬如以习惯法作为刑法的渊源，可以抛开刑法的规定而直接依社会危害性定罪等。这些主张与法治国原则的精神是相违背的。现代国家的实质罪刑法定并不是对形式罪刑法定的抛弃，而是在形式罪刑法定的基础之上增加了注重法的公平、正义等实质性的内容，只是强调在注

① 参见陈忠林：《意大利刑法纲要》，10～11页，北京，中国人民大学出版社，1999。

重形式的罪刑法定的同时也注重实质的罪刑法定罢了。

因此，实质的罪刑法定不仅是对罪刑法定理念的更新，使罪刑法定原则在内容上也相应地发生了变化，更为重要的是依据实质的罪刑法定的要求，刑法必须符合正义之观念。罪刑法定原则增加了实体的正当性为其新的内容。实体的适当原则，又称刑罚法规适当原则或适当处罚原则，指刑罚法规规定的犯罪和刑罚都应适当的原则。原来罪刑法定原则只被理解为“无法律则无犯罪，也无刑罚”，只要有法律的规定，不管刑罚法规的内容如何，都被认为不违反罪刑法定原则。对此，马克昌教授明确指出，自 20 世纪 60 年代以来，由于受美国宪法中适当的法律程序原则的影响，日本一些学者如团藤重光、平野龙一、芝原邦尔等教授在提倡明确性原则的同时，还提出承认实体的适当原则为罪刑法定原则的新的派生原则。随后，这一原则逐步为日本刑法学界所接受，他们认为受美国宪法影响，于 1946 年制定的《日本国宪法》第 31 条的规定是实体的适当原则的宪法根据，该条规定：“任何人非依法律所定程序，不得剥夺其生命或自由，或科其他刑罚。”在日本学者看来，该条规定不仅要求程序的适当，而且要求刑罚法规实体内容的适当，刑罚法规实体内容不适当时，就被认为违反宪法第 31 条而构成违宪。团藤教授指出，宪法第 31 条如前所述是由来于美国的适当程序条款，从而虽然没有“适当的”这种表述，但当然必须说要求罪刑的法定是适当的。在不仅程序而且实体必须适当这个意义上，对于美国所谓的“实体的适当程序”的要求，日本国宪法的规定也应当予以承认。他们认为，罪刑法定原则的宗旨是保障人权，实体的适当原则体现着实质的保障人权原则，它符合罪刑法定原则本来的宗旨，应该说是当然的。①

至此，罪刑法定的思想完成了从一般形式法治国家的原则到实质法治国原则的飞越，其不但具备了形式的内容，而且具有实质、普遍的意义。形式到实质的罪刑法定之变化，对刑法构成要件理论也提出了挑战。形式法治国思想及形式的罪刑法定要求刑事立法者应该制定确定

① 参见马克昌：《比较刑法原理》，68 页，武汉，武汉大学出版社，2002。

的、严密的、周详的全封闭式的构成要件，尽量将法官的自由裁量权缩小到最小限度，法官无权进行解释，以实现个人主义、自由主义之人权保障机能。但是，形式的罪刑法定及绝对精确的构成要件存在着缺陷：由于形式的罪刑法定原则过分钟情于形式法治国的形式与程序，远离法律的自由价值，特别是缺乏限制立法者的立法权限的机制，容易使刑法成为统治者推行自己意志的工具，将不公正的规则制定为强有力的国家法律，以合法的形式干涉公民正常的生活。“仅靠确定性并不能保障公民的自由，一个含义‘确定的’犯罪规范，完全可能是专横与无理的产物。为了防止这种危险的出现，人们才要求必须由具有最大代表性的机关来制定罪刑法定原则发挥保障公民自由的作用，必须有一个民主的政体，有一个能够通过辩论来确定应对哪些行为进行处罚的议会。”① 因此，形式的罪刑法定原则及其所主张的构成要件理论，理所当然地遭到了人们对其包含的潜在危险性的担忧及对这种学说的批评。“惟一般民主法治国家不同者，乃在于强调法律安定价值优先原则之下，如何去追求法律的妥当性，以实现社会正义的善美价值。法律的安定价值与保障人权的功能，是不可或缺的基本作用，绝不能因为实务及政策考量而被忽视！”②

（三）结论

当今世界各国的罪刑法定原则结合自由法治国的形式罪刑法定与福利国家的实质罪刑法定，形成了兼具形式侧面和实质侧面的现代罪刑法定原则，这正是当今世界各国的刑法理论所普遍承认的罪刑法定原则的含义。

罪刑法定的形式意义在当今社会体现为，现代各国的刑事法治是以罪刑法定作为重要准则、以一系列强制性的公开的刑事规则组成的一个刑事法律体系。这一点，从当代美国学者约翰·罗尔斯（John Rawls，

① ［意］杜里奥·帕多瓦尼著，陈忠林译：《意大利刑法学原理》，9页，北京，法律出版社，1998。

② 苏俊雄：《刑法总论》，Ⅰ，231页。

1921—2002）将罪刑法定作为法治社会的重要准则时的论述中即可得知。他指出，刑事“责任原则不是建立在这样一个观念上，即认为惩罚主要是报复和恐吓。相反，责任原则被看成是为了自由本身。除非公民能知道何为法律，并得到一种公平的机会来考虑法律所颁布的各种指令，否则刑事制裁就不应该运用于他们”①。这表明，刑法的目的不是报应和惩罚，而是人权保障；罪刑法定则是刑法人权保障机能的实现原则。因为只有法律对犯罪进行明文规定，才能使公民知道何为刑事法律。这种法律体系中所规定的行为即为“法治所要求和禁止的行为”，“政府通过强制实行一个公开的惩罚体系来消除那些认为其他人不遵守规则的根由”。因而罪刑法定原则是这个规则体系中的重要准则，“法无明文规定不为罪的准则（Nullun crimen sine lege）及其暗含的种种要求也产生于一个法律体系的观念中。这个准则要求法律为人所知并被公开地宣传，而且它们的含义得到清楚的规定；法令在陈述和意向两方面都是普遍的，不能被当成损害某些可能被明确点名的个人（褫夺公民权利法案）的一种手段；至少对较严重的犯法行为应有严格的解释；在量刑时不追溯被治罪者的既往过错。上述要求潜含在由公开规则调节行为的概念中。因为，比方说如果法规的命令和禁止的内容不明确的话，公民就不知道该怎样行动”②。“如果法无明文规定不为罪的准则，比方说，由于模糊的、不精确的法规而受到侵犯的话，那么我们能够自由地去做的事情就同样是模糊的、不精确的，我们的自由的界限便是不确定的。在这种情况下，人们对行使自由就会产生一种合理的担心，从而导致对自由的限制。”③ 在此，罗尔斯所论述的罪刑法定原则，充分表明了罪刑法定的形式侧面，即排斥习惯法，要求对犯罪与刑罚均采用成文法的形式来明确规定，反对在刑法中使用模糊的、不精确的用语，禁止刑法溯及既往，禁止类推解释而要求对刑法进行严格解释等。

---

① ［美］罗尔斯著，何怀宏等译：《正义论》，231 页，北京，中国社会科学出版社，1988。

② ［美］罗尔斯著，何怀宏等译：《正义论》，227、230、228 页。

③ ［美］罗尔斯著，何怀宏等译：《正义论》，229～230 页。

在实质方面，实质法治国思想及实质罪刑法定原则的兴起，表达了人们在追求刑法安定性之外，对刑法妥当性的追求。在实质法治国思想的影响下，人们对刑法的功能及刑法规范的完备性有了新的认识：刑法在福利国家之中，不再是限制国家权力之工具，而是用来强化国家的社会服务功能。一个福利国家中经济、社会与文化等各方面的任务是紧密相连的，刑法只有通过各种利益之平衡，力求实现正义，才能有助于福利国家发挥其创造社会福利的功能。而对刑法规范不再苛求形式上的完备性，认为只有符合正义理念的刑法规范才与福利国家的宗旨相符，才与法治国的理念相符。于是，从实质层面观察，当代法治国家除了要求刑法规范和程序完备，“更要求刑法规范的内容，以及其理论结构，尽可能符合正义国家的理想形象（Idealbild des gerechten Staates）。诸如：以人性尊严的维护，作为刑法价值体系的基本规范；尊重国际人权的理念，排除非必要的刑法干预；尊重罪疑惟轻的证据原则；重视现代刑事政策的重要理念——刑罚权的行使尤其应注意‘目的与手段相当原则（过度禁止原则）’（Grundsatz der Verhältnismässigkeit der Mittel），以及法律之前人人平等原则；并且重视法治国家正当程序的要求”①。这样，刑法对构成要件的规定及适用，不再仅以形式的保障为已足，而且要求内容尽量符合法之公平与正义之观念，要求刑法构成要件的规定能够尽量给法官留下一定的裁决余地，以使法官能够根据法条之形式规定并结合犯罪对社会的实质危害来解释法条、适用法条，从而实现实质法治国之原则，以使刑法符合当代团体主义和福利国家之发展。

三、形式与实质刑事法治国之基本模式

由于法治国存在着形式法治国与实质法治国之分，罪刑法定是刑事法治的最重要标志，而罪刑法定原则也存在着形式与实质之分，因而，可以说，刑事法治也存在着形式的刑事法治与实质的刑事法治之分。在这两种刑事法治模式中，究竟应该如何选择？是坚守形式的刑事法治而

① 苏俊雄：《刑法法治国家原则之实践观察》，274 页。

放弃实质的刑事法治？还是抛弃形式的刑事法治而一味地追求实质的刑事法治？这是构建刑事法治国所必须面对的问题，其答案决定着刑法学者在研究刑法学时的基本态度。

作为刑事法治的首要之义的形式合理性与实质合理性，在刑法中表现得极为明显。形式意义的罪刑法定即为刑事法治的形式合理性，实质意义的罪刑法定和社会危害性理论，则为刑事法治的实质合理性。根据前文理性主义法律观的基本观点，在法律的形式合理性与实质合理性的关系之中，形式合理性是法律首要而基本的形式特征，是第一位的，实质的合理性是第二位的，只能在坚持形式合理性的前提之下追求实质的合理性。据此，刑事法治的首要意义，当然是坚持形式合理性也即形式意义的罪刑法定原则；在此前提之下，展开对刑事法治实质合理性的追求，即通过自然法所代表的正义价值对犯罪从实质上理解，具体而言就是根据社会危害性理论来解释和适用刑法规范，以达到罪刑法定原则在实体的正当性、处罚的均衡性等实质方面的要求。一言以蔽之，刑事法治思想的基本观念就在于：其一，坚守刑法的形式合理性，即形式意义的罪刑法定原则；其二，构建刑法的实质合理性，根据实质的罪刑法定原则所追求的公平、正义等价值观，根据犯罪的本质社会危害性理论，进行刑事立法和解释、适用刑法规范。至于为何提出以社会危害性理论为根据来解释、适用刑法以实现实质的罪刑法定原则之要求，笔者将在下文的第二部分予以论述。

（一）形式合理性——形式的刑事法治国之坚守

“刑事法治首先意味着在刑事领域具有一套体现正义的规范体系的存在，这种刑事法规范不仅在于约束公民，更重要的在于约束国家，从而防止司法权的滥用。”① 因为只有当人们的行为受到普遍公布的，并且是由司法机关统一且平等地适用的一般规则所制约时，才能实现法律合理性的最低限度即形式意义的合理性。因此，形式的刑事法治国的基本要求就是实现形式的罪刑法定原则，即适用于大量不同的人或者各种

① 陈兴良：《刑事法治的理念建构》，1～2页，北京，中国人民大学出版社，2007。

不同的刑事案件的是不受任何外在事物歪曲的同一刑法规则，或者用罪刑法定原则的标语式语言表达——法无明文规定不为罪，法无明文规定不为刑。

首先，坚守形式合理性——形式意义的罪刑法定，要求有一套成文的、公之于众的且易于为民众所了解的刑法规范，易言之，要求对什么是犯罪以及对犯罪处以什么样的刑罚均由法律明文规定。这也是形式刑事法治模式在刑事法中的首要体现和要求。因此，刑法必须是成文法，不成文的刑法易导致刑罚权的滥用和罪刑专断，因为“只要法律是不成文的，它就必定被戏剧化和表演。正义必须呈现出生动形象的外表，否则人们就看不见它”①。犯罪和刑罚必须由法律明文规定，是在 12 世纪教会法的犯罪法中便发展起来的一项原则。在 11、12 世纪的教会法学家们所创造的刑法制度之中，教会法学家们认为，刑事罪孽是对于教会法的违反，“这一原则必然带来这样的原则，即不是对于教会法的违反便不能够在教会法院中进行诉讼。这一原则在 12 世纪由彼得·伦巴德以下列方式予以表达：‘若非已有禁令，罪孽亦不存在’（‘There is no sin if there was no prohibition’）。过去时态‘was’的使用引人注目。这里是西方法律传统中的一条漫长而曲折的法学之路的开端”②。及至启蒙时代的 18 世纪，该项原则以法国革命时期的《人权宣言》所表达的一项原则而告结束：Nullum crimen，nulla poena sine lege——“法无明文规定不为罪，法无明文规定不为刑”，即在犯罪行为发生之前如果不存在一项成文法规定犯罪及其刑罚，便不能宣布一项行为是犯罪并处以刑罚。自此之后，罪刑法定原则宛如“格言一样不论是在适当或是不适当的场合都会出现，而且像谚语一样随着被使用的意义变化而变化”③。在普通法系国家，虽然并没有系统的成文法，但是根据宪法的规定，对于公民权利的剥夺也必须根据法律的规定或允许或者经由陪审团的审判才可实行。例如，弗吉尼亚州草案第 8 条规定，任何人不能被

① ［美］哈罗德·J. 伯尔曼著，贺卫方等译：《法律与革命》，69 页。

② ［美］哈罗德·J. 伯尔曼著，贺卫方等译：《法律与革命》，231 页。

③ Vgl. Karl Binding，Handbuch des Strafrechts，Band I，1885，s. 17.

强迫证明自己有罪；除非经由法律或者陪审团的审判，任何人不能被剥夺其自由。宾夕法尼亚草案第 9 条规定，除非经由法律或者陪审团的审判，任何人都不能被正当地剥夺其自由。马里兰州草案第 21 条规定，非经法律允许或者陪审团的审判，任何自由人都不能被逮捕或监禁，或者剥夺其完全保有财产权、自由或其他权利或者被剥夺法权或被流放，或者被以任何方式破坏或剥夺其生命、自由或财产权。北卡罗来纳州草案第 12 条规定，非经法律的允许，任何自由人不能被逮捕或监禁或者剥夺其完全保有财产权、自由或者权利，或者被剥夺法权或被流放，或者被以任何方式破坏或剥夺其生命、自由或财产权。佛蒙特州草案第 10 条规定，除非经法律允许或陪审团的审判，任何人不能被正当地剥夺其自由。[①] 马萨诸塞州草案第 12 条规定，非经法律的允许或陪审团的审判，任何人不应该被逮捕、监禁、夺取或者剥夺其财产权、豁免权或其他权利，或者被置于法律的保护之外，或者被剥夺他的生命、自由或不动产。[②] 这些普通法系宪法性文件的相关规定同样表明，在现代民主法治国家，任何人的行为如果不经判决有罪或者不符合法律关于犯罪的规定，其生命、自由、财产等各项权利不能被擅自剥夺。

与刑法必须是成文法的特点相适应，形式的罪刑法定原则必然排除习惯法在刑法规范中的适用。刑法作为干涉公民自由与权利的法律，应将公民自由划定在最为明确的范围以内，因此在罪刑法定原则之下，刑法规范排除一切习惯法的适用。至于习惯法能否作为刑法规范适用时的解释依据，回答是肯定的。因为此时习惯法发挥了对刑法法规的补充作用，而不是充当刑法法规本身。与刑法必须是成文法的要求相适应，形式的罪刑法定原则还要求对成文的刑法规范不能进行类推解释，即对于法无明文规定的事项，法官不得比附援引与行为性质最相类似的条文而予以处罚。类推解释近似于自由擅断，它允许法官根据相似的刑法条文，随意入罪，以无为有、以轻为重，当然与罪刑法定原则相违背，因

① See B. Perley Poore, *Charters and Constitutions* Ⅱ, 1877, p. 1860.

② See B. Perley Poore, *Charters and Constitutions* Ⅱ, 1877, pp. 1909, 1542, 818, 1410, 1960, 958.

此，罪刑法定原则必定禁止类推解释。刑事司法中的类推制度在我国有着久远的历史，它是刑事立法不完备、不科学的产物，目前在我国已被彻底废除。与刑法必须是成文法的要求相适应，形式的罪刑法定原则亦要求，对犯罪处以什么样的刑罚由法律明文规定，禁止绝对不确定的刑罚，以防止法官的专横擅断。

其次，坚守形式理性——形式意义的罪刑法定，要求刑法只能对其施行以后的犯罪适用，不能对其施行以前的犯罪适用。这是形式法治观念在刑事法中运用的第二个基本要求。对行为人之行为性质的评价和处分，应当以行为时的法律规定为准，如果行为人行为之时的法律对行为人之行为规定了较轻的刑罚或者不认为是犯罪，那么就应当按照罪刑法定原则给予行为人较轻处罚或者不予刑事处罚，这就是法不溯及既往原则。

成文刑法与习惯法的最大不同在于，前者能够提供法律的可预测性、安定性和稳定性，而这三种特性正是法治国家区别于专制国家的重要特征。如果允许一项成文刑法适用于它制定颁布之前的行为，同样会破坏刑事法律的可预测性和安定性。因为这样人们就不知道国家何时又会颁行新的刑律，不知道自己目前所作的行为是否会为将来所生效的刑法所禁止或许可。在随时可能会产生的能够溯及既往的新刑法规范的加入之下，成文刑法的稳定性也将变得不复存在。因此，为了实现法治国的基本要求——以稳定的、可预测的规则作为规制人们行为的尺度，刑法仅仅是成文的还不够，它还必须是不能溯及既往的。易言之，刑事法律“规则必须适用于在数量上未知的未来情势”而不是过去已发生的行为。[①] 这被哈耶克（Friedrich Hayek，1899—1992）称为抽象的法律规则之抽象性的关键内核。

法不溯及既往是从宪法原则中发展起来的，并被认为在刑法领域具有特别重要的意义。在法国，1793 年公布的宪法第 14 条明确规定法律

① 参见［英］哈耶克著，邓正来等译：《法律、立法与自由》，第 1 卷，代译序，33 页，北京，中国大百科全书出版社，2000。

不能溯及既往，并将溯及既往视为暴君的法律；1795 年公布的宪法第 17 条又重申，不论任何法律，不论民法或刑法，皆不得有溯及效力的规定。而且，法律不得溯及既往成为法国大革命后人权思想的基本内容。在德国，1794 年公布的普鲁士一般邦法总则第 14 条明确规定，任何新法律对已经完成的行为及事实皆不能适用。易言之，这个类似德国普鲁士宪法的普鲁士一般邦法总则的规定，也宣示了法律绝对不溯及既往的原则。[①]

虽然法国和德国宪法的内容规定了有关溯及既往的问题，但是，真正具有实质意义且居先驱地位的，是美国宪法的规定。在美国，自 1776 年美国马里兰州宪法第 15 条率先规定“不承认事后法（ex post facto law）”后，美国其他各州宪法上也规定有同样的趣旨。[②] 随后，1789 年美国宪法第 1 条第 4 项第 3 款明确规定，“……expost facto（追溯既往）之法律不得通过之”。凯尔森认为，这里的“‘追溯既往的法律’这一用语被解释是具有追溯力的刑法”[③]。在这一点上，以往的法律理论并非不存在争议。18 世纪极为重要的法律辞典——1739 年出版的 Jacobos Law Dictionary 对于溯及既往的法律的定义，是指一个行为在嗣后的法律公布后可能变得有利，而先前并非如此；也有行为嗣后被认为违法，而先前却被认为不违法。可见，Jacobos Law Dictionary 中的溯及既往的法律并非以刑事法律为限。但是，当时英国大法学家布来克斯通（William Blackstone，1723—1780）的脍炙人口的英国法注释书中对溯及既往的法律所作的解释是，虽然所有的法律都不应该溯及既往，但是唯有刑法的溯及既往才是最为恐怖的。这一点深深地影响了当时美国的法律实务，使得当时的美国法律界将宪法中的“ex post facto law”视为针对刑事法律所制定的原则。1789 年美国联邦法院公布了一

① 参见陈新民：《德国公法学基础理论》（下册），532 页，济南，山东人民出版社，2001。

② 参见［德］许迺曼等：《法治国之刑事立法与司法》，88 页，台北，春风煦日论坛，1999。

③ ［奥］凯尔森著，沈宗灵译：《法与国家的一般理论》，47 页。

件著名的涉及遗产继承的案件——Calder v. Bull 案，该案判决意见明确指出，美国宪法所禁止的溯及既往的法律主要是刑事法律，是司法法(judicial act)，而非其他的民事法。① 因为审理该案的 Chase 法官在判决书中将宪法中所称的溯及既往的法律之范围明确界定为：其一，行为时无罪的行为，事后规定为犯罪并加以刑罚的法律；其二，行为时为轻罪或处罚较轻的行为，事后规定加重其罪或处以更重刑罚的法律；其三，改变行为实施时对该行为的刑罚并且使犯人受更重的刑罚的法律；其四，为使犯人陷入有罪，改变刑事诉讼的证据规定，并且较之犯罪实施时，接受更少的或者不同的陈述。② 这样，围绕着宪法规定的"ex post facto law"是否针对刑事法律的争论最终以肯定性结论结束。自此以后，禁止刑法溯及既往成为一项基本的刑法原则。现今世界各国的刑法基本上都明确规定了不溯及既往原则。例如，泰国 1956 年颁布的刑法典第 2 条第 1 款规定："行为的处罚，以行为时的法律规定其为犯罪和刑罚者为限。"1974 年颁布的奥地利联邦共和国刑法典第 1 条第 1 款规定："行为时本法已明确规定予以刑罚处罚的行为，始可科处刑罚或预防性处分。"法国 1810 年颁布的刑法典第 112－1 条规定："只有在其发生之日构成犯罪的行为，始得惩处之。"1928 年生效的瑞士联邦刑法典第 1 条规定，"本法只处罚行为前已为法律明文规定的行为"，等等。

从刑事程序法角度考察，禁止溯及既往也成为刑事法治国的一项必备要求。刑事法治国的建立不仅仅是刑事实体法的任务，还是刑事程序法所追求的目标。而从刑事程序法的角度而言，程序正义是形式的刑事法治国之重要体现，一系列旨在保障司法程序的规定也借此慢慢形成，比如要求司法独立，要求为被告提供迅速而公平的审判；使警察以及警察从被告那儿获取口供的方法受司法的适当节制；为被捕或在押候审的被告提供保障，为那些经济力量不足以提供适当法律辩护的人提供法律服务；负责辩护工作的人要保持自身的自由独立；等等。这些规定"进

① 参见陈新民：《德国公法学基础理论》（下册），533～535 页。

② Calder v. Bull，3 Dall，386（1798）.

一步适用的结果，就形成一项原则：任何人都不应为行为实施之前，未曾以刑事法规禁止的犯罪负责”。“刑事法令若有溯及既往的效力势必遭人非难，而且被许多现代成文宪法列为禁例。”[①] 这样，从程序正义这一重要的形式刑事法治特征中也可引申出禁止处罚刑法颁布以前实施的行为这一规则。因为在刑事实体法颁布以前，人们并不明知该行为是刑法禁止的行为，因此也并不能知道谁将是进入诉讼程序应受追诉的被告；以犯罪行为和被告为辩护或审判中心的司法工作当然也难以展开，司法程序无从得以进行。

“追溯力法律之所以被认为是应加以反对的和不希望有的，就是因为这种情况伤害了我们的正义感，那就是：对一个人，由于一个他不能知道这会引起制裁的作为或不作为，而施加一种制裁，尤其是一种刑罚。”[②] 正如美国制宪的灵魂人物麦迪逊（James Madison）在著名的联邦党人书信集中特别提及这个制度时所指出的，该制度的目的在于防止国家嗣后的立法来侵犯人民的安全和财产权利。[③] 总之，形式的罪刑法定原则要求，刑法只能对其施行以后的犯罪适用，不能对其施行以前的犯罪适用。对行为人之行为性质的评价和处分，应以行为时的法律规定为准，如果行为人行为之时的法律对行为人之行为规定了较轻的刑罚或者不认为是犯罪，那么就应当按照罪刑法定原则给予行为人较轻处罚或者不予刑事处罚。唯有如此，才能保障刑法规范的完整性，并打消人们对现行刑法规范能否保证“现行”行为合法性的怀疑，从而确立刑法的安定性原则，最终实现法治国的人权保障机能。

形式的罪刑法定原则是实现社会正义的重要途径，正如哈特所说，“任何社会控制方法（运动规则及法律规则）主要是由传达给各类人的一般行为规则构成的，他们因而指望不必再有官方的指示就能了解并遵守规则”。“如果理解这类社会控制其作用的话，这些规则必须符合某些条件：它们必须是可理解的，大多数人有能力服从，一般地说决不应当

---

① ［英］Dennis Lloyd 著，张茂柏译：《法律的理念》，150、151 页。

② ［奥］凯尔森著，沈宗灵译：《法与国家的一般理论》，47 页。

③ 参见陈新民：《德国公法学基础理论》（下册），533 页。

溯及既往（虽然有可能有例外）。这意味着，就多数情况来看，最后因破坏规则而被处罚的人曾有能力和机会服从规则。这些通过规则而控制的特点是同法学家称之为法治原则的正义要求显然是密切联系的。"①显然，哈特所说的必须可以被理解的、不能溯及既往的社会控制的一般行为规则，具体到刑法领域，也就指形式意义的罪刑法定原则的含义。只有在坚持形式的罪刑法定原则前提之下，才有可能实现刑事法治的正义目标。

形式的罪刑法定原则也是实现形式的刑事法治国家保障机能的重要保证。法治国家本来是对抗警察国家而兴起的。警察国家强调的是对公民的治理、管理，国家的刑罚权并未受到法律的有效约束，刑法往往表现为极为概括性的条款，国家可以随意根据这些条款治理民众；刑法规范仅得治民，不得治官，在政治上只有官权而无民权。反之，在法治国家下，国家的公权力受到法律的拘束，国家行为的界限通过法律明确规定，国家刑罚权的发动也受到刑法规范的制约，对于法律没有明文规定为罪的行为国家不能突破刑法的规定出入人罪；民众行为的界限由法律规定，民众的自由以及其他权利均由法律来保障。因而，刑事法治国家的重要特点是其人权保障机能，即刑事法治国家不是要求民众守法或者说当民众违法时给予刑事制裁，因为专制国家也要求民众守法并强调对违法犯罪的刑事制裁，而是通过制定明确的罪刑规范，约束国家刑罚权的发动和滥用，通过国家的守法，来达到保障公民权利的目的。

（二）实质合理性——实质的刑事法治国之构建

1. 实质的刑事法治国之构建基点

构建实质的刑事法治国表现为对刑法实质理性的追求。法律的实质合理性就是指法律合乎自然法的公正、平等、美德、善良等实质正义的价值内涵，而实质的罪刑法定是指刑法规范在内容上必须符合公平、正义之理念，因此，实质的刑事法治也就是指在追求实质的罪刑法定原则

① ［英］哈特著，张文显等译：《法律的概念》，202页。

之公平、正义等理念的过程中，实现刑法的实质合理性，亦即实质正义，这也是刑事法治国的构建基点。

实质的罪刑法定原则的具体内容是刑罚法规的适当性和刑法规范的明确性原则。刑罚法规的适当性原则意在通过对刑事立法和司法活动是否符合公平、正义标准的考量，从实体或实质内容上对刑法理性进行构建。刑法规范的明确性则是要求对犯罪构成要件与刑罚进行明确规定，其意义在于，通过限制使用不确定的刑法概念、概括性的法律条文等来尽量减少对刑法规范用语的争议，确保刑法的安定性和适用的平等性，最终实现刑法的正义价值。因此，刑法规范的明确性也是一项实质理性的要求。

2. 刑罚法规的适当性及其实现

原来罪刑法定原则只被理解为"无法律则无犯罪，也无刑罚"，只要有法律的规定，不管刑罚法规的内容如何，都被认为不违反罪刑法定原则。随着 19 世纪末 20 世纪初法治国理论由形式到实质的发展变化，罪刑法定原则也相应地发生了变化。在形式的罪刑法定所强调的刑法规范和程序的完备之外，实质的罪刑法定更要求刑法规范在内容上必须符合公平、正义之理念。实质的罪刑法定不仅是对罪刑法定理念的更新，而且其在罪刑法定原则的内容上也相应地发生了变化，最为重要的是依据实质的罪刑法定的要求，刑法必须符合正义之观念。罪刑法定原则增加了实体的正当性亦即刑罚法规的适当性为其新的内容。

刑罚法规的适当性是由英美国家宪法中的正当法律程序原则发展而来。英美等判例法国家不以成文法作为主要的法源，不像大陆法系的刑法理论那样主张构成要件学说，并以之作为刑法的重要内容。但是，英美法系对于"正当法律程序原则"的强调，则与构成要件理论具有同样的刑法保障意义。英美法系中的正当法律程序原则起源于英国法中的自然正义（nature justice），发达于美国法所继承的正当法律程序（due process of law）。在英国，正当法律程序原则最早可追溯到 1215 年制定的《自由大宪章》第 39 条，该条规定，"凡自由民，如未经其同级贵族之依法裁判，或经国法（law of the land）判决，皆不得被被捕、监禁、没收财产、剥夺法律保护权、放逐或被加以任何其他方式侵害，我们不得违反这些规定而为之”。依学者的见解，“经国法判决”一词与“正当程序”属同一意义。[①] 而首次以法令形式明确提到并解释了“正当程序”这一词语的法律文件，实际上是1345年爱德华三世的《自由令》，其第三章规定：“未经法律的正当程序进行答辩，对任何财产和身份拥有者一律不得剥夺其土地或住所，不得逮捕或监禁，不得剥夺其继承权和生命。”[②] 这是最早明确见诸法律文件的“正当法律程序”用语。在其后的其他成文法中，正当法律程序作为司法原则被反复表达。16世纪的科克用的是普通法上的正当程序（due process of common law），它的含义是指所有的法律程序都必须符合这些要求，而不仅限于审判活动。1628年的《权利请愿书》用的是正当程序（due process of law），布来克斯通也是在这个意义上使用正当法律程序一词的。[③]

美国法的基础是英国普通法。英国的正当程序观念不仅融入美国法律之中，成为一项重要的宪法原则，而且通过美国联邦最高法院的判例得以发扬光大。美国内战前期，汉密尔顿在1787年的纽约州批准宪法会议上提出“正当程序”一词，该会议予以采纳并提出“人权法案”。该法规定：除非依照“正当的法律程序”，否则，任何人都应得到保证，不被剥夺特定的权利。这一规定“构成了（美国宪法）第5条修正案和后来的第14条修正案的正当程序条款的起源”[④]。1791年通过的美国宪法第5条修正案规定：“不经正当法律程序，不得剥夺生命、自由和财产。”1868年通过的美国宪法第14条修正案又将这条规定适用于各州政府机关。根据美国法院的解释，美国宪法规定的正当法律程序具有两方面的意义：其一，正当法律程序是一个程序法的规则，称为程序性的

---

① See R. E. Gushman, “Due Process of Law”, in *Encyclopedia of the Social Science*, Vol. Ⅴ, 1930, pp. 264－265.

② ［英］丹宁勋爵著，李克强译：《法律的正当程序》，1页，北京，法律出版社，1999。

③ See W. Blackstone, *Commentaries on the Laws of England*, 9th ed., London, 1783, p. 279.

④ ［美］伯纳德·施瓦茨著，王军等译：《美国法律史》，36页，北京，中国政法大学出版社，1990。

正当法律程序。这种意义的正当法律程序要求政府的“正式行动必须符合对个人的最低公正标准，如得到充分通知的权利和作出裁决之前的有意义的听证机会”①。其二，正当法律程序是一个实体法的概念，称为实质性的正当法律程序。这种意义的正当法律程序要求国会所制定的法律，必须符合公平与正义。如果法律剥夺个人的生命、自由或财产，不符合公平与正义标准，法院将宣告其无效。② 这样，美国宪法中的正当法律程序概念超越了以往英国法中只侧重于程序公平的正当法律程序，而具有实体正义的内容。因此，可以说，美国宪法中正当法律程序所起的作用大体相当于自然正义在英国法律中所起的作用③，后者作为起源于自然法并在英国法中自古即已存在的古老概念，经过长期的历史发展而成为英国普通法上的一项基本原则。“在某种程度上，英格兰普通法长期发展的过程，其实正是普通法院在自然法原则的导引下裁决案件，连续不断地试图追求自然正义的过程。”④

如前文所述，美国宪法中正当法律程序原则在经过团腾重光、平野龙一等日本刑法学者的吸收发展之后，慢慢成为罪刑法定原则的一项重要的、具有实质性内容的派生原则，即刑罚法规的适当性原则。在日本学者看来，现行日本宪法第 31 条的规定不仅要求程序的适当，还要求刑罚法规的实体内容的适当。刑罚法规的内容不适当时，就被认为违反宪法第 31 条而构成违宪。⑤ 日本刑法理论将其称为“正确处罚的原则”，并指出“这才是罪刑法定主义原则的实质所在”⑥。它要求，刑罚法规不仅要在形式上合理而且在内容上也必须合理；它表明，法律的正

① ［美］欧内斯特·盖尔霍恩、罗纳德·利文著，黄列译：《行政法和行政程序法概要》，119 页，北京，中国社会科学出版社，1990。

② 参见［美］杰罗姆·巴伦、托马斯·迪恩斯著，刘瑞祥等译：《美国宪法概论》，102 页，北京，中国社会科学出版社，1995。

③ 参见［英］威廉·韦德著，徐炳等译：《行政法》，693 页，北京，中国大百科全书出版社，1997。

④ H. H. Marshall，*Natural Justice*，London，Sweet & Maxwell，1959，p. 8.

⑤ 参见马克昌：《比较刑法原理》，75 页。

⑥ 李海东主编：《日本刑事法学者》（上），307 页，北京，法律出版社；东京，成文堂，1999。

当程序原则不仅要求刑事程序要适当，而且刑事立法的实体内容也必须适当，符合宪法的要求。如果刑罚法规的内容不符合正当法律程序所要求的公平与正义之标准，不具有作为刑罚法规的合理性，就会被认为违反宪法的规定而无效。“历来，罪刑法定原则，被看作为‘法无明文规定不为罪，法无明文规定不处罚’的形式原则，所以，一般认为只要法律有规定，不管该规定的内容如何，都不违反罪刑法定原则。但是，罪刑法定原则本来是基于尊重人权的原则而提出的，所以，要求对人权进行实质上的保障（实质的人权保障）。”①

至于刑罚法规的适当的内容，日本学者认为包括刑罚规定的适当和罪刑的均衡两个方面。前者是指将某一行为作为犯罪规定刑罚有合理的根据，据此，刑法规定的犯罪，必须以该行为确实需要用刑罚处罚为前提。后者又叫罪刑相称或者罪刑相适应，是指刑罚的轻重与犯罪的轻重相均衡。这一原则曾被认为是刑法的基本原则之一，尽管它首先还是体现在刑事立法上，但又不限于只在刑事立法方面适用，因而现在它被认为是实体的适当原则的一个内容。但是，我国学者马克昌指出，上述两个标准只涉及刑罚的适当而未涉及犯罪的规定，不免失之片面；而且在刑罚规定的适当标题下，只是论述何种行为需要作为犯罪规定刑罚，实际是犯罪规定的适当。而在罪刑均衡的标题下，又难以论述残酷刑罚的禁止。因此，刑罚法规适当性的内容宜改为犯罪规定的适当和刑罚规定的适当。而在刑罚规定的适当标题之下，再论述禁止残酷的刑罚和罪刑的均衡，可将规定犯罪与刑罚法规的适当完全加以概括，从而可以避免日本学者概括的片面性。② 对此，笔者以为，刑罚法规的适当性本来就是从禁止处罚不当罚的行为的角度入手来实现罪刑法定原则实质的人权保障机能，而禁止处罚不当罚的行为既包括对犯罪规定时将不该当作犯罪处理的行为当作犯罪，也包括在刑罚上罚不当罪，后者本身就包括禁止适用残酷的刑罚这一文明社会关于刑罚的共识，以及反对罪与刑不相

---

① ［日］大谷实著，黎宏译：《刑法总论》，45页，北京，法律出版社，2003。

② 参见马克昌：《比较刑法原理》，76～77页。

适应。因此，使用犯罪规定的适当和刑罚规定的适当来概括刑罚法规适当性的内容无疑更为合理。

刑罚法规的适当性成为罪刑法定原则的一项具有实质性内容的派生原则之后，它要求刑事立法对犯罪的设置应该符合处罚的必要性和合理性原则，对刑罚的规定则应做到罪刑均衡和禁止设立残酷的刑罚；要求刑事司法对于犯罪的认定不得援引成文刑法以外的规定，同时法官对于成文法规的构成要件的解释、适用（如过失犯注意义务的解释、不作为犯作为义务的解释、规范性构成要件要素的解释等），应该在符合处罚的必要性和合理性的原则下进行，不得适用类推解释，动辄适用刑罚；要求对于犯罪人判处刑罚应该坚持罪刑相适应原则，反对动辄适用死刑等残酷刑罚。总之，刑事立法与刑事司法均应符合公平、正义理念，符合适当性与正当性的标准，这正是刑罚法规的适当性的实现途径。

（1）刑事立法。刑罚法规的适当性要求刑事立法的实体内容必须适当，做到犯罪与刑罚的设置符合公平、正义的实体要求，即只有具备处罚必要性和合理根据的行为才能被规定为犯罪，并且不得规定罪与刑明显失衡的法定刑。“犯罪和刑罚即便是在法律中被明确规定，但在其内容缺乏处罚的必要性和合理根据的时候，也是刑罚权的滥用，实质上是对国民的人权侵害。”[①] 因此，要做到以下几点。

第一，必须禁止处罚不当罚的行为。至于何为当罚、何为不当罚，则是一个需要把刑法机能和犯罪本质结合起来进行考虑的问题。刑法具有法益保护机能（Rechtsgüterschutz），即保护法益不受犯罪行为侵害的机能。刑法作为规制人类社会生活的法律规范，其目的在于保护法益。对于侵害或者威胁法益的行为加以制裁，即为刑法的保护机能。因此，对于刑罚法规适当性原则，应当在与刑法的机能特别是法益保护机能的关系上加以理解。换句话说，“以应当保护的法益的存在为前提，以该法益是否具有用刑罚法规加以保护的必要”[②] 为基准加以判断。与此同时，保护机能是通过处罚犯人来达到法益保护的目的的，必须先有

①② ［日］大谷实著，黎宏译：《刑法总论》，47 页。

他人侵害法益的行为，才产生法益保护的需要，这一需要的产生就是基于危害社会的犯罪行为。“一套刑法原则发展起来……必须有某种外在的犯罪行为，该种行为必须为法律所禁止，必须具有直接或间接动机，必须是损害结果的近因，必须对社会共同体构成危害。”[1] 易言之，立法者之所以将一项行为规定为犯罪，是因为它具有社会危害性，因而社会危害性是犯罪的本质特征，这也是我国刑法学关于犯罪本质的通说。而“社会危害性就是指行为对法益的侵害或者威胁”[2]，任何侵害法益的犯罪行为在其本质上也就是具有社会危害性的行为，因此，立法者应当将刑法的处罚范围限定在保护公共安全与秩序所绝对必要的限度内。对于具有社会危害性的行为，只有采用刑事制裁方能保护其侵害的法益时，其才能被规定为犯罪。对于随着时代的变迁社会危害性已经不再严重的行为，则应及时予以非犯罪化。在这里，实际上需要贯彻的是刑法的谦抑性原则。“刑法需要强调实质理性，这就是坚持犯罪的社会危害性命题，没有社会危害性的行为不应在刑法中被规定为犯罪。”[3] 通过社会危害性理论的应用解释，处罚应该处罚的行为，排除不应该处罚的行为，从而实现实质的罪刑法定所追求的实质正义，实现刑法的实质理性。总之，由于法益概念和社会危害性都具有相对性，“同样的生活利益，在不同时代或不同地域，可能是刑法保护之法益，亦可能不是，易言之，在不同的时代或不同的地方，刑法所应保护的生活利益，亦各不相同。职是之故，在刑事立法上应能配合时代与地域之需要，及时检讨现行刑法所加保护是否妥当，有哪些法益可不予刑法之保护，而将保护此等法益之刑法条款‘除罪化’（Entkriminalisierung）；有哪些生活利益亟须增列作为刑法加以保护之法益，而增订保护此等新法益之新刑法条款。如此，刑法规范才能发挥其规范功能，以因应社会之需要”[4]。比如，2004年10月24第十届全国人大常委会第十二次会议审议通过

---

① ［美］哈罗德·J. 伯尔曼著，贺卫方等译：《法律与革命》，632页。

② 张明楷：《法益初论》，导言，4页，北京，中国政法大学出版社，2000。

③ 陈兴良：《刑事法治的理念建构》，8页。

④ 林山田：《法制论集》，3页，台北，五南图书出版公司，1992。

的《刑法修正案（五）》[①]，针对2004年之前几年在实践中发生的不法分子为了非法牟利，以欺骗、胁迫、利诱等手段专门组织残疾人、未成年人进行乞讨，严重侵犯残疾人、未成年人人身权利，危害他们身心健康，同时也破坏社会正常管理秩序，社会危害性严重的行为，在现行刑法第262条“拐骗儿童罪”后新增加了一款规定：“以暴力、胁迫手段组织残疾人或者不满十四周岁的未成年人乞讨的，处三年以下有期徒刑或者拘役，并处罚金。”依据这一规定，此后组织残疾人、未成年人乞讨并且组织者从中牟利的，就要构成组织乞讨罪。该罪就是为保护少数特殊群体即残疾人和未成年人的人身法益以及维护社会法益，而新增加的罪名。以适应刑法目的之需要，满足社会上各种合法利益保护之要求。

第二，罪刑的均衡。“刑罚的轻重要有协调，这是很重要的，因为我们防止大罪应该多于防止小罪，防止破坏社会的犯罪应该多于防止对社会危害较小的犯罪。”[②] 对犯罪行为的刑罚处罚应该与行为的社会危害性大小相适应，应防止刑罚过剩与刑罚过度，尤其应该禁止残酷的刑事制裁如死刑等，以体现刑罚的人道性与现代刑法的文明性。

总之，刑罚法规的适当性体现在立法领域，是对刑事立法权的限制。那么，我国刑法是否符合刑罚法规的适当原则？笔者以为，根据我国基本的刑事政策以及社会治安综合治理方针，结合我国的历史传统和人们的价值观念，我国刑法的处罚范围是比较适当的。但是，在对犯罪的处罚程度上还存在着一些问题，如刑事制裁措施单一，只有刑罚一种；刑罚量过重，重刑色彩依然浓重，挂死刑和无期徒刑的罪名过多。这种现象的出现是我国传统法观念影响的必然结果。长期以来，“治乱世用重典”的法传统以及民众过于强烈的报应观念，使我国的刑事立法在追究犯罪人刑事责任时具有重刑化的指导思想。因此，今后我国刑法改革的核心不是犯罪化与非犯罪化，而是轻刑化与非刑化。这既是实现

① 参见林世钰：《十届全国人大常委会第十二次会议召开》，载《检察日报》，2004-10-24。

② ［法］孟德斯鸠著，张雁深译：《论法的精神》（上册），91页。

严而不厉的刑事政策的要求，也是刑罚现代化的必由之路。

（2）刑事司法。刑事司法的适当性是实现刑罚法规的适当性的另一个途径。在司法活动中根据刑法规范认定犯罪时必须体现实体正义的基本理念，刑事司法活动必须是一个不断追求自然正义的过程，对犯罪的认定与对刑罚的适用必须具备正当性。

刑事司法活动的过程亦是刑法适用的过程，而刑法适用的过程就是刑法的解释过程，详言之，是司法人员在适用刑法的过程中结合案件事实以及立法精神等对刑法条文进行解释的过程，即“法官的责任是当法律运用到个别场合时，根据他对法律的诚挚的理解来解释法律”①。因而，刑事司法追求刑罚法规适当性的过程是通过司法人员对刑法规范的解释、适用来实现的，这种解释、适用过程便涉及司法裁量权问题。“在专制社会里，不仅立法权不受限制，司法权更加不受限制，因而罪刑擅断便不可避免。而在法治社会，由于实行罪刑法定主义，司法权受到严格限制，定罪量刑都不得超越法律规定。罪刑法定意味着在国家刑罚权与公民个人的权利之间划出了一道明确的界限，从而有利于限制司法权，保障公民个人的权利与自由不受侵犯，从而实现实体正义。”②至于司法人员解释、适用刑法的根据，则是犯罪的本质即社会危害性理论，根据这一理论对刑法规范“进行实质的解释……将不值得科处刑罚的行为排除在构成要件之外，进而实现刑罚处罚范围的合理性”③。解释、适用的目的，则是实现刑法的实质正义，实现实质的罪刑法定原则即刑罚法规的适当性、明确性等价值内涵。不过，刑法的解释、适用是一个异常复杂的问题，它涉及为什么选择以社会危害性理论为根据进行解释，为什么解释的立场是实质的而非形式的，如何解释才能不违背形式的罪刑法定原则，解释的方法有哪些，等等，这些问题将在下文专门予以探讨。

① 《马克思恩格斯全集》，第1卷，76页，北京，人民出版社，1956。
② 陈兴良：《当代中国刑法新境域》，代序，11页，北京，中国政法大学出版社，2002。
③ 张明楷：《刑法的基本立场》，113页，北京，中国法制出版社，2002。

3. 明确性原则及其实现

（1）明确性原则作为罪刑法定原则独立派生原则的形成

明确性原则亦是由英美法系国家宪法上的正当法律程序原则发展而来的。英美法系对于“正当法律程序原则”的强调，与大陆法系的犯罪构成要件理论具有同样的刑法保障意义：在内容上，它不以法规的类型概念为重心，而是以刑罚权的行使程序与方式为主要的着眼点，要求刑事立法、司法规定或行政规范的定义，必须符合明确性原则，否则将因规范定义模糊不清而无效。此即“含混无效原则”（doctrine of void-for vagueness）或“不明确无效之理论”。20世纪初美国的宪法判例实践进一步广泛承认“含混无效原则”[①]。根据美国联邦最高法院的解释，要使刑法能够符合正当法律程序条款，其实体内容就必须明确。在20世纪初的托泽诉美国案（Tozer v. United States）中，美国巡回法院法官Brewer指出：“一个行为是否为犯罪不能依赖于陪审团认为它是或不是，而必须依照清楚、明确的法律规定。”[②] 该观点后来被美国联邦法院法官在许多案件中引用，例如1909年的沃特-皮尔斯石油公司诉得克萨斯州案（Water-Pierce Oil v. State of Texas）、1913年纳什诉美国案（Nash v. U. S）等。1925年，在海格瑞德供应公司诉谢尔曼案（Hygrade Provision Co. v. Sherman）中，美国联邦最高法院法官Sutherland指出：“既定的制定法是否缺乏明确性常常成为审判之前要考虑的一个问题。在有些案件中相关的法律被法院支持；在有些案件中则（因为不明确）被宣布为无效。这些案件准确的不同之处也许难以描述，但是通常来说法院的判决总是支持那些规定足够清楚、确定的法律，将判决建立在使用了严格法律意义或其他特别意义的词语或者短语的法律基础之上，因为这些法律能够被人们充分了解并且在他们所能理解的范围之内正确地运用它们。”[③] 在同样是由Sutherland法官审理的、1926

---

① 苏俊雄：《刑法总论》，Ⅰ，182页。

② Tozer v. United States，4 Inters. Com. Rep. 245，52 Fed. 917，919. See Water-Pierce Oil Co. v. State of Texas，212 U. S. 86（1909）.

③ Hygrade Provision Co. v. Sherman，266 U. S. 497（1925）.

年的康纳利诉通用结构公司案（Connally v. General Constraction Co.）中，Sutherland法官进一步在判决书中指出："刑法规定犯罪的用语必须十分清晰明白，以至于人们能够知道什么样的行为是犯罪。这是广为承认的必须条件，是与公正和法治观念相一致的；如果刑法禁止或者命令人们做某种行为的规定模糊不清，以至于有普通智力的人必须要猜测它是什么意思并在其用法上看法不一致时，这是根本上违反正当法律程序的。"① 如果刑法对犯罪的规定模糊不清，在Sutherland法官看来，等于是将合法与违法的界限留待人们的主观臆测，然而，"合法与违法之间的分界线不能留待推测。如果刑法的规定如此模糊以至于公民合理地采用了不同的解释，公民就不应该对基于内容模糊的刑法规定而产生的指控进行答辩。犯罪及其构成要件，必须被清楚地表达以至于普通人能够事先明智地选择，什么行为是他所追求的合法行为。刑罚规范不应该容许有此种情况，即一个规定有双重的意义，公民也许按照其中一种意思去行事而法院却按照另一种意思来判决，只有当刑罚规范明确地禁止做某种事情，才能对违反这一规定的行为处以刑罚"②。在上述美国的法官们看来，任何含混而不明确的刑罚法规都违反了1868年通过的美国宪法第14条修正案关于正当程序的规定，因而被认为是无效的。自此之后，"含混无效原则"又得到德、日等国刑法判例的承认，并在第二次世界大战后被作为罪刑法定的内容而在立法上加以规定，从而成为现代罪刑法定原则一项新增的内容。

明确性原则虽然在各国刑法中的表述并不很明确，但目前刑法理论却基本取得了一致意见，认为明确性是指对于犯罪构成要件的规定以及对于刑罚的种类和刑罚幅度的规定都应该明晰、确切，以使法官能够根据法条的规定公平、统一地适用法律。刑法规范的明确性原则能够明确立法意旨，能够有效划定刑罚权的界限，能够防止司法擅断，能够给公民提供安定的法准则以便准确地预见自己的行为，最终有效保护公民的自由。"如果法无明文规定不为罪的准则，比方说，由于模糊的、不精

---

①② Connally v. General Constraction Co., 269 U.S. 385 (1926).

确的法规而受到侵犯的话，那么我们能够自由地去做的事情就同样是模糊的、不精确的。我们的自由的界限便是不确定的。在这种情况下，人们对行使自由就会产生一种合理的担心，从而导致对自由的限制。”“公民们如果知道什么事情要受罚，并知道这些事情是在他们可做可不做的能力范围之内，他们就可以相应地制订他们的计划。一个遵守已公布的法规的人不必害怕对他的自由的侵犯。”① 因此，“通常会破坏罪刑法定原则，而足以侵害人权或对于人权构成危险者，并不是以类推适用刑法，而是由于规定不明确的刑法”②。明确性原则因此可以说是罪刑法定主义最重要的原则。

（2）明确性原则：罪刑法定原则形式抑或实质内容

明确性原则和刑罚法规的适当性原则不同，后者是典型的罪刑法定的实质原则，但是，明确性原则并非如此。罪刑法定主义要求对什么是犯罪以及对犯罪处以何种刑罚由刑法条文明确予以规定。“法无明文规定”不为罪、不为刑，因此明确性的确是罪刑法定主义之“法定”的题中应有之义。正因为如此，在以往传统的罪刑法定原则中，明确性原则是作为罪刑法定形式意义上的内容来使用的，所以在早期，当罪刑法定只有形式意义而尚未发展出实质意义时，就有很多学者论述了法律包括刑法的明确性问题。如前述洛克所指出的，法律应该是制定的、固定的、大家了解的、经一般人同意采纳和准许的。这实际上间接表明，法律只有明确地为社会大众所知晓、所熟悉，才能成为是非善恶的衡量尺度。而孟德斯鸠也指出：“法律的用语，对每一个人要能够唤起同样的观念。”③ 而贝卡里亚在论述罪刑法定时也明确指出，刑法的用语应该清楚明白，如果“法律是用一种人民所不了解的语言写成的，这就使人民处于对少数法律解释者的依赖地位，而无从掌握自己的自由，或处置自己的命运。这种语言把一部庄重的公共典籍简直变成了一本家用私

① ［美］罗尔斯著，何怀宏等译：《正义论》，229、231页。

② 林山田：《刑法通论》，增订9版，上册，76页，台北，作者自版，2005。

③ ［法］孟德斯鸠著，张雁深译：《论法的精神》（上册），297页。

书"[1]。因而，黑格尔才会说法律规定得愈明确，其条文就愈容易切实地施行；罗尔斯在分析罪刑法定原则时也才会说，法无明文规定不为罪的准则暗含了法规的命令和禁止的内容应该明确，否则公民自由的界限便是不确定的并会导致对自由的限制。因此，"从历史上看，法律明确性与确定性原则从来都是罪刑法定原则的组成部分，它的意义如此重大，即使在罪刑法定原则遭到'抑制'的时期，它也得以保存"[2]。显然，在早期罪刑法定原则的内容中，明确性原则虽然尚未发展为一项独立的罪刑法定原则的派生原则，因而传统罪刑法定原则的派生原则只有排斥习惯法、禁止溯及既往、禁止类推解释、否定绝对不定期刑[3]，但是绝不能因此否认明确性原则是传统罪刑法定原则的内容或者说组成部分。但是，早期罪刑法定原则是在反对封建社会罪刑擅断的基础之上提出来的，它强调的是只有法律才能决定对公民行为的禁止或处罚，重视的是对国家刑罚权的限制，其出发点是限制国家对公民自由的侵犯。这样，虽然此时的罪刑法定原则被理解为，何种行为是犯罪以及对犯罪处以何种刑罚都必须在刑法中予以明确规定，但很显然，与早期罪刑法定原则的出发点相一致，此时的明确性原则只是在"法源限定"的意义上来使用的，即刑法的适用应以成文的刑法规范作为唯一的法源，应排除习惯法的适用。而这也就是罪刑法定原则最重要的形式意义的派生原则——成文法主义。因此，传统罪刑法定原则中虽然也有明确性原则的内容和含义，但是它实际上被包含于成文法主义这一形式原则之中。所以，学者们在论述罪刑法定及其成文法主义时，才会有这样的论述："作为自由刑的基础，只能考虑形式法律"，只有如此才能实现"现行法中刑法的保障功能"；"从积极的观点来看，保障功能意味着对刑法的确定性提出很高的要求"，即要求做到犯罪与刑罚规定的明确性，而明确

① ［意］贝卡里亚著，黄风译：《论犯罪与刑罚》，67～71页。

② ［意］杜里奥·帕多瓦尼著，陈忠林译：《意大利刑法学原理》，25页。

③ 参见马克昌：《比较刑法原理》，68～73页。

性应当保证“每个人均能够事先知道，何种行为是被禁止并受刑法处罚的”[①]。我国台湾地区学者苏俊雄指出：“罪刑法定主义的第一要义，是限定以成文法为唯一的法源，而排除习惯法的适用。盖习惯法往往随时间、空间的变化，因时因地制宜，可能欠缺客观的明确性，影响人权与自由的保障。此种不利于行为人的犯罪与科刑的法源，自应加以排除，以贯彻刑法的保障机能。”[②] 总之，早期罪刑法定中的明确性原则是从重视犯罪和刑罚的处置以及刑法明文规定的法源限定主义出发而存在的，因此它是一项隶属于成文法主义的形式意义的原则。正因为对成文法主义的隶属性，明确性并未发展成为一项独立的罪刑法定原则的派生原则。

明确性原则作为一项独立原则被提出，则是20世纪60年代以后的事。受美国宪法中正当法律程序原则的影响，美国的法官们提出刑事立法、司法规定或行政规范的定义含混则无效，也即它们必须符合明确性原则。后来在德、日等国刑法判例的承认下，该原则在第二次世界大战后被作为罪刑法定的内容而在立法上加以规定，从而成为现代罪刑法定原则一项新增的内容。“所以，刑罚法规的明确性，虽是罪刑法定主义成立当时的要求，但明确性原则作为罪刑法定主义的新的派生原则被承认，则是近来的情况。”[③] 新增的、独立的明确性原则强调的并不是早期罪刑法定的形式意义上的法源限定，对其要从与美国宪法中实体正当原则的联系来理解，这种理解的出发点在于，只有明确的刑法规定才是合宪的，才是符合法律的正当程序原则的；而罪刑法定原则公认的或者说典型的实质意义的派生原则——刑罚法规的适当性原则，正是日本刑法学者在明确性的基础之上提出的。并且美国宪法中的正当法律程序原则被公认为不仅是法律程序上的规定，也是关于法律包括刑法在实体上是否正当的规定。而刑法实体上是否正当的问题，显然有别于从形式上

① ［德］耶赛克、魏根特著，徐久生译：《德国刑法教科书》（总论），167～169页，北京，中国法制出版社，2001。

② 苏俊雄：《刑法总论》，Ⅰ，238页。

③ 马克昌：《比较刑法原理》，73～74页。

理解罪刑法定的形式原则——成文法主义。

总之，不同于欧洲大陆早期罪刑法定主义只重视刑法适用上的成文法法源的唯一性，美国宪法中的正当法律程序原则在程序的正当性之外强调对法律实体正当性的重视，在此基础上，才衍生出独立的明确性原则；进一步，又衍生出刑罚法规的适当性这一公认的罪刑法定的实质派生原则。可见，独立的明确性原则的起点不是形式的成文法主义，而是实质的正当法律原则；其结果，也不是形式的法源限定主义，而是实质的刑罚法规的适当性。明确性原则是实质的（正当）法律原则的结果，同时又是实质的刑罚法规适当性原则的起点，易言之，这种作为一般法律意义上的实质正当原则与刑法中的实体正当原则的衔接点的特点，决定了新增的、独立的明确性原则和早期蕴含在成文法主义中的明确性原则是不同的：后者是从刑法的适用根据来分析的，重视的是形式上的成文法主义；前者是从刑法实体上是否正当的角度来理解的，重视的是价值上的适正性。因此，新增的明确性原则往往被学者们理解为罪刑法定的实质侧面，是实质意义的派生原则。比如，日本学者大谷实先生就认为“刑罚法规内容妥当的原则（实体的正当程序原则）”“包括明确性原则和刑罚法规内容适当原则”①。而大塚仁在理解美国宪法中的正当法律程序原则时也指出，这里的“法律”当然是成文法，这里的“程序”包括刑事程序和在刑事程序中应该适用的实体法，因而正当法律程序原则包含了“实体的正当程序”原则，这种“‘实体的正当程序’思想，应该作为日本宪法的解释来承认。犯罪和刑罚，需要事先由狭义的法律适正地加以规定。因此，不能认为既然形式上是由狭义的法律规定的，无论规定什么样的犯罪和刑罚都无妨。如上所述，刑罚法规的内容，需要在法律上明确规定。应该要求犯罪和刑罚都必须由社会观念所承认”②。显然，大塚仁在此和大谷实一样，将实体的正当原则界定为包括明确性和刑罚法规的适当性两个具体原则，易言之，他也是从实质的

① ［日］大谷实著，黎宏译：《刑法总论》，42页。

② ［日］大塚仁著，冯军译：《刑法概说（总论）》，3版，58页，北京，中国人民大学出版社，2003。

角度来界定明确性原则的。日本学者前田雅英在界定实质的罪刑法定原则时指出，“罪刑法定主义的实质化”体现在“明确性的理论”和“实体的正当程序理论”[①]，明确性原则是罪刑法定的实质侧面。对于日本学者对明确性原则的这种界定，我国学者黎宏概括指出：“就日本学者的研究来看，对罪刑法定原则的实质性理解，主要包括以下两个方面的内容：一是明确性原则，二是实体的正当程序原则。”[②] 对于日本学者的观点，我国学者张明楷也赞同，他指出，“罪刑法定原则实质的侧面包括两个方面的内容：一是刑罚法规的明确性原则，二是刑罚法规的内容的适正的原则，后者又包含两个方面的要求：禁止处罚不当罚的行为，禁止不均衡的、残虐的刑罚”[③]。总之，作为罪刑法定主义的新增原则，现今刑法理论上的明确性原则，有别于传统罪刑法定从成文法主义的形式意义理解的明确性原则，或者，可以进一步说，明确性原则在传统的形式意义之外，又增加了刑罚法规“只有明确的才是适当的”这一实质上的含义，从而它不再仅仅是一项形式上的原则，同时也是一项实质上的原则。正如我国台湾地区学者甘添贵教授指出：“刑罚法规的明确性，其实早在罪刑法定原则成立当时，即已有此要求。”“但是，在刑法法典化获得重大成就后，罪刑法定原则形式上已大体得到满足，明确性的要求遂受到忽略。嗣后，在英美法的影响之下，始再唤起学界对于此项原则的注意。”[④] 而这种“注意”，据笔者理解，就是将早期注重形式意义的明确性发展为罪刑法定的一项实质原则。因而，笔者的结论是：明确性原则在其早期是一项形式原则，而后渐渐演变为一项独立的实质原则；在论及明确性原则时，不能仅仅依据其作为独立性原则具有的特性而只注意到其实质的一面却忽视了它最初的形式意义。依笔者愚见，日本刑法学者以及受其影响的我国刑法学者，在论述明确性原则时，恰恰进入了这一误区，这是我们应予以避免的。

---

① ［日］前田雅英：《刑法总论讲义》，77～80页，东京，东京大学出版社，1998。

② 黎宏：《日本刑法精义》，49页，北京，法律出版社，2004。

③ 张明楷：《刑法学》，5版，48页，北京，法律出版社，2016。

④ 甘添贵：《罪刑明确性原则》，载《月旦法学教室》，2002（2），39页。

基于以上结论，笔者认为，明确性原则作为罪刑法定的实质侧面的地位是可以肯定的，但同时，应该承认并且可以在形式的意义上理解这一原则。正因如此，在构建实质的刑事法治国时，笔者赞同将明确性原则作为罪刑法定的实质内容并以之作为实质的刑事法治国的构建基点之一，而与此同时，又不排除从形式意义上适用明确性原则。

（3）明确性原则之实现途径

明确性原则的实现也须通过刑事立法和刑事司法两条途径。其一，就刑事立法而言，刑法规范应尽量使用使一般人能够理解的、避免产生歧义的文字语句，以使民众能够准确地预测自己的行为及后果，成为司法人员有效且可靠的行为指针，防止司法机关对刑罚权的滥用。刑法作为所有部门法的保障法，刑法规范作为司法人员的裁判规范和公民的行为规范，必须具备法律的安定性，亦即其认知可能性、操作可能性与实践可能性的安定性。“法律要有安定性，便需要具有实证性。这里所谓实证性非单单只在于‘法律有明文规定’的情况，关键在于：构成制定法的特征应尽可能精确地予以确定，而不得恣意地规定（明确性原则!）。不确定的法律概念（例如身体的虐待、无耻）、概括条款（例如诚实信用、善良风俗）和强烈的规范性构成要件特征（如不诚实、危险、变态）会危害法律安定性，因为它有导致判决强烈分歧的危险，使得与其相关的法律产生不安定性。”①

与刑法规范的明确性相关的是明确性的判断基准。究竟什么是明确性，究竟达到何种程度才算实现了明确性？这是一个在人类认识史上还没有解决的问题。刑法规范是否明确，没有标准和客观的尺度。就我国现行刑法而言，刑法对众多犯罪都详尽地规定了犯罪的构成要件，或用列举式立法规定了法定刑适用或升格条件，其在明确性方面有了很大进步。但是，我国刑法仍然有一些不够明确的构成要件的规定，例如，关于过失犯的预见义务、不作为犯的作为义务、非法定目的犯的目的，而且一些规范性构成要件要素也不可避免存在不明确的情况，例如“其

① ［德］考夫曼著，刘幸义等译：《法律哲学》，275页。

他”“情节严重”“非法”“秘密”“猥亵”等。这表明，由于立法者认识的有限性、犯罪的复杂性、语言的模糊性与多义性等，刑法规范的明确性只能是相对的，永远不可能达到绝对的明确性；它最多是渐渐接近于明确，而难以做到毫无歧义的明确。

在刑事立法上，在实现刑法规范的明确性时，应注意不宜大量采用纯粹的一般性、概括性的规范或包含模糊、不确定因素的规范，不宜大量采用概括的构成要件规定，因为“纯粹一般式的规范或包含模糊因素的规范对法律规范明确性的消极影响，表现为法律规范没有具体或确定的内容，因而可被适用于性质不同的行为”①。虽然概括性的法律文字或概括的构成要件都很难避免，但是过于粗略的规定包容性太强，过多的概括的构成要件给法官留下的司法解释机会太多，容易使司法者借助条文的缺陷，任意扩张适用，所以，为了防患于未然，应尽量避免在刑法上采用过多的不确定概念或概括的构成要件。另外，刑法规范作为法律规范的一种，不得不总是抽象的。因此不要追求对犯罪构成要件或处刑条件的“详细的罗列式规范”，不要追求极度明确的刑事立法。极度明确的刑法规范难免卷帙浩繁，令人无所适从，从而影响刑法规范作为公民行为规范的指引作用的发挥；极度明确的刑法规范无法适应社会的需要，有碍刑法社会保护机能的发挥，且不利于发挥司法人员的主观能动性；过于明确详细的罪刑规范，固然有助于实现法律的安定性，但是，却极大地限制了司法人员的自由裁量权，会导致刑法规范在个案中的适用可能违反实质正义，此即考夫曼所说的“有时构成要件的扩大与形式化，在个案中可能导致违背实质正义”②。例如，一味采用细致列举式的刑法规范将会割裂法律“概念的完整性，很难发挥法律规范引导社会—文化价值取向的作用；同时，由于社会的现实总是超越立法者的预见能力，这种立法方法必然会留下许多实质性的漏洞，促使人们用破坏法律确定性的方法来解释法律”③。

① ［意］杜里奥·帕多瓦尼著，陈忠林译：《意大利刑法学原理》，28 页。
② ［德］考夫曼著，刘幸义等译：《法律哲学》，276 页。
③ ［意］杜里奥·帕多瓦尼著，陈忠林译：《意大利刑法学原理》，28 页。

其二，从刑事司法的角度而言，司法人员可以根据公平、正义之观念对不明确的刑罚规范进行解释和补充适用，“事实上，刑法的明确性是由立法的明确性与解释的明确性共同实现的，刑法本身不可能绝对明确”[①]。因此，发挥司法人员的自由裁量权以解释刑法规范的模糊之处，将不明确的规定变得明确，正是实现罪刑法定原则明确性的重要途径。

如前所述，从刑事司法角度实现刑罚法规的适当性，是通过司法人员站在实质的刑法立场对刑法规范进行解释来达到的，易言之，就是根据社会危害性理论对刑法规范进行解释，将不值得处以刑罚的行为排除在刑法犯罪圈之外。实际上，这一解释过程也是刑法规范明确性的实现过程。根据罪刑法定明确性原则的要求，立法者对于刑法典中每种犯罪的构成要件和法定刑的规定要详尽无遗、清楚明白，尽量减少含混不清、语意晦涩、令人难以理解的规则，以免“使得规则虽然公布，但等于是没有告知人民，造成许多无谓的困扰，反而增加了社会的成本”[②]。但是，立法者对犯罪认识水平的局限性，刑事立法工具即语言的多义性和抽象性，决定了刑事立法所追求的刑法规范的明确性只能是相对的，这样，刑事“法律只能订立一些通则，不能完备无遗，不能规定一切细节，把所有的问题都包括进去”[③]。因此，对罪刑法定明确性原则的追求，在立法时只可能尽量接近而难以完全达到。“即使在法治国中，也绝不可能以几乎毫无漏洞的实证立法全然予以实现，因为鉴于构成要件的多样性，始终必须保留司法对概括条款的裁量空间和价值补充空间。”[④] 为了最大限度地实现刑法规范的明确性，刑事司法中还必须通过对刑法条文的解释，将刑法规范中不明确的用语例如“情节严重”“非法”“等”“数额较大”等解释得尽量明确，从而最终通过立法的明确性和解释的明确性共同实现刑法规范的明确性。由于犯罪的本质是社会危害性，而犯罪构成要件是从总体上反映和说明行为的社会危害性

① 张明楷：《外国刑法纲要》，25页，北京，清华大学出版社，1999。

② 周天玮：《法治理想国》，自序，12页，北京，商务印书馆，1999。

③ ［古希腊］亚里士多德著，吴寿鹏译：《政治学》，163页。

④ ［德］考夫曼著，刘幸义等译：《法律哲学》，275～276页。

的，同时，刑罚的严重程度是与犯罪的社会危害性大小成正比的，因而，当立法者努力对刑法规范尽量表述得明确、具体时，实际上是对某种犯罪行为社会危害性的具体描述。而当司法人员致力于刑法规范的解释时，也是为了更好地说明某一行为是否具备社会危害性、是否达到应当科处刑罚的程度。因此，追求刑法明确性的过程，从刑事司法角度而言，就是根据犯罪的社会危害性理论从实质角度解释、适用刑法以追求实质正义的过程。

4. 结论

综上所述，建立实质的刑事法治国就要强调罪刑法定原则中刑罚法规的适当性和明确性，这是刑法实质合理性的需要和体现。而要实现刑罚法规的适当性要求，应根据社会危害性理论解释和适用刑法，对刑法规范从实质上进行解释，将不具有社会危害性的行为排除在刑法犯罪圈之外。这一解释的过程，既是刑罚法规适当性和实质正义的实现过程，又是刑法明确性的实现过程。总之，要构建实质的刑事法治国，一方面必然要坚持法律的实质理性，坚持实质的罪刑法定原则，据此考察刑事立法所订定的刑法规范是否符合自然法所代表的公平与正义等价值理念，是否符合刑罚法规的适当性，因为自然法就是实质理性，“是正义、平等以及正当的准则”，“是一种宪法原则，或曰 Grundgesetz（基本法则），一种‘正当程序条款’”①。另一方面则必然坚持根据社会危害性理论从实质的角度解释、适用刑法，以尽可能地实现法律的实质理性以及实质的罪刑法定原则的要求。而实质正义则是刑法适用实质的罪刑法定原则和社会危害性理论之产物，是刑事法治的实质理性之体现，也是实质的刑事法治国之基点。只有根据社会危害性理论来进行刑事立法和刑法解释，才能实现刑事法治国的实体的正当性、罪刑的均衡性与刑法的明确性等实质方面的要求。

① ［美］哈罗德·J. 伯尔曼著，贺卫方等译：《法律与革命》，308 页。

四、现代社会包容性刑事法治国之构建

（一）形式与实质的刑事法治之冲突

前述表明，形式意义的罪刑法定即为刑事法治的形式合理性，它强调的是刑法规范的可预测性或安定性。刑法规范的可预测性或安定性，可以使公民逐渐产生对刑法的确信，知道当为或不当为，了解他人对自己的行为合法或不合法，从而产生遵循他人合法行为或抗拒他人违法行为的意识，充分发挥刑事法治国家的人权保障机能。而实质意义的罪刑法定和社会危害性理论，则为刑事法治的实质合理性。实质的罪刑法定原则强调刑罚法规的适当性，要求不得处罚缺乏处罚必要性和合理根据的行为，对所处罚的行为则要求做到规定明确、处刑适当。易言之，只有具备社会危害性的侵害或威胁法益的行为才能被规定为犯罪，而且对于刑种和刑度的规定必须与行为的社会危害性的大小相适应；只能根据实质的正当法律程序所蕴含的公平正义等实质的价值理念，根据社会危害性这一犯罪的本质特征，对刑法规范进行解释、适用，以将那些不应该定罪处刑的行为排除在刑法犯罪圈之外，并将那些不明确的刑法规范尽量解释明确。但是，刑法规范的可预测性和安定性与刑法规范的适当性之间难免存在着冲突。这是因为“法之可预测性、安定性之固守，难免有伤具体的妥当性，在法理学上产生安定性与正义、合目的性冲突的问题”①，而这一问题是法治国的建构中自古以来最大的难题。因而，形式合理性与实质合理性、形式的法治与实质的法治之间的冲突，实际上在刑事法领域，集中表现为形式与实质的刑事法治之间的冲突。在存在冲突的情况下，究竟应该如何选择？放弃对形式的刑事法治的坚守，一味地追求实质的刑事法治，抑或放弃对实质的刑事法治之构建，一味坚守形式的刑事法治？

形式的刑事法治与实质的刑事法治的冲突体现在刑事立法、司法两

① 吕海荣：《法律的客观性》，73页。

大方面。

在刑事立法上，形式与实质的刑事法治之间的冲突以对公民自由与人权的形式保障和实质保障对立的方式出现。从形式保障的方面说，立法的目的是通过制定明确的规则，将立法者认为值得科处刑罚的行为规定为犯罪，并使每个公民据此预测自己的行为及后果，在刑法规范所允许的行为范围内自由地行动。但问题是，刑法规范难以避免一定程度的抽象性、概括性和模糊性，从而导致在刑法规范司法化、具体化的过程中，难以避免司法人员的价值评价。这样，从实质保障的层面说，立法的目的本来在于根据行为的社会危害性对值得处罚的行为施以刑罚，以实现刑罚法规的适当性等价值诉求。但是何种行为具有值得处罚的社会危害性，处罚何种行为是妥当而公正的？对此存在着众多交错的看法。为了使刑法规范发挥作为一般公民的行为指针的作用，刑事立法者只能在众多法益交错组合以及按轻重缓急排列的基础上制定一般人都能接受的刑法规范。但是，按照自由主义者的观点，行为的社会危害性以及何种法益为应受刑法保护的法益受时代与环境的影响，因此，在形式上欲求安定性的一般性的刑法规范在基础上本身就是不安定的。

在刑事司法上，矛盾以形式正义和实质正义对立的方式出现。冲突一：当刑法规范内容本身不公正时，能否突破刑法的形式理性而根据实质的正义理念及社会危害性理论，将某些虽然符合刑法形式理性但不具备实质理性的行为不当作犯罪处理？冲突二：刑法禁止的不法与本质的不法何者为罪？当某些行为具有严重的社会危害性，但是刑法却未将之规定为犯罪行为时，能否根据实质正义的标准以及社会危害性理论将其当作犯罪处理？上述两个冲突是刑法的安定性与实质正义之间存在的最大冲突和最严重的矛盾。冲突三：刑法学是严格实证性形式法学抑或是考虑实质目的的可阐释性法学？形式的刑事法治强调的是形式正义，实质的刑事法治强调的是实质正义，前者“强调严格遵守法律条文，后者强调为了正确地适用法律有必要考虑一定的目的。但是，考虑目的意味着进行价值判断，而自由主义的原则不承认判断一定欲望和意愿的善恶的标准”[①]。

总之，形式的刑事法治追求的是刑法的安定性，意在实现刑法的和平与稳定；而实质的刑事法治追求的是实质的正义，意在实现社会公正和公共福祉。而刑法的安定性并不必然意味着最后一定适用公正的刑法，反而有可能适用不完备、不正义的刑法规范，也有可能导致以实质正义的追求为借口突破形式的罪刑法定，由此便可能产生刑法的安定性与实质正义之间的目的冲突。

（二）出路——包容性刑事法治国之提倡

1. 包容性刑事法治国之基点

纯粹形式意义的法治国和纯粹实质意义的法治国在历史上都曾经存在，但都被证明是不成功的。19 世纪的形式法治国以个人主义、自由主义为旗帜，重视实证法律所发挥的规范国家生活秩序的作用。立法者通过对成文法极为清楚的规定，竭力避免空泛地援引类似于民主、自由、人权等不明确的概念来解释法律，所以，这种法治国偏重形式的意义。但是，这种“法治国理念强调把法律当作治理国家及课予人民服从义务的工具，至于法律本身的品质是否符合宪法所追求之保障正义及人权，就失去其重要性”[②]。19 世纪末 20 世纪初形成的这种形式意义的法治国也是当时法律实证主义盛行下的产物。

20 世纪 30 年代德国纳粹政权登场后，明目张胆地滥用法律实证主义的产物——形式法治国概念，他们“利用法律把犹太人变成次于人类的物”，以法律的方式展开了对犹太人的大屠杀，“法律‘从中心’提供了指导迫害的机制”。从法理学上反思，“实证法被暴露出太容易成为获得意识形态权力者的立法理由的工具。从法律实证的视角看，纳粹发布的命令是有效的法律，这一事实难以隐瞒。甚至大屠杀也可能是合法

① ［美］昂格尔著，吴玉章、周汉华译：《现代社会中的法律》，代译序，6 页，北京，中国政法大学出版社，1994。

② 陈新民：《德国公法学基础理论》（上册），84 页。

的，这受到它是以纳粹利益的名义实施的这一事实的支持”①。从而法律成为罪恶的帮凶之源。人们纷纷指责“纳粹时期的法官囿于法律就是法律（Gesetz ist Gesetz），使得法官们无法秉承自己的良知对抗恶法”②。这种排除实质正义以及正当性、合法性等法律的内在价值，一味遵循形式上合法的法律，导致了人类历史上纳粹时代的独裁和暴政。

人类追寻法治国的经验、教训导致了法律实证主义逐渐受到人们的怀疑甚至抛弃，将法律视为工具的纯粹形式意义的法治国也遭到了人们的拒绝。德国法哲学家阿图尔·考夫曼（Arthur Kaufmann，1923—2001）在分析纳粹时代的纯粹形式意义的法治国之弊端时指出：“事实是，我们由于不公正法律的罪恶行径已经永远地失去了我们的清白（对此，实证主义思想和自然法思想同样负有不可推卸的罪责），不能再有任何法哲学完全地局限于形式而忽略其内容，即听凭政治为所欲为。”③这样，至20世纪中期，在德国经历了纳粹时代“千年帝国”的噩梦后，追求良法之治、正义之治的实质意义的法治国思潮悄然兴起。包容性法治国概念正是这一追求过程中的产物。

包容性的实质意义法治国概念是现行德国基本法内的法治国概念，也是对德国纳粹暴政进行反思后的结果。第二次世界大战结束之后，德国开始了重建宪政体制的时代，重建的重要表现是1949年德国基本法的制定和其中对法治国概念的明确规定。该法第1条第1项规定，所有国家权力必须尊重及维护人类尊严；同条第3项规定，基本人权条款可视同现行法来拘束所有国家权力；第20条第3项规定，行政与司法权受到法律与法的拘束；第28条第1项规定，各邦的宪法秩序必须符合联邦基本法所定之共和、民主及社会法治原则。对于基本法的这种规定，我国台湾地区公法学者陈新民教授分析指出，从这些条文的上述规定可知，法律并非拘束国家权力的唯一法源，而渊源于自然法所谓的人性尊严与正义等高位阶的法，乃是超法律的法，并已形成法治国家的最

① ［英］韦恩·莫里桑著，李桂林等译：《法理学》，322、329页。
② 陈新民：《德国公法学基础理论》（上册），91页。
③ ［德］考夫曼著，米健译：《后现代法哲学》，12页，北京，法律出版社，2000。

高法源。特别是德国基本法第93条以及第100条赋予联邦宪法法院司法审查权，更是强化了国家法治的功能，使得德国的法治国概念已经提升到宪法层次，已远非传统形式意义的法治国的格局所可比拟。[①] 对于这种宪法层次的法治国概念，德国学者萧勒（U. Scheuer，生卒不详）分析认为，它是将形式意义的法治国的理念纳入实质意义的法治国之中，易言之，实质意义法治国也容纳且不排斥形式意义法治国中有助于实现实质意义法治国的理念，而这种法治国模式被陈新民教授称为“包容性的法治国概念”[②]。

笔者认为，包容性法治国概念对于消解形式与实质的刑事法治国之冲突极具启发意义。纯粹形式意义的法治国概念排斥实质正义，而以空泛的人权保障为已足，它是技术性、工具性的，容易沦为独裁和暴政者蹂躏人民的工具；纯粹实质意义的法治国概念排斥形式意义法治国的规则性、普遍性、外在性等特征，不能清楚地确定及保障国民生活的秩序，一味追求公共福利及实质正义而不利于防止国家权力的滥用和对公民权利的侵犯。法治国概念的发展史表明，无论是何种形式的法治国概念，过于注重其中的一种，如只想为社会实质正义和社会利益服务，而不为公民个人利益服务，或者相反，那么，就如同拉德布鲁赫的看法一般，这种法治国就根本不可能获得法或法治的名分。不过，笔者所提倡的包容性刑事法治国概念与上述陈新民教授所概括的德国基本法中包容性的实质意义的法治国概念有所不同：包容性的刑事法治国概念并非将形式的法治国概念纳入实质性的法治国概念之中，而是指在坚持形式的法治国的前提之下，将实质意义的法治国概念纳入其中，用后者解释前者，根据后者进一步发展、适用前者。将形式的法治国概念纳入实质的法治国概念，抑或将实质的法治国概念纳入形式的法治国概念，不是一个简单的问题，它折射出在形式与实质的法治国概念之中何者为本、何者为末，何者为主、何者为次的问题。在笔者看来，德国基本法所体现

① 参见陈新民：《德国公法学基础理论》（上册），92页。

② 陈新民：《德国公法学基础理论》（上册），93页。

的将形式法治国纳入实质法治国的包容性法治国概念，有强调实质意义的法治国的倾向，似不利于现代法治社会的人权保障和公民权利之维护，不利于设计有效的防范公权力侵犯人权的机制。如果以形式法治国为本，有原则地纳入实质法治国的概念，则对于贯彻形式法治国的自由人权保障机能，对于合理地理解和适用制定法，都具有积极的功效。这种以形式法治国为主，以实质法治国为辅，将二者兼并吸收所建构的包容性法治国，正是笔者所提倡的包容性刑事法治国概念之基点。

2. 冲突的消解与包容性刑事法治国之构建

（1）立法冲突之解决

德国学者 Bernhard Rehfeld 认为，立法被认为是人类所有发明中充满了最严重后果的形式之一，与火的发现或者火药的发明的后果一样严重。[①] 因为立法是当权者通过一种为大多人接受的方式控制和治理社会的有效形式，而立法包括立法过程所产生的结果，即所制定的法律本身。换言之，立法的产物是具有普遍适用效力的法律规范。独裁者和专制政权所制定的法律带给人类的是灾难；而极端抽象的类似唐律中规定的“诸不应得为而为之者，笞四十；事理重者，杖八十”，或者如同新中国成立初期笼统对某种犯罪规定应“依法制裁”或“依法严惩”等，则因赋予司法者过多、过大的自由裁量权，同样易使法律成为专权擅断的工具，形成形式上有法而实质上无法的局面。这两种情况的存在对于人类社会而言都是一种灾难，因此，法律如同“双刃剑”，用之得当则国家与社会两受其益，用之不当则两受其害。关于这一点，从 18 世纪资产阶级革命前期封建专制时代的罪刑擅断，以及 20 世纪纳粹分子利用法律作为屠杀犹太人的工具的法西斯暴政中均可见一斑。

从刑事立法角度而言，为了使刑事立法对人类产生最好的影响，尽量使其成为使国家与社会两受其益的正义之剑，刑事立法必须吸收人类历史上的惨痛教训。一方面，为了避免过于抽象的刑法规范产生过多的歧义，从而使法官享有不适当的过广的自由裁量权，刑法规范应该尽量

① Vgl. Bernhard Rehfeld.，Die wurzeln des Rechts，1951，S. 68.

制定得清楚明白。从立法语言学的角度来说，“立法语言所表述的法律和法规是调整全社会的行为规范，因此，不仅需要准确、具体，同时还要求周密、完备”①。刑法作为性质最为严厉的法律，更应如此。但是另一方面，在追求刑法的明确性的同时，也不能使明确成为烦琐的同义词，正如波塔利斯所说，“立法机关的任务是要从大处着眼确立法律的一般原则。它必须确立高度概括的原则，而不是陷于对每一可能发生的问题的琐细规定……立法者的技巧是要发现每一领域对公共福利最有力的原则”②。因此，刑法规范应该尽量制定得使一般公民易于了解，但如果确实无法详尽规定而不得不采用一些概括性、模糊性的规定的，例如对于犯罪手段、情节严重等无法列举，对于过失犯的预见义务等难以完备地规定在刑法典之中等，也不能横加指责。

为了实现刑法处罚的适当性，做到犯罪与刑罚的设置符合公平、正义的实体要求，刑事立法者必须把那些对国家、社会和个人法益危害严重的行为规定为刑法中的犯罪。正如孟德斯鸠指出：“对恶劣行为最大的惩罚就是被认定为有罪。”③ 从刑事立法角度而言，何种行为属于应该被认定为犯罪的“恶劣行为”，则是一个相当有争议和难度的问题。有争议是因为刑事立法的主体是人，任何人在评价一行为是否属于应被认定为犯罪的“恶劣行为”时难免有不同的标准和看法；有难度是因为任何恶劣或不恶劣的行为都是一个具有时代性的概念：1）此一时为恶劣的行为，彼一时可能变成无害于社会的行为，比如，计划经济体制下的投机倒把到了市场经济时代就属于市场行为而不再是犯罪。2）此一时为无害于社会的行为，彼一时可能成为极度恶劣的行为，比如形形色色的行政犯，如古代社会农民狩猎的行为是合法的，但在现代保护人类生存环境和野生动物的前提下，大多数国家都制定了狩猎法规，违反该法规、情节严重的行为往往被认定为犯罪。3）彼一时及以往均未出现

① 华尔赓：《法律语言概论》，200～201页，北京，中国政法大学出版社，1995。

② 转引自［德］K. 茨威格特、H. 克茨著，潘汉典等译：《比较法总论》，167页，贵阳，贵州人民出版社，1992。

③ ［法］孟德斯鸠著，张雁深译：《论法的精神》（上册），83页。

过的恶劣行为，此一时非但出现了而且危害性很大，比如随着计算机的出现和普及而出现的计算机犯罪，由于西方发达国家建立政治霸权、争夺人类资源的形势日益严峻以及各国发展的不平衡等各种复杂的政治原因，而出现的国际国内的恐怖活动犯罪。4）还有一些行为则很难决定是否应该被规定为刑法中的犯罪，如通奸、卖淫、吸毒、嫖娼、流浪、乱伦等。由此，是否将某种行为规定为犯罪，只能根据社会上一般人的看法并结合国家维护社会秩序和保护公民人权之需要，根据立法时的客观情况并尽量结合以往打击犯罪的经验和未来犯罪发展的可能趋势，在立法时做到现实性和预见性相结合，立足现实，放眼未来；不仅将现实具有严重危害性的行为规定为犯罪，而且将那些具有现实发生可能的、危害性严重的行为也规定为犯罪，如黑社会组织犯罪、恐怖活动犯罪、计算机犯罪等，以体现一定的超前性，最大限度地避免因社会形势的急剧变化而导致刑法不适应社会生活的情形发生。

如果说，在刑事立法时尽量考虑了一般人对严重危害社会行为的评价，考虑了保护国民法益之需要，考虑了维护社会和国家秩序的目的，也难以避免一定的概括性规定，但已最大限度地达到立法的明确性与处罚范围适当性等形式与实质的要求，那么，这样的刑法规范虽然并不一定能够完全消解刑法在形式上欲求安定性与其在基础上本身就是不安定的之间的冲突，但至少，它能最大限度地使刑法的安定性得到不同阶层不同利益群体的支持，从而在刑法规范的基础上也实现刑法的安定性；同时，尽量做到了明确性的刑法，虽然不能完全避免司法人员在适用刑法过程中的价值评价，但毕竟较之抽象的、恶法之治的刑法更加有利于减少和削弱司法者的自由裁量权。总之，刑事立法是人类为了治理社会、实现最基本的正义与善德所需要的工具，但是人类还没有学会完全控制它，使它成为形式完美、内容合理的良法之治，而只能尽可能使之成为形式完备、内容适当的行为规范和裁判规范，并使它不产生大的害恶。

（2）司法冲突之解决

1）冲突一与冲突二之解决：形式的刑事法治国之优位原则

对于前述形式与实质的刑事法治国在刑事司法层面的三个冲突，笔者认为，其中第一个与第二个冲突属于同一层面上的冲突。冲突一反映的是能否根据实质理性任意出罪，即刑法禁止的不法与本质不法何者为罪；冲突二反映的是能否根据实质的社会危害性擅自入罪。这两种冲突的根本症结是一致的，即能否以实质理性为借口突破刑法的形式理性？在形式理性与实质理性冲突之时，应该坚持形式理性优先，还是坚持实质理性优先？详言之，在刑法的形式理性和实质理性冲突之时，能否抛弃或者突破形式合理性，而根据公平、正义等价值观念以及社会危害性理论等刑法的实质理性擅自出入人罪？有鉴于此，下文并不准备单独针对冲突一或冲突二提出解决方案，而是将它们合二为一进行解答。

前述第一章关于法律的形式合理性与实质合理性的论述结论已表明，在法律的形式合理性与实质合理性之间发生冲突之时，应该选择坚守形式合理性，不能为了追求法律的实质合理性而突破法律的形式合理性；法律的形式合理性是第一位的，实质合理性是第二位的；只能在坚持形式合理性的前提下追求实质的合理性。而法律的形式合理性与形式的刑事法治国是相对应的，实质合理性又是与实质的刑事法治国相对应的，因此，将上述观点贯彻到形式与实质的刑事法治国之间冲突的处理上，笔者的结论是，在形式与实质的刑事法治国之间，应该坚持形式的刑事法治国优位原则，对刑法实质合理性的追求只能在坚持形式合理性的前提下进行，不能以实质的非理性为由抛弃形式合理性的刑法的适用，因而恶的刑法在未被废除之前仍应坚持适用，简言之，恶法亦法；也不能因某一行为社会危害性严重而以实质合理性为由将刑法没有规定为犯罪的行为当作犯罪处理，简言之，反对法外定罪。总之，在一部业已制定并已经生效的刑法规范面前，应该坚持形式合理性为优先、实质合理性为补充的原则。

第一，为何要确立形式的刑事法治国优位原则。

首先，确立形式的刑事法治国优位原则是与法律和法治的本意相符合的。法律是一种强制性规则，而法治的首要特性是形式的规则之治。恶法亦法论以及反对法外定罪体现的正是对刑法规则的维护，从而使得刑事法治国具备了法治的首要特性，使刑事法治真正成为刑事规则之治，成为法治。

历史上各个时期重要的法治思想家们都认为法律是一种强制性规则，而法治的首要特性是形式的规则之治。德国历史法学派著名学者萨维尼（M. D. Savigny，1779—1861）于 19 世纪提出："每个个人的存在和活动，若要获致一安全且自由的领域，需确立某种看不见的界限（the invisible borderline），然而此一界限的确立又须依凭某种规则，这种规则便是法律。"① 反而言之，法律是一种规则，法治则是对法律规则的运用。恶法非法论以及法外定罪是对法律规则的抛弃和对法治的破坏，更是对公民自由的侵犯。英国著名宪法学大师戴雪（Albert Venn Dicey，1835—1922）提出法治的三大原则，即法律必须事先确立，法律面前人人平等，司法决定法律适用。"概念指明凡人民不能无故受罚，或被法律处分，以致身体或货财受累。"② 如果承认恶法非法论及允许法外定罪，就会破坏事先制定的刑法规则，并使得人民可能时时无故受罚，此时，自无法治可言。自由法运动的代言人、奥地利法学家埃利希（Eugen Ehrlich，1862—1922）在强调"活法"概念时，亦不忘提出，法律首先是一种规则。他于 1939 年在《实际生活中的法律概念》一文中写道，"法官必须从现行的一般性规则中推导出每个具体案件的判决"。"法律是一种规则"，"法律是人类行为的规则"，法律是"法院和其他审判机关用以评判人们行为的规则"，"法院据以判案的规则就是人们应该据以调整自己行为的规则"。他还指出："实际上，宾丁多年前就已经从这样一个角度来考虑问题了。他提出，众所周知的，并在事实上调整人们行为的是刑法规范，而不是刑法本身。"宾丁的追随者 Max Ernst Mayer 对这种必不可少的经验式的论断并没有作任何增减。③ 易言之，刑法当然也是一种法律规则的组成体，要建立刑事法治当然要确立形式合理性优先原则，而不是以恶法非法为由抛弃规范或者以法外定

① ［英］哈耶克著，邓正来译：《自由秩序原理》，183 页。

② ［英］戴雪著，雷宾南译：《英宪精义》，232 页，北京，中国法制出版社，2001。

③ 参见［奥］埃利希著，周林译：《实际生活中的法律概念》，载夏勇主编：《公法》，第 2 卷，155。

罪突破刑法规范，否则，就是对法治的破坏。因为法治正如昂格尔(Roberto M. Unger，1949—）所认为的，“就最广泛的意义而言，法治就是指相互关联的中立性、统一性及可预见性观念。政府权力必须在适用于广泛的不同种类的人和行为的规则限制之内行使。而这些规则无论会是什么，必须得到一致的适用。这样说来，法治与法律规范的具体内容似乎并不相关”[①]。如果以实质的内容正当与否决定是否抛弃或突破形式合理的刑法规范，就意味着法律规则既未得到统一遵守，又未能为人们的行为提供可预见性，而且使得国家的刑罚权几乎不受刑法规则的限制，最终就无法治可言。如果再考虑美国学者富勒在 1964 年提出的法治的八条原则，即法律的一般性、法律要公布、法不溯及既往、法律的明确性、法律的一致性、法律的可行性（法律不应要求不可能实现的事情）、法律的稳定性、官方行动与法律的一致性[②]，就更不难理解为何形式的刑事法治国优先于实质的刑事法治国了。如果再考虑哈耶克的法治观，同样会得出形式的刑事法治国优位原则。哈耶克指出：“撇开所有技术细节不论，法治的意思就是指政府在一切行动中都受到事前规定并宣布的规则的约束——这种规则使得一个人有可能十分肯定地预见到当局在某一情况中会怎样使用它的强制权力，和根据对此的了解计划他自己的个人事务。虽然因为立法者以及那些受委托执行法律的人都是不可能不犯错误的凡人，从而这个理想也永远不可能达到尽善尽美的地步，但是法治的基本点是很清楚的：留给执掌强制权力的执行机构的行动自由，应当减少到最低限度。”[③] 而抛弃刑法适用的恶法非法论和在刑法圈之外以社会危害性为理由的法外定罪，恰恰使得国家的行为并未受到刑法规范的约束，并使法官享有了不切实际的过于宽泛的自由裁量权，使得他们自己成为事实上的立法者，这样做，与法治的要求和特性

① ［美］昂格尔著，吴玉章、周汉华译：《现代社会中的法律》，165 页。

② 参见吕世伦主编：《现代西方法学流派》（上卷），67～69 页，北京，中国大百科全书出版社，1999。

③ ［英］哈耶克著，王明毅等译：《通往奴役之路》，73～74 页，1998。转引自刘星：《西方法学初步》，338 页。

相违背。总之，诚如美国联邦最高法院大法官斯葛利亚在多年司法实践之后得出的结论——“法治就是规则之法（the rule of law as a law of rules)”[①]，刑事法治也是刑事规则之治，抛弃刑事规则而意图实现刑事法治因其从根本上背离了法治的本性而难以达到。

其次，确立形式的刑事法治国优位原则有利于实现法治的形式正义。刑事法治的第一个目的是形式正义，所谓形式正义实际上表达的是对法律的安定性的追求，这与拉德布鲁赫所认为的法律的安定性是法律的第一个价值诉求显然是一致的。坚持恶法亦法论和实质正义不能成为行为入罪理由的形式合理性刑法观，是实现法律的形式正义的必然要求。刑法规范的公开性和统一性是实现刑法形式正义的途径。所有的法律制度（当然包括刑法制度）与形式正义都具有密切联系。对此，可以从罗尔斯有关“制度与形式的正义”的论述中得到启发。罗尔斯所说的制度是一种公开的规范体系，他指出，“当谈到一种制度……是一种公开的规范体系时，我的意思是说，每个介入其中的人都知道当这些规范和他对规范规定的活动的参与是一个契约的结果时他所能知道的东西。一个加入一种制度的人知道规范对他及别人提出了什么要求”[②]。法律制度正是具有这种行为指南作用的、公开的规范体系中的主体，因而罗尔斯所说的制度与形式正义之间的关系问题，无疑是或者说主要是法律制度与形式正义的关系问题。刑法制度的公开性就在于，它通过对犯罪行为的类型及处罚予以明文规定，“保证介入者知道对他们互相期望的行为的何种界限以及什么样的行为是被允许的”[③]。这样，不管这些刑法规范的实质正义是什么，它们的存在也满足了某种正义观：“它们在下述意义上是正义的原则——它们为这个体系扮演了正义的角色，它们为基本的权利和义务提供了一种分配办法，并决定着社会合作利益的划分。”而且，这些刑法规范被法官公正、一致地管理并适用着，类似情况类似处理，刑法确定的正确规范被一贯地坚持，并由法官恰当地给予

① 苏力：《批评与自恋》，159页，北京，法律出版社，2004。

② ［美］罗尔斯著，何怀宏等译：《正义论》，51页。

③ ［美］罗尔斯著，何怀宏等译：《正义论》，52页。

解释。“这种对法律和制度的公正一致的管理，不管它们的实质性原则是什么，我们可以把它们称为形式的正义。如果我们认为正义总是表示着某种平等，那么形式的正义就意味着它要求：法律和制度方面的管理平等地（即以同样的方式）适用于那些属于它们规定的阶层的人们。正像西季维克强调的，这种平等恰恰就隐含在一种法律或制度的概念自身之中，只要它被看作是一个普遍规范的体系。形式的正义是对原则的坚持，或像一些人所说，是对体系的服从。”总之，“在法律制度中的形式正义正是那种支持和保障合法期望的法律规范本身的一个方面”①。因此，刑法规范的成文性、规定性、一致性和公开性，正是实现刑法形式正义的途径；只要刑法被看作是一个普遍的规范体系，形式合理性就必然体现为对刑法规则的坚持，同时也必然能实现形式的正义。如果说法律是正义的文字表述，那么，刑法的形式正义正是实现这种表述的方式。作为形式正义的自然结果，刑法必须是成文法，习惯法当然不能成为刑法的法源；刑法作为干涉公民自由与权利的法律，应将公民的自由划定在最为明确的范围以内；而在适用成文刑法规范的过程中，规范内容的正义或不正义不能影响该规范的照常适用；某一严重危害社会的行为如果没有被该规范规定为犯罪，就不能以其社会危害性严重为由对其擅自入罪。

最后，确立形式的刑事法治国优位原则有利于实现法治的安全价值。刑事法治的第二个目的是安全。法治的重要作用就是促进人类的发展，而人类的发展是以维护社会的一般安全为前提。只有建立起普遍适用的刑法规则，才能使人类与法律的发展和维护社会、公民的安全相协调。“既定法律的效力，以它所课的义务而言，绝不因为与某些基于信仰、道德或其他非法律原因所建立的价值系统抵触而被推翻。”②“道德上邪恶的规则可以仍是法律”③，违背实质合理性的刑法仍然是刑法；具有严重社会危害性的行为如果没有被实定刑法规定为犯罪，也不能被

① ［美］罗尔斯著，何怀宏等译：《正义论》，54、55页。

② ［英］Dennis Lloyd著，张茂柏译：《法律的理念》，100页。

③ ［英］哈特著，张文显等译：《法律的概念》，207页。

作为犯罪处理。只有坚持刑法规范的不可破坏性，才能实现刑事法治的安全目的。“法所提供的安全是建立在法的不可破坏性上的。法所规定的东西，应该摆脱随心所欲；立法者也好，法所要求约束的对象也好，都不得违反它。它应该是持久的，人们能够信赖它。因此，人们能够预计有一个固定的、不会改变的范围，人们能够在这个范围内安排自己的事情；他能够在这种制度的保护下建设自己的生活。法的趋于持久的倾向一再表现在各种法的文献和法律本身之内。”① 因此，抛弃形式合理性的恶法非法论或者以社会危害性为由突破形式合理性的法外定罪，都是对法律安定性和社会安全性的破坏，是与法治的安全价值相违背的。“法律是人性中所蕴含的最高理性，告诉人们所应做之事，禁止人们所不应做之事。”② 自然法或实质合理性虽然也是人类行为的标尺，但它们只是一种隐性的规则，不是明确可见的规则体，不能起到昭示何种行为是犯罪的规范指引作用，当然也不能起到维护社会安定的作用，所以，在法理上，法律的安定性原则上是优越于法律的正当性的。正如庞德指出：“法律的思想，在求一般安全之社会利益。”而且，如果说“有效的刑罚机构的存在是为保障人们相互间的安全服务的”③，那么，有效而稳定的刑法规范的存在则是为有效的刑罚机构的安全保障机能提供前提的。“刑法的实体规则就其功能而言，不仅指引操作刑罚系统的官员，而且指引处于非官方活动中的普通公民。”④ 而这一功能的发挥必须以犯罪行为和惩罚的可预测性作为刑法规范的首要特征，这也正是形式的罪刑法定的基本要求。只有通过法律明文规定犯罪与刑罚的种类与幅度，刑事制裁才能适用于公民，只有当公民“知道什么事情要受罚，并知道这些事情是在他们可做可不做的能力范围之内的，他们就可以相应地制订他们的计划。一个遵守已公布的法规的人不必害怕对他的

① ［德］H. 科殷著，林荣远译：《法哲学》，120 页。

② ［英］Dennis Lloyd 著，张茂柏译：《法律的理念》，序言，1 页。

③ ［美］罗尔斯著，何怀宏等译：《正义论》，230 页。

④ ［英］哈特著，张文显等译：《法律的概念》，41 页。

自由的侵犯”[①]。恶法亦法的刑法观可以通过对形式合理性的坚守，防止法官以抽象的、在理解上难免会带有个人色彩的实质合理性为借口，随意出入人罪；严重社会危害性不能成为行为入罪理由也是对刑法形式合理性的坚持和对普遍有效性的贯彻。所以，形式的罪刑法定为公民行为提供稳定的预期，最终发挥刑法规范的人权保障机能，这也是刑事法治安全目的价值之所在。

第二，确立形式的刑事法治国优位原则的要求。

坚持形式合理性及形式的刑事法治国优位原则的必然结果及要求是：其一，恶法亦法；其二，实质正义与严重社会危害性不能成为行为入罪的理由。

其一，恶法亦法论。恶法非法还是恶法亦法，是一个涉及法律的有效性问题，最为敏感，也是在历史上曾引起长期争论的问题。自然法学派反对将恶的法律当作法律，反对对恶法的适用。例如，在古罗马时期，西塞罗认为，人的理智从世界的理智（即理性）那里认识的这种自然的法，并不取决于各个国家的规章，犹如世界的规律本身那样，它对一切民族和时代都是适用的。正如西塞罗所说的那样，它比任何的成文法都更古老，比任何的国家的共同体都更古老，与它相悖的实在法并非真正的法律，这种实在法是没有约束力的。[②] 中世纪的教会权力机构在许多非宗教当局的支持下，拒绝承认那些被认为与神法和自然法相抵触的国家法具有有效性，如奥古斯丁曾指出，非正义的法律根本就不是法律。[③] 托马斯·阿奎那也认为，“并非实在法在法里的任何规则都是自然法，人法可以增加一些规则，它可以作更为仔细的规定。当然，违背自然法的实在法就不是‘法’，而是对法的污损。只有公正的法律才会使良心承担责任，不公正的法律则不能，然而它可能得到遵守，以避免社会的混乱——除非它违背神的善”[④]。但是，在不能达到亚里士多德

---

① ［美］罗尔斯著，何怀宏等译：《正义论》，239页。
② 参见［德］H. 科殷著，林荣远译：《法哲学》，15页。
③ 参见［美］E. 博登海默著，邓正来译：《法理学：法律哲学与法律方法》，337页。
④ ［德］H. 科殷著，林荣远译：《法哲学》，18页。

所说“已成立的法律获得普遍的服从，而大家服从的法律又应该本身是制定良好的法律”的完美法治的情况下，法律实证学派与自然法学派的长期交锋中所表达出来的恶法亦法观，以及历史上各个专政时代形式法治被践踏的危害性，使得“在我们生活的这个时代，那种认为非正义的法律就不是法律的观点，已很少为法律哲学家或法庭的法官所赞同”①。

由此，恶法亦法论的刑法观当然是吸收法律实证学派对法学的最重要贡献的必然结果。虽然前文分析表明，实证法学派对自然法的否定存在着明显的漏洞，而且实证法学派后来的发展证明，实证法学派实际上与自然法学派一起分享了理性主义，但是，撇开实证法学派与自然法学派或理性主义的关系不论，实证主义法学者坚持认为法律的“实然”和“应然”应该相分离，并主张“恶法亦法”的观点，如同理性主义和自然法，基本已为当今各国法律制度所确认并付诸实践。实证主义法学派认为，“某一规则是不是法律规则，依赖于它是不是在某种渊源中（例如制定法或判例法）设定的，如果在某个有效的渊源中找到了它，它就是一条有效力的法律规则，不管它是好是坏、是正义的或非正义的。同样地，一个规则是正义的、合理的这单一事实不能使之成为法律的一部分，如果不能在任何可确认的渊源中找到它的话”②。换言之，只要是经过民选机构制定的刑法在渊源上就是有效的，这样的刑法尽管对犯罪的设定可能不合理，但是也应被遵从。奥斯丁也认为，一个法律，无论其内容是否邪恶，只要经过适当的程序和以适当的方式发布，就是法律；法律的存在是一回事，它的优劣是另一回事。③ 当然，这并不意味着公民对于内容不正义的刑法毫无作为，刑法理论工作者和其他公民均可对内容不合理、处罚不适当的刑法提出批判，敦促立法者日后予以改进。比如，我国1979年刑法典中规定了流氓罪和反革命破坏罪，但是前者概念抽象、内容繁杂，不利于正确定罪量刑，而且该罪中的很多行为与日益发展的社会伦理观念相违背，而后者则内容广泛，不利于区分

① ［美］E. 博登海默著，邓正来译：《法理学：法律哲学与法律方法》，337页。
② ［英］韦恩·莫里森著，李桂林等译：《法理学》，229页。
③ 参见［英］Dennis Lloyd著，张茂柏译：《法律的理念》，92页。

罪与非罪、此罪与彼罪之间的界限，因此，这两个罪名在饱受刑法理论研究者、司法工作者的批评和社会上一般公民的抵制之后，终于于1997年修订刑法时被立法废除了。但是，在废除以前，司法工作者并没有以该两罪的内容规定不合理为借口不适用1979年刑法典。这说明，在刑事法治国的构建中，对刑法的批判应该以对刑法的服从为前提。恰如边沁所明确指出的："在一个法治的政府之下，善良公民的座右铭是什么呢？那就是'严格地服从，自由地批判'。"① 总之，虽然有的刑法规范与人类基本的善德、正义等实质合理性的内容相违背，但是，只要这些法律是以民主形式制定的，即是由国民的代表机关即议会制定的法律来规定犯罪与刑罚，而且含义基本明确并符合刑法效力的所有公认准则，便不能以其内容不公正而拒绝遵守和服从。至于"由独裁者与专制政权所制定的法，不论其品质如何，已当然地排除在法治国概念之外"②。所以，构建刑事法治国在一般的情况下，即使刑法的内容并非尽善尽美、尽合公正之义，但是只要该项法律有效，仍应服从，除非在类似于纳粹时代将形式合理性的法律作为代行实质非理性的行为的工具的极端情况下，恶法才可以不被服从。而这一种情况，在人类历史的进程中，是比较少见的。

其二，实质正义与严重社会危害性不能成为行为入罪的理由，易言之，反对法外定罪。当一种行为具有社会危害性，但是刑法典并未将其作为犯罪予以规定时，即使其社会危害性再严重，也不能对其处以刑罚。这是刑事法治国作为法治国所必须坚持的底线。以吸毒行为为例，最近几年毒品犯罪日益猖獗，在具体办理毒品犯罪案件中，犯罪分子几乎无一例外地将非法持有的毒品供自己吸食为借口来避重就轻，逃避法律的制裁；而且吸毒行为催生了贩毒行为，是贩毒和持有毒品行为的诱因、原动力，可谓害莫大焉。但是，即便如此，如果以吸毒具有严重的社会危害性而将之作为犯罪处理，则是违反形式的罪刑法定原则的。一

① ［英］边沁著，沈叔平译：《政府片论》，99页，北京，商务印书馆，1995。

② 陈新民：《德国公法学基础理论》（上册），100页。

种行为能够被处以刑罚制裁，只能以其在刑法创制过程中被明文禁止为前提。在传统刑法理论中，本质上不合法的行为（mala in se）和法律所禁止的行为（mala prohibita）之间是存在着区别的，即“某些模式的行为，按其本性是不法行为，然而，关于一定人的行为是否为不法行为的问题，是不能以分析这一行为来加以回答的，它只能在一定法律秩序的基础上来加以回答……立法者为了对某一行为赋予制裁，就一定首先认为这一行为是有害的，是一个恶行（malum）。然而，在规定了制裁以前，这个行为并不是法律意义上的 malum，并不是不法行为。mala in se 是没有的，有的只是 mala prohibita，因为一个行为只是 prohiitum（受禁止）的，才是一个 malum。这只不过是刑法理论中所一般接受的下述原则的结果，即 nulla poena sine lege，nullum crimen sine lege，也就是法无明文不为罚、法无明文不为罪”①。可见，形式的罪刑法定原则正是法律实证主义在刑法领域中的表现，这意味着任何人的行为无论其社会危害性多么严重，如果刑法未加以禁止，便不能受到刑罚制裁，否则，将会导致公民人人自危，恐惧当权者时时以社会危害性为借口突破刑法的规定恣意对其行为定罪量刑。这一点，也是刑法保障机能的体现和要求。刑法具有限制国家刑罚权的发动以保障公民活动自由不受国家侵犯的保障机能。刑法是采用最为严厉的制裁措施即刑罚来处罚犯罪行为的，刑罚权运用不当对公民个人权利造成的侵害当然也是最严重的。为此，如果犯罪与刑罚不是由刑法明文规定的，任何人都无权发动刑罚处罚他人，从而保障公民个人的权利不受法律的非法干涉，它体现了刑法对（公民）自由价值的保障。刑法的保障机能通过限制国家刑罚权的发动而实现，体现的是国家权力的自我约束和对法益的保护；在内容上它既体现为对犯罪人权利的保障——因为“破坏人权的人（也）拥有人权”，更体现为对全体公民人权的保障，即保障所有公民的活动自由免受国家刑罚权的非法侵害。在法律保障体系中，刑法是人权和自由保障的最后防线。如果在追求实质正义的幌子下擅入人罪，则这样的

① ［奥］凯尔森著，沈宗灵译：《法与国家的一般理论》，57 页。

国家也不再是任何意义上的法治国。

2）冲突三之解决：实质的刑事法治国之补充原则：刑法学是否是考虑实质目的的可阐释性法学？

形式的刑事法治国及形式的罪刑法定认为刑法规范应该完备无遗，司法人员应该严格根据刑法的规定判定案件，他们对刑法规范的解释应该限定在最小的限度内，以实现刑法的人权和自由保障机能。实质的刑事法治国及实质的罪刑法定原则认为，“就像 Aristoteles 所曾说，没有任何法律会基于它的一般性而对于所有的个案都是公正的”[①]，犯罪产生于社会生活并随着社会生活的变化而变化，只有根据当下社会的背景和犯罪态势解释、适用刑法规范，才能使成文的刑法规范永远在稳定性与变易性之间谋求平衡，也才能充分实现个案的正义，实现刑法的实质合理性，实现正义公平、刑罚法规的妥当性等价值目标，最终实现实质刑事法治国的正义目的。形式的刑事法治国与实质的刑事法治国的这一冲突的解决，在前文的论述中实际上已有答案。前文关于刑法的实质合理性与形式合理性、形式的刑事法治国与实质的刑事法治国的相关论述表明，实质的罪刑法定原则的两项重要内容即刑罚法规的适当性和明确性原则，从刑事立法角度难以完美充分地实现，这决定了必须从刑事司法角度进一步实现刑罚法规的适当性和明确性。换言之，司法人员应该根据刑法规范的规定，再根据公平、正义之理念和犯罪的社会危害性之本质对刑法进行实质的解释，将不值得刑罚处罚的行为排除在刑法犯罪圈之外，以实现刑法的实质正义，从而使不明确的刑法规范通过解释变得明确。

立足于我国刑法进行分析，刑事立法有关犯罪与刑罚的一般性规定实际上间接给出了冲突三的解决答案。

首先，在定罪方面。根据刑法第 13 条关于犯罪概念的规定，只有具备社会危害性和应受刑罚处罚的刑事违法性的行为才是刑法中的犯罪，因此，如果没有被规定为刑法中的犯罪即不具备刑事违法性的行

---

① 转引自［德］考夫曼著，刘幸义等译：《法律哲学》，277 页。

为，即使社会危害性再严重，也不能被当作犯罪论处。简言之，刑法第13条的规定主要具有出罪功能。此时，刑法的实质正义让位于形式正义，不能以实现实质的人权保障为借口对刑法条文进行类推解释，从而扩大刑法的处罚范围。如果虽然被规定为刑法中的犯罪，但符合刑法第13条但书部分“情节显著轻微危害不大的，不认为是犯罪”的规定，就不应以犯罪论处。比如刑法第202条规定，“以暴力、威胁方法拒不缴纳税款的，处三年以下有期徒刑或者拘役……”如果行为人虽然实施了以暴力或威胁为方法的抗税行为，但是只是打一耳光或者踢了几脚这样轻微的暴力行为，就可以认定为情节显著轻微而不成立抗税罪。此时，允许在坚持形式正义的前提下对刑法条文进行合目的性解释，以将那些社会危害性轻微的行为排除在刑法犯罪圈之外。简言之，刑法第13条的但书规定具有出罪功能。

刑法第13条的规定表明，司法人员可以通过坚持形式正义并在此前提下为了实现实质正义而对刑法进行合目的性的阐释，这也符合有利于被告的人权保障原则。在德国、日本的刑法中，和我国刑法第13条但书部分同样具有出罪功能的是刑法中的社会相当性理论（soziale Adäquanz），即立足于历史地形成的社会生活的社会道德规范范围内所决定的，符合社会生活常规的行为，即具有社会相当性，从而阻却行为的违法性，不构成犯罪。[①] 因此，在德、日刑法理论的通说中，社会相当性是被作为违法性阻却事由来适用的。而社会相当性理论的阻却违法机能，体现在刑法解释论上，就是允许对犯罪的认定根据该理论进行解释，对符合社会历史形成的社会生活准则的行为不当作犯罪处理。以日本著名的“一厘事件”为例，日本大审院明治13年（1880年）10月1日关于“一厘事件”的判决所揭示的法理指出，“此种情形，法虽无明文，但在解释上亦可解为具有阻却可罚的类型原因之情形，例如，某人于散步之际，顺手摘取路旁或庭院中所栽种之鲜花一枝，或以立即返还的意思而为之所谓‘使用盗窃’等，此种情形，皆系侵害他人之所有

① Vgl. Hans Welzel, Das Deutsche Strafrecht, 11. Aufl. 1969, S. 55f.

权，而在一般规范上系属违法，然因被害法益极为轻微，在刑法上亦不构成盗窃罪”①。该判决虽然直接导出的是可罚的违法性理论，但是，可罚的违法性理论是作为社会相当性理论之体现的一种刑法理论，其出发点，正是类似于盗窃一枝鲜花的轻微盗窃行为并不与社会历史所形成的有关盗窃犯罪的生活准则相脱离，从而不构成刑法中的犯罪。显然，在德、日刑法中，社会相当性理论发挥着刑法解释机能，将虽然符合德日刑法构成要件但并不与历史地形成的社会生活准则相脱离的行为排除在刑法犯罪圈之外，从而实现了刑法的谦抑性，具有和我国刑法第 13 条但书部分类似的功能。

其次，在量刑方面。在量刑上，刑法的合目的性解释也是被允许的。我国刑法第 62 条规定，犯罪分子具有本法规定的从重处罚、从轻处罚情节的，应当在法定刑的限度以内判处刑罚。第 63 条规定，犯罪分子具有本法规定的减轻处罚情节的，应当在法定刑以下判处刑罚；犯罪分子虽然不具有本法规定的减轻处罚情节，但是根据案件的特殊情况，经最高人民法院核准，也可以在法定刑以下判处刑罚。这表明，对犯罪分子的减轻处罚有法定减轻处罚和酌定减轻处罚两种，酌定减轻处罚则表明犯罪人虽然不具有刑法规定的减轻处罚情节，但根据案件的特殊情况，经最高人民法院核准，也可以在法定最低刑以下判处刑罚。这一规定考虑到了犯罪的复杂性，允许酌定减轻处罚；同时又维护了刑法的严肃性，对其适用从程序上进行了严格的限制。当司法人员在没有法定减轻处罚情节的情况下，裁量是否对犯罪分子减轻其刑时，实际上就是一个进行刑法解释、适用的问题，而且是在坚持形式的刑事法治国的前提下——因为一般的情况下是根据法定减轻处罚情节来适用的，例外情况下才根据刑法第 63 条允许酌定减轻情节的规定来适用。这些，都是形式的刑事法治国形式正义之体现。但是，当司法人员决定是否酌定适用减轻法定刑时，又是为了实现个案的实质正义而作的目的性解释。

① ［日］宫本英修：《刑法大纲》，126 页。转引自洪福增：《刑法理论之基础》，275 页，台北，刑事法杂志社，1977。

总之，根据我国刑事立法的规定，定罪和量刑环节都允许司法人员在坚持形式正义的前提下对刑法规范进行合目的性的实质解释，从而既坚持了形式的刑事法治国的形式正义，又实现了实质的刑事法治国的实质正义，有效地消解了冲突三。

总之，对于冲突三的解决方案当然是：刑法学并非严格地不允许丝毫价值判断渗入的刑事法学，刑法学当然是可以考量目的的可阐释性法学，它允许法官在适用的过程中进行一定的裁量解释。解释以形式的刑法规范为前提，以社会危害性理论与实质正义为根据，对刑法规范进行实质的解释，通过对刑法实质合理性的实现，最终实现形式的刑事法治国所追求的法律的安定性和形式正义以及社会安全等根本目的。有关刑法解释的问题如此庞大和复杂，下文将对此展开详细论述。

(三) 结论

法律安定性与实质正义之间永远是一种紧张对峙的关系。这正如德国学者雅科布斯（Horst Heinrich Jakobs，1934—）在分析德国民法典的法典编纂的利弊时所深刻指出的，“虽然法典编纂使规则成为制定法，从而使必须时刻证明自己是法学内容，同时也可能时刻面临反驳的制定法免除了证明与驳斥的过程，但同时，法典编纂也给法学套上了枷锁。因此人们不得不作出选择：要么为了保证法的确定性而违反生活原则，借助法律实证主义的艺术概念、目的性解释以及类推适用（Analogie）把根本没有的内容加入制定法，要么将制定法中的所有规则置于保证公平的前提下，但追求公平会使人们在制定法之外发展法（praeter und contra legem voranzuschreiten），这使得法再次处于不确定的状态。这之后出现的状况是在所有可能发生的情形中最糟糕的：人们一会儿呼吁制定法的权威性，一会儿又要在自由中寻求法。企图通过再次编纂而消除上述状况，仅仅意味着再走一次歧路，意味着继续原来的状况。这种状况要求人们重新确定法学与制定法之间的关系”①。

① ［德］霍尔斯特·海因里希·雅科布斯著，王娜译：《十九世纪德国民法科学与方法》，49～50页，北京，法律出版社，2003。

包容性刑事法治国的建立有利于摆脱上述困境。其一，“正义是法的第二项重大的使命，不过其第一项使命则是法的安定性，即和平”①，因而，“和平的利益优先于实质的正义，这也同样适用于安全和正义的关系中诉讼的确定效力”②。法律的安定性与实质正义之间的上述关系决定了，刑事法治国的第一项使命是刑法的安定性即和平，刑事法治国的第二项使命是正义。在已经成为制定法的刑法典面前，为了维护刑法规范的安定性，面对严重侵害法益、社会危害性严重的行为，如果刑法未将之规定为犯罪，不得以追求实质正义为目的在刑法典之外“发展法”，易言之，不得将它们当作犯罪处理；同时，也不得以恶法违背社会正义为由将刑法规定的犯罪行为合法化。唯如此，才有望维护刑法典的权威并确保法律的安定性这一法治国的底线。其二，刑法并非如严格实证法学派所认为的是一个自洽自足的规则体系，因此，如果要“重新确定法学与制定法之间的关系”，必须要建立刑法解释学以将刑法学与刑事制定法进行联结，并避免对刑法典无节制的修改要求。刑法解释学的目的是实现实质刑事法治国的正义价值，在刑法条文的文义范围内进行目的性解释并不违背罪刑法定；为了实现实质的罪刑法定的人权保障原则而不禁止有利于被告人的类推也不违反罪刑法定；为了易于清楚地理解刑法条文的含义，通过实证艺术将不明确的概念变得明确，更不违背罪刑法定。形式的刑事法治国为前提，实质的刑事法治国为补充，补充的途径是通过刑法解释而追求实质正义，发展形式的刑法规范。以上就是笔者所提倡的包容性刑事法治国概念的全部：反对单纯提倡形式法治国或实质法治国，反对以实质正义突破形式正义；只允许在坚持形式的刑事法治国优先和形式合理性的前提下，以实质正义为价值基础补充解释刑法规范，以实质的刑事法治国作为形式的刑事法治国之补充的二元刑事法治国观念。

包容性刑事法治国的建立要坚持以形式的刑事法治国为优先，实质

① ［德］古斯塔夫·拉德布鲁赫著，舒国滢译：《法律智慧警句集》，16页，北京，中国法制出版社，2001。

② ［德］H. 科殷著，林荣远译：《法哲学》，127页。

的刑事法治国为补充的原则。刑事法治国的形成是一种有序化或条理化的过程，它首先依赖于为人们提供刑法规范的形式指导。刑法规范为人们为或不为一定的行为提供了最基本的指南，并且通过对每种行为设立的刑罚明确地预示了行为的相应后果，从而避免了国家刑罚权发动的任意性与公民行为自由之间的冲突。并且确认刑法规范的首要目的是加强刑法制度的确定性和稳定性。“如果确认规则的主要目的在于促进对强制性法律规则的辨识，那么纯粹形式的识别标准就要比注重法律规则内容的实质性标准优越得多。”① 因此，刑法的形式合理性优越于实质合理性。为此，为追求形式正义和法律安定性的形式法治国的实现，为追求良法之治的实质法治国的实现，第一，应从刑事制定法的来源入手，通过民选机构制定的刑法才具有法治国的基本品质，诸如普遍的拘束力、持续性、可预测性、公开性、稳定性等，才能界定和划分人民权利的范围，防止国家权力对公民个人权利的侵犯。这样的刑法才具备正当性与合法性的基础。习惯法、行政机关的命令等当然不能成为国家对公民基本权利侵犯的根据。第二，应在坚持法无明文规定不为罪、不为刑的同时，不排斥自然法，不排斥追求法律所应具有的最根本的正义价值。刑事法治国的目的在于保护国家法益、社会法益和公民个人法益，在于保护国民秩序和公共安全与安定，因而刑法虽然在形式上是实证的，但在目的上是有价值性的。实质的罪刑法定原则所派生的刑罚法规的妥当性、明确性等要求，也是为达到这一目的服务的。为此，必须允许法官根据公平、正义等价值理念对刑法作出解释，以实现实质的刑事法治国的实质人权保障目的，并使形式意义的法治国避免沦为纯粹技术意义、工具意义的法治国。第三，包容性刑事法治国的建立，其落脚点在于，在形式法治国与实质法治国之间，坚持以形式的法治国为前提，而将实质法治国追求公平、正义等价值的合理理念兼并吸收，并根据后者解释形式刑法规范，以实现法治国的实质人权保障机能；反对单纯地追求实质的刑事法治国，而排斥形式法治国所蕴含的基于自由主义所产

① ［美］E. 博登海默著，邓正来译：《法理学：法律哲学与法律方法》，336 页。

生的诸如人权保障等理念。

总之，刑事法治国之构建必须首先承继传统形式意义法治国的杰出理念，诸如基于自由法治理念防止国家刑罚权的滥用，最大限度地保护公民的人权与自由，以及为了确保上述两项原则所必须采取的法律保留原则及其衍生的信赖利益保护、禁止溯及既往，以及可预测性、法律的安定性等原则的实践。同时，刑事法治国之构建还必须符合国家追求整体实质正义，以及将国家行为从实质上而非仅从形式上用法律来加以束缚，使得法治国无疑地可通过违宪审查权的制度，来摒弃恶法，而达到亚里士多德所说的良法之治。因此，现代刑事法治国的精神已将纯粹形式意义的法治国即实证的法律工具论视为下层次的法治执行原则，在此之上展开对刑法正义品质即实质刑事法治国的追求，如陈新民教授所指出，这无疑是今后刑事法治国概念的发展最主要关注之处！总之，刑事法治国的根本目的——人民基本权利之保障，只有靠着刑法制度以及正义理念的相互配合才能妥当地达到。而这种配合，也就是形式法治国与实质法治国的相互配合，是一种包容性的法治国模式。

第三章　犯罪概念：形式与实质犯罪概念

理性主义法律观的本质要求在坚持法律的形式理性的前提下追求法律的实质理性；刑事法治国的建构也要求在坚持形式的刑事法治国的前提下尽可能实现实质的刑事法治国之公平、正义之理念。这些都决定了实质的刑法立场的基本含义，即对刑法的理解适用应该在坚守形式理性——依照成文的刑罚法规——的前提下追求处罚上实质合理性。而对刑法的解释、适用最终是通过刑法分则规定的个罪进行的，而对个罪的解释是从形式还是实质角度进行，则是犯罪论体系所要解决的问题：形式的犯罪论者必然主张前者，实质的犯罪论者则会主张后者。因此，实质的刑法立场的根本命题应该是建立实质的犯罪论体系，它将成为解决问题的核心。

然而，讨论或是建立形式或实质的犯罪论体系的问题，不仅仅是犯罪论体系自身的问题，更是一个需要联系犯罪概念来回答的问题。因为“犯罪论体系，就是将犯罪概念从理论上进行构成”[①]。因为犯罪论是研究实体刑法规定的犯罪行为的一般性的成立要件，它是“从实定法之中，提取出犯罪概念，以建立犯罪在刑法中的结构理论（即犯罪结构理论）。刑法论理学即借这个理论体系，来研究犯罪的刑法理论；刑法实务则借由这个结构理论，以从事犯罪判断”[②]。正因如此，现代各国刑法的犯罪论体系均是以刑法规定的犯罪概念为基础的，是在犯罪范畴的

① 黎宏：《日本刑法精义》，61 页。

② 林山田：《刑法通论》，增订 9 版，上册，175 页。

基础之上展开的犯罪认识体系，因而，犯罪论体系作为认识犯罪的评价系统，实际上就是从犯罪自身的结构与性能对犯罪概念的阐明，而犯罪概念是揭示何为犯罪的问题，它同样是以完成犯罪认识论为目的的，只不过，前者是从体系性的角度进行的，后者是从范畴的角度进行的，它们的最终目的都是衡量某一行为是否为犯罪。如果认为犯罪论体系只是形式的统一体，那么对犯罪的认识只能是一个规范的评价，在此之外可能还要设置一个价值的评价系统。因为犯罪本身有“形式的犯罪概念(formellen Verbrechenbegriff)”和“实质的犯罪概念（materiellen Verbrechenbegriff)”之分，形式的犯罪概念只是表明行为违反了法规范，对于国家为什么有权处罚某一行为，则只能从实质的犯罪概念中寻找答案，因为实质的犯罪概念是根据可罚行为的内容性质来确定的。①如果认为犯罪论体系是实质的统一体，那么，对于犯罪的认识就不仅仅应知道它是否违反刑法规定，还应知道它为什么违反了刑法的规定，即将规范评价和价值评价结合起来，这样，一个实质的犯罪论体系本身就能满足对犯罪认识的规范评价和价值评价双重需求。总之，“如何为犯罪设定一般理论之体系，原来由于对于犯罪概念观点之不同，以及认定成立犯罪范围广狭之差异，遂发生各种不同之见解”②。形式的犯罪概念主张形式的犯罪论，如何从刑法规范是否被违反的角度说明某一行为是否构成犯罪是其特征；实质的犯罪概念必然主张实质的犯罪论体系，因为实质的犯罪概念揭示的是某一行为为什么被规定为犯罪，相应地，犯罪论体系必然表现为如何说明某一行为是否达到犯罪的可罚性程度。犯罪概念与犯罪论体系之间的这种关系，决定了必须阐明对犯罪概念的基本态度，即是主张形式的犯罪概念，还是主张实质的犯罪概念？下文即围绕这一问题展开讨论。

---

① Vgl. Heinz Zipf, Kriminologischer und strafrechtlicher Verbrechenbegriff, in: Monatsschrift für Deutsches Recht 1969, S. 890f.

② 洪福增：《刑法理论之基础》，3 页。

一、形式犯罪概念到实质犯罪概念之发展

（一）我国混合犯罪概念的立法发展

我国刑法对犯罪的一般概念进行规定，始于1979年刑法典中的第10条，该条的规定是伴随着刑法发展史上犯罪的形式概念和实质概念的产生而产生的。

犯罪概念有形式与实质之分。形式的犯罪概念从犯罪的法律形式特征着手给犯罪下定义，即将犯罪定义为违反刑事法律并且应当受到刑罚处罚的行为。与之相反，则是实质的犯罪概念。如德国著名哲学家康德认为，犯罪的本质在于犯罪人为了实现个人的自由而实施侵害他人自由的行为，因此犯罪是出于不道德的动机而实施的不道德的行为；刑事人类学派代表人物加罗法洛认为，犯罪是违反社会的怜悯和诚实的二道德情感的行为；等等。苏联在十月革命以后，将实质性概念加以引进，并且以犯罪的阶级性作为犯罪的实质内容。1919年苏俄刑法指导原则第6条规定："犯罪是危害某种社会关系制度的作为或不作为。"1922年苏俄刑法典第6条规定："威胁苏维埃制度基础及工农政权在向共产主义过渡时期所建立的法律秩序的一切危害社会的作为或不作为，都被认为是犯罪。"1926年苏俄刑法典也规定，"目的在于反对苏维埃制度或者破坏工农政权向共产主义过渡时期所建立的法律秩序的一切作为或不作为，都认为是危害社会的行为。对于形式上虽然符合本法分则任何条文所规定的要件，但因为显著轻微，并且缺失损害结果，而失去危害社会的性质的行为，不认为是犯罪行为"。在法律规定的影响下，苏联20世纪20年代的主要刑法教科书也都只对犯罪的实质概念加以详尽分析，而不涉及犯罪的形式概念；并且当时的苏联刑法学者批判认为，资产阶级刑法典是从法律形式上规定犯罪的定义，把犯罪看成是实施时即为法律禁止，并应受惩罚的行为，苏维埃立法则与此不同，它是从实质上，也就是从对法律

秩序的损害上、危害上来规定犯罪的定义的。[①]

20 世纪 30 年代末，苏联法律研究所集体编写的、供法律高等院校使用的“刑法总则”教科书第三版中，除指出犯罪具有社会危害性这个特征之外，还指出了像罪过、应受惩罚性这样一些特征。H. П. 杜尔曼诺夫在其博士论文《犯罪概念》中首次将苏维埃刑法中的犯罪概念表述为：社会危害性、违法性、罪过、应受惩罚性和不道德性。这样一种犯罪概念实际上是将启蒙资产阶级刑法所主张的形式的犯罪概念，与苏维埃政权建立之初纯粹的实质的犯罪概念结合在一起的一种混合犯罪概念。按照杜尔曼诺夫的观点，指出犯罪的形式特征（依法应受惩罚性）可以给犯罪下一个全面的所谓形式上的定义。如果说实质的犯罪定义是以行为的社会危害性为内容，那么形式定义的特征就是违法性、罪过和以人的责任能力为条件的应受惩罚性。杜尔曼诺夫的著作，对苏联刑法学者产生了明显的影响。例如，在 1948 年出版的刑法总则教科书中，A. A. 皮昂特科夫斯基指出，犯罪特征除社会危害性之外，还有应受惩罚性和罪过。而在 1952 年的刑法总则教科书中，他进一步把像违法性这样的特征列入了犯罪概念之中。他写道：“犯罪乃对社会主义国家或社会主义法律秩序有害的、违法的、有罪过的、应受惩罚的作为或不作为。”此后苏联学者研究犯罪概念，基本上都主张这种混合性的犯罪概念。[②] 同时，混合犯罪概念也为苏联的立法所采用。1958 年苏联和各加盟共和国刑事立法纲要第 7 条的规定反映了犯罪的两个基本特征：社会危害性和刑事违法性。1960 年苏俄刑法典第 7 条规定，“凡刑事法律所规定的侵害苏维埃的社会制度、政治和经济体系，侵害社会主义所有制，侵害公民人身权利和自由、政治权利和自由、劳动权利和自由、财产权利和自由及其他权利和自由的危害社会的行为（作为或不作为），以及刑事法律规定的违反社会主义法律秩序的其他危害社会的行为，都是犯罪”。这个概念可以说是典型的将形式的犯罪概念与实质的犯罪概

① 参见［苏］皮昂特科夫斯基等著，曹子丹等译：《苏联刑法科学史》，19～20 页，北京，法律出版社，1984。

② 参见［苏］皮昂特科夫斯基等著，曹子丹等译：《苏联刑法科学史》，23～24 页。

念统一起来的混合型犯罪概念。苏联刑事立法中的混合犯罪概念自其产生之后，对其他社会主义国家犯罪概念的立法产生了很大影响。

我国刑法中的犯罪概念受苏联刑法的影响，采用了混合犯罪概念的立法。1979 年 7 月 1 日第五届全国人民代表大会第二次会议通过，1980 年 1 月 1 日施行的《中华人民共和国刑法》第 10 条规定："一切危害国家主权和领土完整，危害无产阶级专政制度，破坏社会主义革命和社会主义建设，破坏社会秩序，侵犯全民所有的财产或者劳动群众集体所有的财产，侵犯公民私人所有的合法财产，侵犯公民的人身权利、民主权利和其他权利，以及其他危害社会的行为，依照法律应当受刑罚处罚的，都是犯罪；但是情节显著轻微危害不大的，不认为是犯罪。"1997 年 3 月 14 日，第八届全国人民代表大会第五次会议对 1979 年刑法进行了修订，修订后的《中华人民共和国刑法》第 13 条规定："一切危害国家主权、领土完整和安全，分裂国家、颠覆人民民主专政的政权和推翻社会主义制度，破坏社会秩序和经济秩序，侵犯国有财产或者劳动群众集体所有的财产，侵犯公民私人所有的财产，侵犯公民的人身权利、民主权利和其他权利，以及其他危害社会的行为，依照法律应当受刑罚处罚的，都是犯罪，但是情节显著轻微危害不大的，不认为是犯罪。"与 1979 年刑法典第 10 条的规定相比，修订后的刑法共修改了以下几点：一是在"危害国家主权和领土完整"之后增加了"安全"二字，从而将国家安全也列入了刑法的保护范围；二是将"危害无产阶级专政制度，破坏社会主义革命和社会主义建设"改为"分裂国家、颠覆人民民主专政和推翻社会主义制度"；三是在"破坏社会秩序"后增加了"经济秩序"一词，表明经济秩序也是犯罪侵犯的客体；四是把"全民所有的财产"改为"国有财产"，并删掉了"公民私人所有的合法财产"中的"合法"二字，表明了对公民私人财产权的尊重，并避免了在用语上的啰唆——既是公民私人"所有"，则当然为合法，而对于非法财产，当然谈不上所有权的问题。

我国现行刑法对犯罪概念的规定与 1979 年刑法典相比，二者在立法形式上相同——都是形式的犯罪概念与实质的犯罪概念相结合而形成的混合犯罪概念，其形式面体现在“依照法律应当受刑罚处罚”的文字之中。这表明某一行为首先应该是违反了法律的规定，因为只有违反了法律规定的行为才谈得上“依照法律应当受刑罚处罚”；其次，该行为在法律上的后果就是应受刑罚的惩罚。这一犯罪概念的实质面则体现在“危害社会的行为”的文字之中，它表明犯罪行为之所以是违反了刑法规定并且应该受到刑罚处罚的行为，是因为它在本质上是危害社会的。这种立法形式的相同折射出新旧刑法规定的犯罪概念在基本精神上也是相同的。当然，这并非说修订后的刑法所规定的犯罪概念对1979年刑法典第10条所作的个别文字性的变动是没有意义的，这些小的变动也有其意义：增加“经济秩序”一词，表明修订后的刑法所保护的客体更广；删改“无产阶级”“社会主义”等用词，淡化了刑法的政治色彩，突出了其法律规范的特性；其他诸如对“全民所有的财产”等的修改，使得刑法与新的经济形势更加吻合，体现了时代性和科学性。

根据我国现行刑法第13条规定的犯罪概念，犯罪首先是一种危害社会的行为，这种行为的危害性表现在：危害国家主权、领土完整和安全，分裂国家、颠覆人民民主专政的政权和推翻社会主义制度，破坏社会秩序和经济秩序，侵犯国有财产或者劳动群众集体所有的财产，侵犯公民私人所有的财产，侵犯公民的人身权利、民主权利和其他权利等。其次，犯罪具有刑事违法性，即违反了刑法规范之规定。由于现行刑法废除了类推，实行罪刑法定原则，因而刑事违法性的特征得以强化，它是认定犯罪的基本标准。再次，犯罪具有应受刑罚惩罚性。这是对犯罪的法律后果的强调，也表明了犯罪的严重性。当然，笔者本人并不赞同将应受刑罚惩罚性作为犯罪的第三个特点。[①] 最后，该条的“但书”还对犯罪概念作了限制性规定，即情节显著轻微，危害不大的行为，不认为是犯罪。这一规定既考虑了犯罪情节是否显著轻微，也考虑了行为对社会危害之大小。所谓“不认为是犯罪”，是指依照刑法的规定不构成犯罪。显然，在我国刑法的犯罪概念中，社会危害性是其中一个关键

① 参见刘艳红主编：《刑法学总论》，45页，北京，北京大学出版社，2004。

词、一个关键点，它是一行为被立法者规定为犯罪的原因以及解释某一行为是否构成犯罪的实质上的理由。

（二）混合犯罪概念与实质犯罪概念之关系

需要说明的是，当今世界各国刑法并没有采取纯粹实质意义的犯罪概念。这种类型的犯罪概念缺乏法治国的基本特征——形式正义，容易导致罪刑擅断且不利于保护人权，因而被当今各文明国家抛弃。而纯粹形式意义的犯罪概念具备了法治国最基本的形式上的可预测性、稳定性、普遍性以及形式正义等特征，且有利于实现人权保障机能，因而在很多国家的刑法典中依然存在。例如，西班牙刑法典第6条规定："所谓犯罪系指法律处以重刑之罪；所谓过失罪系指法律处以轻刑之罪。"相对于这些纯粹形式意义的犯罪概念而言，混合犯罪概念的主要特点并不在于其具有形式的内容，而主要在于其在形式特征之外还规定了实质特征即社会危害性。因此，相对于纯粹形式意义的犯罪概念，混合犯罪概念可以说也就是实质的犯罪概念。另外，有的国家虽然没有在刑法典中规定犯罪的概念，但是在刑法理论上存在着一种"并列式"[①]的犯罪概念。例如，日本学者大塚仁指出，犯罪可以从实质和形式的双重意义进行理解：从实质意义上，是指广为侵害社会共同生活秩序的人的行为；从形式意义上，只限于违反刑罚法规、被评价为可罚的社会侵害性行为的。[②]在既注意到了犯罪的形式意义又注意到了犯罪的实质危害性这一点上，这种刑法理论上的并列式的犯罪概念与我国刑法中的混合犯罪概念基本上是一个类型的。总之，对于我国刑法中的混合犯罪概念完全可以作与实质犯罪概念相等同的理解。因此，下文针对混合犯罪概念所作的论证实际上也就是针对实质的犯罪概念，这也正是下文各部分标题使用"实质的犯罪概念"来代替"混合的犯罪概念"的理由，并希望以此突出混合犯罪概念与形式的犯罪概念不同之处，以及便于站在相对应与对立的立场上理解实质与形式的犯罪概念这一对范畴。

---

① 马克昌：《比较刑法原理》，87页。

② 参见［日］大塚仁著，冯军译：《刑法概说（总论）》，3版，89～90页。

二、形式犯罪概念与实质犯罪概念之聚讼

（一）对实质犯罪概念的批判观点之概括

对于我国刑法中以社会危害性为实质特征的混合犯罪概念，在其立法之初及其后的相当一段时期内，我国刑法学界通说认为，它将社会危害性引入我国刑法的犯罪概念之中，不但揭示了犯罪的实质，即犯罪是危害社会的行为，而且揭示了犯罪的法律特征，即犯罪是依照刑法应受处罚的行为，因而它是一个区别于西方国家形式犯罪概念和抽象的实质犯罪概念的完善而科学的犯罪概念。[①] 然而，随着罪刑法定原则在我国刑法典中的立法化，有一些学者对我国刑法采用混合犯罪概念的形式，确切地说，是对在我国刑法的犯罪概念中引入社会危害性的做法提出了批判。这些意见集中在两方面：一是从技术层面进行质疑。有学者指出混合犯罪概念的定义方式不合理，认为对犯罪从实质面进行定义是早期社会科学分工不发达、规范科学尚未形成的产物，它是一种形而上学的刑法理论研究方法，并指出，我们今天仍要面临对犯罪进行实质性评价的问题"实在是一项不幸的重复劳动"[②]。另有学者提出，从逻辑形式来看，混合犯罪概念混淆了实质的犯罪概念与形式的犯罪概念这两个不同层次上的问题，导致了逻辑上的缺陷；而且，从逻辑上讲，概念需要解决的是"是什么"而非"为什么"的问题，而社会危害性回答的是"为什么"的问题。这样，我们的犯罪概念反而使本已明确的是非标准变得模糊难辨。[③] 二是从价值层面进行批判。持这部分意见的学者认为社会危害性所显现的实质合理性与罪刑法定原则所倡导的形式合理性之间存在着基本立场上的冲突，因为社会危害性本身"具有笼统、模糊、不确定性"，它"是一个社会政治的评估……并不是一个法律规范上的

① 参见马克昌、杨春洗等主编：《刑法学全书》，32页，上海，上海科学技术文献出版社，1996。

② 李海东：《刑法原理入门》，7～8页，北京，法律出版社，1998。

③ 参见赵秉志主编：《刑法争议问题研究》（下），165页，郑州，河南人民出版社，1993。

概念”[①]，而这样一个模糊的概念又“是犯罪的本质，在需要的情况下是可以决定规范形式的”，这样，“如果要处罚一个行为，社会危害性说就可以在任何时候为此提供超越法律的根据”，它“不仅通过其‘犯罪本质’的外衣为突破罪刑法定原则的刑罚处罚提供一种貌似具有刑法色彩的理论根据，而且也在实践中对于法治国家起着反作用”[②]。换言之，“中国刑法理论中的犯罪概念……的确还是保存了对类推适用有利的某种条件”[③]。第二种意见可以说是学者们反对混合犯罪概念最主要的理由。

（二）完善我国犯罪概念的方案意见之归纳

在提出批评意见的同时，有学者还进一步提出了解决问题的方案：一是“形式犯罪概念说”。该说认为刑法典中规定的犯罪概念应该是形式的犯罪概念，提出应以其取代现行刑法中的混合犯罪概念。[④] 二是“双重犯罪概念说”。该说主张，取消我国刑法中单一的混合犯罪概念，分设立法和司法上的犯罪概念。具体来说就是在“刑事立法和刑法理论中均采纳并立的形式犯罪概念和实质犯罪概念。具体表述如下：犯罪具有实质与形式两方面含义：在立法政策的意义上，犯罪是指应受刑罚惩罚的危害社会的行为；在司法准则的意义上，犯罪是指刑法规定的应受刑罚惩罚的行为”[⑤]。最近，这一观点又得到了我国学者的进一步发展和支持，表现在对双重犯罪概念作了更为完善的表述，对双重犯罪概念的功能进行了具体而深入的探讨。但是对于立法和司法上的犯罪概念是否均应规定在刑法典中或是只将后者规定在刑法典中，该论者未明确指出。[⑥] 分析双重犯罪概念说，可以认为其所提出的所谓立法中的犯罪概念就是实质的犯罪概念，所谓司法中的犯罪概念就是形式的犯罪概念。

① 樊文：《罪刑法定与社会危害性的冲突》，载《法律科学》，1998（1），27页。

② 李海东：《刑法原理入门》，8页。

③ 王世洲：《中国刑法理论中犯罪概念的双重结构和功能》，载《法学研究》，1998（5），122页。

④ 参见陈兴良：《当代中国刑法新境域》，239页。

⑤ 赵秉志主编：《刑法争议问题研究》（下），166页。

⑥ 参见王世洲：《中国刑法理论中犯罪概念的双重结构和功能》，123页。

因此，该说实际上就是主张用实质的犯罪概念指导刑事立法，用形式的犯罪概念指导刑事司法。形式犯罪概念说同样认为，实质的犯罪概念只适宜于指导立法，形式犯罪概念才应该指导刑事司法。可见，二者实质上是一回事。

以上对我国刑法犯罪概念的批判是否合理？如何看待我国刑法第13条规定的以社会危害性为主导特征的犯罪概念？这种兼具形式与实质双重特性的混合犯罪概念是否合理？是否应该对之加以抛弃而采用纯粹形式的犯罪概念？对这些问题的看法直接影响到犯罪论体系的建立。为此，笔者将在下文中首先回答这些问题。

三、实质犯罪概念与社会危害性之合理性

首先我们来看混合犯罪概念本身是否具有存在的合理性，以回答对混合犯罪概念技术层面的质疑。该问题直接关系到社会危害性能否存在于现行犯罪概念之中，因为，人们对混合犯罪概念的指责就在于它规定社会危害性于其中。如果说要为社会危害性理论辩护，就必须为社会危害性作为犯罪实质存在于犯罪概念之中的合理性进行辩护，如此，社会危害性在犯罪概念中才能获得一席之地，进而也才能探讨存在于犯罪概念中的社会危害性的功能与作用，以及在其作用发挥的过程中是否与罪刑法定原则相冲突一类的问题。

（一）混合犯罪概念具备存在的一般合理性

概念是反映对象本质属性的思维形式，它所反映的“……不是事物的现象，不是事物的各个片面，不是它们的外部联系，而是抓着了事物的本质，事物的全体，事物的内部联系了”①。因此，从逻辑学的角度出发，任何概念都必须抓住事物的本质并予以反映，否则，就不具备概念范畴存在的基本要求，不符合形式逻辑学的科学规律。用这一标准判断混合犯罪概念，如果得出肯定结论，那么该种概念类型就满足了概念

① 《毛泽东选集》，第1卷，285页，北京，人民出版社，1991。

存在的最低条件。由于这种条件是任何概念都必须具备的，或者说是普适的，因而笔者将这种逻辑学意义上存在的合理性称为一般合理性。由此，笔者认为，将社会危害性规定在内的混合犯罪概念是具备了一般合理性的犯罪概念，原因如下。

1. 社会危害性是犯罪的本质

犯罪概念必须反映犯罪现象的本质并对之进行概括。在我国刑法理论上，“社会危害性是犯罪的本质”是一个公认命题，这一命题从实体上来说并不存在问题。对此，刑事古典学派的学者们早已作过充分的论述。贝卡里亚就指出，犯罪是直接地毁伤社会或社会代表，或从生命财产或名誉上侵犯公民的个人安全，或做了与公共利益要求每个公民应做或不应做的事情相违背的行为，总之，一切犯罪都是在侵犯社会。① 边沁提出的将犯罪分为私罪、半私罪和公罪的分类方法，同样体现了犯罪是侵犯社会或具有社会危害性的行为。② 黑格尔也曾指出，犯罪不但侵犯了他人的人格、权利或利益，更重要的是它危害了社会，具有社会危险性。③ 总之，从犯罪的自然性质来看，犯罪是具有社会危害性的行为。但是，当将这一命题上升到刑法典中，作为犯罪概念的内涵予以法定化时，似乎产生了逻辑矛盾。批评社会危害性者常常指责说：本质是一事物区别于另一事物的属性，一般违法行为也具备社会危害性，以社会危害性作为犯罪的本质，无法将犯罪行为与一般违法行为区分开来。批评者据此进一步得出结论，社会危害性不是犯罪本质，刑事违法性和应受刑罚惩罚性才是犯罪本质。这种反驳在逻辑上相当有力，以至于许多学者为了辩护社会危害性是犯罪的本质并以示其与一般违法行为的区别，不得不在社会危害性前加上诸如“严重的”“相当程度的”“最严重的”等修饰语。然而这些修饰语将量的区别混同于质的区别，将量与质混为一谈，因此并未能驳倒其反对者。面对这种反驳，社会危害性能否

① 参见［意］贝卡里亚著，黄风译：《论犯罪与刑罚》，67～71页。

② 参见［英］边沁著，孙力等译：《立法理论——刑法典原理》，1～2页，北京，中国人民公安大学出版社，1993。

③ 参见［德］黑格尔著，范扬、张企泰译：《法哲学原理》，228页。

继续作为犯罪的本质？答案应该是肯定的。

首先，犯罪的本质是多元而非一元的。对社会危害性作为犯罪本质的质疑既非“社会危害性是犯罪的本质”这一命题有误，也非反对者的意见有误，而是我们的刑法理论通说在界定犯罪本质时出了问题。通说认为，在犯罪三特征中，只有社会危害性才是犯罪的本质，刑事违法性和应受刑罚惩罚性作为犯罪的法律形式特征，不是其本质。[①] 正是通说主张的一元犯罪本质观，使得社会危害性长期以来不得不承担太多的使命，既要使犯罪行为与违法行为区分开来，又要将犯罪行为与不道德行为区分开来，还要使犯罪行为与合法行为区分开来，总之，要将犯罪行为与其以外的所有行为区分开来。于是，因社会危害性理论难胜其任而使得“社会危害性是犯罪的本质”这一本身正确的命题在逻辑上陷入了二律背反的境地。正是这种惯性的一元本质观在事实上长期影响着刑法学对犯罪本质问题的研究。实际上，犯罪的本质是多元的，社会危害性是犯罪的本质，刑事违法性和应受刑罚惩罚性同样也是犯罪的本质。因为，一般违法行为虽然也具备社会危害性，但是，它们绝不具备刑事违法性和应受刑罚惩罚性。正是这两个特性使得犯罪行为与违法行为一目了然地区分开来了。这样一来，传统的一元犯罪本质观就需要修改成多元的犯罪本质观，确切说应该是三元的犯罪本质观。那么，多元的犯罪本质观是否科学？答案是肯定的。因为事物的本质是多层次、多等级的。人们对事物本质的认识是一个“由现象到本质，由所谓初级本质到二级本质，不断深化，以至无穷”[②] 的过程。犯罪作为社会现象的一种自然也不应例外。所以，认为犯罪的本质是多元的并不存在方法论上的错误。目前刑法理论上有学者提出的二元犯罪本质观其实就是建立在相同的理论基础上的。二元的犯罪本质观认为，犯罪是具有双重本质的事

① 参见王作富：《中国刑法研究》，52～65页，北京，中国人民大学出版社，1988；苏惠渔主编：《刑法学》，73～80页，北京，中国政法大学出版社，1997；等等。

② 《列宁全集》第55卷，2版增订版，213页，北京，人民出版社，2017。

物，即社会危害性和应受刑罚惩罚性均是犯罪本质。[①] 既然承认应受刑罚惩罚性是犯罪本质，那么也应该承认刑事违法性是犯罪本质。因为应受刑罚惩罚性和刑事违法性是密切相联系的，具备了刑事违法性的行为当然是应该受到刑罚惩罚的行为，反之亦然。因此，笔者主张犯罪的三特征都是犯罪的本质。

提出社会危害性本质，可以将犯罪与各种非害行为相区别，以给公民提供清楚、明确的是非标准。提出应受刑罚惩罚性本质，可以将犯罪行为与一般违法行为相分离，以给立法和司法提供具体而有效的定罪准则。至于刑事违法性，由于其与应受刑罚惩罚性的二位一体性，因而它与应受刑罚惩罚性作为犯罪本质的意义是相同的。对于社会危害性本质，我们可称为犯罪的社会本质；对于刑事违法性和应受刑罚惩罚性本质，我们可称为犯罪的法律本质。这样，社会危害性作为犯罪唯一本质所产生的与一般违法行为之间难以区分的问题就迎刃而解，社会危害性作为犯罪本质也就不存在逻辑上的任何问题。

另外，我国刑法理论通说之所以长期认为社会危害性是犯罪的唯一本质，恐怕还与认识上习惯于将犯罪的法律形式特征作为事物本质的对立范畴使用有关。在犯罪的三特征中，社会危害性揭示的是犯罪对社会利益的侵害，体现的是犯罪行为的社会意义和在社会中的地位，其着眼点是社会，因此它是犯罪的社会特征；刑事违法性和应受刑罚惩罚性揭示的是犯罪对法律规范的违反，体现的是犯罪行为在法律上的评价，其着眼点是法律形式规范，因此它们是犯罪的法律形式特征。犯罪的法律形式特征是与犯罪的社会特征相对应的一对范畴。而本质是与现象相对应的一对范畴，犯罪本质是犯罪的内在规定性，犯罪现象则是反映犯罪本质的各种具体犯罪。对于这两对范畴必须放在各自对应的立场上使用，既不能将犯罪本质与犯罪的法律形式特征作为相对应的范畴使用，也不能将犯罪的社会特征与犯罪现象放在相对应的立场上使用，否则就

① 参见冯亚东：《理性主义与刑法模式》，128～130 页，北京，中国政法大学出版社，1999。

是将不同领域中的概念予以混淆使用，不但在逻辑上存在问题，还会推导出不正确的结论。刑法理论中关于犯罪本质的通说正是如此。通说往往将犯罪的本质和犯罪的法律形式特征作为一对相对应的范畴来使用，如在分析犯罪的三特征时这样表述："如果说社会危害性是犯罪的本质特征，那么刑事违法性则是犯罪的法律特征。"① 或者指出我国刑法中的犯罪概念揭示了"犯罪的本质和法律特征"②。类似论述在刑法学教科书中随处可见。它们既不是站在"现象"一词的对立面使用本质，也不是站在犯罪社会特征的对立面使用犯罪的法律特征，而是有意无意地将犯罪本质与犯罪法律特征作为对立范畴使用。既然是站在本质的对立面，那么，很容易就得出结论，犯罪的法律特征不是犯罪的本质，只有社会危害性才是犯罪的本质。可见，通说是在混淆使用了两对不同范畴之后，又以"非本质"取代了与犯罪的社会特征相对应的犯罪的法律形式特征。实际上，犯罪的法律形式特征是犯罪的社会特征而非犯罪本质的对立范畴，在作为犯罪的法律形式特征的同时，它一样也可以成为犯罪的本质。可见，对社会危害性作为犯罪本质所产生的质疑并非社会危害性理论本身的问题，而是刑法理论在解释上的误区所致。我们不能把这种解释上的错误引发的责任转嫁到社会危害性理论本身上。

其次，法律上的全称判断允许存在反证。即使不从犯罪本质一元或是多元的角度，单纯从法律上的全称判断是否允许反证的角度也可为社会危害性是犯罪本质这一命题辩护。根据通说，犯罪的本质在于它是具有社会危害性的行为，简单地说，犯罪是危害社会的行为。显然，它是一个全称判断，即所有危害社会的行为都是犯罪。反对者很快反驳，有的危害社会的行为却不是犯罪，比如一般违法行为。于是，这一全称判断便存在着反证，通过这一反证，犯罪是危害社会的行为的判断真的一下就被推翻了吗？这就要分析法律上是否允许全称判断存在反证了。"对于法律解释和司法判断中能否进行反证思维的问题的争论一直很激

① 高铭暄、马克昌主编：《刑法学》（上），74页，北京，中国法制出版社，1999。
② 何秉松：《刑法教科书》，67页，北京，中国法制出版社，1995。

烈。像‘天下乌鸦一般黑’这样的全称判断，你当然可以找出多得不可胜数的黑乌鸦来印证它，然而一旦有人发现了一只白乌鸦或者灰乌鸦或者花乌鸦，哪怕仅仅只有唯一的一只，你就前功尽弃，全称判断就从证实逆转为否定了。不过，在法律领域中情形却有所不同。”“法律上的全称判断一定都不能反证吗？答曰未必……反证的结果未必导致该全称判断被完全排除在法律学的命题之外。”论者进一步引用诺伊曼在《法律议论的理论》一书中的话指出，“是否承认反证可能性，取决于对规范的认识是绝对的还是相对的。既然法律议论的学说拒绝法律决定论的思想模式，那么其中存在较强的承认反证的倾向是不奇怪的”[①]。这样看来，“违法行为也是危害社会的行为，但违法行为不是犯罪”作为“犯罪是危害社会的行为”这一全称判断的反证，并不一定就能否定犯罪是危害社会的行为这一命题。既然这一命题不能因此而遭到否定，进一步推论，社会危害性作为犯罪的本质就不应该存在问题——即使不承认犯罪本质多元论。

至于说社会危害性不可能进行量的限定，因此不能作为犯罪本质的观点，值得商榷。根据黑格尔的本质观，“本质是反映现在自身中的存在”，“亦即自身同一”，而“这里所谓自身，是指这些对象的真止的、固有的性质而言”[②]。可见，事物的本质是由其自身决定的。当事物自身具有量的限定时，事物的本质也因而具有；当事物自身不具有量的限定时，事物的本质也不具有。但是无论具备还是不具备量的限定，都不影响与事物自身同一的本质的存在。换言之，不能因为事物的本质不具备量的限定就否定其作为本质的存在，否则，就等于否定了事物自身。既然犯罪行为在自然性质上只是表现为一种害恶，而这种害恶只是对犯罪行为的一个总体概括，并未涉及对犯罪的量的限定，那么社会危害性作为犯罪本质不具有量的限定也就不足为奇了。但我们不能因此而否定社会危害性可以作为犯罪的本质。更何况，当犯罪概念中的其他内容能

---

① 季卫东：《法治秩序的建构》，108页，北京，中国政法大学出版社，1999。

② ［德］黑格尔著，贺麟译：《小逻辑》，241、247、268页。

够实现对犯罪的量的限定时，根本就没有必要由社会危害性来完成这一任务。另外，对社会危害性可操作性的过分苛求也是违反法律概念的形成规律的。对于法律概念来说，如果仅注意法律的可操作性，可能会丧失或不能圆满地实现法律的规范旨意，从而使法律概念失去前进的动力。[①] 在犯罪概念中，刑事违法性和应受刑罚惩罚性本来就操作性极强，如果再对社会危害性的明确性进行苛求，则只会使犯罪概念陷入没有弹性的僵化教条之中。

2. 混合犯罪概念并无逻辑错误

前述批判者指出，概念要解决的是“是什么”而非“为什么”的问题，而社会危害性回答的是“为什么”，因此将其规定在犯罪概念中导致了逻辑上的混乱。这一观点值得商榷。确实，形式逻辑学要求我们在研究事物的概念时，要回答一事物是“是什么”而不是“为什么”。那么，社会危害性回答的是犯罪“是什么”，还是犯罪“为什么”是犯罪？根据上文论述，这个问题的答案似乎已然明了。因为，我们已经得出结论，社会危害性是犯罪的本质。前已述及，本质是映现在自身中的存在，自身则是指对象的真正的、固有的性质而言。换言之，事物的本质是与事物的固有性质相同一的存在。既然是事物的固有性质，它当然是指事物本身是什么，而不是指事物为什么是其所是。这样，作为与事物自身同一的本质当然回答的或者说解决的是事物“是什么”的问题。由此可见，社会危害性作为犯罪的本质回答的正是犯罪是什么的问题，它告诉人们犯罪是危害社会的行为。将其规定在犯罪概念之中非但不存在逻辑上的混乱，而且恰恰是符合形式逻辑的。论者之所以会认为社会危害性回答的是“为什么”的问题，是因为其将社会危害性这一犯罪本质回答的问题与该本质所具有的功能混淆了。犯罪概念具有指引和预防功能。当社会危害性作为犯罪本质被规定在犯罪概念之中时，它理所当然地就会发挥这样的功能，即既昭示民众何为犯罪，还要说明立法者为什

① 参见陈金钊：《法制及其意义——法律解释问题研究》，97页，西安，西北大学出版社，1994。

么将一个行为规定为犯罪，帮助他们在实质上寻找根据。在后一层面上，社会危害性起着回答“为什么”的作用，即为什么刑法将一个行为规定为犯罪。但是，我们不能因为社会危害性理论具有能够说明立法者为什么将一行为规定为犯罪的功能，就认为社会危害性回答的是犯罪“为什么”是犯罪的问题，否则，就是将犯罪的本质与本质所具有的作用混为一谈，这种混同才是真正犯了逻辑上的错误。

另外，前述认为混合犯罪概念将犯罪的实质和形式两个不同层次上的问题规定在一起，从而导致了逻辑上的缺陷的看法也是难以成立的。实质的犯罪概念和形式的犯罪概念是从不同侧面、不同角度对犯罪进行定义，二者之间是相互蕴含和相互支持的关系，而不是互相对立的①，因此，混合犯罪概念正是充分体现了实质犯罪概念与形式犯罪概念二者间这种互动关系的比较理想的犯罪概念类型。而且，根据多元的犯罪本质观，社会危害性与刑事违法性和应受刑罚惩罚性都是犯罪本质，它们是同属事物本质层次上的问题。因此，混合犯罪概念将犯罪的实质概念和形式概念规定在一起不存在混淆不同层次问题的逻辑错误。

综上，从逻辑上而言，混合犯罪概念将社会危害性规定在其中是完全符合概念反映事物的科学规律的，它因此而具备了概念所应具备的最低限度的合理性。

（二）混合犯罪概念具备存在的优越合理性

仅从一般逻辑学的角度考察，形式犯罪概念和实质犯罪概念也具备了合理性，因为，形式犯罪概念反映的犯罪的刑事违法性和应受刑罚惩罚性是犯罪的本质，实质犯罪概念反映的犯罪的社会危害性也是犯罪的本质，与混合犯罪概念相比较，它们只有反映犯罪本质多少的问题，不存在反映犯罪本质有无的问题。因此，在形式逻辑的层面上，它们基本上也符合概念反映事物的规律，因而与混合犯罪概念具备大致相当的合理性。但是，仅仅相当显然是不行的。较之形式的犯罪概念与实质的犯罪概念，混合犯罪概念必须体现出更为合理之处，否则它就没有必要作

① 参见杨春洗主编：《刑法基础论》，186页，北京，北京大学出版社，1999。

为一种独立犯罪概念类型存在，以形式或实质犯罪概念取代它反倒可以简化问题。要想为混合犯罪概念寻找优越于形式犯罪概念和实质犯罪概念的合理性，我们就要进一步深入法律体系，对概念的特点和概念主体价值需求的变易性进行考察。

1. 混合犯罪概念符合法律概念的独特要求

"法律概念作为整个概念体系的组成部分，虽也是反映事物本质属性的思维形式，但它与形式逻辑强调重点并不完全一致。"[①] 这样，我们研究法律概念时除了从一般形式逻辑的角度进行，还必须结合法律概念自身的特性来思考。也只有这样思考我们才能更清楚地评判刑事法律概念中的重要概念——犯罪概念之合理性。对于法律领域的概念与其他领域的概念具有的不同性质，我国学者张文显先生指出："在法的体系中，概念的特点和独特功能是：它是对法律事件进行定性的，既确定事件、行为和物品等的'自然性质'和'社会性质'，又确定事件、行为和物品的'法律性质'，因而为人们认识和评价法律事实提供了必要的结构。没有这个结构，就无法对事件、行为和物品作出法律评价和法律处理。"[②] 这里的"自然性质"和"社会性质"是密不可分的，它们都是从价值判断的角度而言的，"法律性质"则是从规范形式的角度而言的。可见，对法律体系中的概念既要从自然、社会性质上进行评价，也要从法律性质上进行评价，即要进行双重的评价。仅仅根据法律中的事件、物品或行为的自然、社会性质或法律性质中的任何一方面确定其概念，都是无视法律体系中概念的特点而将它们与日常生活中的概念相混同的做法。其结果是，要么陷入对认识对象的自然性质与社会性质的追问之中不能自拔，从而导致法律虚无主义；要么陷入忽视认识对象的自然、社会性质而一味突出其法律性质，导致认识局限于法律形式的圈子之内。以这种片面的研究方法自然不可能获得对认识对象全面的认识。正因如此，法律体系中的许多概念都是在规定一事物的自然、社会性质

① 陈金钊：《法制及其意义——法律解释问题研究》，94页。

② 张文显：《法学基本范畴研究》，59页，北京，中国政法大学出版社，1993。

的同时又规定其法律性质。比如，我国 1993 年颁布的反不正当竞争法（2017 年修订、2019 年修改）第 2 条规定："本法所称的不正当竞争行为，是指经营者在生产经营活动中，违反本法规定，扰乱市场竞争秩序，损害其他经营者或者消费者的合法权益的行为。"其中，"扰乱市场竞争秩序，损害其他经营者或者消费者的合法权益"就是对不正当竞争行为的自然性质和社会性质的评价，"违反本法规定"则是对该行为法律性质的评价。这类法律概念在各个部门法领域随处可见。

具体到犯罪概念来说同样如此。犯罪是一种法律所禁止的行为，如果要对这种行为下一个准确的定义，就应该既对这种行为进行自然与社会性质的评价，又对其进行法律性质的评价。而犯罪行为从其自然性质来讲是一种害恶，与此紧密联系，其社会性质当然是危害社会的行为了，其法律性质则是刑事违法性和应受刑罚惩罚性。于是，要给犯罪下一个完整的定义，就应该将其自然性质和社会性质——是一种恶害，与法律性质——违反刑法并应受刑罚惩罚二者结合起来，而将这二者结合起来形成的犯罪概念正是我们所说的混合犯罪概念！与之相反，形式的犯罪概念只规定了犯罪的法律性质，实质的犯罪概念只规定了犯罪的自然性质和社会性质。这样，首先从方法论上来说，它们就丧失了作为法体系概念的科学性。其次它们也存在一些自身无法克服的问题。根据形式的犯罪概念，犯罪是违反刑法并应受刑罚惩罚的行为，于是，当我们问：什么是犯罪？回答曰：违反刑法并应受刑罚惩罚的行为。又问：为什么违反了刑法并应受刑罚惩罚？答曰：因为它是犯罪。这样，形式的犯罪概念永远只能在法律形式上兜圈子，而无法释明究竟何为犯罪。显然，脱离犯罪行为自然性质与社会性质的纯形式的犯罪概念，永远无法摆脱逻辑循环的窘境。实质的犯罪概念则走向了另一个极端。所有实质的犯罪概念都不与刑法相联系，只是单纯反映出犯罪行为的自然性质与社会性质。如果用这样的犯罪概念来考察犯罪本原问题是大有裨益的，但是如果将其规定在刑事法律体系之内，以之作为判断社会大众行为之标准，则必然会使刑法学中的犯罪内容空泛、范围宽广。比如，1922 年苏俄刑法典第 6 条规定："危害苏维埃制度基础及工农政权在向共产主义过渡时期所建立的法律秩序的一切危害社会的作为或不作为，都被认为是犯罪。”按照这种纯实质的犯罪概念，凡是有害于社会的行为都被认为是犯罪。于是，对行为的处罚几乎是无边界的，几乎等于对什么行为都可以处罚。因为在法律上什么都规定就等于什么也没有规定，什么都处罚就等于什么也不处罚。因此，纯实质的犯罪概念是比纯形式的犯罪概念更危险的一种犯罪概念类型，它必然导致法律虚无主义，使刑事法律制度陷入罪刑擅断的泥潭。

可见，在犯罪概念的三种类型中，只有混合犯罪概念才是符合法体系概念的独特要求的，也因此，它是较之形式犯罪概念与实质犯罪概念来说更具有合理性的犯罪概念，它使得刑法中的概念更加符合法律体系中概念建构的科学规律，从而使刑法学建立在科学的犯罪概念基石之上。那种认为“如果承认犯罪是一个法律概念，其基本属性只能是对刑法规范的违反。对作为法律概念的犯罪不能把超规范的社会危害性的评价作为其本质属性，而只能严格按照规范学原理发掘其规范学的本质”① 的观点，恰恰是违反法律概念的独特要求和规律的，以此为由反对社会危害性存在于犯罪概念之中也是值得商榷的。

2. 混合犯罪概念符合价值主体的变易性需求

对任何一种犯罪概念类型的考察都不能离开其特定的历史情境，正如韦伯指出：“在关于人类文化的各门科学中，概念的形成取决于问题的提出，而问题的提出又随着文化自身的内容发生变化。文化科学中概念与被概念化的东西之间的关系包含着任何这样一种综合的暂时性。”② 可见，发展变化着的文化背景决定了需要解决的问题不同，不同的问题又决定了主体的价值需求不同，不同的价值需求最后必然导致不同概念的产生。具体到法律概念来说，不同的历史情境决定了需要解决的法律问题不同，进而又决定了主体的法律价值需求不同。“人类自身也是价

① 梁根林：《二十世纪的中国刑法学——反思与展望（中）》，载《中外法学》，1999(3)，6 页。

② ［德］马克斯·韦伯著，李秋零、田薇译：《社会科学方法论》，37 页，北京，中国人民大学出版社，1999。

值变迁性的主体”，要求我们“面对主体价值的变迁，法律亦必须对之随时予以调节和衡平”①。犯罪概念作为法律概念中的一种，其产生、发展同样遵循这一规律。因此，只有随着主体价值的变化而适当作出调节的犯罪概念才是科学、合理的犯罪概念。这是我们在评价不同类型的犯罪概念尤其是混合犯罪概念时应予以充分注意的地方。

那么，混合犯罪概念是否是这样一种犯罪概念？这要从三种犯罪概念的产生变化轨迹中找答案。17、18 世纪，由于受封建统治残酷压迫，新兴资产阶级政权有铲除封建专制和刑罚擅断的要求和任务，这样就不能不强调法治原则，强调罪刑法定主义。罪刑法定要求对什么是犯罪和对犯罪处以什么样的刑罚要依据刑法的规定来确定，违背了刑法规定的行为自然要受到刑罚的惩罚。这样，认为犯罪是违法且应受刑罚惩罚的行为就成为很自然的结论，形式的犯罪概念于是应运而生。由于形式的犯罪概念注重的是犯罪在刑法规范上的特点，因而它又被称为刑法上的犯罪概念。另需指出的是，笔者虽然赞成的是混合犯罪概念，但是认为形式的犯罪概念与罪刑法定原则并不矛盾。如果这一概念类型有问题，也只能是其他问题。那种批判形式的犯罪概念“竭力回避犯罪行为的阶级内容及其惩罚犯罪行为的阶级目的，掩盖了资产阶级欺压劳动人民的实质，便于任意解释犯罪，对劳动人民施加罪名”② 的看法是不正确的。形式的犯罪概念反映的是刑事古典学派反对封建专制和司法黑暗、确立罪刑法定原则的价值取向，在当时的历史条件下，它无疑是最充分反映了主体价值需求的犯罪概念类型。

19 世纪后期，刑事古典学派在完成对封建专制制度的革命性否定后，面对新的犯罪激增、犯罪率大幅度提高的事实显得无能为力。在此情况下，以龙勃罗梭、菲利等人为代表的刑事人类学派和刑事社会学派产生了。犯罪学者们致力于寻找犯罪的社会性质，如加罗法洛就指出，犯罪不完全是一种法律概念，研究犯罪的第一步是应该找到犯罪的社会

① 谢晖：《法学范畴的矛盾辨思》，108 页，济南，山东人民出版社，1999。

② 金凯：《比较刑法学》，48 页，郑州，河南人民出版社，1985。

学概念。[1] 在他们看来，只有跳到法律的圈子之外探寻犯罪的社会本质，才能明白究竟什么是犯罪，进而找到治理犯罪的良策。可是，从已有的形式犯罪概念中他们找不到问题的答案，因为，“形式上的犯罪定义将‘犯罪’视为一个纯法律的概念，忽略了犯罪行为的社会现时性”[2]。显然，在这一历史时期，形式犯罪概念无法满足主体有效认识犯罪的实质并进而治理犯罪之需求。犯罪学者们为了满足他们研究犯罪的需要，于是突破了犯罪的形式概念并提出了实质的犯罪概念。虽然他们的表述各有不同，如加罗法洛认为，犯罪是违反社会的怜悯和诚实二道德情感的行为；李斯特认为，犯罪是行为人基于社会危险性格实施侵害法律所保护的利益的行为；英国法学家斯蒂芬认为，反对整个社会的违法行为，都是犯罪；美国犯罪学者理查德·昆尼认为，犯罪是危害社会的侵犯人类基本权利的行为；等等，但是，在他们的观点之中有一点则是相同的，即不考虑犯罪在刑法规范上的特征，只注重对犯罪行为的社会性质的评价。可见，实质的犯罪概念是为犯罪学服务的（也因此它被称为犯罪学上的犯罪概念），它反映的是刑事实证学派重视犯罪实质内涵的价值取向。它对于推动我们深入认识犯罪确实起到了形式的犯罪概念无法起到的良好作用。但是，实质的犯罪概念脱离刑事法律规范的特点决定了它不具有操作性，不可能独立作为指导司法实践定罪量刑的根据。因此，当1922年苏俄将实质的犯罪概念上升到刑法典中作为犯罪的一般概念时，其法律虚无主义的问题就立刻暴露出来。它表明如果刑事立法不顾刑法学作为一门规范学科与犯罪学作为事实学科的区别，将犯罪学中实质的犯罪概念生搬硬套置于刑法学之中是行不通的。

这样，在经历了刑法理论与刑事立法的检验之后，形式的犯罪概念与实质的犯罪概念的长处及缺陷都得以显现。一方面，形式的犯罪概念由于只规定了犯罪的法律特征，没有告诉人们犯罪的社会性质是什么，并且不能解释对该种行为选择刑罚制裁的理由，使人们对犯罪的理解与

---

① 参见［意］加罗法洛著，耿伟等译：《犯罪学》，19页，北京，中国大百科全书出版社，1996。

② 徐久生：《德语国家的犯罪学研究》，2页，北京，中国法制出版社，1999。

认定陷入了僵化呆板的境地。但是，它在排除司法擅断方面又发挥着巨大的作用。另一方面，单纯以实质的犯罪概念作为刑法中犯罪的一般概念又有导致法律虚无主义之虞。但是，它有助于指导人们明了犯罪的社会性质，而不仅仅停留在对犯罪形式特征的理解。这样，如何寻找一种有效克服形式的犯罪概念与实质的犯罪概念的缺陷并吸收二者之长的新犯罪概念类型成为摆在刑法学者面前的一个重要问题。将形式的犯罪概念与实质的犯罪概念结合起来的混合犯罪概念也因此应运而生。显然，对于明了或经历过形式的犯罪概念与实质的犯罪概念的优缺点后的认识主体来说，混合犯罪概念是人们对犯罪认识发展到新的阶段为了解决新的问题而提出的一种新概念类型，它最恰当地满足了人们对犯罪认识的新的价值需求。如果说，在形式的犯罪概念与实质的犯罪概念类型缺陷尽显的情况下，无视这些缺陷的存在而仍然停留在以往对犯罪的认识，显然是不合适的。因此，混合犯罪概念作为随着情境及主体价值需求的变迁而作出调整之后的一种犯罪概念类型，无疑是最为合理的。另外，虽然混合犯罪概念具有从实质的一面定义犯罪的特点，但是这种从实质的一面进行定义是与从形式规范的一面进行定义结合起来的，因此它根本不同于所谓规范科学不发达时期单纯从实质方面定义概念的做法，其对犯罪的法律形式特征的规定，充分体现了这一犯罪概念按照规范学原理反映刑法规范学本质的明朗态度。

综上所述，混合犯罪概念充分体现了法体系中概念的特点，是刑法面对主体的犯罪价值观变迁后作出适当调节的结果，它具备优越于形式的犯罪概念与实质的犯罪概念更为充分的合理性。另外，据前文分析，混合犯罪概念具备一般的存在合理性。因此，笔者的结论自然是：混合犯罪概念是一种相对合理的概念类型，其将社会危害性作为犯罪行为的实质特征规定在犯罪概念中是有充分根据的。

还需指出的是，目前在大陆法系国家占据主导地位的形式的犯罪概念类型，其实既非如我国学者想象的那样属于绝对的形式而不含实质内容，也非自始至终都受到极度的推崇。这体现在：一方面，形式的犯罪概念也包含了实质的内容。根据大陆法系通行的形式犯罪概念，犯罪是符合构成要件的、违法的、有责的行为。而关于违法性，从来都是分为形式的违法性与实质的违法性两个方面的。所谓形式的违法性，是从形式的立场把握违法性的观念，把违法解释为违反法律，也即违反实定法的秩序或法规范；实质的违法性则是以实定法以外的实质根据解释违法性，认为违法性是指侵害或威胁法规范所保护的利益或秩序。① 当然，大陆法系的形式犯罪概念并不是自始就含有实质的评价内容的，因为违法性理论一开始并非就具备上述形式和实质两个方面，而是经历了一个由早期纯粹形式意义的违法性到包含实质违法性的发展变化的过程，正如耶赛克所指出的："随着构成要件观点的变化，违法性学说也发生了深刻的变化。如果说迄今为止，违法性受宾丁（Binding）的影响，被视为对法规范的形式违反的话，那么，现在就不同了，人们从刑法规定的目的出发，将不法视为具有实质的反社会性。"② 这对犯罪概念的影响则是，使得早期纯粹形式意义的犯罪概念——贝林所说的纯粹形式的犯罪概念，"类型性和构成要件该当性，作为行为的特征，成为犯罪的概念特征"③，在实质违法性理论出现之后，则允许对符合构成要件的行为在是否构成犯罪的问题上进行是否侵害或者威胁法益的实质判断。从而，大陆法系现今的犯罪概念不再是纯粹形式意义的，而是兼具实质意义的。显然，我国刑法理论或者犯罪概念中所讲的违法性只是相当于上述的形式违法性，而社会危害性概念则大体相当于上述实质的违法性。④ 可见，形式的犯罪概念实际上就包含实质的犯罪概念中一些内容，形式的犯罪概念之形式已不是单纯的、纯粹的形式，它也有了实质的含义。从这个角度讲，大陆法系国家形式的犯罪概念与我国刑法中的混合犯罪概念似乎存在着共同之处，即二者均含有对犯罪行为社会实质评价与法律形式评价两方面的内容，所不同的只是表现为对犯罪行为的

---

① 参见［日］大塚仁著，冯军译：《犯罪论的基本问题》，115页，北京，中国政法大学出版社，1993；洪福增：《刑法理论之基础》，240页。

② ［德］耶赛克、魏根特著，徐久生译：《德国刑法教科书》（总论），255页。

③ Beling，Die Lehre vom Verbrechen，1906，s. 23ff.

④ 参见张明楷：《刑法格言的展开》，220页，北京，法律出版社，1999。

实质与法律特征的侧重点不同罢了。这一现状可以说是对混合犯罪概念之合理性的最好印证。另一方面，形式的犯罪概念所暴露的问题也开始受到越来越多的学者的关注。例如，我国台湾地区学者在谈到犯罪概念时就说，“研究刑法学者每以犯罪概念的简单易晓，因而引以为满足，其意不外为犯罪为刑法所处罚之行为，至论刑法，则又谓为规定犯罪与科刑之法规，如此循环解释，终属浮光掠影，无多裨益，故欲明了犯罪本质，自非从理论上作进一步探究不可”①。因为，“犯罪即系发生于社会之事实，某一事实在刑法上被认为犯罪之前，对其在犯罪学或其他学科上之意义，实无法忽视。因之，为把握犯罪之本质，不能只注重犯罪在刑法上之意义，更应重视其在犯罪学上之意义”②。此处所说刑法意义上的犯罪就是指形式的犯罪概念，犯罪学意义上的犯罪则就是指实质的犯罪概念。对于刑法上的犯罪概念或者说形式的犯罪概念固守于法律规范形式而忽略其实质所带来的后果，则可以用德国学者施温特的一句名言予以总结，即：“刑法意义上的犯罪概念时常一瘸一拐地落后于技术、政治和社会的发展步伐。”③ 这段话从另一个侧面表明了吸收犯罪学中的犯罪概念也即实质的犯罪概念之内容于刑法学中的犯罪概念的必要性。

四、实质犯罪概念与社会危害性之价值立场

混合犯罪概念是合理的，社会危害性也因此能够存在于犯罪概念之中。那么，存在于犯罪概念之中的社会危害性理论具有什么样的功能与作用？其在价值上是否与罪刑法定原则相冲突？较之社会危害性能否作为犯罪本质规定在犯罪概念之中的问题，这两个问题也许更具实质意义。因为，罪刑法定原则是我国刑法的基本原则，是刑法保障人权以及实行社会主义法治之体现。如果说社会危害性理论与罪刑法定原则相冲

---

① 韩忠谟：《刑法原理》，75页，台北，作者自版，1981。

② 蔡墩铭：《中国刑法精义》，25页，台北，汉林出版社，1986。

③ 徐久生：《德语国家的犯罪学研究》，7页。

突，那么其命运就只有一个，即被逐出刑法领域之外。

我国学者根据韦伯的合理性理论分析指出，形式的犯罪概念体现的是形式的合理性，实质的犯罪概念体现的是实质的合理性。[①] 由于社会危害性与实质的犯罪概念、罪刑法定原则与形式的犯罪概念之间的对应关系，形式合理性与实质合理性之区分同样适用于社会危害性与罪刑法定原则。社会危害性注重于对犯罪行为进行道德善恶的价值判断，罪刑法定原则注重的是犯罪行为形式的、客观可计算的或者说可预测的手段的合理性。要分析社会危害性与罪刑法定原则是否相冲突，必须首先明确应该在何种范围之内来探讨这一问题。

社会危害性发生作用的环节有四个，即刑事立法、刑事司法、刑法理论及现实生活。在刑事立法领域，社会危害性发挥着指导立法的功能，它帮助立法者回答“何种行为应当被定为犯罪以及对所规定的犯罪应当如何处罚”，它是决定一行为犯罪化或非犯罪化的根据，是限制国家刑罚权发动的有效屏障。在这个层面上，社会危害性与罪刑法定原则的关系，用韦伯的话说，就是“工具理性也不可能离开价值理性独立地产生出来”[②]。在刑事司法领域，刑事司法是根据刑事立法和刑法理论具体定罪量刑的活动。这一活动是直接根据包含社会危害性在内的犯罪概念以及法定化了的具体罪刑规范来适用刑法、认定犯罪的过程。在刑法理论上，社会危害性是犯罪构成理论体系建立的基础：从微观来说，强调客观行为对社会主义社会关系所造成的危害，强调犯罪客体是决定犯罪的社会危害性的首要因素等；从宏观来说，犯罪构成的诸要件有机结合在一起，具体地说明社会危害性。这种犯罪构成理论体系又在理论上为法定化了的罪行提供分析、认定的框架。在现实生活中，社会危害性指引民众认识、预防犯罪。前文已述，社会危害性给人们提供了一个较为明确的区分罪与非罪的标准，即犯罪是具有社会危害性的行为；并且警示人们不去实施有害于社会的行为，以最大限度地预防犯罪。此

① 参见陈兴良：《当代中国刑法新境域》，236页。

② 王威海编著：《韦伯：摆脱现代社会两难困境》，180页，沈阳，辽海出版社，1999。

时，社会危害性为普通民众认识犯罪提供了一个具有一般指导意义的标准。显然，以上四环节中，司法活动领域中的社会危害性与罪刑法定原则之间的关系才是我们研究的对象。因为只有在司法活动中才会产生遵循社会危害性标准抑或罪刑法定原则定罪的问题，也才会出现社会危害性是否会通过其“犯罪本质”的外衣突破罪刑法定原则的问题。

罪刑法定原则要求对什么是犯罪以及对犯罪应处什么样的刑罚，都必须由法律明文规定。法无明文规定不为罪，法无明文规定不处罚。所谓“明文规定”有两层含义：一是从法律渊源来看，禁止适用习惯法，对于哪些行为是犯罪必须在成文法中加以规定；二是从立法技术来看，对于已然法定之罪的犯罪构成及刑罚的规定必须明确。关于前者，由于“犯罪的实质内涵并非一成不变，而是随着社会状况及价值观，相对地呈现浮动现象”，因而刑法不可能将所有应予刑罚处罚之行为毫无遗漏地规定为犯罪，“刑法规范内容的不完整性”① 是一种必然。这样，就存在具有严重社会危害性的行为没有被规定为犯罪、没有上升到刑法渊源的情况。关于后者，由于法律用语的模糊性、不确定性和抽象性，对具体犯罪构成要件规定的明确性必然只是相对的；同时，也就存在有些行为需要判断其是否属于犯罪行为的情形。显然，前一情形中，社会危害性与罪刑法定原则关系之客体是具有严重社会危害性但未被法律规定为犯罪的行为，这些“犯罪”行为存在于刑法犯罪圈之外；后一情形中，社会危害性与罪刑法定原则关系之客体是已为法律明文规定为犯罪的行为，这些犯罪行为存在于刑法犯罪圈之内。以下分别就这两种情况下社会危害性与罪刑法定原则的关系进行分析论证，以明晓二者之间是否存在价值立场上的重大冲突。

（一）在犯罪圈外，形式合理性是实质合理性的制度保障

我国现行刑法把四百多种具有严重社会危害性的行为规定为犯罪，较之旧刑法，犯罪圈有所扩大。但是，即使是这种扩大了的犯罪圈也并未能（实际也不可能）将所有具有严重社会危害性的行为规定为犯罪，

① 林山田：《刑法通论》，增订9版，上册，55页。

也就是说实践中必然存在具备了严重社会危害性而不被当作犯罪处理的行为，如在非国家机关工作的国家工作人员实施的严重渎职行为，侵占他人数额较大遗失物的行为，取得医生执业资格的人非法进行节育手术情节严重的行为，使用暴力方法迫使他人实施没有义务实施的行为，见死不救的行为，等等。在此情况下，是否会出现直接根据社会危害性理论将这些行为定罪，进而发生与罪刑法定原则相冲突的情形？前文述及，批评社会危害性理论的学者指出，由于社会危害性是犯罪的本质，在需要的情况下可以决定规范形式，因而，根据社会危害性理论就有可能为突破罪刑法定原则找到借口，社会危害性也因此为类推保留了有利的条件。在混合犯罪概念的社会特征——社会危害性与法律形式特征——刑事违法性和应受刑罚惩罚性之间，确实存在着一种决定与被决定关系，但是这种决定与被决定的关系是在刑事立法意义上来说的。根据帕克（Packer）的理论，一个行为被规定为刑法中的犯罪，取得刑事违法性与应受刑罚惩罚性这两个犯罪的法律形式特征，首先是因为该“行为在大多数人看来，对社会的威胁是显著的，从社会的各重要部分来看是不能容忍的”[①]。也就是说，是因为该行为具有严重的社会危害性。可见，社会危害性是刑事违法性和应受刑罚惩罚性的根据，没有前者就没有后者。但是，一旦这些具有社会危害性的行为上升到刑法中被规定为犯罪，也就是说，在罪刑法定之后，就只能根据刑法典中已有的犯罪定罪量刑。没有被法定化的行为，即使其社会危害性再严重，也不能被当作犯罪处理。此时，实质的犯罪概念与形式的犯罪概念之间的决定与被决定关系刚好倒过来了。之所以如此，是由定罪活动的特点所决定的。在具体的定罪活动中，虽然刑法总则中的犯罪概念和刑法分则中具体犯罪的构成要件都是定罪的标准，而且前者是总的标准，后者是具体的标准[②]，但是，社会危害性在定罪中的总标准作用并不在于绕过刑事立法中规定的具体罪名，而直接根据刑法总则中第 13 条的犯罪概念

① 转引自张明楷：《刑法的基础观念》，145 页，北京，中国检察出版社，1995。

② 参见高格：《定罪与量刑》，38 页，北京，中国方正出版社，1999。

对行为人予以定罪量刑，而是在于它依据具体犯罪的构成要件标准来体现、落实，最后的落脚点还是分则中具体犯罪之构成；其总标准作用之发挥是通过分则中具体犯罪之构成间接进行的，并不是依靠社会危害性自身直接完成的。因为所谓定罪就是确定特定的具体行为同刑法规定的某些犯罪构成[①]，也即被审理的行为与刑法分则所规定的某种犯罪是否具有一致性的认识过程。[②] 在这一过程中，判断主体是司法机关，判断客体是被审理的行为，判断标准是刑法分则规定的各具体犯罪的犯罪构成，判断目的是看客体行为是否符合刑法分则中具体犯罪的构成要件。可见，判断行为涉及三方，即司法机关、客体行为和具体犯罪之构成要件。在我们判断的时候，这三方都是已然客观存在的，否则，判断就无法进行。正如我们无法判断一个还没有发生的行为是否符合犯罪构成一样，我们也无法判断一个已经发生的具有严重社会危害性的行为是否符合刑法中根本就不存在的犯罪构成。因此，在定罪时我们运用的都是刑法中已经规定的具体犯罪之构成和具体罪名。如此，即使有些行为的社会危害性再严重，如果刑法分则没有规定相应的犯罪构成和罪名，即没有将这一行为规定为犯罪，从而也就不存在判断的标准，也不能对之定罪。此时，如果要对这种行为进行定罪，就只有通过立法机关的立法，将该行为犯罪化。除了立法者之外，谁又可能去创制刑法规范呢？如果司法机关擅自为该种行为设立一个罪名，或者修改法条中具体犯罪构成的规定，使该行为被当作犯罪论处，则这种行为本身就是违法的，是司法擅断的表现。万一出现了这种情况，我们也只能批评司法机关而不是社会危害性理论，正如罪刑法定原则没有被有效遵守时，我们只能批判那些违反它的人，而不能说规定罪刑法定原则是不对的。这从骗购外汇和非法买卖外汇的犯罪化中就可以得到证明：当法律没有将这两种行为规定为犯罪时，虽然它们的社会危害性非常严重，但司法实践无法仅因其社会危害性严重就对该种行为适用刑法予以定罪量刑。所以，在刑法

① 参见王勇：《定罪导论》，83页，北京，中国人民大学出版社，1990。

② 参见高铭暄、马克昌主编：《刑法学》（上），353页。

典规定的犯罪圈之外，在罪刑法定原则之下，是不允许以社会危害性突破罪刑法定原则的，除非法律修改，而修改法律以对犯罪进行重新调整，是罪刑法定原则的体现，那又不能叫突破。如果说司法机关根据总则中的犯罪概念，认为行为的社会危害性严重而将其当犯罪处理，如违背刑法关于玩忽职守罪主体范围的规定擅自将非国家工作人员以该罪定罪量刑，那么这种行为实际上就是司法立法，其本身就是违法的，而不是社会危害性理论突破罪刑法定原则的问题。

总之，在罪刑法定原则之下，对于刑法分则划定的犯罪圈以外的行为，因为有严密的分则体系和罪名规范，即使其社会危害性再严重，也不可能将其当作犯罪处理，因为于法无据，无法处理，除非修改刑法。而如果修改刑法，那又不是突破罪刑法定，而正是罪刑法定原则的体现，是旧有的罪刑法定之边界被打破，新的犯罪圈建立的过程。可见，严密的刑法分则体系也即罪名体系的建构，是罪刑法定原则的有效保障；体现了形式合理性的罪刑法定原则又为社会危害性提供了制度保障，通过制御超越实质合理性的手段，既保障那些根据其社会危害性被规定为犯罪的行为能够及时得到处理，又保障那些虽然有社会危害性但没有被规定为犯罪的行为不按犯罪处理。总之，在罪刑法定原则这一形式的合理性限度以外，社会危害性因为其没有依存的框架——法律规范，自动让位于形式合理性，也即罪刑法定原则；而根据罪刑法定原则定罪量刑，属当然之事。可见，二者之间不存在冲突。

（二）在犯罪圈内，实质合理性是形式合理性的实现手段

在已然法定之罪的范围之内，社会危害性与罪刑法定原则又是一种什么样的关系？此时二者是否存在冲突？答案同样是否定的。在罪刑法定的形式合理性限度内，正是社会危害性这一实质的合理性促进了罪刑法定之形式合理性的实现。具体来说，社会危害性理论通过发挥其刑法解释的机能，推动罪刑法定的贯彻和实施，它们之间仍然不存在矛盾。

明确性是罪刑法定原则的内容和要求之一，它要求立法者在进行立法时用语必须明确易懂，避免含混笼统；不但对犯罪构成的规定要明确，而且对刑罚的规定也应明确。但是，既然刑法由语言来表达，而法

律的语言又永远不可能完美无缺，那么，刑法典的不明确性就不可避免，特别是刑法要规定应受处罚的所有事态，就必须使用抽象的语言。这样，建立一部内容极度确定、表述极度精密的刑法典，在现实生活中只能是一种理想层面的评价性观念。顺应着刑法与社会生活需要对应的思路考虑问题，也许我们永远也不可能通过立法达到人们心目中的完备目标。刑法规范的抽象性与概括性，刑法典的稳定性与现实生活和人们认识的变易性，决定了刑法的具体适用需要刑法解释，通过解释克服刑法规范自身存在的模糊和歧义，起到拾遗补阙之功效。因此，刑法解释是实施刑法的前提和发展刑法的一个重要方式，是推动贯彻、实施罪刑法定原则的重要手段。

那么，根据什么来解释一行为是否符合法律规定的犯罪构成要件，进而决定是否对之进行处罚呢？当然只能是社会危害性理论。换言之，为了弥补罪刑法定原则的缺陷，为了充分实现形式合理性，必须依靠社会危害性这一实质合理性对法定之罪进行实质的解释。理由是：(1) 从逻辑上看，形式的犯罪概念无法解释其自身。确实，具备了刑事违法性和应受刑罚惩罚性的行为是犯罪，但是，当具备了刑事违法性的犯罪行为本身规定得相当模糊，条文中使用了诸如“情节严重”“情节恶劣”等用语，而且这些模糊用语是决定行为是否构成犯罪的要件时，就需要对这些用语进行解释。但是，根据形式的犯罪概念本身是无法进行判断的。因为判断的目的就是要看某种行为是否达到了依法应受刑罚惩罚的程度，所以就不可能用依法应受刑罚惩罚性来判断该行为是否达到依法应受刑罚惩罚的程度，否则就会形成这样的判断逻辑：因为是依照法律应受刑罚惩罚（情节严重之类的表述是由法律规定的），根据依法应受刑罚惩罚性，所以行为应受刑罚惩罚。这无疑是荒唐的。形式合理性自身是无法解释某一行为是否具有形式合理性的，判断的标准只能在罪刑法定所体现的形式合理性之外去寻找。这样，我们就只能从形式合理性的对立面即实质合理性中去寻求根据，而体现实质合理性的正是社会危害性理论，因此，以社会危害性理论为根据指导对已然法定之罪的解释就成为必然。(2) 这是由形式合理性与实质合理性之间的关系决定的。

形式理性与实质理性之间并非仅仅是一种简单的对立关系。在韦伯看来，理性与非理性、形式理性与实质理性实际上是相对的、辩证的和可以相互转化的，并非绝对对立和一成不变的。这种辩证关系表现在形式合理性需要实质合理性的推动，因为，形式合理性易导致人们行为方式的常规化和僵固化，使社会生活丧失多元价值的创造性。形式理性的行为是习惯性的、常规性的和缺乏创造力的，因而具有导致社会生活趋向单一化和停滞化的危险。实质合理性则具有打破僵固的传统习惯，推进理性化进程以及推动社会理性发展的作用。① 形式合理性与实质合理性的这种关系表明，如果将实质的犯罪概念与形式的犯罪概念绝对对立起来，对于法定之罪只从形式的犯罪概念来解释，排斥实质的犯罪概念在解释论上的作用，那么我们对犯罪的认识可能就是表象的，并有堕入法律形式主义之弊，罪刑法定也因此会成为僵化、呆板的原则。相反，如果充分重视实质的犯罪概念的灵活性和创造性，在对法定之罪进行解释时，发挥实质的犯罪概念的作用，通过实质合理性深化对犯罪的认识，那么，形式的犯罪概念就会向着更加合理的方向发展，罪刑法定原则才不会成为没有生命力的教条。总之，形式合理性与实质合理性之间的关系表明罪刑法定主义的发展需要社会危害性理论解释机能的推动。(3) 罪刑法定原则的内容决定了需要进行实质的解释。罪刑法定原则虽然体现的是形式的合理性，但是这种形式的合理性之中也含有实质的一面，这就是实体正当原则。实体正当原则是罪刑法定原则的一个派生原则，它是指刑法规定的犯罪和刑罚都应适当。最初罪刑法定原则只理解为犯罪与刑罚的法定，但20世纪60年代末，日本学者受美国宪法中正当法律程序原则的影响，提出了实体正当这一派生原则。这一原则的一个极其重要的内容就是“禁止处罚不当罚的行为”②，详言之，是指“犯罪规定的适当，即在刑法中将该行为规定为犯罪有合理的根据，亦即根据侵犯的客体的重要性和行为对社会危害的严重程度，应当将该行

① 参见王威海编著：《韦伯：摆脱现代社会两难困境》，178～179页。

② 张明楷：《刑法的基础观念》，115页。

为在刑法中作为犯罪加以规定”[①]。禁止处罚不当罚的行为也罢，犯罪规定的正当也罢，无非都是强调被刑法法定之罪必须具有实质的合理性。在判断一行为是否属于刑法规定的犯罪范围时，应从实质方面去寻找根据。而实质的合理性是与社会危害性紧密相连的，以体现了实质合理性的社会危害性理论来指导刑法分则中具体犯罪适用的解释就成为必然。同时，也只有这样的解释才能与罪刑法定原则中实质一面的内容相适应、相吻合。刑法学界有观点认为，“罪刑法定原则的确立，还将导致刑法解释方法论的转变，即由重视实质的解释转向重视形式的解释。在罪刑法定原则之下，刑法形式上的东西将居于首要的、主导的地位。犯罪，首先是法律形式上存在的犯罪，即刑法分则具体条文明文规定应受刑罚处罚的行为……因此，犯罪的形式定义、法律特征及犯罪法定要件将成为首要的问题”[②]。这种观点显然是片面地理解罪刑法定原则的结论，它只看到了罪刑法定的成文法主义等形式侧面，而忽略了刑罚法规的适当性等实质侧面；只看到了形式的犯罪概念具有罪刑法定原则之机能，而忽略了实质的犯罪概念同样具有罪刑法定原则之机能。“从解释学的角度而言，对刑法规定的犯罪构成，不能仅从形式上解释，而应从实质上把握。因为刑法是依一定标准在危害行为中选择若干严重危害行为并将其规定为犯罪的，犯罪构成不外乎是严重危害行为的法律标志。既然如此，符合犯罪构成的行为，一定是严重危害社会的行为。如果只是从形式上解释犯罪构成，就会使一些琐细之事都符合犯罪构成（在某些情况下也可能造成相反的不良后果）；只有从实质上解释犯罪构成，才使符合犯罪构成的行为成为严重危害社会的行为。”[③] 通过实质的刑法解释，方能实现只有严重侵害法益的行为才会被解释在刑法犯罪圈之内，以实现我国刑法第 13 条但书部分规定的出罪机制。

可见，在刑法规定的犯罪圈之内，社会危害性通过发挥刑法解释之机能来补充罪刑法定原则的内容，使之明确化、正确化；它是为罪刑法

① 马克昌：《论我国刑法的基本原则》，载《国家检察官学院学报》，1997（4），18 页。

② 阮齐林：《新刑法提出的新问题》，载《法学研究》，1997（5），152 页。

③ 张明楷：《刑法格言的展开》，115 页。

定原则服务的，而不是相反。至于说在刑法解释过程中，如果“不是以现行条文本身的适用为出发点进行解释，而是对新的具有社会危害事项未经法律规定为犯罪，通过与该事项最相似的现行条文相对照、相对比进行解释”①，那么解释的结果就是将法律没有规定为犯罪的行为当作犯罪定罪量刑。此时，就出现了突破罪刑法定原则的情况。但显而易见的是，这种突破是由于刑法解释的方法不当，即解释者采用类推解释方法所致，而不是社会危害性本身的问题。因为类推解释和社会危害性理论之间并不存在因果关系。罪刑法定原则是禁止类推解释的，这是刑法解释的基本法则，出现了这种情况也只能说是对罪刑法定的违反，无论如何也不能将因此导致的罪刑法定原则被破坏的后果转嫁于社会危害性理论。不过，在罪刑法定原则之下，明确什么是类推解释以及如何有效防止对刑法进行类推解释，则是需要专门予以探讨的重大的理论和实践问题。至于说社会危害性是一个政治用语、政治评价，因而不宜作为犯罪概念使用，这种批评是不科学的，因为“刑法上规定的行为有政治色彩，国家把某些行为规定为犯罪的行为原本就具有政治色彩”②。

五、结论

综合以上分析，笔者认为，我国刑法中的犯罪概念非但不因为规定了犯罪的实质特征——社会危害性于其中而显得不合理，相反，正是因为它在规定了犯罪的形式法律特征的同时又规定了犯罪的实质社会特征，才使得该种犯罪概念类型无论是从逻辑结构来评判，还是从法概念体系的独特要求以及与主体价值的变易性相适应的角度来考察，都是合理的。规定在这一犯罪概念之中的社会危害性理论不但不与罪刑法定原则相冲突，相反，它还通过发挥其自身的刑法解释机能，使得罪刑法定原则所体现的形式合理性得以充分实现。认为社会危害性理论为类推解

① 甘雨沛、何鹏：《外国刑法学》（上册），40～41页，北京，北京大学出版社，1984。

② ［美］理查德·昆尼等著，陈兴良等译：《新犯罪学》，144页，北京，中国国际广播出版社，1988。

释提供了有利条件固然是善意的担心，但是，一方面，在刑法典规定的犯罪圈之外，当社会危害性理论与罪刑法定原则发生冲突时必须要通过立法进行新的犯罪化，才能使那些具有严重社会危害性的行为被当作犯罪处罚；另一方面，在刑法典规定的犯罪圈之内，社会危害性理论的刑法解释机能确实可能被用来当作类推解释的借口，但此时，问题并不在于社会危害性理论本身，而是刑法解释的方法违反了罪刑法定原则所致。而在罪刑法定原则之下刑法解释的方法问题，是各国均面临的一个问题，也是与犯罪的概念没有关系的问题。总之，社会危害性理论存在方式（规定于刑法的犯罪概念之中）的合理性以及其与罪刑法定原则相一致的价值立场表明，我国刑法中的犯罪概念是科学的，社会危害性理论是经得起推敲的。因此，笔者既不同意以形式的犯罪概念取代我国刑法中的混合犯罪概念，也不同意与形式的犯罪概念说在实质上相同的双重犯罪概念说，而主张继续以社会危害性为中心的我国刑法理论。

第四章　犯罪论：形式与实质的犯罪论

刑法学作为实用性很强的科学，为了适应刑事司法的需要，并从司法实践中汲取更多的营养，它必须自成体系。因为，只有将体系中的知识系统化，才能保证有一个站得住脚的统一的学说，否则，法律的运用只能停留在半瓶醋的水平上，总是由偶然因素和专断所左右。[①] 而刑法学体系建设的任务，就是将刑法总则的犯罪概念具体化、明确化、条理化，将刑法分则规定的犯罪成立条件概念化、理论化、系统化，最终形成以犯罪概念为基础、以稳定的构成要件为内容，以认识犯罪成立以及犯罪样态为目的的犯罪论体系。这种犯罪论体系并不是有关犯罪特征的单纯集合或犯罪的分类，而是贯通刑法理论和实践，并依据犯罪的认识原理，将众多的犯罪构成要件纳入一个有秩序的系统之内所形成的一个统一体。

然而，犯罪论是认定犯罪的形式体系还是实质体系？形式的犯罪论体系与实质的犯罪论体系问题源于大陆法系犯罪论体系理论。大陆法系犯罪论认为，犯罪是符合构成要件的、违法且有责的行为。在这种三段评价的犯罪论模式中，构成要件该当性与违法性和有责性之间的关系问题，一直以来都是大陆法系刑法理论上争讼不断的难题。围绕这一问题，形成了构成要件究竟是不含有价值评价在内的纯粹形式意义的犯罪行为的外在轮廓，因而仅应从形式的、定型的角度去把握，还是实际上

① 参见［德］耶赛克、魏根特著，徐久生译：《德国刑法教科书》（总论），2页。

是违法或同时也是责任的类型，从而应该从实质的、是否应当处罚的角度去把握的争论。前者就是形式的犯罪论的主张，后者则是实质的犯罪论的立场。简而言之，形式的犯罪论认为对犯罪是否成立只能在形式的、类型性的意义上把握；实质的犯罪论认为对犯罪成立与否的判断应该从刑罚法规的适当性（即处罚的合理性和必要性）这一实质的立场出发进行。[①] 形式的犯罪论和实质的犯罪论的不同主张，决定着对于刑法中的构成要件如何理解，对于刑法分则中个罪如何适用；决定着刑法学的体系是仅有体系的形式，还是同时也有体系的内涵；决定着刑法学是形式化的概念法学，还是有实质内容的自由价值法学。

一、以行为为中心的古典形式犯罪论体系

（一）古典犯罪论体系的出发点：形式构成要件论

形式的犯罪论由贝林（Ernst Beling，1866—1932）首先提出。贝林在他的著作《犯罪论》（1906）中首次将构成要件作为犯罪论的基本概念，并赋予它与违法性和责任相分离的独立意义。因此，贝林也就成为现代犯罪论学说的创始人，以后的整个犯罪论的发展都是以他的学说为出发点的。

在贝林之前，虽然有刑法学者将民法领域中所谓的“客观违法性”（objective Rechtswidrigkeit）概念导入刑法之中，作为评价犯罪的一般标准，但是此时刑法对于犯罪行为的评价还没有得到系统的发展。[②] 直到贝林提出可罚行为构成要件该当性的概念，构成要件在犯罪论上才成为一个独立的标准，同时大陆法系三段论式的刑法评价体系也得以确立。贝林提出：“犯罪是具备构成要件该当性、违法性、有责性、受相应刑罚制裁和满足处罚条件的行为。”[③] 而其中的构成要件是事实特征的总称，它表明涉及何种犯罪类型，“类型性和构成要件该当性，作为

---

① 参见［日］大谷实著，黎宏译：《刑法总论》，72～73页。

② 参见柯耀程：《变动中的刑法思想》，12页，北京，中国政法大学出版社，2003。

③ Beling，Die Lehre vom Verbrechen，1906，S. 7.

行为的特征，成为犯罪的概念特征”[①]。这样，“作为违法性和有责判断的连接点和作为刑法保障功能的最重要载体，构成要件以这种方法获得了犯罪结构的统治地位”[②]。它不再仅仅是刑法分则的概念，而成为刑法的基本概念。但是，贝林的构成要件概念不是实质意义的，而是形式意义的，换言之，贝林是以形式的构成要件作为犯罪论体系的出发点（Ausgangspunkt）的。

之所以说贝林的构成要件论是形式的，是因为贝林的构成要件理论有两个最大的特点——无价值性（wertfrei）和客观性（objektiv）。

对于贝林而言，构成要件是“纯粹描述性的（rein deskriptiv），规范的命令只以它为出发点”[③]。“在构成要件中没有价值判断。”[④] 构成要件是“纯粹的不含有任何违法性要素的”[⑤]，“构成要件本身并不能确认合法的意义”[⑥]。犯罪的构成要件是犯罪类型特殊的外部界定，它在违法类型范围内的价值判断是纯粹客观的。客观性的意义在于将所有外在的可见的要素区分于主观的、内在的要素，对构成要件的确定不需要探索行为人的内心，所有主观的内在的心灵过程（即罪责）和构成要件是分离的。[⑦] 无价值性的意义在于对构成要件的理解不含有合法与违法的判断。

（二）形式构成要件论的两大特性：无价值性与客观性

根据构成要件无价值性和客观性的基调，贝林的形式构成要件理论得以彰显。

首先，在贝林的构成要件理论中，构成要件不包含立法者对符合构成要件的行为是合法还是违法的评价。在此角度上，构成要件只具有中性的、无价值性的犯罪成立的外部轮廓的意义。“确定行为符合构成要

---

① Beling，Die Lehre vom Verbrechen，1906，S. 23ff.

② ［德］耶赛克、魏根特著，徐久生译：《德国刑法教科书》（总论），250 页。

③ Beling，Die Lehre vom Verbrechen，1906，S. 112.

④ Beling，Die Lehre vom Verbrechen，1906，S. 146.

⑤ Beling，Die Lehre vom Verbrechen，1906，S. 147.

⑥ Beling，Die Lehre vom Verbrechen，1906，S. 112.

⑦ Vgl. Beling，Die Lehre vom Verbrechen，1906，S. 76f，178.

件，并不能证明它自身什么。对构成要件事实的判断是站在严格中立的立场上的。"[①] 构成要件不包含任何违法性要素，对一个符合构成要件的行为是合法还是违法的价值评价，不可能由在法律中对"无价值"的构成要件事实的制定本身来完成。比如"有人杀了人"，贝林认为该行为属于德国刑法第 212 条的构成要件，但是这本身并不能得出杀人行为是违法的结论。因为杀人行为可能发生在战争中或者基于正当防卫或执行死刑的命令而发生。本来，在贝林的犯罪论学说之前，犯罪被定义为"被科处刑罚的违法、有责的行为"，但是，在贝林中性无色和价值中立以及客观的构成要件理论之下，构成要件只是犯罪类型的外部轮廓，仅依它不能判断行为的违法与有责，不能根据行为符合构成要件而追究某人的刑事责任。违法性和有责性与构成要件是相分离的，它们是价值判断的范畴。虽然贝林提及实现或充足了构成要件的行为可能"征表"了违法（die Tatbestandserfüllung ein Indiz für die Rechtswidrigkeit）[②]，但是贝林认为犯罪构成要件的充足只是意味着"可能"违法，而不是说行为符合构成要件就一定可以断定为违法，即或有构成要件的存在，仍然可能排除违法性。[③] 贝林在晚年的《构成要件论》（1930）中修改了其构成要件理论，将构成要件作为犯罪类型的指导形象（Leitbild）而不是犯罪类型本身，但是他关于构成要件的基本看法仍然没有改变，并且他再次强调，将构成要件称作"纯粹描绘的（rein beschreibend）""只是为了说明，一个人的行为通过构成要件……并不能确定为违法"[④]。

需要说明的是，贝林所说的构成要件的描述性，与当今所说的描述性的构成要件要素的描述性含义是不相同的。当今说描述性的构成要件要素是描述性的，其意是指构成要件中所包含的所有的特征均来源于自然科学领域并且能够通过法官借助于纯粹的事实的判断调查清楚，而不

---

① Beling，Die Lehre vom Verbrechen，1906，S. 147.

② Beling，Die Lehre vom Verbrechen，1906，S. 162－163.

③ Vgl. Beling，Die Lehre vom Verbrechen，1906，S. 56ff..

④ Beling，Die Lehre vom Tatbestand，1930，S. 10.

需要法官作价值上的判断；需要法官作价值判断的构成要件要素则被称为是规范性的。但是，贝林所说的纯粹描述性的（rein deskriptiv）构成要件并不是说不需要法官的评价，而只是表明这样的构成要件本身不能说明行为合法或是违法而已。因此，贝林在1930年的《构成要件论》一书中不再把构成要件称为“纯粹描述性的（rein deskriptiv）”，而是称为“纯粹描绘的（rein beschreibend）”，但是，在不能通过构成要件符合性断定违法性这一点上，显然贝林前后是持同一立场的。

其次，依据贝林提出的构成要件客观性的见解，构成要件的范围当然只包括诸如行为、行为对象、行为时间、行为与结果之间的因果关系等客观的要素，而不包含故意、过失、动机、目的等主观要素，后者是有责性的范畴。[①] 因此，贝林认为行为（Handlung）是构成要件的上位概念（Oberbegriff），构成要件则对与行为有关的要素即行为的内涵，（Handlungsinhalte）如行为方法、行为客体、行为结果、因果关系等进行规定。[②] 因此，构成要件该当性与违法性和有责性一样，都是描述行为性质的一种标准。至于在构成要件要素中是否包含规范性的构成要件要素，在1906年的《犯罪论》中，贝林没有对这个问题表明态度，因为这一问题在当时还没有出现。但是在1930年的《构成要件论》中贝林认为规范性的构成要件要素是构成要件的组成部分。[③] 贝林认为行为人只需要认识到事实要素就够了，不需要对规范性要素有所认识。与他早期所说的描述性构成要件是针对违法性判断相同的是，此时，贝林所说的规范的构成要件要素也是在此意义上使用的，而不是在是否需要法官的价值判断的层面上而言的。这一点，是与下文迈耶所提出的规范的构成要件要素之规范性的不同之处。

（三）小结

贝林的构成要件理论不含有立法者的价值评价，不含有违法性和有

① Vgl. Beling, Die Lehre vom Verbrechen, 1906, S. 113, 178f..
② Vgl. Beling, Die Lehre vom Verbrechen, 1906, S. 20, 204f.
③ Vgl. Beling, Die Lehre vom Tatbestand, 1930, S. 10.

责性的判断，因而它成为一个纯粹事实描述性的、无价值性的、客观性的刑法上的行为类型，以这样一种构成要件理论为出发点建立的犯罪论体系是带有浓重法学实证主义色彩的古典犯罪论体系，这种体系的后果就是“产生了人的行为特征的一个极端形式的画面”。这种从自然主义角度理解的行为，纯粹描述性、不含有违法评价因素在内的构成要件，以及排除主观罪责的客观性特征，无不体现了与在当时德国占统治地位的法治国理论——形式法治国所要求的法的安全与公正的人权保障思想相契合的特点，因为只有“客观主义和形式主义”的犯罪构成要件理论，才能“为处罚的先决条件提供最为可靠的法安全”①。

二、价值判断与实质的犯罪论体系之形成

（一）规范性与主观性构成要件要素的发现

贝林所提出的构成要件纯粹描述性和无价值色彩的观点，在 M. E. 迈耶（Max Ernst Mayer，1875—1923）发现规范的构成要件要素（Normative Tatbestands-Elemente）之后受到了质疑。迈耶所说的规范性构成要件要素是针对法官的判断而言的，是需要法官进行价值判断的要素，也是当今刑法理论上所说的构成要件规范要素，因而它不同于贝林在相对于是否含有违法性判断的意义上使用的描述性与规范性构成要件要素的含义。

迈耶认为构成要件中包含描述性的要素和规范性的要素。描述性构成要件要素能够“在外部世界实现，并且其意义能在感觉上被感知理解”②，例如，德国刑法第 212 条“故意杀人罪”中的“人”，第 244 条“侵入住宅盗窃罪”中的“住宅”，第 319 条“建筑危险罪”中的“建筑物”等，它们都是可以通过感官从外部特征上就能对其获得认知的描述性要素，它们是违法性的指示性佐证（ratio cognoscendi），而不是违法性要素本身。但是，规范性要素与之不同；规范性要素不能通过对构成

① ［德］耶赛克、魏根特著，徐久生译：《德国刑法教科书》（总论）。

② M. E. Mayer，Der allgemeine Teil des deutschen Strafrechts，2. Aufl,，1923，S. 7.

要件所描述事物外部特征的把握来获得认知，它们是与价值相关联的要素，是具有评价必要性的要素，而由于刑法上的价值评价涉及的就是违法与否的问题，因而，迈耶指出这些规范性要素是“真正的违法性要素（echte Elemente der Rechtswidrigkeit）”，它们“不是违法性的佐证，而是违法性的认识根据（ratio essendi），它们本身属于违法性要素的组成部分”[①]。在此，迈耶与贝林一样，赞同一般情况下构成要件具有违法性征表的机能（indizierende Funktion），但是，迈耶认为，规范性构成要件要素在本质上就是违法性要素，是违法性的认识根据，同时，这种规范性要素属于主观要件的内容，它“通过行为人的内部世界实现，并且只有通过行为人对其行为的供认或解释才能被认识”[②]。例如，德国刑法第154条“伪誓罪”规定，行为人在法院或者其他负责接受宣誓的机关面前所进行的宣誓是否为虚假的，需要根据行为人进行宣誓时的内心状态来确认；第179条规定的猥亵无反抗能力之人的犯罪中的猥亵行为，也需要根据行为人是否有满足自己性方面的意图或内心性倾向来判断。因此，诸如“伪誓”“猥亵”等均需要法官在充分考虑历史和社会情况之下进行补充性的价值评价。德国刑法第168条“扰乱死者安宁罪”中的“侮辱”，第267条“伪造文书罪”中的“文书”，第211条“谋杀罪”中的“其他卑劣动机”，等等，都是规范性要素。

麦兹格（Edmund Mezger，1884—1962）进一步发展了规范性要素的概念。麦兹格指出，规范性要素可以分为3类，即根据法官补充规范性要素时依据的是法律规则、文化规范还是法官主观上的裁量，可以将规范性要素分为法律的、文化的和主观上的评价要素三种。[③] 与这种划分方式类似，格林胡特（Grünhut）也将规范性要素的概念分为特殊的法律类型的规范性要素和一般的规范性要素。[④] 埃里克·沃尔夫（Erik Wolf）对该种见解进行了更加精细的确认，他认为刑法中的构成要件要

① M. E. Mayer, Der allgemeine Teil des deutschen Strafrechts, 2. Aufl, 1923, S. 184f.

② M. E. Mayer, Der allgemeine Teil des deutschen Strafrechts, 2. Aufl, 1923, S. 7.

③ Vgl. Edmund Mezger, Vom Sinn der Strafrechtlichen Tatbestände,, 1926, S. 225ff.

④ Vgl. Grünhut, Begriffsbildung und Rechtsanwendung im Strafrecht, 1926, S. 5ff.

素都需要借助规范的、价值的判断，即使是描述性的要素也不例外[①]，即使类似于前述故意杀人罪中的“人”、侵入住宅盗窃罪中的“住宅”、建筑危险罪中的“建筑物”等这类看起来似乎纯属纯粹描述性的概念，也需要法官的补充判断。因此，根据沃尔夫的见解，贝林所说的纯粹描述性要素是不存在的，所有的构成要件要素都需要法官的补充判断，而且都含有违法性的判断在内。因此，所有的构成要件要素都是规范性的，构成要件“事实的描述和事实的价值判断是不能相分离的”，“构成要件是无法避免的价值要素和存在要素的结构交织体”[②]。在这种观点的影响下，迈耶所提倡的构成要件分为规范性要素和描述性要素的观点被后来学者发展成为所有的构成要件要素都是规范性的，构成要件逐渐成为只具有规范性含义的概念，而不再存在描述性的特征。麦兹格将由此产生的结论最清楚地表述了出来，他指责将犯罪与违法“不自然地分离”，并认为，实际上，立法者创造构成要件的行为直接包含着违法解释和作为特殊违法类型的违法性阐述。[③]

同样，贝林关于构成要件是纯客观的而不包含行为人主观内在心理的观点，也因为迈耶所认为的规范性要素同时也属于主观构成要件要素的观点而被动摇。构成要件不再是纯客观的，它也含有主观的、内在的心理的判断，它需要法官根据行为人的内在世界进行价值补充。典型的例子是德国刑法第242条“盗窃罪”，该条规定“行为人以使自己或者第三者违法地占有的意图而拿走他人可移动的物品的”，是盗窃罪。该罪中“占有的意图”就成为认定盗窃罪的一个重要条件。如果行为人拿走他人的物品，比如开走他人的汽车，但是不具有使自己或者第三人违法地占有的目的，则不能认定为盗窃罪。因为第242条明确规定盗窃罪必须具有排除他人支配的意思即排他性支配，并且取得对某物品的长期的占有权，而不是暂时占有该物，因此，占有意图属于主观的构成要件要素，而不是罪责要素；占有意图也成为判断行为合法或违法的界限，

① Vgl. Erik Wolf，Die Typen der Tatbestandsmässigkeit，1931，S. 56ff.

② Erik Wolf，Die Typen der Tatbestandsmässigkeit，1931，S. 11.

③ Vgl. Edmund Mezger，Vom Sinn der Strafrechtlichen Tatbestände，1926，S. 195.

因此，它也属于违法性要素。正因如此，迈耶进一步指出构成要件的“主观要素是真正的违法性要素，但是不是罪责要素，既不是纯正的罪责要素，也不是不纯正的罪责要素”[①]。从迈耶的规范性要素学说中可以得出结论：主观构成要件要素是规范性要素的推广，并使得构成要件与违法性之间的关系更加紧密。

不过，迈耶并非构成要件不是纯粹客观要素而兼有主观要素的观点的首倡者。在此之前，菲舍尔（H. A. Fischer）和黑格勒（Hegler）即就此发表了看法。主观不法要素最初起源于民法，尤其是适用于特定的合法化事由。菲舍尔指出，客观行为是否被刑法规范禁止，取决于行为人实施犯罪的内心意向。[②] 主观构成要件要素观点的首倡者黑格勒则进一步指出，犯罪是为法规范所禁止的外在行为，之所以被禁止，是因为其具有社会危害性。而此种外在行为并非全然是外在的，还包含所谓的“内在意向”在内。[③] 在迈耶将主观构成要件视为违法性要素之后，麦兹格对该种观点作了进一步拓展。麦兹格一方面肯定主观构成要件概念的存在，另一方面又继承了迈耶的主观构成要件要素同时也是违法性要素的观点。他指出，一旦人们将刑法中的构成要件看作典型违法行为的类型，那么，这些有助于解释违法根据的不法要素也就会同时被看作主观的构成要件要素。[④] 依照麦兹格的见解，主观构成要件具“有外在行为所依附的意思”[⑤]。在此基础之上，麦兹格认为，在构成要件中，如果欠缺行为人的主观要素，将使得构成要件符合性的判断成为问题，于是麦兹格进一步将主观构成要件划分为三种类型，即“目的犯（Absichtsdelike）”（或译为意图犯）、“倾向犯（Tendenzdelike）”、“表意犯（Ausdrucksdelike）”（或译为表现犯）。[⑥] 目的犯是指行为人实施了一个

① M. E. Mayer，Der allgemeine Teil des deutschen Strafrechts，2. Aufl，1923，S. 186.

② Vgl. H. A. Fischer，Die Rechtswidrigkeit，1911，S. 288ff.

③ Vgl. Hegler，Die Merkmale des Verbrechens，in：ZStW 36（1915），S. 19ff.

④ Vgl. Edmund Mezger，Strafrecht. Ein Lehrbuch，3. unveränderte Aufl. 1949，S. 185ff.

⑤ Edmund Mezger，Vom Sinn der Strafrechtlichen Tatbestände，Sonderadruck aus der Festschrift，1926，S. 199.

⑥ Vgl. Edmund Mezger，Strafrecht I. Allgemeiner Teil，15. Aufl. 1973，S. 103f.

实现客观构成要件的行为，但其意图超越了该客观构成要件行为所产生的结果，拥有这种意图的犯罪就是目的犯。倾向犯是指有强烈内心倾向的犯罪，该类犯罪的特征是，实行行为受行为人的意志方向控制，该意志方向给予行为本来的特征或对被保护的法益的特别危险。表意犯则是行为人的外部行为与内心认识状态不一致而相矛盾，构成犯罪的情况。[①] 根据麦兹格的观点，在许多案例中，行为人的意愿方向来源即行为人主观的、内在的心理要素，不仅存在于罪责的判断范围之中，而且在不法层面也有重要意义；主观的构成要件要素不但存在，而且其范围广泛。如同将迈耶的规范性要素推广至刑法整个构成要件，麦兹格也将主观的构成要件要素推广至所有的构成要件之中，使得违反法规范的外在不法行为几乎都含有了内在心理意图。

（二）构成要件与违法性之间关系的深层变化

麦兹格对迈耶提出的规范性要素、主观构成要件的推广和贯彻，也使得构成要件与违法性之间的关系发生了变化。迈耶虽然提出了规范性要素和主观构成要件的概念，但是在构成要件与违法性上，迈耶认为“构成要件与违法性之间是烟与火的关系，烟不是火，烟不包含火，但它可以得出火存在的结论直到提出相反的证据”[②]。关于违法性，根据迈耶的理论，社会生活中出现的行为违反文化规范是违法性的实质，国家承认的文化规范就是法律规范，由法律规定下来的违反文化规范的行为就是法定的构成要件，所以构成要件本身是一个抽象的东西。某一行为符合构成要件，是违法性认识的重要根据，可以作为认定违法性的表征，符合构成要件的行为基本上可以推断其违法性，除非具有违法阻却事由。这样，迈耶从总体上维持了构成要件只具有无价值的记叙性和客观性的观点。“其理论还是与贝林的一样，把构成要件作为与违法性、责任相并列的独立的犯罪成立要件。”[③] 他并未从贝林的构成要件立场

---

① Vgl. Claus Roxin，Strafrecht Allgemeiner Teil，Bd. I，4. Aufl. 2006，S. 318f 另参见［德］耶赛克、魏根特著，徐久生译：《德国刑法教科书》（总论），384～385 页。

② M. E. Mayer，Der Allgemeiner Teil des deutsch strafrechts.，1915. 1. Aufl，S. 52.

③ 马克昌主编：《犯罪通论》，63 页。

中完全走出来。但是，迈耶所认为的构成要件的无价值性较之贝林有了很大改变，构成要件至此已带上了一些价值色彩；而且迈耶使构成要件与违法性之间产生了关联。显然，一方面，迈耶的规范的构成要件要素概念的提出带来了构成要件理论的重大转变，它使得构成要件由贝林时代的无价值性演变为包含违法性的价值判断；而另一方面，在构成要件与违法性的关系上，迈耶并没有真正使构成要件和违法性的关系与贝林时代发生重大的区分。而麦兹格做到了这一点。麦兹格认为，“根据个人主张，构成要件这种表示是将被特别类型化的立法，依照刑法的目的而制作的特别的‘不法类型’……构成要件意味着为达到某一特殊目的而明示的被要求的不法界限。立法者制作构成要件的行为就是宣布法律上的可罚性。立法通过形成特别构成要件而制作特别的违法性，因此行为符合构成要件并非单纯的违法性的认识根据，正确地说，应当是存在的根据”①。这样，麦兹格在迈耶的认识根据说的基础上更进了一步：行为符合构成要件，原则上就成为违法性的存在根据。而麦兹格等人对规范性要素和主观构成要件要素在整个刑法构成要件中的推广，使得麦兹格认为：构成要件不再是判决的对象，其自身就已包含对其范畴内所有行为的直接评判。构成要件和违法性的区别只在于，通过构成要件得出来的“法律的无价值判断”是暂时的。这种观点“将构成要件看作是伴随例外辩解保留条件的违法性判决”，从而最终与构成要件无价值性的观点分裂了。②

（三）形式犯罪论的崩溃与实质犯罪论的初显

规范性要素和主观构成要件要素的发现，使得贝林的构成要件理论发生了根本性的动摇，“甚而影响到整个犯罪行为架构的基础，也使得贝林的行为评价架构面临完全崩溃的危险”③。换言之，在迈耶发现规范性构成要件要素之后，构成要件由贝林时代的中性的无价值的构成要

---

① 转引自［日］竹田直平：《法规范及其违反》，239～240页，东京，有斐阁，1961。

② Vgl. Claus Roxin, Offene Tatbestände und Rechtspflichtmerkmale, 1970, S. 41.

③ 柯耀程：《变动中的刑法思想》，15页。

件理论变成具有规范的评价要素的价值系统，从而使得构成要件不再是纯粹形式的，而是在形式意义之外，还兼有实质上的特征。而且，由于主观违法性要素的提出，构成要件也不再是纯客观的了，而是兼具有主观含义。但是规范性要素和主观违法要素的发现，最终的后果是一致的，即它们都导致构成要件与违法性之间的关系发生了变化，构成要件不再被视为对外界事件的价值自由的描述，“而是被看作立法者对该犯罪类型特有的行为的不法内容的特征进行概括的辅助手段。因此构成要件（Tatbestand）转变为对相关犯罪类型具有违法性典型要素的总体概念意义上的不法构成要件（Unrechtstatbestand）”[①]。麦兹格关于构成要件是违法类型的见解最终成为大陆法系刑法学界的通说，构成要件不再像在以行为为中心的古典犯罪论体系那样，与违法性是等同的独立的犯罪成立条件，而是在对行为客观特征进行描述的同时，也含有对行为人主观特征的描述；在表达了纯粹的构成要件的事实状况的同时，也含有对行为违法或合法的价值评价。因此，构成要件论不再是纯粹形式的了，而是在形式的基础之上逐渐具有原来只有违法性和罪责两部分具有的实质内涵。在规范性要素和主观构成要件概念在刑法中逐渐确立其地位之后，强调价值中立的形式构成要件论终于转变为包含价值评价在内的实质构成要件论，刑法的构成要件解释论和刑事政策以及立法价值之间的关系也因此变得更加紧密。在20世纪30年代，古典的完整的犯罪论体系备受怀疑，形式的犯罪论逐渐转向实质的犯罪论，“刑法领域中根据实质的、规范的犯罪理论来进行刑法的实质解释和超法规的运用的倾向达到了顶峰”[②]。

三、形式犯罪论与实质犯罪论之对立

大陆法系犯罪论体系，随着规范性要素和主观构成要件要素的发现，在构成要件与违法性之间的关系日益紧密的情况下，虽然由20世

① ［德］耶赛克、魏根特著，徐久生译：《德国刑法教科书》（总论），255页。

② 马克昌主编：《近代西方刑法学说史略》，258页，北京，中国检察出版社，2004。

纪初贝林时代的形式犯罪论体系发展为20世纪30年代及其以后的实质犯罪论的价值体系，但是，迄今为止，形式的犯罪论和实质的犯罪论之间的争论并没有完全消除。在我国，自从现行刑法规定罪刑法定为我国刑法的基本原则之后，犯罪论体系的形式与实质化问题日益突出。因此，无论在大陆法系国家还是我国的刑法理论之中，“将来的一般的犯罪论道路将如何走”[①]，易言之，将来的犯罪论是朝着形式的还是实质的方向发展，仍然是一个需要继续探讨的问题，而且是与我国刑法理论和司法实践密切相关的问题。

（一）形式的犯罪论

贝林的古典形式犯罪论体系在日本得到了一些学者的继承和发扬。日本学者团藤重光、大塚仁、大谷实等均主张形式的犯罪论体系。

在第二次世界大战以前，日本刑法学者如牧野英一等开始是肯定价值判断包含在构成要件中，承认实质的犯罪论体系，而在第二次世界大战后，又开始有人赞成形式的构成要件说和形式的犯罪论。

20世纪40年代日本的刑法学说，如果从另外一个角度来看，是一个非常重视从战前反省的罪刑法定主义的“形式犯罪理论的时代”。这一时代的形式犯罪理论的代表，就是以团藤重光博士的构成要件理论为中心的精致的犯罪论体系。[②]此一时期的日本刑法学者在反省日本战前的国家主义、权威主义的同时，更加重视罪刑法定原则所具有的自由、人权保障机能；在犯罪论上，则体现为主张以构成要件为中心的形式的犯罪论体系的建立。团藤重光从人格责任论的立场出发，提出犯罪的构成要件是犯罪的定型，而犯罪的定型就是犯罪的特别构成要件，简称为构成要件，这种犯罪定型是立法者从无数值得处罚的行为类型中选定出来的。[③]团藤的形式犯罪论成为第二次世界大战后日本刑法学的代表性犯罪理论。

---

① ［德］耶赛克、魏根特著，徐久生译：《德国刑法教科书》（总论），263页。

② 参见［日］前田雅英：《现代社会と实质的犯罪论》，183页，东京，东京大学出版社，1992。

③ 参见［日］团藤重光：《刑法纲要总论》，104～116页，东京，创文社，1990。

团藤重光的弟子大塚仁既进一步深化了团藤的人格责任论，也继承了团藤的形式犯罪论。大塚仁从人格责任论出发，指出构成要件的中心内容必须是作为行为者人格之发现的行为，而这种行为也是作为犯罪概念基础的行为，它是刑法上的判断对象，因此，它不是规范性行为，而是事实性行为，也就是未经刑法性评价的行为。对于这种以行为为中心的构成要件是从形式上还是从实质上判断、把握，大塚仁明确指出，"我认为，在判断构成要件该当性的有无时，预先应当从作为判断对象的行为的意义上来考察'作为犯罪概念的基础的行为'这一观点，这是很有必要的"①。换言之，对于刑法中的构成要件，应该进行"定型的、形式的判断，在这一点上，不同于作为非定型的、实质的价值判断的违法性判断和责任的判断"②。

日本"战后犯罪论的主流，毋庸置疑，虽然也存在着各种对立，但基本上，是以构成要件和实行行为概念等为论点的形式上的争议"③，易言之，是形式犯罪论与实质犯罪论之间的争议。"在日本刑法学的研究中，形式和内容的对立在很久以前就存在，但是，作为新的学派之争即'形式的犯罪论'和'实质的犯罪论'对立则是近年来的事情。"④"在近年来的日本，关于犯罪论的基本考虑，形式犯罪论和实质犯罪论两个根本主义之间的对立日趋明显。"⑤这样，在当代日本刑法学界，形式的犯罪论和实质的犯罪论成为继刑事古典学派和刑事人类学派之争后新的学派之争。

"承认构成要件的独立机能，以社会的一般观念为基础，对构成要件进行类型性的把握的犯罪论，通常被称为形式的犯罪论。"形式的犯罪论者主张对犯罪构成要件进行形式的解释，"在构成要件的解释上，在进行处罚的必要性或合理性的实质判断之前，应当从具有通常的判断

① ［日］大塚仁：《人格的刑法学の构想》，载《法学教室》，1990（2），16页。

② ［日］大塚仁著，冯军译：《刑法概说（总论）》，3版，114页。

③ ［日］前田雅英：《现代社会と实质的犯罪论》，183页。

④ 黎宏：《日本刑法精义》，53页。

⑤ ［日］大谷实著，黎宏译：《刑法总论》，中文版序，1页。

能力的一般人是否能够得出该种结论的角度出发，进行形式的判断”①。实质的犯罪论者认为，强调形式上的罪刑法定原则是不充分的，构成要件符合性的判断，是从实质上判定是否存在达到值得科处刑罚程度的法益侵害。根据实质的犯罪论者的主张，对刑法中的犯罪构成要件的判断不可避免地含有实质的内容，即某种行为是否构成犯罪应从处罚的必要性和合理性的角度进行判断，因此，对刑罚法规和构成要件的解释应该从这种实质角度进行。总之，实质的犯罪论者主张的是“实质的刑法解释”②。

形式犯罪论的主张者首推日本同志社大学教授大谷实。大谷实将团藤重光和大塚仁的形式犯罪论系统化，并且在与实质犯罪论者的争论中不断推进着形式犯罪论。大谷实认为，其一，刑法规范首先是行为规范而不是裁判规范。“刑法的目的在于，通过告知国民什么样的行为是犯罪、什么样的行为不是犯罪来规制国民的行动，从而维持社会秩序，因此，刑法规范在成为裁判规范以前，首先应当是规制国民行动的行为规范。”其二，对刑法构成要件应该提倡形式的解释论。“从保障人权的要求出发，行为的禁止或命令应当通过构成要件，以一般国民能够理解的形式明确地进行，只有违反该命令或禁止的人才应当受到处罚，因此，违背国民的一般预测的处罚是不允许的，而且，在构成要件的解释上，在进行处罚的必要性或合理性的实质判断之前，应当从具有通常的判断能力的一般人是否能够得出该种结论的角度出发，进行形式的判断。”③其三，这种形式判断的优点在于，可以防止将刑法当作滥用权力的正当借口，避免“以‘属于值得用刑罚加以处罚的恶劣行为’为借口，将刑法上本没有规定的行为也作为犯罪处理的危险”④。因为在大谷实看来，从历史上看，“从处罚的必要性和合理性的观点出发，将刑法作为滥用

---

① ［日］大谷实著，黎宏译：《刑法总论》，73页。

② ［日］前田雅英：《刑法的基础——总论》，37～43、84～89页，东京，有斐阁，1993；［日］前田雅英：《现代社会と实质的犯罪论》，47～50页。

③ ［日］大谷实著，黎宏译：《刑法总论》，73页。

④ 黎宏：《日本刑法精义》，53页，注释③。

权力的正当借口的情况也屡见不鲜，因此，建立以构成要件所表示的行为框架或类型，换言之，从刑罚法规出发，以具有通常的判断能力的一般人能够理解的形式的行为类型为中心，只要是难以划入该种类型的行为，无论怎样具有处罚的合理性和必要性，也不能作为犯罪的体系就成为必要”①。

简单地概括，大谷实认为，“承认构成要件的独立机能，以社会的一般观念为基础，对构成要件进行类型性的把握的犯罪论，通常被称为形式的犯罪论”。对于这种形式的犯罪论，大谷实的基本看法是，“在以罪刑法定原则为前提的犯罪论中，重视构成要件论的形式犯罪论是最为稳妥的，并以此为出发点，对犯罪论进行探讨，将刑法体系化”②。

（二）实质的犯罪论

与形式的犯罪论相对的就是实质的犯罪论。实质的犯罪论对形式的犯罪论进行了批判，认为作为形式的犯罪论的中心的犯罪的定型或类型的内容不明确，因此，在形式的犯罪论中，追求保障人权、保护国民利益的处罚范围难以适当划定；主张在刑罚法规的解释特别是构成要件的解释上，应当从处罚的合理性和必要性出发，换句话说，应当从当罚性这一实质的观点出发。按照这种观点，刑法是行为规范，但更应当是以法官为主体的裁判规范，是导入了实质的当罚性判断的裁判规范，因此，罪刑法定原则中的明确性或刑法的严格解释原则并不重要，应当从处罚的必要性和合理性的立场出发，对刑罚法规或构成要件进行实质性的解释。③

日本东京都立大学的前田雅英教授是实质的犯罪论的领军人物。前田雅英指出，日本20世纪40年代的刑法学说，如果从另外一个角度来看，就是非常重视从战前反省的罪刑法定主义的“形式犯罪理论的时代”。“坚持从罪刑法定主义观点到构成要件的明确性，是以限定处罚范

---

① ［日］大谷实著，黎宏译：《刑法总论》，74页。

② ［日］大谷实著，黎宏译：《刑法总论》，73页，中文版序，1页。

③ 参见［日］前田雅英：《刑法的基础——总论》，84～89页；［日］前田雅英：《现代社会と实质的犯罪论》，47～50页。

围为目标。这折射出战后日本思潮的妥当的东西（指罪刑法定主义和构成要件的明确性）。但是，我认为现在这种形式主义的犯罪理论正在逐步地发生变化。"[①] 在前田雅英看来，第二次世界大战以后40年以来的持续安定的社会和在这一期间所积累的刑事裁判实务的实践，促使日本刑法犯罪论体系由形式向实质发展。第二次世界大战后的日本确实出现了越来越多的站在实质的立场上对构成要件进行解释的案例。例如，盗窃，就是窃取财物的行为，所谓的财物，一般认为是有体物，可以说这与一般日常用语是相同的。但对于盗窃电流的行为，大审院（日本明治宪法规定的最高司法机关——译者注）认可为盗窃罪的成立，而且认为，"所谓物，不是仅指有体物，而是具有管理可能性之物"。然而，大约同一时期，德国的判例，却不把电流作为物而否定了盗窃罪的成立。[②] 此外还有副本和电磁记录物的案例。在德国，一般认为伪造文书的副本和电磁记录物不符合伪造文书犯罪的构成要件。但是，在日本，经常能看到在判例上认可的处罚例。即使最近，就文书的概念，判例也显示了重视解释的妥当性的倾向。副本，"保留了与原本同一的意义内容，只有承认作为证明文书与原本具有同样的社会机能和信用性，解释为包含在这个文书里，才具有相当性。修正了认为'抄写'不是文书的历来见解"，从而修正了文书的概念。[③] 而德国的判例，最终在坚持"副本不是文书"的立场的基础上，决定处罚"伪造副本的行为"[④]。还有日本大判昭十五年（1940年）8月22日刑集19卷540页判决认为，在汽油车事件中，日本刑法第129条的"汽车"包括汽油车在内；大判昭九年（1934年）6月21日刑集13卷843页判决认为，北海道渔业取缔规则第35条第1款第9项中规定的在获取水产物中禁止使用"渔钩"这种渔具的情况，包括用钩针获取鱼类；大判昭十三年（1938年）7月

① ［日］前田雅英：《现代社会と实质的犯罪论》，183页。

② 参见［日］大判明治三十六年（1903年）5月21日刑录9辑，874页。

③ 甚至"什么记录物"也被认为是文书，参见广岛高裁冈山支判平8.5.22判时1572-150。

④ ［日］最判昭五十一年（1976年）4月30日刑集30卷3号，453页。

28 日刑集 17 卷 614 页判决认为，根据狩猎法禁止对捕获的鸟兽私相授受的规定，也包括禁止对解体后的毛皮予以授受；最决昭五十七年(1982 年) 10 月 8 日刑集 36 卷 10 号 867 页判决认为，枪炮刀剑持有取缔法第 31 条第 2 款第 1 项中规定的“手枪”也包括分解后的手枪；等等。[①]

前田雅英认为，日本二战后出现的这种实质的刑法解释，恰恰是日本刑法解释的特色，它是在原来的形式的解释论中，吸收了日本固有的国情和国民规范意识，更加强调了对具体问题进行妥当解决，这是值得肯定的。[②] 为了维护日本这种百年判例所形成的实质解释的特色，前田雅英认为仅仅从形式上强调罪刑法定原则是不充分的，构成要件符合性的判断，是从实质上判定是否存在达到值得科处刑罚程度的法益侵害；违法性的判断，也必须是以优越的利益为中心的实质判断；责任必须是扎根于国民规范意识的实质的非难可能性。[③]

既然提倡对构成要件进行实质的解释，关于构成要件的学说就必须进行修正。为此，前田雅英指出，在考虑构成要件内容的情况下，首先成为问题的就是构成要件与违法性的关系。如前所述，关于二者关系的学说认为，抓住罪刑法定主义形式方面，将构成要件与违法性分开的纯粹客观的、记述的行为类型的传统立场，与将犯罪类型进行实质理解的违法行为类型化的立场，是能够大致区分的。于前者，在构成要件上，以重视“明示什么样的行为受到处罚的机能（罪刑法定主义机能）”的观点为基础，认为构成要件是由客观的、形式上的、记述的、没有价值的东西构成的，因此，构成要件理所当然不包含规范的或者主观的事情；虽说该当构成要件，那最终只是符合形式上的要求，关于犯罪成立与否，则不能有过多的说明。于后者，站在解释作为违法类型的构成要件的立场，构成要件与违法性没有原则的区别，该当作为违法行为类型

---

① 参见［日］野村稔著，全理其、何力译：《刑法总论》，51 页，北京，法律出版社，2001。

② 参见［日］前田雅英：《刑法总论讲义》，89 页。

③ 参见［日］前田雅英：《刑法的基础——总论》，37～43 页。

的构成要件的行为，原则上可称为违法行为。① 其次，关于构成要件和有责性的关系。前田认为，在责任论领域，与历来的以“非难可能性”为核心的规范责任概念相比较，考虑预防效果的“实质的责任概念”或者“可罚的责任概念”正在成为有力的学说。为此，前田强调以行为人的非难可能性作为有责性判断的基准，他认为只有处罚值得非难的行为才是合理的。② 这样，在前田雅英看来，符合构成要件的行为具有值得科处刑罚的违法性和有责性，实质性的考虑不可避免地渗透在对构成要件的理解之中；对构成要件符合性的判断，与违法性和有责性的判断是紧密相连、不可分割的。

根据实质的构成要件论，前田设定了现代犯罪论的两个实质要件，它们是：其一，存在着值得处罚的行为；其二，行为人具有非难可能性。根据这两个实质条件，前田将刑法中的构成要件分为客观的构成要件和主观的构成要件：客观的构成要件就是对值得处罚的行为类型化的规定；主观的构成要件则是对行为人非难可能性的规定。行为是否符合客观和主观的构成要件，必须结合是否有违法阻却事由和责任阻却事由存在，在没有违法阻却事由和责任阻却事由存在的情况下，行为便是有罪的。③ 显然，在前田的犯罪论体系中，构成要件符合性与有责性紧密联系而成为一体，从而使构成要件符合性的判断从一开始就不是纯粹形式上的判断，而是带有了违法、有责等实质价值的判断。因此，前田的构成要件论认为构成要件是违法有责类型，这种实质判断的标准，则是某种行为是否值得科处刑罚，即是否具有处罚的必要性和合理性。这样，前田反对形而上学地、形式主义地解释构成要件，主张实质的刑法解释④，认为只有从是否值得处以刑罚的角度理解犯罪的构成要件，才能充分保护国民的利益。⑤

① 参见［日］前田雅英：《现代社会と实质的犯罪论》，10 页。
② 参见［日］前田雅英：《现代社会と实质的犯罪论》，183～184 页。
③ 参见［日］前田雅英：《刑法总论讲义》，53 页。
④ 参见［日］前田雅英：《刑法总论讲义》，54 页。
⑤ 参见［日］前田雅英：《刑法总论讲义》，51～52 页。

针对大谷实主张的刑法规范是行为规范而不是裁判规范的观点，前田认为，刑法规范固然是规制国民行动的行为规范，但是对刑法规范的使用者来说它却是裁判规范：行为规范的作用在于使国民根据刑法的规定来调整自己的行动；而裁判规范的意义在于法官通过对该刑法规范的适用，来判定国民的某一行为是有罪还是无罪，而这一判决是通过判断行为是否符合构成要件、是否违法和有责来一体地进行的。“构成要件，与其说是对于国民来说的行为规范，还不如说是裁判时的判断基准这一点，的确，有罪刑法定主义要求的一面，也有国民要按照条文所指示的基准而行动的一面。所以，法院必须在国民预测可能性的范围内解释其条文。过于脱离条文的解释是不能允许的。但是，解释条文而能够引导的、明示实际处罚范围的‘构成要件’，是导出第一意义的裁判之际的结论的基准。在此意义上，是能够面向法律家的（构成要件）。与‘从国民的角度来看易于明白’的要求相比，最为重要的是‘能够容易地导出具体的妥当的结论’。”①

总之，前田的实质犯罪论虽然也同意形式犯罪论者所主张的从定型、形式的意义上把握犯罪的构成要件，但是它更注意刑法应该禁止处罚不当罚的行为并反对处罚的恣意性和不公平性，以更好地保护国民的生活利益。因此，他反对形式的构成要件论，而主张构成要件包含着犯罪成立的实质的内容，对构成要件的理解因此也应该从是否应当处罚的实质角度进行。

（三）形式犯罪论与实质犯罪论之争点

以上形式犯罪论和实质犯罪论的基本观点是：形式的犯罪论主张从抽象的、定型的、形式的意义上把握刑法中的构成要件；实质的犯罪论主张从具体的、实质的意义上理解刑法中的构成要件。这两种犯罪论之间的争点可归纳如下。

第一，刑法中的构成要件究竟是形式意义的类型，还是具有实质内涵的规范评价的类型化形态？传统犯罪论体系基本持前一种认识，现代

① ［日］前田雅英：《现代社会と实质的犯罪论》，48～49页。

的犯罪论体系对此存有争议，究竟如何取舍？

第二，刑法中构成要件的机能是什么，是限于为国民提供行动指南的自由保障机能，还是包括保护国民合法利益、防止处罚不该处罚行为的法益保护机能？该问题背后隐藏的问题有二：一是构成要件与罪刑法定原则的关系问题。如果从实质的角度理解构成要件，是否违背罪刑法定原则？形式犯罪论者认为从发挥并尊重罪刑法定的人权保障机能出发，提倡以构成要件所设定的行为框架作为出发点，并因此主张对构成要件以"一般人能够理解的形式的行为类型为中心"进行形式理解；实质犯罪论者坚持从罪刑法定的刑罚法规适当性原则出发，认为刑法规定的行为框架固然重要，但只有对构成要件从处罚合理性和必要性角度进行实质解释，才能真正符合罪刑法定原则。二是实质的犯罪论是否会导致刑罚处罚范围的扩大。换言之，实质的犯罪论是否会导致以处罚的必要性为借口，将刑法上本没有规定的行为也作为犯罪处理的危险。因为实质的犯罪论被形式犯罪论者指责为具有"过度的处罚倾向"，即可能会导致无限扩大刑罚的处罚范围。[①]

第三，现代刑法的犯罪论体系究竟应该是范畴论体系还是目的论体系？范畴论的犯罪论体系以行为范畴作为犯罪论体系的出发点，目的论的犯罪论体系以构成要件及其符合性作为犯罪论体系的出发点。关于究竟何为范畴论体系和目的论的体系，笔者将在下文的相关论述中详细探讨。

范畴论的体系是以行为为出发点，以行为、构成要件、违法性和有责性为内容而建立的犯罪论体系。笔者认为，大谷实的犯罪论体系是范畴论体系而不是目的论体系。理由主要有两点：其一，大谷实一方面明确表示反对范畴论体系，另一方面又主张将行为作为刑法的评价对象，将其"置于犯罪概念的基础或底部"，换言之，他主张的犯罪论体系虽然也是构成要件符合性、违法性和有责性三段论式的犯罪论体系，但是

① 参见［日］前田雅英：《现代社会と实质的犯罪论》，10页。

这一三段论式的体系的基础概念是行为。[①] 大谷实站在反对范畴论体系的基础之上所主张的以行为为犯罪论基底的三段式体系，在笔者看来，实际上是似是而非的：它既想和范畴论体系划清界限，但实际上它与行为、构成要件、违法性和有责性这种范畴论体系并无实质区别。因为在大谷实的犯罪论体系中，作为基底的行为与范畴论体系中独立于构成要件的行为并无本质区别，它们都是在讨论构成要件符合性之前的广义的行为。所以，大谷实的犯罪论体系在我看来其实就是一种范畴论的体系。其二，大谷实本人对于目的论体系的论述也印证了上述结论。大谷实指出，“毫无疑问，为了确保处罚的合理性和必要性，犯罪论也必须是目的论的体系，但是，正如历史上所出现的，从处罚的必要性和合理性的观点出发，将刑法作为滥用权力的正当借口的情况也屡见不鲜，因此，应建立以构成要件为标志的行为框架或类型，换言之，从刑罚法规出发，以具有通常的判断能力的一般人能够理解的形式的行为类型为中心”，“进行形式的判断”[②]。大谷实反对目的论体系，并认为只有从实质角度理解构成要件才是目的论，而他本人是从形式角度理解构成要件的，所以他所主张的犯罪论体系显然不是目的论的而是范畴论的。正是从范畴论的犯罪论体系出发，大谷实才提出前述认为刑法规范“首先应当是规制国民行动的行为规范”的观点，重视对行为定型意义的理解，因此主张对于“构成要件符合性的判断，必须是形式的、类型的判断”[③]。

第四，刑法规范首先是行为规范还是裁判规范？前田雅英主张目的论体系，他以构成要件为出发点，主张的是作为大陆法系通说的三段论式犯罪论体系，即他的犯罪论体系是由构成要件符合性、违法性和有责性所组成。与通说有别的是，他所理解的构成要件是违法有责类型。而构成要件符合性中的构成要件要素主要是指客观的构成要件要素，那些主观的构成要件要素要么被他作为主观的违法要素被归入违法性中，要

① 参见［日］大谷实著，黎宏译：《刑法总论》，71～72页。

② ［日］大谷实著，黎宏译：《刑法总论》，74、73页。

③ ［日］大谷实著，黎宏译：《刑法总论》，72页。

么被作为责任要素被归入有责性中。[①] 在这种目的论体系的前提之下，前田雅英认为构成要件是裁判规范，即如前所述的“构成要件，与其说是对于国民来说的行为规范，还不如说是裁判时的判断基准这一点”。自然，与犯罪论体系是否为目的论体系相关的问题是，刑法规范究竟是行为规范还是裁判规范。

四、我国刑法中形式与实质的犯罪论之争

（一）我国与大陆法系犯罪论体系的简要比析

我国刑法学界关于犯罪论体系的通说是四要件说，即犯罪客体、犯罪的客观方面、犯罪主体和犯罪的主观方面，在认定已经发生的行为事实时，要同时从客体、客观方面、主体与主观方面展开。这种判断在形式和内容上是客观事实判断与价值评价判断同时进行的。德、日等大陆法系国家对犯罪的认定采取的是构成要件该当性、违法性与有责性三段论式的犯罪论体系。因此，表面来看，我国与大陆法系的犯罪论体系似乎迥然相异。但是，笔者认为，这两种犯罪论体系的最根本区别在于认定犯罪的逻辑结构不同：大陆法系的犯罪构成体系采取的是一种递进式的逻辑结构，我国现存的犯罪构成体系采取的则是一种耦合式的逻辑结构；耦合式结构在犯罪的认定上采取的是加法（整合法），而递进式结构采取的是减法（排除法）。[②] 但是我国的犯罪论体系与大陆法系的犯罪论体系的组成要素却是基本相同的。大陆法系中犯罪论体系的所有组成部分在我国刑法的犯罪构成体系中都有相对应的部分。大陆法系中的构成要件该当性大致对应于我国犯罪构成体系中的客观方面要件和主体要件；违法性同样是我国刑法中犯罪的特征及判断犯罪的条件，只不过其条件性不是表现为犯罪成立条件之一，而是以整体性的犯罪构成的方式表现出来，因此，我国刑法将违法性与犯罪构成的各要件融合在了一起，通过各个构成要件来体现违法性；大陆法系犯罪论体系所说的有责

---

① 参见［日］前田雅英：《刑法总论讲义》，53～66页。

② 参见陈兴良：《刑法哲学》，549页，北京，中国政法大学出版社，1992。

性则基本相当于我国犯罪构成体系中主体、主观方面。总之，我国刑法的犯罪论体系与大陆法系的犯罪论体系在实质内容上是基本相同的，二者之间并不存在原则性的差别，只不过在具体判断的逻辑过程或者思考问题的方式上不同。[①]

（二）我国形式与实质的犯罪论之对峙

我国与大陆法系在犯罪论体系组成要素上的对应性、两种犯罪论体系实质上的相似性，决定了在大陆法系国家存在的犯罪论体系形式与实质之争的问题在我国刑法中同样存在并同样需要解决。比如，我国刑法学界有观点认为，“在某些情况下，犯罪构成却不能真正反映犯罪的社会危害性”[②]，因此，我国刑法中诸如正当防卫和紧急避险等排除社会危害性的行为，“是指外表上似乎符合某种犯罪构成，实质上不仅不具有社会危害性，而且对国家和人民有益的行为”[③]，或者说，“是指那些在形式上似乎符合某种犯罪构成而实质上不具有社会危害性和刑事违法性，从而不构成犯罪的行为”[④]。这实际上就是从形式的角度解释我国刑法的犯罪构成，“即符合犯罪构成的行为在通常情况下具有社会危害性，成为追究刑事责任的根据，但在例外情况下，符合犯罪构成要件的行为并不具有社会危害性，因而不得追究刑事责任。现在，在这里，我们看到的仍然是对犯罪构成的形式理解”[⑤]。又比如，“在司法实务中，有的人以‘法律明文规定为犯罪行为的，依照法律定罪处刑’为依据，认为只要行为人客观上实施了对增值税专用发票进行虚假开具的行为（包括为自己开具、为他人开具等各种方式），就符合虚开增值税专用发票罪的客观要件，而不论这种行为对国家的税收是否造成或可能造成损

---

① 参见刘艳红：《开放的犯罪构成要件理论研究》，91～114 页，北京，中国政法大学出版社，2002。

② 王勇：《关于犯罪的社会危害性》，载《社会科学》，1984（3），66 页。

③ 高铭暄主编：《中国刑法学》，145 页，北京，中国人民大学出版社，1989。

④ 高铭暄主编：《新编中国刑法学》（上册），272 页，北京，中国人民大学出版社，1989

⑤ 张明楷：《刑法的基本立场》，109 页。

失，都一律认定为该罪，否则就违背罪刑法定原则的要求”[①]。这是典型的在对罪刑法定原则作纯粹形式的、教条的理解基础之上，进一步机械地、形式地理解刑法中虚开增值税发票罪犯罪构成的结果。如前所述，有的学者甚至明确指出，我国现行刑法中罪刑法定原则的确立将会导致刑法解释由重视实质的解释转向重视形式的解释。而与上述形式的犯罪论者的主张相反，也有学者明确“主张实质的犯罪论”，即“以犯罪本质为指导来解释刑法规定的构成要件”，“只能将值得处罚的法益侵害行为解释为符合构成要件的行为”[②]。

在我国，平面的犯罪构成要件论是价值的体系，而不是形式的命题。如果说大陆法系的犯罪构成要件经历了从早期纯粹形式的类型性定型的形式化到价值评价的实质化的发展道路，那么，我国的犯罪构成要件则并不存在这样的发展历程。相反，从一开始到目前，我国的犯罪论体系都是实质的，只是在罪刑法定原则在我国法典化之后，犯罪论的形式化与实质化问题才出现。在我国刑事立法确立罪刑法定原则之前，我国刑法学界有观点认为，我国的犯罪论体系是实质的。比如，有学者很早就指出，在大陆法系刑法的犯罪构成学说中，“构成要件该当性无非是‘中性’的被评价对象，决定了犯罪构成学说的形式主义色彩”，而社会主义的刑法学者“明确揭示了犯罪构成的社会政治内容，无论在内容上，还是在性质上，都使犯罪构成理论发生了一次根本性的变革，使形式主义的概念转化为实质意义的概念”，犯罪构成不再单单是一种法律的形式规定，而且揭示了犯罪构成的社会实质，即犯罪是危害社会并具有刑事违法性和应受刑罚惩罚性的行为，因此，“我国的犯罪构成理论比较彻底地摒弃了形式主义的观点”；并认为从资产阶级的犯罪构成到社会主义的犯罪构成是“从形式主义的犯罪构成向实质意义的犯罪构成的转化”[③]。此后刑法学界又产生了这样的观点：“我国刑法中的犯罪

① 郑鲁宁、肖中华：《从实质特征上解释虚开增值税专用发票罪的构成》，载《检察日报》，2002－11－11。

② 张明楷：《法益初论》，261、263页。

③ 姜伟：《犯罪构成比较研究》，载《法学研究》，1989（5），38页。

构成是一种实质性的犯罪行为的类型。这里所谓的'类型'是指法律化的行为的类型，是立法者用法律的形式确定下来的具有相当程度的社会危害性的行为的类型。"[①] 总之，认为我国犯罪论体系是实质的，在我国刑法学界是一种很有力的观点。事实上，笔者认为，我国与大陆法系的犯罪论体系都是形式与实质相统一的犯罪论体系，换言之，我国的犯罪论体系不是脱离法律形式主义的纯实质的体系，大陆法系的犯罪论体系也不是脱离犯罪的社会实质的虚幻的法律模式。这只是表明笔者并不认为有脱离形式而存在的纯粹实质的犯罪论体系（或者有脱离实质内容的纯粹形式的犯罪论体系），任何实质的犯罪论体系都必须以定型的形式的特征为前提。但是，我国刑法的犯罪论体系含有实质内容并且应该从实质上加以解释，这一点，显然是笔者所赞同的。而在现行刑法废除类推制度，确立了罪刑法定原则、刑法适用平等原则以及罪刑均衡原则之后，实质的犯罪论体系能否继续，是否应该以形式的犯罪论取代实质的犯罪论并对犯罪构成从形式上加以理解等问题，成为摆在刑法理论工作者和司法实务部门面前的重要问题。

对于我国现行刑法的修订及由此可能造成的对我国刑法犯罪论体系的影响，日本学者大谷实先生一针见血地指出："我认为，这次修改的特征，简单地加以概括的话，就是在维持旧刑法所规定的传统刑法体系的同时，加入了尊重自由主义或者个人主义的理念。如果这种理解正确的话，那么，在刑法的适用或者解释上，中国迄今为止的犯罪论体系能否被坚持下来，就应当成为问题，或者肯定成为问题。"大谷实先生还认为："这大概就是最近在中国的年轻学者当中，对重新建立犯罪论体系表现出强烈兴趣的原因。"[②]

笔者认为，"最近在中国的年轻学者当中，对重新建立犯罪论体系表现出强烈兴趣"的现象并不表明我国现有的犯罪论体系无法维持，对

① 马克昌主编：《犯罪通论》，73页。

② ［日］大谷实著，黎宏译：《刑法总论》，中文版序，1页。

此，笔者曾在有关文章中专门予以了阐述。[①] 我国现行刑法所作的修改，也不表明我国刑法应该建立形式的犯罪论体系，我国刑法实质的犯罪论体系能坚持下来不应该成为一个问题。在罪刑法定原则法典化的冲击之下，在刑法的适用或者解释上，成为问题的应该是：其一，在形式与实质的犯罪论之间的争论并未完全消除的情况下，我国“将来的一般的犯罪论道路将如何走”？其二，如果承认我国将来的一般的犯罪论的道路仍然是实质的，它是否与自由法治国的人权保障原则——罪刑法定相矛盾？它是否会导致刑罚处罚范围的扩大化？显然，我国刑法中犯罪论体系的形式化和实质化问题，恰恰反映了前述形式犯罪论与实质犯罪论之间的争点。

① 参见刘艳红：《我国与大陆法系犯罪论之比较研究》，载《中外法学》，2004（5），533～555页。

第五章　现代社会与实质的犯罪论体系

形式与实质的犯罪论之争，反映了对法律理性、法治国思想、犯罪概念、犯罪构成要件的性质与机能，刑法犯罪论体系与刑法规范的性质等一系列问题的不同态度。笔者认为，法律理性构建中在坚持形式合理性的前提下对实质合理性的追求，形式法治国到实质法治国的发展以及现代社会包容性法治国的兴起，兼具形式与实质双重意义的现代罪刑法定原则的兴起，社会危害性理论与实质犯罪概念的存在合理性，犯罪构成要件从人权保障到甄别值得处罚的法益侵害的机能变化，大陆法系犯罪论体系中违法性和有责性内容的改造以及构成要件作为违法类型或违法有责类型的形成，均决定了犯罪论体系不单是纯粹形式的行为框架，而且是体现了价值评价的实质体系；对犯罪构成要件的解释不能仅从形式上进行，而且要从刑罚法规适当性的层面进行，从实质上判断行为是否值得科处刑罚。这样一种犯罪论体系，也就是实质的犯罪论体系；这样一种刑法解释理论，也就是实质的刑法解释论。

一、构成要件是实质规范评价的类型形态

（一）背景一：大陆法系国家刑法犯罪论体系

在大陆法系国家三段论的、立体的或者说阶层的犯罪论体系之中，只有满足了构成要件符合性、违法性和有责性三个条件的行为才能构成犯罪。根据这一体系，首先进行对行为、行为对象、行为结果等构成要件事实符合性的判断，然后再考虑行为在客观上是否违法、在主观上是

否可归责于行为人；构成要件只是对行为是否符合犯罪成立的基本条件进行事实的、抽象定型的判断，而违法性和有责性的判断才是价值的、具体的、终局性的判断。这一三段论式犯罪论体系的显著特征就在于，它构造了一个将犯罪成立的事实判断与价值判断相分离的、逻辑清晰的且便于刑事诉讼的体系结构。然而，大陆法系犯罪论体系的理论与司法实践表明，构建这样一个事实判断与价值判断相分离的逻辑体系已被证明是不可能的，对行为是否符合构成要件的判断只能在与违法性判断和有责性判断的相互关联之中进行。这种行为评价方式的变动需要对构成要件采取新的解释方式，即将传统的对构成要件进行形式理解的诠释方法，更替为从实质角度——是否具有处罚必要性和合理性的角度——来诠释构成要件的新方法。

1. 规范性构成要件（要素）要求实质性地判断是否有值得处罚的行为

在构成要件的理论发生上述改变之后，在规范的构成要件要素和主观构成要件要素理论逐渐为刑法理论所广为赞同的情况之下，构成要件与违法性、有责性的关系变得更加紧密，构成要件的价值性更加明显。

作为违法类型的构成要件的核心在于对外在世界的客观事物的描述，而要求构成要件本身能够对客观外在事物的不法因素一一进行纯粹的描述是不可能的。这样，规范的构成要件要素概念自迈耶和麦兹格之后，受到了刑法理论的普遍赞同。构成要件要素，是指作为构成要件组成部分的各个具体的构成要素，是立法者借以用来描述禁止行为法律要件的组成元素。虽然根据罪刑法定主义，刑事立法应尽量避免使用含糊不清或模棱两可的用语，但是，由于受立法技术、立法者的立法能力、立法时的客观社会环境等的限制，刑法语言不可能做到明确无误。因此，刑法中除却少数记述的构成要件要素之外，还存在大量规范的构成要件要素，例如，欺骗、侮辱、猥亵、淫秽、非法、无故、虚假、寻衅等。对于这一点，迄今的刑法理论几无争议。以此为前提，当今的刑法理论还普遍赞同这样一种观点，即记述的构成要件要素和规范的构成要件要素的区分是相对的，例如对于“人”这样普通的概念，在刑法解释论上，有时也需要法官的规范评价活动。

不同于记述性要素，规范性要素具有以下三个突出的特性：第一，非自然感官感觉性。如果站在纯自然主义的立场上，刑法中所描述的构成要件要素都应该是通过人的感官可以感觉得到的，具有可感知性。比如，关于杀人罪的规定，各国刑法一般规定，杀人的，处……由于对什么是人，社会大众普遍都能了解，即或他们欠缺科学上关于人的生命的开始与终止的一个精确的定义，也不妨碍他们对“人”的概念的认识。而很容易为人的感官所感知的概念是记述的构成要件要素。再如，刑法关于重婚罪的规定，常常使用“有配偶”而重婚这样的表述，由于社会大众对婚姻的熟知和高度参与性，对于什么是有配偶并不难了解，对于他们而言，写在刑法规范里的此类文字与社会具有贴近性，因而他们往往凭借法律中的文字就不难明了其含义。第二，价值评判的必须性。由于规范性要素的不易感知性，它需要法官进行一定的价值评价。对于记述的要素，是根据对事实的认识来判断的，如“货币”“人”“动物”；对于规范的要素，是根据法官的规范评价来把握的，如对于受贿罪中的“他人财物”，就不能仅凭对该财物外形的观察来判断是否为他人的财物，而必须要借助民法中有关所有权的规定作出判断；对于刑法中的“淫乱”行为，也不能仅凭观察，而必须根据社会上一般人的伦理观念来判断行为是否属于反伦理的或者不纯正的性交行为或者类似于性交的行为。第三，评价标准的相当性。对于规范的构成要件要素，法官应该如何补充判断，需要有一个相对稳定的标准。因为，本来这些要素的内容都是不易感知的、不好把握的，如果在补充判断时，没有一个相对稳定的标准，则会使法官对规范性要素的判断成为纯粹主观的、个人色彩浓厚的活动，这显然不利于人权保障。因此，一般而言，对规范性要素的补充都会遵循一定的标准，如麦兹格所说的法律的、社会的和文化的三个标准。如前述“他人财物”的判断标准就是法律标准，关于“淫乱”则是根据社会的和文化的标准予以判断的。

规范性要素的上述特征，决定了对于那些由规范性要素组成的构成要件符合性，需要专门予以特别的判断，即由法官从价值上裁判评价。

这使得规范性要素组成的构成要件不同于那些只由记述性要素组成的构成要件。为此，刑法理论不但承认了规范性构成要件要素，在分析构成要件的分类时，还专门将含有规范性要素的构成要件称为“规范的构成要件”，而将那些由记述性要素组成的构成要件称为“记述的构成要件”。规范的构成要件概念无疑是在古典的形式构成要件基础之上的重大发展，并且它也从另一个侧面宣告了构成要件具有实质的、价值的特点以及需要从实质上加以解释的必要。对于这一点，即使形式的犯罪论者大谷实也承认，在规范的构成要件之中，“必须实质性地判断是不是有值得处罚的行为的存在”[①]。因为规范性要素决定了对规范性要件符合性必须从实质上进行判断。

总之，对于规范性构成要件，仅有法官对构成要件事实的认识活动还不够，因为其要素成分——规范的构成要件要素是“必须经由司法者的价值判断，或唯有在规范逻辑的先决条件下，方能确定其内涵的构成要素。这种构成要件要素本身即属法概念或与价值有关的概念，亦可谓具有评价必要性的要素”[②]。所以，规范的构成要件当然是具有价值内涵和价值评价必要性的构成要件。

2. 主观构成要件（违法）要素的发展亦要求实质性地判断是否有值得处罚的行为

在菲舍尔、黑格勒、迈耶、麦兹格等学者提出主观的构成要件要素，并将这些要素视为“有助于解释违法根据的不法要素”即主观的违法要素之后，主观的构成要件（违法）要素就像规范性构成要件要素一样，不但得到了刑法理论的广泛赞同，并且直接影响了构成要件由形式化到实质化的发展变化。

在日本，佐伯千仞博士在其昭和八年（1933 年）与昭和十二年（1937 年）所写的论文中首先涉及主观的违法要素的问题，他不仅详细地探讨了德国学说的体系，而且还分析研究了日本刑法典中的主观违法

① ［日］大谷实著，黎宏译：《刑法总论》，102 页。
② 林山田：《刑法通论》，增订 9 版，上册，235～236 页。

要素。佐伯千仞赞同麦兹格将主观构成要件分为意图犯、倾向犯、表意犯的三分法，并且指出主观性违法要素，不仅包括意思，而且包括行为人的性格，因此，常习犯、职业犯等也应该与违法性有关系。[①] 这种观点虽然并不是关于主观性违法要素的一种结论，但是它至少喻示了一种理论方向，即主观性违法要素逐渐得到认可而且范围在不断扩大。此后，泷川幸辰博士在昭和十三年（1938 年）公开发表的《犯罪论序说》一文中明确指出，犯罪要素包括客观要素和主观要素，主观的违法要素包括行为人特定心理状态、目的、倾向等。“比方说，通货伪造罪中的‘行使的目的’、内乱罪中的‘紊乱国宪的目的’、诬告罪中的‘使人受刑事或惩戒处分的目的’等等，就是这种情况。”同时，泷川幸辰指出，主观的违法要素的作用在于，“决定同样的外部举止活动哪一个是有侵害性的，或是决定哪一个的侵害性是严重的”，而且，这些“主观的违法要素对外部的、事实上的、客观的举止活动的侵害性赋予了个性，因而它和客观要素一样，也属于违法类型的要素”[②]。虽然泷川幸辰在第二次世界大战后转向否定主观性违法要素的立场，但是，对于日本刑法学界现今所出现的结果无价值论的观点，可以说泷川幸辰博士是先驱。

日本的判例在某一方面比学说更进一步，即在理论上承认主观性违法要素的同时，实务中也呈现出一种非常彻底地运用此观点的倾向。如昭和十四年（1939 年）12 月 22 日的大审院判决（刑集 18 卷，565 页），该案案由为：明知某人出征在外，而以与其妻子性交为目的进入其住宅。该案因行为人具备非法性交的目的而被原判认定成立侵入住宅罪。辩护人泷川幸辰博士的申诉理由是：学说上的主观违法要素应仅限于刑法所明示或默示的要素。刑法没有表示的主观性违法要素不得认可在侵入住宅罪中，违法目的乃至动机并不是构成要件。原判决以性交目的这一刑法并未规定的主观性要素作为行为违法性判断的基准而认定成立侵入住宅罪，是一种处罚非罪行为的违法行为。对此主张，裁判所认

① 参见［日］大塚仁：《人格的刑法学の构想》，20 页。

② ［日］泷川幸辰著，王泰译：《犯罪论序说》，40～41 页，北京，法律出版社，2005。

为，行为违法性的判断不应只是纯客观的，还应考虑主观性违法要素，判定侵入住宅罪成立的理由即在于此；并指出，仅仅以主观性违法要素的行为目的乃至动机作为构成要件的犯罪，其主观性违法要素的存在与否是相对于构成要件是否充足而言的，而于以主观性违法要素作为构成要件的犯罪，该要素的存在与否仅仅是违法性问题，彼此不能混同。以此为由，裁判所驳回了申诉。该案判决不仅认可了主观性违法要素，并且超越学说的一般性观点，在并非目的犯的侵入住宅罪中运用了该理论，这一点很有意义。① 至于麦兹格提出的主观构成要件的三个类别，即目的犯、倾向犯和表意犯，在日本其后的刑法判例中基本上也得到了承认，诸如作为目的犯的伪造货币罪、作为表意犯的伪证罪、作为倾向犯的强制猥亵罪等，在有关判决中都得到了承认和运用。

在日本，不论是形式的犯罪论者还是实质的犯罪论者，他们都赞同主观构成要件要素的存在。形式的犯罪论者如大塚仁认为，行为人内心的、主观的一面是主观的构成要件要素。② 大谷实也承认主观的构成要件要素，并认为故意、过失属于一般的主观要素，目的犯中的目的、表现犯中的心理过程属于特殊的主观要素。③ 总之，那些有助于解释违法性根据并同时被视为具有主观性的构成要件要素逐渐得到认可，并成为第二次世界大战以后日本学界的通说。

在德国，在迈耶、麦兹格提出主观的构成要件要素概念之后，承认主观的构成要件要素也成为此后及当今德国刑法学界的共识。在麦兹格之后，真正将主观构成要件有力地定位于构成要件之中者，当推目的行为论者汉斯·韦尔策尔（Hans Welzel，1904—1977）。韦尔策尔认为：构成要件分为客观的构成要件和主观的构成要件。“客观的构成要件（objektive Tatbestand）是所有不法行为具体而现实的核心组成部分。”“任何犯罪行为的现实根据都是表露于外的犯罪意志的客观化，表露于

---

① 参见［日］大塚仁：《人格的刑法学の构想》，20页。
② 参见［日］大塚仁著，冯军译：《刑法概说（总论）》，3版，130页。
③ 参见［日］大谷实著，黎宏译：《刑法总论》，102页。

外的行为因此成为刑法教义上犯罪构造的基础。”[①] 而故意则是“目的行为的组成要素”，是“主观的构成要件（subjektive Tatbestand)”，它包含“认知（intellektuelles Element)”和“意欲（voluntatives Element)”两个方面，“知”是对行为的认识因素，“欲”是对行为发展的意愿决定因素，“这两个因素一起，构成了实现符合构成要件行为的故意，即构成要件故意（Tatbestandsvorsatz)”[②]。这样，韦尔策尔从目的行为论的角度强调主观支配要素，认为主观的心理态度如故意是构成要件行为的支配要素，也是一般的主观构成要件要素。自此之后，除故意之外，行为人的过失及意图等主观要素也逐渐从有责性中分离出来而成为构成要件要素，使得构成要件符合性的判断不再是纯粹客观性的行为事实的判断，还带有对主观内在心理的判断。当代德国的刑法学者亦赞同主观的构成要件。雅各布斯（Günter Jakobs）指出，主观的构成要件包括“故意和过失，以及其余的主观的违法要素”[③]。Roxin 更是概括性地指出：“在最初占统治地位的观点是，构成要件只有客观的要素，今天已成通说的看法则是，也有主观的构成要件，这包括故意以及可能包括其他的主观构成要件要素。”[④]

总之，与规范的构成要件要素一样，对于主观性构成要件要素包含在构成要件要素之中，几乎不存在什么异论。

在主观构成要件要素得到普遍认同的情况下，构成要件由原来的违法类型演变为违法有责类型，“违法是客观的、责任是主观的”观点也受到了冲击。本来，传统的观点认为：违法是客观的，违法要素只包括外界行为及其所引起的其他客观外在事项的因素，如行为对象，侵害法益、造成危险的程度，行为的手段、方法、行为的形态等；有责是主观的，责任要素包括对构成要件事实的认识或认识可能性，前者是故意，后者是过失，还包括给予行为人的决意以影响的一切情况，如目的、动

① Hans Welzel, Das Deutsche Strafrecht, 11. Aufl, 1969, S. 62f.
② Hans Welzel, Das Deutsche Strafrecht, 11. Aufl, 1969, S. 64.
③ Günter Jakobs, Strafrecht Allgemeiner Teil, 2. Aufl. 1993, S. 256.
④ Claus Roxin, Strafrecht Allgemeiner Teil, Band I, 4. Aufl. 2006, S. 309.

机、性格等。因此违法是外部的，有责则是行为人内部（内在）的。但是自从主观构成要件要素概念产生并得到发展之后，违法性和有责性的上述界限变得日益模糊，违法性和有责性相区别的传统立场受到了极大的动摇。之所以如此，乃是因为这些主观构成要件要素有助于解释行为的违法性。以德国刑法第211条为例，该条规定，谋杀罪是指“出于杀人嗜好，为满足性欲、贪欲或者其他卑劣的动机，恶意地或者残忍地或者用危害公众的方法，或意图实现或掩盖其他犯罪而杀人”的行为。该条中的“性欲、贪欲或者其他卑劣的动机”显然是被作为谋杀犯罪的动机予以规定的。按照传统的观点，这当然属于罪责要素。然而，行为人的杀人行为是一般的故意杀人罪（即德国刑法第212条规定之罪）还是谋杀罪，在脱离了行为人的内心是否存有卑劣的动机的情况下，是无法判断的。再如，德国刑法第246条、日本刑法第252条规定的侵占罪中，如果行为人并没有对没有所有权的受委托保管之物进行所有权的处分的意思，那么，侵占行为也不具有违法性。这样，由于主观构成要件要素诚如麦兹格所言“有助于解释违法根据”，违法是客观的外部的、有责是主观的内部的观点便演变为：并非所有的主观要素都属于有责性要素，它们也可能属于违法性要素；违法并非仅仅是客观、外在的，它也可能是主观、内在的。

本来，按照形式的犯罪论者的观点，对于构成要件的判断应该是“形式的、类型的”的判断，在此基础之上，再进行违法性和有责性的判断，而后两者的判断是“实质的、具体的、非类型性（个别）的判断”；在先对构成要件符合性进行形式的判断之后，再接着对行为是否违法、是否应予以归责等实质问题进行具体的价值判断。因此，提倡对构成要件从处罚的合理性和必要性进行实质判断的实质犯罪论当然反对“只要在查清是否符合构成要件之后，在违法性以及责任的阶段进行个别、具体的判断就够了”① 的观点，因为它的前提只能是一种脱离犯罪认定的实际情况的虚拟的层次清晰的三段论。主观构成要件要素的出现

① ［日］大谷实著，黎宏译：《刑法总论》，72、74页。

及发展使这一论断从根本上难以成立，因为其前提是：构成要件符合性、违法性和有责性三者之间是相互独立的、各自区别的三个不同阶层的判断体系；构成要件符合性的判断是纯粹事实的，与违法性和有责性并无关联；后两者才是事关是否不法、是否可归责的价值判断。而主观的构成要件要素概念表明，构成要件符合性、违法性和有责性的关系早已不再停留在相互独立的最初层面，而是发展到相互交织、相互渗透、难以厘清各自界限的一体化层面。一方面，构成要件符合性与违法性之间的关系并非简单化地相互独立。构成要件符合性主要是针对行为、行为对象、行为结果、行为与结果之间的因果关系等事实是否与刑法规范的要件相符合的判断。但是行为本身是包含着“意思”的，而“意思”描述的是行为人主观的心理状态，其与行为本身密不可分，要判断实际发生的某一行为是否是符合刑法规定的构成要件的行为，脱离行为人的故意、过失及其他不法意图等主观心理状态不可能得出正确结论。“盖‘意思’并非仅系行为者内心之外部的因果事象之单纯的‘映像’(Spiegelbild)，而系由于行为者之计划，积极的形成外部的事象之要素；‘行为’亦决非单纯的因果事象，而系由于内部的意思之‘外部的因果事象之操纵支配’，此盖由于‘意思’在思考上先有目标，并为达成此目标而选择必要的手段，且自此有计划地予以配置之故。因此，‘行为’乃系客观的要素与主观的要素在组织上之统一体，而在此统一上受违法之判断。”[①] 另一方面，构成要件符合性与有责性之间的关系也难以真正相互独立。正如西原春夫所举之例，对“甲使乙死亡”的事实，判断是否符合“杀人”的构成要件或者是否符合“过失致人死亡”的构成要件，有必要检讨行为人是否具有杀意。这样看来，“杀”的构成要件要素，一方面首先是客观的要素，另一方面也有主观的构成要件要素，易言之，实际上综合了主观、客观构成要件要素。[②] 因此，构成要件符合性的判断从一开始就不是纯粹事实性的，而是和责任要素关系

① 洪福增：《刑法理论之基础》，序言，3页。

② 参见［日］西原春夫：《刑法总论》，改订版，上卷，169～171页，东京，成文堂，1995。转引自马克昌：《比较刑法原理》，137页。

密切。

主观构成要件要素使违法性的判断对象不再仅仅限于客观的要素，而且同时包括行为人的主观方面；故意、过失、目的等在被认为是责任要素并被作为有责性的评价对象之前，也被认为是主观性违法要素而对其进行违法性的评价，对于主观构成要件要素的评价因此与行为的违法性评价和有责性判断都产生了密切联系。构成要件与违法性和有责性的关系由原来的独立性、相异性，变为当今的一体性、混合性。主观的构成要件要素（包括规范的构成要件要素）在大陆法系刑法理论中的大行其道向我们充分证明，当今大陆法系的犯罪论体系已绝不可能如形式的犯罪论者大谷实所说的“以处罚的合理性、必要性为基准的实质的判断，只要在查清是符合构成要件之后，在违法性以及责任的阶段进行个别、具体的判断就够了”。这决定了构成要件符合性的判断不可能与违法性和有责性的判断截然区分开来；不可能在进行实质的违法性、有责性判断之前，将构成要件符合性当作纯粹类型的、形式上的判断，反之，对构成要件符合性的判断必须从一开始就应从是否存在值得处罚的不法和有责的行为这一实质的角度进行。“主观的违法要素理论之确立，不特于判断行为是否符合于构成要件适当性及违法性极其重要，即于犯罪体系之论列，亦极具影响”[①]，而这种影响，在笔者看来，正是为倡导实质的犯罪论提供了有力的支持。

3. 构成要件是实质判断行为非价内容的规范评价类型

规范性要素和主观要素给犯罪评价模式带来的冲击则使构成要件的非价内容具体化、实证化，构成要件由形式的类型化形态发展为“实质判断行为非价内容的类型性规范”[②]。

构成要件是违法或违法有责行为的类型，这种类型并非空洞的，因为违法或有责本身就含有规范性意义。当进行构成要件该当性的判断时，构成要件中存在的规范性要素使得这一判断具有违法性判断的性

---

① 洪福增：《刑法理论之基础》，391页。

② 柯耀程：《变动中的刑法思想》，42页。

质，法官根据一定的价值补充适用规范性构成要件要素表明了事实评价与价值评价的不可分性。由于规范性“构成要件要素非纯粹之构成要件要素，而具有违法性要素之性质”，对于这样的构成要件要素的判断实际上已“不失为违法之评价”[①]。正如我国台湾地区学者柯耀程评价道：自从构成要件具有规范评价内涵的见解得到共识之后，构成要件与违法性间的关系和界限，就愈加模糊了，违法性的独立性也就渐渐消失了。以往刑法理论上将违法性区分为“形式的违法性”和“实质的违法性”的说法，一方面由于对于正当性事由的定位问题，另一方面由于构成要件的价值评价意义，渐渐为学理所摒弃。甚至于毛拉赫（Maurach）/齐普夫（Zipf）将行为的构成要件该当性视为形式违法性，而将行为的构成要件该当且欠缺正当性事由，视为实质的违法性。如此一来，构成要件即已取代违法性的地位。再加上构成要件的价值判断性质，更使得原本为违法性判断所独有的规范评价，渐渐移向构成要件之中，构成要件本身俨然成为不法构成要件，诚如赫兹贝格（Herzberg）将构成要件与违法性视为一个不能区分的整体。[②]

而构成要件中存在的主观性要素则使得构成要件该当性的判断不但具有违法判断之性质，而且具有责任判断的性质。目的犯中的目的，倾向犯中主观的倾向，表意犯中心理状态的表现等，都是为学者广为承认的主观的构成要件要素，这些主观性要素具有作为违法要素的机能已得到了普遍认可，而且，这些主观性要素使得有责性判断在构成要件符合性判断阶段就必须对行为人是否可因不法意图的内在心理予以归责，进行判断。主观构成要件要素理论不只是引起了构成要件本身的变动，“它同时也牵动整个犯罪行为判断架构的变化。最主要的应是行为主观要素如何从罪责中移转至构成要件之中，其提升至构成要件中的实质内容为何，而何种主观要素尚留在罪责的内涵之中”[③]。因为在传统的刑法理论中，故意、过失等心理态度均属于责任要素，而现在，必须面对

① 蔡墩铭：《中国刑法精义》，67 页。

② 参见柯耀程：《变动中的刑法思想》，30～31 页。

③ 柯耀程：《变动中的刑法思想》，35 页。

新的疑问：故意、过失等主观心理究竟在犯罪论体系中处于什么样的地位？责任要素究竟是指哪些要素？

对此，刑法理论上出现了新的单一论和双重论之分。单一论认为，故意、过失以及与此相关的行为人的内心态度，属于主观的构成要件要素而不是罪责要素；罪责要素只是指那些仅仅直接描述行为的责任内容的要素，即行为中被实现的行为人的法律意识即违法性意识和责任能力。[①] 日本学者木村龟二[②]、福田平[③]、西原春夫[④]以及德国学者雅各布斯[⑤]等持此种观点。双重论认为，故意、过失等主观心理具有两面性，它们既属于构成要件要素，也属于责任要素；在讨论犯罪成立之时，首先应以构成要件的故意、过失等主观心理来理解，其次再在本质上从责任的故意、过失等来理解。这样，故意和过失等主观要素成为跨越构成要件符合性和有责性两个阶层的要素。日本学者内田文昭、曾根威彦[⑥]、团藤重光[⑦]、大塚仁[⑧]、大谷实[⑨]、前田雅英[⑩]等持此种观点。

但是，双重论显然存在问题。因为有责性判断是以违法性判断为前提的，如果行为并未违法，就没有讨论有责性的必要；如果将故意、过失等主观要素视为不法构成要件的要素，那么，如果没有故意、过失等主观要素的存在，就说明行为本身并不违法，此时，也没有再讨论有责性的必要。所以，如果将故意、过失等主观要素既视为不法构成要件的要素，又视为责任要素，就只能在有故意、过失等主观要素的情况下，有责性的判断才可能进行，而此时，故意、过失等主观要素的存在已经

---

① 参见［德］耶赛克、魏根特：《德国刑法教科书》（总论），382～386、561～562页。

② 参见［日］木村龟二：《刑法总论》，138～139、297页以下，东京，有斐阁，1959。

③ 参见［日］福田平、大塚仁编，李乔等译：《日本刑法总论讲义》，67、74、120页，沈阳，辽宁人民出版社，1986。

④ 参见［日］西原春夫：《刑法总论》，改订版，上卷，130页。

⑤ Vgl. Günter Jakobs，Strafrecht Allgemeiner Teil，2. Aufl，1993，s. 255ff.

⑥ 参见［日］川端博著，余振华译：《刑法总论二十五讲》，53～54页，北京，中国政法大学出版社，2003。

⑦ 参见［日］团藤重光：《刑法纲要总论》，209页以下。

⑧ 参见［日］大塚仁著，冯军译：《刑法概说（总论）》，3版，122、382页以下。

⑨ 参见［日］大谷实著，黎宏译：《刑法总论》，96、252页。

⑩ 参见［日］前田雅英：《刑法总论讲义》，64～66、280、343页。

通过不法构成要件的符合性以及违法性判断得到了肯定。这说明，双重论导致两种结果：要么在无故意、过失等主观要素时根本不可能进行有责性判断；要么在有故意、过失等主观要素时，由于故意、过失等主观要素在不法构成要件符合性和违法性判断的阶段就已得出肯定结论，此时又不需要有责性的判断。因此，从三段论的体系上检讨，故意、过失等主观要素在有责性中根本不能被判断，其在有责性中的地位毫无实际作用，还会导致有责性的判断要么不可能进行，要么与故意、过失等主观要素脱钩。所以，双重论的学说将故意、过失等主观要素视为责任要素，不但在理论上毫无助益，还导致了三段论体系中有责性判断的虚置，使得犯罪成立的判断在体系上产生矛盾。此外，双重论还导致故意、过失等概念的混乱①，导致“行为的主观要素在定位上更加游移与混淆，更使得行为主观要素的整体性横遭分割”②。

由于双重论根本不可能在有责性阶段展开对故意、过失等主观要素的考察，因而，双重论实际上和单一论一样，都是在构成要件符合性阶段解决行为人是否有故意、过失或其他主观要素，进而确立行为是否符合某种犯罪的构成要件。因此，主观构成要件要素的产生实际上导致原来属于罪责要素的主观要素最终被提至构成要件阶段，这使得构成要件符合性的判断在具备了违法性要素的判断之外，还具有有责性的判断；犯罪论体系中的另一个实质评价——有责性中的部分内容，无可变更地成为构成要件符合性判断的一部分。这表明，对构成要件符合性的判断当然不能再像古典犯罪论体系之下将主观要素单独作为责任要素那样，只在有责性阶段进行是否归责的实质判断，而必须在三段论式的第一阶层——构成要件符合性阶段，就进行是否存在故意、过失等主观责任要素的价值判断。而双重论带来的行为主观要素的横遭分割以及犯罪论体系的混乱表明，要么重新建立与主观构成要件要素理论相一致的新的犯罪论体系，要么另辟蹊径，改变对犯罪论体系的诠释方法，即不再将构

① 参见［日］町野朔：《刑法总论讲义案》，2版，I，194页以下，东京，信山社，1995。

② 柯耀程：《变动中的刑法思想》，36页。

成要件理解为中性无色的不含有有责性价值内容的纯粹类型，而承认它是含有有责性实质价值判断的非纯粹类型。在笔者看来，后一种方案应该是与主观构成要件要素概念发展相适应的，因为“三阶段评价结构在判断构成要件该当性、违法性及有责性时，因其个别标准的定位相当清晰，评价阶段的认定较无问题”[①]，所以，建立新的犯罪论体系似无必要。而且，从主观构成要件要素导致构成要件符合性判断不可避免地带有有责性的实质判断的角度而言，其逻辑上的顺延应该是对犯罪论体系中的构成要件不仅仅从定型的类型的角度进行理解，还要从实质的角度去解释。因此，对犯罪构成要件从形式到实质的诠释方法的更替应该成为研究犯罪论体系的不二选择。

规范性要素的发现，使得原本属于违法性判断的评价问题，从违法性阶段跳至构成要件之中，并使得违法性的独立判断显得多余。基于此，当今德国学者 Roxin 所创立的目的理性的犯罪论体系甚至认为，“违法性不是刑法的体系阶层，而是整体法秩序的体系阶层，功能在于解决刑法与其他法域的冲突”[②]。这种观点正是建立在违法性判断已被构成要件符合性判断提前进行的前提之上，重新思考违法性在犯罪论体系中的地位所得出的极富创见性的结论。主观构成要件要素的发现，使得原本属于责任判断的评价问题，从有责性阶段也跳至构成要件之中，并连带地使罪责的内涵发生了变化。规范性要素和主观要素进入构成要件之中的事实表明，不进行违法性和有责性的判断，往往很难确定行为是否符合构成要件，实际上，违法、有责的价值判断并不是在确定了构成要件符合性之后才进行的，而是在它们的相互联系之中确定的。这样，“整个犯罪行为评价的模式经过这二次的结构性转变，使得构成要件在评价结构中的分量不断增加，已经从贝林认定的类型化规定，从形式意义转变为实质内涵，构成要件不再只是犯罪行为的类型化描述，而是实质判断行为非价内容的类型性规范，其不但揭露出犯罪类型的形

① 柯耀程：《变动中的刑法思想》，31页。

② 许玉秀：《主观与客观之间》，65页，台北，作者自版，1997。

态，更揭示行为类型的不法内涵。构成要件已经成为规范评价的类型化形态”[①]。之所以如此，是因为上述变化导致三段论式的犯罪论体系不再清晰明了，构成要件符合性与违法性和有责性难以区分，构成要件符合性与违法性和有责性之间由清晰的定位发展为不能区分的整体；原来的逻辑清晰、层次分明的犯罪评价结构演变为模糊不清、相互交织的一体化结构，且整个体系也已经不完整，甚至可以说名存实亡。构成要件符合性与违法性之间的紧密结合使得构成要件成为违法类型，并在学者们的推动下进一步发展为违法有责类型，这样，“构成要件已成为犯罪类型，而构成要件理论与犯罪论无异矣”[②]。构成要件符合性评价标准内容的改变，进“而牵动评价模式的改变，在诠释上，自然必须加以修正，不能再沿用传统的判断方式，而需另觅诠释方法”[③]。而构成要件符合性与违法性和有责性之间相互交织的紧密关系，决定了这种新的诠释方法必然是对犯罪的构成要件从是否值得处罚、是否违法且有责的实质的角度进行解释，简言之，不再将构成要件视为单纯的犯罪行为的类型，而应作为“实质判断行为非价内容的类型性规范”来对待和理解。

总之，规范性要素和主观要素的发现、发展、发达，导致大陆法系三段论式的犯罪论体系的第一个组成部分——构成要件，由形式的类型的判断过渡到了实质的价值的具体判断；构成要件的价值内涵通过这两类构成要件要素得到了体现。而且大陆法系国家中出现的“开放的构成要件”[④]的观点使得构成要件的评价性、规范性和价值判断的必需性等特点更加突出[⑤]，这一点在目前的刑法理论中已经得到了认同。这样，正如加拉斯（Gallas）所指出：“从古典的不作价值判断的构成要件概念到现代构成要件概念的价值判断性，这是必须迈出的一步。”“构成要

① 柯耀程：《变动中的刑法思想》，42页。
② 蔡墩铭：《中国刑法精义》，59页。
③ 柯耀程：《变动中的刑法思想》，30～31页。
④ Hans Welzel，Das deutsche Strafrecht，11. Aufl，1969，S. 54ff.
⑤ 参见刘艳红：《开放的犯罪构成要件理论研究》，38～56页。

件应该被视为犯罪类型可罚性内容的载体。”[①] 与这种实质的构成要件理论相一致，当然要建立起实质的犯罪论体系。

（二）背景二：我国刑法犯罪论体系

我国刑法中的犯罪构成要件本身就是实质判断行为非价内容的类型性规范。可以通过分析我国的犯罪论体系得出这一结论。

根据我国刑法理论的通说，我国刑法的犯罪论体系是以“犯罪构成”概念为核心建立的，而犯罪构成则是“我国刑法规定的，决定某一具体行为的社会危害性及其程度，而为该行为构成犯罪所必须具备的一切客观要件和主观要件的有机统一整体”。这些客观要件和主观要件统称为“犯罪构成要件”，它们一般包括“（1）犯罪客体，（2）犯罪客观方面，（3）犯罪主体，（4）犯罪主观方面等四个方面的要件”[②]。但是，很显然，我国刑法中的“犯罪构成要件”中的“构成要件”一词不同于大陆法系的构成要件概念。在大陆法系国家，构成要件符合性、违法性和有责性是犯罪成立的三个条件，其中，构成要件仅指规定于刑法分则中的构成各个不同犯罪行为的法律要件，即狭义的构成要件（Tatbestand im engeren Sinne）。[③] 行为符合构成要件还不能成立犯罪，必须在此基础上具备违法性和有责性，犯罪才能成立。但是，在这三个条件中，构成要件论是犯罪论的理论支柱，大陆法系国家的犯罪论是以构成要件为核心和前提建立起来的，是犯罪构成的各个要素如违法性和有责性密切联系的刑法理论体系。因此，在大陆法系国家刑法理论中，形式犯罪论和实质犯罪论的争端决定于构成要件论的形式与实质之争。在我国，犯罪构成要件不是单指犯罪的事实特征，而是涵盖了构成要件的事实、违法性与有责性三层内容的一切法律要件，它实际上是指犯罪的可罚要件（Strafbarkeitsvoraussetzungen）。犯罪客体、客观方面、主体、主观方面等四个方面的要件是这一犯罪构成的组成内容，行为符合构成

---

① Gallas，Zum gegenwärtigen Stand der Leher vom Verbrechen，in：ZStW 67（1955），S. 16f.

② 马克昌主编：《刑法学》，39、47 页，北京，高等教育出版社，2003。

③ Vgl. Beling，Die Lehre vom Verbrechen，1906，S. 23.

要件就能成立犯罪，因此，我国刑法中的犯罪构成要件与犯罪成立要件具有同等的含义，而犯罪论则是以犯罪客体、客观方面、主体、主观方面等四个方面的要件为中心建立起来的。

这样，虽然在我国刑法中也使用犯罪构成要件这一表达方式，但其在实质内容上与大陆法系的构成要件已经相去甚远，后者只隶属于犯罪成立的三要件，前者可以说类似于大陆法系的构成要件该当性与违法性和有责性的总体意义上的概念。因此，我国刑法中的犯罪构成要件与大陆法系中的构成要件的内涵、外延、地位和作用都有着较大差别。我国刑法中的犯罪构成要件既包含了犯罪成立所必需的客观事实类型，也包含了其他为成立犯罪所必需的一系列主、客观要件，包括大陆法系犯罪成立中的违法性与有责性要件。总之，它包括了一定法律效果发生的所有前提条件和所有法律要件。这样的犯罪构成要件当然是我们认定犯罪的总的规格和标准，行为符合构成要件，也就成立了犯罪。既然如此，根据我国刑法的犯罪论体系认定犯罪时，行为符合构成要件的，当然就可以认定犯罪成立，而无须进行其他层次的判断；是否具有违法性和有责性也直接通过是否符合构成要件的判断得出结论。一方面，我国刑法将有责性直接内化于主体要件和主观方面要件。对行为是否符合构成要件的分析当然包括对其是否符合主体与主观方面要件的分析，而这种分析，相当于大陆法系中有责性的价值分析。另一方面，我国刑法将违法性与犯罪构成的各要件融合在了一起，通过各个构成要件来体现违法性，当一行为具备了犯罪构成的全部要件时，实际发生的行为从总体上与蕴含或者说体现了违法性成分判断的各要件相符合，自然就产生了违法性判断的最后的、完整的答案，换言之，对各零散地表现了违法性要件的肯定判断积聚为最后的关于违法性的肯定判断。可见，违法性同样是我国刑法中犯罪的特征及判断犯罪的条件，只不过其条件性不是表现为构成要件之一的形式，而是以整体性的犯罪构成的方式表现出来的。显然，大陆法系犯罪论体系中的价值判断阶层之违法性和有责性，在我国刑法构成要件中是直接通过各个构成要件来体现的；它们本来就寓于犯罪构成的各要件之中，因此行为是否符合构成要件的判断当然是实质的价值判断。

从我国刑法的犯罪构成要件与刑法第13条规定的犯罪概念的关系分析，刑法总则第13条规定的社会危害性是对犯罪概念的规定，是对犯罪本质特征的揭示。而犯罪构成要件正是对犯罪本质特征的反映，是对犯罪概念的具体化，“作为犯罪的本质属性的相当严重程度的社会危害性在法律上是由犯罪构成的诸方面要件的有机统一所具体体现出来的，因此，相当程度的社会危害性既是犯罪概念的本质属性，也是犯罪构成的本质属性。这样，犯罪行为是具有相当严重程度的社会危害性的行为与犯罪行为是具备犯罪构成要件、符合犯罪构成的行为这二者间就统一起来了”[①]。正是构成要件反映了社会危害性这一犯罪本质特征，因此，在进行是否具有构成要件符合性的判断时，就应以社会危害性为根据，将社会危害性判断贯穿于构成要件符合性判断的始终。这要求在进行构成要件符合性的判断时，必须时时以行为是否具有达到应受刑罚处罚的严重程度的社会危害性为出发点，对犯罪构成要件进行解释，以将不值得刑罚处罚的行为排除在刑法犯罪圈之外。

我国刑法犯罪论体系的上述特征表明，我国刑法中的犯罪构成要件从一开始就不是纯粹形式的，它既蕴含了有责性的价值判断，又通过对各个构成要件是否符合的判断最终得出行为是否违法的结论；它是从整体上说明行为的社会危害性是否达到应当追究刑事责任的程度的各个要件的统一。可见，我国刑法犯罪论体系中广义的构成要件本身就是实质判断行为非价内容的规范评价的类型化形态。对此，不用像对待大陆法系的构成要件究竟是无价值性的形式类型还是有非价评价内涵的实质类型的问题那样进行争论。相应地，对于这一具有实质判断内容的行为评价规范当然应该进行实质的解释。

总之，无论是大陆法系的构成要件理论还是我国的构成要件理论，犯罪构成要件都是作为具有实质规范评价内容的类型形态而不是抽象类型而存在的，因此，从实质的角度理解刑法中的犯罪构成要件，并且以

① 马克昌主编：《犯罪通论》，76页。

之为内容建立实质的犯罪论体系，才是顺应构成要件的价值属性的合理的犯罪论体系。

二、现代刑法的目的论犯罪论体系之要求

（一）犯罪论体系：范畴论与目的论

刑法中的犯罪论体系，按照是据事物本身的论理而建立，还是据一定的目的而建立，可以分为范畴论的犯罪论体系和目的论的犯罪论体系。

范畴是种类在某一分类系统中特别定义的部分、类别，是在一个概念体系中标明区别或联系的观念、术语或事物的一般类别，简言之，是人类在认识事物过程中所形成的基本概念。在犯罪论中，行为是一个最重要而基本的刑法概念。以行为概念为出发点建立起来的犯罪论体系，在构成要件符合性的判断之前就将行为作为独立的要素、作为犯罪论的评价对象，这种将没有构成要件符合性外衣的裸的行为作为犯罪成立第一要件的犯罪论体系叫作“行为论”[①] 的犯罪论体系。行为论的犯罪论体系是以刑法中的一个基本范畴——行为为逻辑起点建立起来的，因此其又被称为范畴论的犯罪论体系。

行为概念在早期的犯罪论体系中就是特别的部分或类别。前文所述贝林的以行为为中心的古典形式的犯罪论体系就是这种范畴论的犯罪论体系。前述贝林的犯罪论表明，贝林认为行为（Handlung）是构成要件的上位概念（Oberbegriff），构成要件则是对与行为有关的要素即行为的内涵（Handlungsinhalte）如行为方法、行为客体、行为结果、因果关系等的概括。因此，以行为概念为中心的犯罪论体系中的行为，是未经任何价值评价的行为，也是最广义上的行为，它包含各种未经评价的行为事实，包含能够适用于一切犯罪形态的各种要素；行为本身与违法性和有责性等价值评判内容是相分离的。这种中性、无色的行为概念

① ［日］野村稔著，全理其、何力译：《刑法总论》，84 页。

不含价值判断在内，易言之，也就是没有限定行为是犯罪行为、违法行为还是适法行为的价值判断，因而，它能够成为分析刑法中各种犯罪行为的出发点。贝林所说的行为是构成要件的上位概念，正是指"'行为'所指者乃包容各种犯罪行为之'类'的概念"[①]，易言之，行为属于"类的表征"，而认为构成要件符合性、违法性及责任三个特征属于行为本身的属性，它们属于"种的表征"[②]。这种在刑法理论上"确立一内在于刑法的'行为概念'ein inner rechtlicher Begriff，乃过去多数之主张……确立一涵盖各种犯罪行为之'类'的概念或上位概念，以充作犯罪构成理论之出发点，在逻辑推理上有其重要价值"[③]。这种价值的体现就是，通过设定行为作为"类"的概念，并以之作为犯罪理论的出发点，而将构成要件符合性、违法性及有责性等作为行为的特性并以之作为"种"的概念，建立了早期古典的犯罪论体系。它在刑法理论上被称为系"基于事物本身之论理，以引出一定之体系"，即"范畴论的体系(Kategoriale Systematik)"，易言之，"以'行为'之论理概念为出发点所构成之犯罪论体系，即为范畴论的体系"[④]。行为范畴在早期犯罪论中作为出发点的重要地位，决定了早期的犯罪论体系往往将行为独立出来，置于构成要件符合性之前，作为犯罪的独立的条件，即犯罪论体系采取四元说，例如，李斯特认为犯罪论的体系由四个要件组成，分别是行为、构成要件符合性、违法性、有责性。[⑤] 在日本，牧野英一、泉二熊新、泷川幸辰等刑法学者均持此种观点。[⑥]

在范畴论的犯罪论体系之中，符合犯罪类型的规定的行为本身，并不具有任何法律的意义。李斯特在描述他所建构的范畴论的四元论体系时就明确指出："本章以一般之行为概念为出发点，尽可能地不涉及行

① 韩忠谟：《刑法原理》，68 页，北京，中国政法大学出版社，2002。

② 洪福增：《刑法理论之基础》，2 页；陈朴生：《刑法专题研究》，76 页，台北，三民书局，1988。

③ 韩忠谟：《刑法原理》，68 页。

④ 洪福增：《刑法理论之基础》，序言，1 页。

⑤ 参见［德］耶赛克、魏根特著，徐久生译：《德国刑法教科书》（总论），167～171 页。

⑥ 参见［日］大塚仁著，冯军译：《刑法概说（总论）》，3 版，105 页。

为的法律意义，因为犯罪是一个特定的相似的且作为相应评价的行为。因此，行为是一个类概念，其特征必须在种概念的不同特征得到确定之前确定之。"[①] 而"种概念"当然就是指构成要件符合性、违法性及有责性。因此，范畴论的犯罪论体系中，构成要件只是反映行为的犯罪类型，即单纯类型行为的描述。

根据范畴论体系，构成要件是单纯反映行为的犯罪类型，然而事实并非如此。构成要件本身代表了立法者对行为的否定评价，行为是否符合构成要件不仅仅具有抽象的类型意义，更具有评价的实质指导作用。但是如果将行为作为独立于犯罪构成的要素，就等于承认构成要件只是反映行为的单纯类型描述，而且，在构成要件符合性之前单独讨论行为是不具有刑法上的意义的，离开是否符合刑法中的构成要件来讨论行为要素，也不是犯罪论体系所应思考的问题。因为犯罪论体系所思考的行为，理当是实现刑法构成要件的行为；即便在违法性与有责性评价之前的行为不含有价值色彩，也必须由法定的构成要件所规定。因此，将行为作为犯罪成立的第一要件，使其处于犯罪论的开头，是不适当的。"行为作为处于犯罪概念的核心的东西，当然也应该作为犯罪成立要件来考虑。但是，在以罪刑法定主义为基本原则的今日刑法学上，犯罪必须是符合刑罚法规所规定的构成要件的东西，作为犯罪的构成要素，不应该把单纯的行为本身而应该以符合构成要件的行为作为问题对待。在犯罪论的基底上所思考的行为，如上所述，毕竟只不过是刑法判断的对象，不能成为关于犯罪成否的刑法判断的标准。"[②] 这样，由于刑法中的行为并非单纯的不具备任何法律意义的行为，犯罪的构成要件也不是抽象的犯罪类型，因而，范畴论的犯罪论体系自其产生之后就受到了一些学者的批判，刑法理论上目的论的犯罪论体系开始取代范畴论的犯罪论体系。

目的论的犯罪论体系，是指以构成要件概念为基础，从构成要件符

---

① ［德］李斯特著、施密特修订，徐久生译：《德国刑法教科书》（修订译本），176页。

② ［日］大塚仁著，冯军译：《刑法概说（总论）》，3版，108页。

合性出发，来确定犯罪论的体系。在目的论的犯罪论体系看来，犯罪论的体系是为了鉴别一种行为是否为犯罪的逻辑结构，离开构成要件这一法律定型，将行为当作纯自然意义上裸的行为来讨论是缺乏法律意义的。因此，犯罪论体系的起点不应该是作为刑法基本范畴的行为，而应该是构成要件。如果说刑法中规定的各种可罚行为形成了各种犯罪类型的话，那么，构成要件便是犯罪类型的逻辑上的先导。例如，刑法规定的杀人罪、盗窃罪、抢劫罪等形形色色的犯罪，便是将杀人或盗窃等行为宣布为犯罪，这样，“经过刑法选择之后，不属于任何犯罪类型的行为，即使是违法的，也不是犯罪”。但是，作为“杀人罪第一要素‘杀人’并不是一个抽象的概念，而是‘实现了杀人的行为’这一现实的事实。换句话说，它不是构成要件本身，而是符合构成要件的行为”[①]。这样，在统一的犯罪构成要件之下，便成立了一系列种类相同的犯罪类型，犯罪是符合构成要件的违法且有责的行为这一三段论式的犯罪论体系便自然地产生了。如果说在范畴论的体系之下产生了“犯罪是行为”这样的命题，那么，在以构成要件符合性为出发点的犯罪论体系之下，该命题便变为“某一行为符合犯罪的构成要件”时才可能是犯罪，构成要件“在犯罪理论的整个范围内，不能不说是一个具有广泛深入意义的起支配作用的基本概念”[②]。总之，依现代的犯罪论主要的见解，谓“犯罪”者，乃适合于构成要件之违法性而且有责之人的行为也。此见解着重于“行为必须适合于构成要件”，且以之为成立犯罪之重要要件，因而将行为之概念，内涵于构成要件之中，使之成为构成要件中之一部分要素，故犯罪论之体系，已由最初之范畴论的体系（即以行为概念为出发点之犯罪论体系），逐渐移向目的论的体系（即以构成要件概念为基础之犯罪论体系）。[③]

（二）现代刑法犯罪论体系——目的论体系之提倡

目的论的犯罪论体系并不否定行为在刑法中的核心地位和重要意

① ［日］泷川幸辰著，王泰译：《犯罪论序说》，3、5页。
② ［日］泷川幸辰著，王泰译：《犯罪论序说》，6页。
③ 参见洪福增：《刑法理论之基础》，3页。

义，所不同的是，此处之行为是作为构成要件的核心要素而不是独立于构成要件之前的要素而存在的；刑法中的行为是以构成要件为法律定型的，构成要件是行为的概念性规定，或者说构成要件符合性是行为的属性；只有从构成要件这一类型性的规定中一般地抽象地把握行为事实，才具刑法的意义。日本学者小野清一郎将以行为本身作为第一构成要件的犯罪论体系称为“裸的行为论”而加以批判，认为刑法理论上不能特别提出行为论的犯罪论体系，在犯罪论上，行为首先是作为构成要件该当性的行为。对此，小野清一郎博士指出：在刑法上所考虑的行为，是构成要件的行为，也是伦理性质的行为。刑法学不能不把这一点作为构成要件中的核心要素来提出问题。与构成要件无关的行为，在刑法学中也没有考虑的必要。历来的刑法学者，几乎都是从先于构成要件的（纯粹的）行为论出发的，并与忽视行为的伦理意义和法的意义的实证主义和自然主义思想相结合来构筑犯罪论，不仅如此，这种犯罪论在体系上也陷于失误。[①] 小野清一郎作为旧派的刑法学者在犯罪本质问题上主张的却是规范违反说，因此，小野清一郎是从他所主张的规范违反说的角度来论述行为论（范畴论）犯罪论体系之弊病的。虽然在犯罪本质问题上，现今的通说是法益侵害说而不是规范违反说，但是，在笔者看来，小野清一郎对行为论犯罪论体系的批判无疑是正确的，即只有从构成要件符合性的角度讨论刑法中的行为，才具有刑法上的意义，在体系上才不至于陷入失误。笔者认为，行为论体系的最大失误是，将不属于法律定型意义的构成要件的行为也纳入刑法犯罪论体系的视野，这既不恰当地扩大了刑法考察的行为的范围，也违背了罪刑法定原则，因为构成要件符合性，是指具体的、个别的行为事实与构成要件相符合，即“行为相当于各个构成要件之意，以之为犯罪一般概念之一要素，其思想，系以罪刑法定主义为根据，含有‘仅相当于形式化构成要件之行为，方成立犯罪’之原则”[②]。总之，“在尊重罪刑法定主义的观点上，在论及犯

① 参见［日］小野清一郎著，王泰译：《构成要件理论》，48页，北京，中国人民公安大学出版社，1991。

② 林山田：《刑法通论》，78页，台北，三民书局，1990。

罪成立与否时，应当从是否与刑罚法规所规定的构成要件相吻合这一问题出发”①。明白了这一点，就不难理解为什么以构成要件概念为基础、以构成要件符合性为出发点所建立的犯罪论体系被称为目的论的犯罪论体系了。这一犯罪论体系的建立是为了追求是否有利于人权保障这一罪刑法定主义最重要的旨意。“以‘构成要件适当性’为出发点，将‘行为’视为构成要件的要素，而不认为其独立地成为犯罪之要件，在以罪刑法定主义为原则之现行刑法下，犯罪因应仅限于具体的适合于刑罚法规之构成要件的行为，故对于犯罪之构成要素而言，不得将单纯的行为本身视为问题，而应将适合于构成要件之‘行为’视为问题。”② 而以构成要件及其符合性为出发点构建的犯罪论体系，“乃基于在罪刑法定主义支配下之刑法，犯罪首先必须适合于刑罚法规所规定之构成要件的原则，并非漠视行为所具有的机能之重要性。盖认刑法各本条所指之行为，非普通之行为，而系构成要件之行为，故主张‘行为’应在构成要件内容上予以把握，在构成要件之先论述‘行为’，即无意义。换言之，第一种立场认为犯罪论之体系，应自‘构成要件适当性’出发，在构成要件论以前论述独立的行为论，乃属错误。至作为犯及不作为犯以及因果关系等问题，应在构成要件内容之内予以理解，如在行为论上予以讨论，即不适当”③。在此限度上，目的论的犯罪论体系无疑是正确的。通过在法律上确立一件刑法中的行为的外衣——构成要件，并且要求只有符合了构成要件的行为才能成立犯罪，从而杜绝了裸的行为概念在刑法中出现；并通过构成要件符合性的判断明确并限定进入刑法中讨论的行为的范围，增加行为的可预测性和刑法的安定性，从而有利于实现刑法人权保障的机能。可以说，通说三段论式的犯罪论体系正是以此为目的建立起来的，因此，这样一种犯罪论体系被形象地称为目的论的犯罪论体系，即如前述洪福增所概括：它是基于一定的目的观而赋予事物一定秩序的体系。

① ［日］大塚仁：《人格的刑法学の构想》，16 页。

②③ 洪福增：《刑法理论之基础》，10 页。

对于目的论的犯罪论体系所具有的有利于实现罪刑法定主义的人权保障机能之特性，日本学者小暮得雄也曾作过深入论述。他指出，该体系不仅与刑法的原则或作用密切相关，而且充分体现了刑法的基本原理。自不待言，贯穿全部刑事法领域的基本理念为谦抑法理，而支撑该法理的刑法理念则为罪刑法定主义、法益保全主义、责任主义等原则。从这些原则既可演绎出刑法所具有的自由保障机能、法益的保护机能及规制国民行动的机能，亦可将犯罪论的体系确定为构成要件符合性、违法性和有责性这三个要件，进而言之，依罪刑法定主义来实现刑法的保障机能，即通过限制恣意动用刑罚权来保障国民的自由。为了实现这一保障机能，再论及犯罪成立与否时，其与作为犯罪轮廓的构成要件符合性有着密切的关系。同样，立足于法益保全且以法益侵害为实质的违法性与刑法的保护机能亦密切相关。而有责性与责任主义及规制机能密切相关。由此可以说犯罪论的三元体系充分反映了刑法的基本原则及刑法的机能。[①] 正是目的论体系所具有的上述优势，使得其自产生之日起便成为大陆法系刑法中占据主流地位并至今长盛不衰的犯罪论体系。这也是本书提倡以构成要件概念为出发点建立目的论犯罪论体系的理由。在我国刑法犯罪论体系中，构成要件当然是犯罪论体系的核心。所不同的是，我国刑法中的构成要件统合了大陆法系犯罪论体系中的违法性和有责性，把后两者紧密地融合在犯罪构成各要件之中。所以，我国刑法的犯罪论体系同样是目的论的犯罪论体系。

（三）实质的犯罪论体系——目的论体系之要求

犯罪是符合构成要件的、违法的且有责的行为，严格依照这一目的论犯罪论体系，对于犯罪的判断应该是“以抽象的、一般的而且定型的构成要件符合性的判断为前提，对肯定了构成要件符合性的行为，再进行具体的、个别的而且非定型的违法性及责任的判断”[②]。所以，在以

① 参见李海东主编：《日本刑事法学者》（下），228～229页，北京，法律出版社；东京，成文堂，1999。

② ［日］大塚仁著，冯军译：《刑法概说（总论）》，3版，108页。

往的刑法理论上，才产生了诸如构成要件的判断是抽象的、定型的，违法和有责的判断是具体的、个别的，构成要件符合性的判断是纯事实的，违法和有责的判断是价值的；构成要件符合性是外部的、形式的问题，违法性是外部的、实质的问题，有责性是内部的、实质的问题，或者违法是客观的、责任是主观的，等等。[①] 这些提法实际上表明，一方面，刑法理论通说承认目的论的犯罪论体系；另一方面，以往理论通说对构成要件的理解和解释是形式的，而不是实质的。

但是，如前所述，由于规范性构成要件要素和主观的违法要素的发现，构成要件符合性的判断不再是纯事实的，它也含有价值性的成分；它不再是抽象的定型，也含有具体的个别的判断。因此，构成要件符合性的判断由以往与违法性和有责性之间层层递进式的关系，演变为重叠的、相互交织的错综复杂的关系。在构成要件符合性的判断中，就已经融入了违法性或有责性的判断，对构成要件违法性的判断不再是纯粹地从法益侵害的立场客观的、外部的讨论，它也包括对主观违法要素的判断，易言之，兼有主观的、内在的成分；责任的判断除了根据行为人主观的个人的责任能力、故意或过失之外，还要考虑客观的法益侵害的结果。因此，构成要件的学说才逐渐发展为后来的违法类型说、有责类型说或者违法有责类型说。在当今的刑法理论上，尽管学者们在构成要件是不是责任类型的问题上尚有一定的争议，但是在理论上构成要件是违法类型已基本成为通说。违法类型的构成要件认为行为被规定在刑法中本身就表明这些行为是危害社会的，是受立法者谴责的；为这些行为设计的构成要件从一开始就不是中性无色的无价值判断之物，而是征表了违法性，是违法性的类型。因此，行为符合构成要件，原则上就成为违法性的根据。加之构成要件作为责任类型的发展，把构成要件看作是违法类型乃至责任类型，最终形成当今的“犯罪类型”。关于这一点，前文有详尽论述，故此不再赘述。

犯罪是符合构成要件的违法且有责的行为这一成为通说的犯罪论体

① 参见［日］团藤重光：《刑法纲要总论》，96～101页。

系，以及构成要件是违法类型的通说观点，要求建立一种实质的目的论的犯罪论体系。这种犯罪论体系当然不是以行为作为独立于构成要件之前的要素为出发点；而是以犯罪是对法益的侵害或威胁，刑法的目的是保护法益，因而刑法只惩罚那些侵害或者威胁法益且达到应该受刑罚处罚的程度的行为为出发点，因此，只有从处罚的必要性和合理性这一实质的角度来理解犯罪论体系并以之为根据解释刑法中的构成要件，才能真正实现刑法的法益保护目的。这种从处罚的必要性和合理性的实质角度出发把握的目的论犯罪论体系，即为笔者所说的实质的目的论的犯罪论体系，它不同于以往单纯将构成要件作为形式意义的、以外部的角度把握的形式的目的论的犯罪论体系，因为它主张对构成要件作兼有客观和主观的、外部和内部的实质的解释。大谷实认为，为了确保处罚的合理性和必要性，犯罪论也必须是目的论的体系，但是，为了防止将刑法当作滥用权力的正当借口，他本人仍然主张从形式的角度理解构成要件，提倡形式的犯罪论体系。[①] 但是，由于构成要件理论本身的发展、构成要件与违法性和有责性之间关系的变化，用这种纯粹的形式的判断方法对构成要件符合性进行判断是不可能的，实质的判断从一开始就糅合在形式的判断之中并发挥作用。其实，强调从可罚性的实质角度判断行为成立犯罪与否并不是抛弃构成要件定型意义的形式判断，而是主张：抽象的形式的判断自身很难解决行为是否符合构成要件的问题，它从一开始就不可避免地要结合处罚的必要性和合理性进行实质考虑。实质的犯罪论并不是置形式的判断于不顾而单纯从可罚性的实质意义上解决犯罪认识的问题，它实际上是结合了形式与实质双重判断的理论体系；之所以将其冠以“实质”的犯罪论之名，而不称为“混合”或“综合”的犯罪论，是因为形式的犯罪论纯粹从类型化、形式化的意义上认识犯罪的成立问题，它不含有任何实质性的价值考量。与之相对，坚守形式判断为必要条件但以实质可罚性判断为充分条件的犯罪论，由于在以往形式犯罪论之外加入了实质的考虑，故被称为实质的犯罪论，以更好地与

① 参见［日］大谷实著，黎宏译：《刑法总论》，74页。

形式的犯罪论体系相对应。更主要的是，在现代法治国家，在罪刑法定已成为各国宪法原则与刑法基本原则的情况之下，根本不存在脱离刑法规范构成要件的规定而纯粹基于所谓的处罚必要性与合理性的考虑擅自定罪量刑的做法，换言之，根本就不存在像纯粹形式的犯罪论那样纯粹实质的犯罪论，现代刑法理论所言的实质犯罪论，都是指在对行为成立犯罪与否的形式的判断中要考虑其实质上是否值得处罚的犯罪论。

我国的犯罪论体系从一开始可以说就是一种以构成要件为核心建立起来的体系，构成要件的满足就是犯罪的成立，因此，在我国刑法犯罪论体系中并不存在范畴论的犯罪论体系。因此，我国犯罪论体系面临的问题，主要是解决这种目的论的犯罪论体系为什么应是实质的。

联系刑法的目的—法益保护分析，目的论的犯罪论体系应该是实质的。

法律的真正缔造者是利益，利益是法的目的。利益不是一个事实性的概念，而是一个价值性的概念。这决定了法学从本质上说就是一门与规范（价值评价）打交道的科学，或者说是“一门特殊的以解决法律价值判断问题为目的的‘修辞学’”①，其特殊性就在于它主要研究规范性目的的实现，换言之它主要研究目的性问题。而刑法的目的就是保护人们在生活中形成的各种利益；刑法学从本质上来说就是在实质上判断行为是否侵犯或威胁法益的科学；刑法中所谓的犯罪，其实就是对法益的侵害。如果没有确定的法益概念，刑事立法者便无法胜任民主理性时代的立法任务，因此立法者总是选择那些“在立法者眼中具有价值的法共同体的健全的生活条件”予以保护②，这些具有价值的法共同体的健全的生活条件更具体地说就是“法秩序的主要权益”，它们就是“受法律保护的利益”③，即法益。通过内容固定的法益概念，法益还在刑事司

① ［德］伯恩·魏德士著，丁小春、吴越译：《法理学》，97页，北京，法律出版社，2003。

② Karl Binding，Handbuch das Strafrecht，Band I，1885，S. 353ff.

③ Listz，Rechtsgut und Handlungsbegriff im Bindingschen Handbuche，in：ZStW 6（1886），S. 663；Listz，Der Begriff des Rechtsgutes im Strafrecht und in der Encyclopädie der Rechtswissenschaft. in：ZStW 6（1888），S. 134ff.

法中发挥实践作用。在以法益保护为目的的刑法体系之下，法益概念是刑法解释的基础概念，而这种解释的主要对象是刑法中的构成要件，所以“法益是被承认的构成要件结构和解释的基础”①。例如，对行为是否符合构成要件，要考虑被保护的法益是否受到侵害，这意味着对构成要件的客观和主观特征的理解都要以此为中心。以非法拘禁罪为例，该罪保护的法益是公民的人身自由，如果甲对乙进行非法拘禁，但是拘禁时间短暂，比如只有十几分钟，还不足以对乙的人身自由法益造成侵害，则甲的行为就不符合刑法关于非法拘禁罪构成要件的规定，该行为就不属于犯罪行为，因而不能对之予以刑罚处罚。再如侵占罪，刑法处罚该罪的根据是行为人将合法占有变为非法所有，因此，在主观构成要件方面，行为人必须具有非法占有的目的，如果没有该目的，即使客观上占有了他人的财物，也不能构成该罪。通过法益对构成要件解释的机能，司法实践中对具体犯罪的认定以法益保护目的为指导思想，可以避免认定的恣意性，也有助于法治国人权保障机能之实现。

刑法的法益保护目的决定了犯罪论体系应该是目的论体系。刑法的目的决定着刑法的理论、制度如何构建。既然刑法的目的是保护法益，刑法犯罪论体系的建立就应该有助于该目的之实现，因此，建立目的论的犯罪论体系也是刑法法益保护目的的必然要求。“法的功能在于通过法律规范实现目的与价值。可见，在法学中，目的论必定在法学中处于中心位置。不过，由于当今强调将形式逻辑（formale Logik）的成果运用于法学，法的目的论的应有地位有时被掩盖了。诚然，法学家必须‘正确地’，也即前后不矛盾地（‘逻辑地’）地思维，为此，只要掌握逻辑学的基本原则就足够了。在更多的时候，对法学家而言，重要的则不是逻辑思维，而是进行目的理性（zweckrational）思维。法学家面临的多数问题涉及解决方法的合理性、实质公正性或者合目的性，因此不能简单地用‘对’或‘错’来评价。”② 在范畴论的犯罪论体系之中，行

① ［德］耶赛克、魏根特著，徐久生译：《德国刑法教科书》（总论），315 页。

② ［德］伯恩·魏德士著，丁小春、吴越译：《法理学》，134 页。

为作为犯罪论体系的起点，其本身并不是导源于法益概念而形成的，对行为的考察更多的是从事实的角度、从小野清一郎所批判的“实证主义和自然主义”思想的角度、从逻辑的角度进行的，因此，以之为出发点建立的范畴论体系与刑法法益保护目的相去甚远，当然不利于法益保护目的之实现。目的论的犯罪论体系是以构成要件为出发点建立的，而“构成要件形成的出发点和指导思想是法益”①，易言之，构成要件又是以法益概念为出发点的，因此就意味着，目的论的犯罪论体系实际上是以法益概念为出发点的。目的论的犯罪论体系重视的是行为是否符合构成要件的判断，而这一判断中蕴含的又不仅仅是从字面上、形式上解释是否符合构成要件，而是从实质上判断是否侵害或者威胁法益，是否具有处以刑罚的必要性和合理性，以便实现刑法的法益保护目的。总之，以法益概念为出发点建立的目的论的犯罪论体系，所要考虑的当然是如何发挥犯罪论体系的法益保护机能，所以，目的论的犯罪论体系当然是有助于刑法法益保护目的之实现的。

刑法法益保护目的中的法益，并非一个空洞的法律概念，而是一个意在限定刑罚处罚范围的、具有合理、现实内容的概念，这决定了目的论的犯罪论体系又必须是实质的。法益是“每一部刑法法则的意义和目的”②，因此可以说，整个刑法就是一部“法益保护法”③，这意味着，刑法中犯罪的确定必须以法益保护为前提。在认定一种行为是否符合刑法中的构成要件时，必须以该种行为是否侵害或威胁刑法保护的法益为标准；如果法益并未受到侵害，则不能认定行为符合刑法中的构成要件，当然也不能对之处以刑罚。而所谓保护法益未受到侵害，意味着刑法认为对某种法益的保护并无必要，既然“没有‘法益保护的必要’，当然也就没有‘刑罚必要性’（Strafbedürfnis）”④。显然，行为是否具

① ［德］耶赛克、魏根特著，徐久生译：《德国刑法教科书》（总论），314 页。

② Honig，Die Einwilligung des Verletzten，1919，S. 94；Günter Jakobs，Strafrecht Allgemeiner Teil，2. Aufl，1993，S. 40.

③ Otto，Rechtsgutsbegriff und Deliktstatbestand，in：Müller-Dietz，Heinz（Hrsg. ），Strafrechtsdogmatik und Kriminalpolitik，1971，S. 1.

④ 陈志龙：《法益与刑事立法》，30 页，台北，高尚印刷有限公司，1992。

有刑罚处罚的必要性、是否构成犯罪，取决于有无法益受侵害或者威胁这个前提条件。因此，刑法中的法益具有界定刑法规范的内容、意义和界限的作用，在“对可罚性的界限发生争议的情况下，法益概念……可以将刑法限制在对危害社会的行为的处罚上”。因此，刑法中的法益就不能简单地与刑法法规中的各种具体的法律概念相等同，“而是必须包含独立的在刑罚规范之前的合理的现实内容”①，否则，法益概念就不能够完成其作为界定刑法规范的内容、意义和界限的标准的任务。这样，法益在刑法解释的过程中成为最为重要的指导概念，成为刑法保护这一“目的思想的简略”，是“目的思想的最简洁的形式”②。

总之，法益在刑法构成要件中的解释作用就在于，确定某一行为是否侵害了刑法所保护的法益，是否达到应受刑罚处罚的程度，易言之，法益概念是“确定刑法的处罚范围的价值判断标准”③。而法益概念又是构成要件的中心内容，因此，在解释刑法中的构成要件时，当然不能仅仅在形式的、定型的意义上进行。塞尔修斯说，“法的解释不是拘泥于文字，而是要实现其意义和目的”④。以德国刑法第224条为例，该条规定了“危险伤害罪”，其中“使用武器或其他危险工具”是危险伤害的手段之一。但是，如何界定这里的“武器”则必须联系该条保护的法益来理解：立法者规定该罪的目的在于保护公民的人身法益不受危险工具的伤害，因此，虽然第224条并没有明确规定“武器或其他危险工具”的内涵和外延，但是联系该罪保护人身法益的目的，“凡是客观上容易造成明显伤害的都是武器或者危险工具，例如，狠踢他人的鞋、作为饮料的盐酸、被挑唆的狗、行驶中的机动车、衣架或虽然闭合但用作打击工具的刀子”⑤，因为这些工具都会造成对他人人身法益的侵害，

① ［德］耶赛克、魏根特著，徐久生译：《德国刑法教科书》（总论），315～316页。

② Grünhut，Methodische Grundlagen der heutigen Strafrechtswissenschaft，in：August Hegler（Hrsg.）Festgabe für Reinhard von Frank zum 70. Geburtstag，Band I，1930，S. 1ff；Schwinge，Teleologische Begriffsbildung im Strafrecht，1930，S. 27.

③ 林山田：《刑法特论》（上册），4页，台北，三民书局，1978。

④ 转引自［德］伯恩·魏德士著，丁小春、吴越译：《法理学》，287页。

⑤ ［德］伯恩·魏德士著，丁小春、吴越译：《法理学》，82页。

此外，再联系伤害的程度来确定是否构成危险伤害罪。虽然这样的解释和人们日常中所认为的武器等的概念并不是十分一致，但是，“一般说来：任何能被解释和需要解释的法律概念都不再是日常用语意义上的概念，因此不能按照日常的理解来解释这些概念，而必须根据法律确定的保护目的进行解释。这种‘规范性的’解释可能会明显地背离日常用语的词语意思”[①]。再如，日本刑法第 176 条规定的强制猥亵罪，要判断某种行为是否符合该条规定的“以暴行或者胁迫手段对十三岁以上的男女实行猥亵行为”，就需要考虑行为人主观上是否有猥亵倾向，即只有在存在满足性的冲动的倾向的场合，才能认定某种行为是猥亵。而医生给病人看病的行为如果不是出于满足性的冲动的倾向的，即使与病人有过于亲密的接触，也不能认定为该罪；同理，如果行为人虽然有类似于猥亵的行为，但其内心是出于报复等其他目的而不是出于猥亵倾向，也不构成该罪。例如，日本曾在最判昭四十五年（1970 年）1 月 29 日刑集 24 卷 1 号第 1 页，对于以报复等为目的而将妇女全裸并予以摄影的事件中判决指出：“根据刑法 176 条前段所谓强制猥亵罪的成立条件是，要求该行为是基于为了刺激犯人的性欲以使其兴奋或满足这种性的意图而为的；虽然有胁迫该妇女裸身并摄影的行为，但是这是为了报复的目的，或者为了侮辱和虐待的目的，是否构成强奸罪等他罪可以另当别论，但不构成强制猥亵罪。”[②] 显然，在该罪中，没有猥亵的内心倾向被认为使法益的受侵害性显著低下，从而不被认定为该罪。

三、刑法规范在适用中是先行的裁判规范

刑法规范究竟是防止国家刑罚权行使的恣意性、保护民众的自由人权的行为规范，还是需要通过法官的裁量适用，将其认为有处罚必要性的行为当作符合构成要件的行为，以将构成要件的作用限定在保护国民合法利益即法益的范围内的裁判规范？刑法规范作为行为规范和作为裁

① ［德］伯恩·魏德士著，丁小春、吴越译：《法理学》，95 页。

② ［日］野村稔著，全理其、何力译：《刑法总论》，110 页。

判规范之间的关系如何？这些问题决定着对犯罪论体系究竟是采取形式的犯罪论还是实质的犯罪论。

刑法中的构成要件固然是作为犯罪行为的定型而存在的，并且这一定型的意义在于向民众宣告何种行为是犯罪、何种行为不是，因而，刑法规范是行为规范，但是，“构成要件的内容作为社会心理上的‘定型’，对其把握，历来有抽象的倾向，因此，其内容不一定明确，对这一点应当进行反省”①。如何反省？根据刑法的法益保护目的，只有侵害或者威胁了法益的具有处罚必要性的行为才能被认定为符合刑法中的构成要件，而法益又是和规范紧密相联的两个概念。通过刑事立法“既确定了国家权力的界限，又规定了国家意志得以实现的范围，比如要求其做什么，不做什么。它确保自由、自愿，禁止专断；它将生活关系上升为法律关系，将生活利益上升为法益；它通过将权利和义务与一定的先决条件相互联系，而使生活关系变为法律关系。作为法益保护的法制，对什么是法律允许的，什么是法律禁止的，在特定条件下可以做什么或不可以做什么均作出了规定。保障生活利益的法律保护叫规范保护(Normenschutz)。‘法益’和‘规范’是法律的两个基本概念”②。因此，对犯罪论体系形式化或实质化的问题，应该从刑法规范究竟是行为规范还是裁判规范的角度进行反省。

笔者以为，刑法规范既是行为规范，又是裁判规范，二者针对不同的对象而言：前者针对社会上一般人，后者针对裁判者或者说法官；它们是所有刑法规范的共存规范形态，并无主次先后之分。因此，大谷实所说的刑法规范在成为裁判规范以前是行为规范，以及前田雅英认为刑法规范与其说是行为规范还不如说是裁判规范的观点均有失偏颇。但是，从形式上还是从实质上把握刑法犯罪构成要件的问题，是针对司法适用而言的，而从这个角度来说，刑法规范针对裁判者所具有的裁判规范的性质才是具有决定意义的，它要求从实质上把握和理解犯罪构成要

① ［日］大谷实著，黎宏译：《刑法总论》，73页。

② ［德］耶赛克、魏根特著，徐久生译：《德国刑法教科书》（总论），4～5页。

件，即建立实质的犯罪论。

（一）静/动态双层面刑法规范的不同性质

刑法规范具有规制民众行为的机能：“一个完整或独立的法律规范，由构成要件、法律效果，亦即把法律效果归入构成要件（效力规定）所组成。法律规范并非在讲是什么或不是什么的叙述文句（例如杀人者已被处罚或不被处罚），而是在讲应该是什么或不应该是什么的效力规定或评价规范（例如杀人者应被处罚）。”[①] 刑法规范也有裁判规范的性质：“法授权国家机关评价国民的行动，并对其中违反规范者科以制裁。”[②] 因而，刑法规范既是普遍的命令，又是裁判国民的行为是否构成犯罪并予以刑罚处罚的裁判规范。

由于行为规范和裁判规范是针对不同对象所作的规范形态区分，因而，在一般意义上，二者之间并无主次先后之分。如果要进行这样的划分，只有结合刑法规范的功能亦即刑法规范的作用才是可能的。在静态上，即在使一般人了解法益价值的层面上，刑法规范当然首先是行为规范；在动态上，即在将刑法规范运用于犯罪的认定与刑事责任追究的层面上，刑法规范当然首先是裁判规范。

首先，在静态上，即在使一般人了解法益价值的层面上，刑法规范当然是行为规范。刑法规范的目的是使社会上的一般人了解法益的价值，即了解刑法允许人们做什么，禁止人们实施哪些侵害法益的行为。这种功能是刑法规范自立法者将其制定出来之后便具备的，是刑法规范本身属性的体现，也是在司法人员适用刑法规范之前就已存在的。从这个层面来说，刑法规范首先是行为规范而不是裁判规范。

作为社会规范中的重要种类，法律规范是规制人们行为的重要准则。法律规范通常由假定和处理构成，假定阐明的是条件部分，亦即适用该规范的行为内容；处理表达的是违反假定条件的法律后果。刑法规范的假定部分就是犯罪的构成要件，处理部分则是刑事制裁，因此，刑

---

① ［德］考夫曼著，刘幸义等译：《法律哲学》，153 页。

② ［日］小野清一郎著，王泰译：《构成要件理论》，17 页。

法规范以一定的作为或不作为为条件，并赋予其一定的法律效果。把哪些作为或不作为规定为刑法中的犯罪，正是刑法规范所首先关心的行为类型问题。前述古典法治国和早期罪刑法定主义的意义，正是为了告知国民哪些行为是可罚的，哪些行为是刑法所允许的，从而使国民能够自由地选择为或不为一定行为。而这种作用，恰恰是刑法规范作为行为规范的特征。因此，日本学者竹子直平才会说，“对于一般国民来说，刑法就是行为法”[①]。这样，对于一般国民来说，刑法规范将各种犯罪行为予以类型化、规定为刑法中的构成要件，明确指明了禁止或者命令人们为或不为一定行为的界限，为人们的行为确立了“行动指南”。此时，刑法规范就是以制裁为后盾的命令或义务，即它是行为规范。通过刑法规范所设定的禁止或者命令一般人为或不为一定行为的义务，社会上的一般人可以了解不应该做哪些侵害法益的行为而应该做什么；对于违反规范的人，则规定了一定的法律后果。

刑法规范作为行为规范的特性与刑法的适用无关。某个具体的刑法规范无论是否会适用于具体个案，该规范都具有行为规范的性质。这是因为刑法规范所具有的“规范国民行动的机能……是刑法的本质性的目的”[②]，这种本质性日的的特性决定了刑法规范作为行为规范的性质是一种静态层面上的，即由刑法规范本身所昭示，而不是在适用的过程中才显现。

其次，在动态上，即在将刑法规范运用于犯罪的认定与刑事责任追究的层面上，刑法规范首先是裁判规范。

刑法通常采用“为某种行为者，处以某种刑罚”的假设判断，不但其所预定的行为是假设而抽象的存在，其所预定的刑罚也属于假定，只有在所预定的行为发生时，才能适用其所预定的刑罚。因此，刑法规范作为裁判规范的性质，只是在司法者裁定某种行为是否构成犯罪时才体现出来。这也是学者们在论述刑法规范是裁判规范的观点时，为什么总

---

① 转引自黎宏：《不作为犯研究》，94页，武汉，武汉大学出版社，1999。

② ［日］小野清一郎著，王泰译：《构成要件理论》，17页。

是将之与刑法的适用联系起来的原因。比如，我国台湾地区学者高仰止说："刑罚给予假设规范，以一定的行为为犯罪，对犯罪者科以一定刑罚，即以刑罚否定犯罪行为之规范价值，换言之，即以刑法之假设规范，为价值判断之基准，而评定犯罪行为为无法律价值，亦即为违法行为。盖遇有违法行为发生时，在科刑之前，必须经过一番评价，乃以刑法规定价值判断之基准，对行为予以评价，以判断其是否成立犯罪，故为评价规范。其对于裁判官即法官而言，假设规范与评价规范乃为其评价之基准，则刑法亦应为裁判规范也。"① 刑法规范固然是明确禁止或命令人们为或不为一定行为的行为规范，但是，不能忽略的是，禁止或命令"并不是最初的形式；在立法者禁止或命令之前，其必须先对应为或不应为之行为作出评价"②。任何行为规范在经由立法者制定出台之前，实际已蕴含了立法者的价值评价，当这种立法评价借助成文的刑法规范形式表现出来之后，如果再有价值评价活动，则只能在刑法规范运用于司法实践过程中由裁判者进行，此时，刑法规范便体现出裁判规范的性质。实践中发生的案件事实和行为，要求司法人员根据刑法规范对之予以裁量判决，以判明其是否成立刑法中规定的犯罪。从刑法规范的动态适用角度来说，刑法规范首先是由法院和法官适用的司法性规范、审判规范。刑法理论上有观点认为："刑法规范是行为规范（第一次法）和裁判规范（第二次法）的复合体。所谓行为规范或第一次法是指不为一定的有害行为或为一定的有益行为的法。如果人们没有遵守第一次法的命令或禁止规范，被判定为违法，则给予其一定的制裁，这便是裁判规范或第二次法。"③ 第二次法正是在刑法规范被违反的前提下，以之判定行为的性质的过程中显现的。刑法规范第一次法和第二次法的特点，也说明只有在适用刑法规范之时，刑法规范才是裁判规范。因此，对于刑法理论上"罪刑规范首先是裁判规范"④ 的论断，笔者以为，这

① 高仰止：《刑法总则之理论与实用》，7 页，台北，五南图书出版公司，1986。
② ［德］考夫曼著，刘幸义等译：《法律哲学》，153 页。
③ 黎宏：《不作为犯研究》，94 页，武汉，武汉大学出版社，1999。
④ 张明楷：《刑法的基础观点》，62 页，北京，中国检察出版社，1995。

是离开刑法规范发挥作用的静态与动态两种不同层面而泛泛地讨论刑法规范首先是裁判规范还是行为规范，因而难以令人信服。

（二）刑法规范是适用中先行的裁判规范

显然，刑法规范在静态层面上发挥着行为规范的作用，在动态层面上则发挥着裁判规范的作用。然而，当刑法规范在适用中发挥裁判规范的作用时，是否必须先发挥其作为行为规范的作用，而后才能发挥其作为裁判规范的作用？比如，有观点认为，公民也是刑法规范的适用者，即一般公民也可以根据刑法规范保障自己未实施犯罪时就不能被法官科处刑罚。[①] 这种观点似乎表明，裁判规范并不是仅仅针对法官，而且还针对一般公民，既然针对一般公民，则在适用中发挥裁判规范作用的刑法规范必然首先发挥的是行为规范的作用。果如此，刑法规范无论是在为人们提供行为指南还是在司法适用中，都首先是行为规范。然而，笔者认为，公民根据刑法规范保障自己没有实施犯罪便不受刑法处罚这一过程本身就离不开法官的参与，或者说，正是在刑事诉讼活动中，公民或者司法人员根据无罪的证据裁量认定公民没有实施犯罪，它本身并不是公民个人就可以独立完成的。相反，如果认为这是公民在适用法律，这种适用恰恰是以法院对刑法规范的适用为前提的；如果认为这种“适用”只是在公民了解刑法条文之时对号入座式的对自我行为的自我判断，那么，此时，刑法规范其实仍然发挥的是行为规范而不是裁判规范的作用。总之，刑法规范作为裁判规范针对的是裁判者而不是一般公民。

虽然只有当国民的行为违反了行为规范时才能由法官评价其行为是否违反刑法规范，换言之，只有此时刑法规范才能体现作为裁判规范的特性，但是，国民是否违反行为规范，并不是如同大谷实所说，在构成要件的解释上，在进行处罚的必要性和合理性的实质判断之前，具有通常判断力的一般人就能够得出结论。比如，日本刑法第 246 条规定，欺

① 参见［日］牧村龟二著，顾肖荣、郑树周等译校：《刑法学词典》，7 页，上海，上海翻译出版公司，1991。

骗他人使之交付财物的，构成诈骗罪。但是，如何理解这里的“交付”，在作构成要件符合性的判断之前，依据一般人的判断并不能得出是否符合刑法中的构成要件的结论，必须要由裁判者根据“交付”是否具备交付意思和交付行为等价值判断来把握。这说明，当刑法规范适用于实际的案件时，其作为行为规范被违反与否的问题不是由一般人从形式的理解就能够得出结论，而必须由裁判官从实质上解释刑法中的构成要件，从而得出行为规范是否被违反的结论。总之，在司法适用中，由于讨论行为是否符合构成要件的问题并不是在类型化的意义上抽象地讨论，“而是在进行刑法规范的评价时予以论及”①，而且行为是否成立犯罪本身在理论上与刑法的价值评价密切相联系，离开了价值评价过程，就无从判断某一行为规范是否得到了遵守，所以，刑法规范在适用中是先行的裁判规范，而不是行为规范。

（三）刑法裁判规范与实质的犯罪论体系

形式与实质的犯罪论体系的争议焦点在于是从形式上还是从实质上理解、把握刑法犯罪构成要件。这实际上是如何解释、适用刑法规范的问题，因为对犯罪构成要件的解释只有在司法人员将之运用于个案之际，才会出现刑法构成要件的理解问题。这决定了讨论犯罪论体系是形式还是实质的问题，必须要联系刑法适用时刑法规范所体现出来的性质。如果认为刑法规范在适用中是先行的行为规范，那么，对构成要件的把握难免是抽象的、不明确的；如果认为刑法规范在适用中是先行的裁判规范，那么，对构成要件的把握就可以具体化，克服其抽象不明的缺陷。如前分析，刑法规范在适用中是先行的裁判规范而不是行为规范，这决定了在把握刑法犯罪构成要件时应该从实质的角度进行，即将认为有处罚必要性的行为当作符合构成要件的行为，以将构成要件的作用限定在保护国民合理利益的范围内。简言之，刑法规范是适用中先行的裁判规范的性质要求建立实质的犯罪论体系。

刑法规范在适用中是先行的裁判规范，而裁判规范的性质在于需要

---

① ［日］野村稔著，全理其、何力译：《刑法总论》，88页。

法官以刑法规定的构成要件为基准进行价值判断，以评定行为是否符合犯罪构成要件而成立犯罪与否。虽然刑法规范是针对一般事实的现实规范，但是不能把刑法规范的现实性作为固定的事实来对待，刑法规范的现实性体现在法官的裁量适用过程之中，并且以下原因使刑法规范的现实性并非始终如一地保持统一性："第一个原因发生在规范的改订本身上：一些规范不（再）适应确定其时代的一般条款——祖国、自由、进步、平等、安全、富裕等。第二个原因是从社会的环境中产生的：为满足个体的需要而变化了的诸条件使个体在旧的规范体系中不再能够发现一种幸福生活或者一种最好的幸福生活。无论如何，其结果不可能用数学的精确性来确定，而只能估计甚至只能推测。在这种状况中，发展不可能走上前瞻性安全的轨道，而只能表现为那些异质的力量的合力，以至于其范围并非总是能够作为确定内容的界限来划定（这个社会），而是必须形式地存在着（一概的社会）。"① 换言之，刑法规范的适用必须由法官根据规范所处的当下的时代而不是制定该规范的时代来裁量适用。并且，刑法规范不可能预测并详尽规定所有的犯罪，不可能如同数学一样精确地规定各种具体犯罪的构成要件特征，而只能在立法者能够预测的情况下并结合规范制定时所存在的严重危害社会的行为规定犯罪的种类，只能对犯罪的构成要件要素作抽象的一般性的概括规定。以上情况决定了，法官对刑法规范的裁量适用，仅仅根据构成要件本身的文字规定难以完成，还需要法官联系刑法的法益保护目的来分析哪些行为是刑法禁止的而哪些不是。因为"立法者设立裁判规范并不是目的，即立法者并不是为了确定犯罪和追究刑事责任而设立裁判规范，而是希望通过裁判规范实现保护合法权利的目的"②。简言之，即通过裁判规范实现刑法的法益保护目的。通过法官判断某种行为是否侵害或者威胁了法益，并据之判断某种行为是否符合构成要件的规定，从而将构成要件本来类型化、抽象化的规定得以明确。法官判断某种行为是否符合构成

① ［德］京特·雅科布斯著，冯军译：《规范·人格体·社会》，50页，北京，法律出版社，2001。

② 张明楷：《刑法的基础观点》，61页。

要件的规定的过程，实际上就是实现立法者预先评价何种行为应为、何种行为不应为的价值评价的过程，因为立法者通过刑法规范设定了评价规范之后，这种评价规范实际上是静态的，只有法官的活动才是评价规范的动态实现。

显然，刑法规范首先作为裁判规范的特性以及裁判规范被实现的过程，也就是法官判断某种行为是否侵害或威胁法益的过程。由于构成要件的规定不仅仅是形式的，更是实质的，它蕴含的是实质的正义，因而，对行为是否符合构成要件的裁判，必须结合侵害或者威胁法益是否达到应受刑罚处罚的程度以及处罚该种行为是否合理来考察。比如，当立法者对"死刑、无期徒刑或十年以上有期徒刑"这一"法律后果的安排总是同时包括了立法者对法定的事实构成所涉及的生活事实过程（Lebensvorgang）进行的法律评价。在任何完整的法律规范中，立法者都要处理某个典型的生活事实过程或利益状态（Interessenlagen）并对此作出法律评价。因此，事实构成和法律后果之间的连接（Anknünpfung）是完整的法律规范的首要的、最重要的内容"[①]。刑法中的构成要件规定的行为正是立法者所要否定的行为，是立法者根据其社会理想或者说立法目的所不允许的行为。而法官的活动就是将刑法规范中法定的事实构成与现实中发生的行为事实进行连接，如果连接成功，则意味着可以适用刑法规范中的法律效果即刑罚。"通过事实构成与法律后果之间的连接，每个法律规范都将表明：在事实构成所描述的事实行为中什么才是适当的、'正义的'。通过事实构成与法律后果的连接，立法者部分地表达出了他们如何组织社会的设想。可见，任何法律规范都包含了立法者的'利益评价'，也就是'价值判断'。所以，法律适用就意味着在具体的案件中实现法定的价值判断。"[②] 这样，在法官将现实的行为事实涵摄于法定的行为事实时，他们必然要借助于立法者的利益评价来完成对接活动。由于立法者的利益评价在刑法中就是处罚侵害或威胁法益的

① ［德］伯恩·魏德士著，丁小春、吴越译：《法理学》，63页。

② ［德］伯恩·魏德士著，丁小春、吴越译：《法理学》，64页。

危害社会的行为，其判断标准当然就是某种行为对法益的侵害或威胁是否达到了应该处罚的程度。

因此，在评价某一现实发生的行为是否符合刑法中规定的构成要件之时，不能仅仅从纯事实性的描述中寻求答案。以伪造货币罪为例，如果甲伪造了 10 元假人民币，甲有伪造货币的事实，而我国刑法第 170 条也仅仅规定了“伪造货币”这一事实构成，而没有任何其他的描述比如说目的、数量、情节严重与否等，但是，这并不等于在实现将甲的伪造货币行为与该第 170 条“伪造货币罪”中的法定构成要件进行“对接”时，就可以立即得出甲的行为构成该条之罪的肯定结论。实际上，伪造货币罪构成要件的“认知可能性”或者说“实践可能性”是通过该罪的保护货币信用的法益保护目的来实现的，从实质上解释，伪造 10 元假币的行为并不值得追究刑事责任或者说动用刑罚制裁，否则，国民的自由人权就会受到侵犯，刑法的人权保障机能也难以实现，因为刑法所处罚的行为，必然是严重侵犯法益的行为。而形式的解释论，恰恰是将不具有严重侵害法益特性的行为当作犯罪行为处理，从而导致刑法处罚范围的扩大化。因此，导致刑罚处罚范围的扩大化的担忧，并非产生于实质的犯罪论，而是形式犯罪论的产物。刑法的适用者只有将刑法理解为意在保障公民自由人权和各种合理利益的目的论体系，才能使成文的刑法典发挥其价值评价体系的作用。“在目的性解释观点看来，某个法律规范的适用范围，也即立法者所期待的实施界限其实是由该规范法律‘系统’中，或者（更确切地说）在法律秩序的‘评价计划（Wertungsplan）’中的地位决定的。换言之，它取决于规范所追求的目的。重要的不是逻辑，而是规范的目的性。”① 刑法规范所包含的实现稳定的刑法秩序的刑事正义目标、实现刑法法益保护的目的，只有通过对规范中的前提条件即犯罪的构成要件的实质、内部的价值蕴含进行更多的揭示，才能更易于达到。所以，从刑法的目的来说，犯罪论的建立应该是实质的，即从实质上解释某一行为是否具有处罚的必要性和合理性，

① ［德］伯恩·魏德士著，丁小春、吴越译：《法理学》，175 页。

以此来实现刑法保护法益的目的。

四、现代刑事法治国家构成要件的新机能

前述关于刑事法治国的论述清楚地表明，法治国思想经历了从古典法治国到自由法治国再到形式法治国和实质法治国，及至现代兼具实质意义的形式法治国，再加上刑事法治的基本原则——罪刑法定也由形式过渡到实质，从而形成了兼具形式侧面和实质侧面的现代意义的法治国原则。构成要件作为罪刑法定主义形成和发展的产物，其机能随着罪刑法定的发展变化而变化，即由早期的与形式意义的罪刑法定原则相一致的人权保障机能，演进为与现代法治国及现代罪刑法定主义相一致的甄别值得处罚的行为的法益保护机能，此即构成要件的新机能。建立实质的犯罪论体系，对刑法中的构成要件从处罚的必要性和合理性角度进行解释，正是构成要件之新机能的体现。

（一）构成要件之传统机能：自由权保障与个别化机能

刑法中的构成要件是刑事法治国的罪刑法定原则的产物。罪刑法定原则作为刑事古典学派学者反对封建专制、司法黑暗的法治国原则，其内容也深深地打上了时代的烙印。刑事古典学派学者以行为为中心，认为犯罪是对社会有现实危害的行为，如果没有客观的行为，就没有犯罪，只有犯罪行为才是刑法谴责和处罚的对象，其关注的中心在于客观上表现出来的行为及其违法性；并且认为如果仅以行为人的主观危险性作为刑罚的根据，就会混淆法与伦理的关系，“法的立场和纯粹的道德立场仍然有所不同，特别是在现代注重个人自由的自由主义思想指导下，对纯粹的内在的主观性东西科处法律制裁，是不能容忍的。在此意义上，应以客观主义为主”①。这种以客观行为作为判断罪与非罪标准的刑法观，既是罪刑法定原则的重要哲学基础，又是其核心内容。基于此，罪刑法定强调保障个人的自由，坚持“法无明文规定不为罪、法无

① 转引自［日］中山研一著，姜伟、毕英达译：《刑法的基本思想》，92 页，北京，国际文化出版公司，1988。

明文规定不处罚”的思想，对于法律没有规定的客观行为不能处以刑罚。因此可以说，罪刑法定主义是建立在客观主义基础之上的，对客观的犯罪行为作出预先规定并对这些行为的处罚进行宣示，正是罪刑法定的内在要求，所以，离开客观行为主义，罪刑法定原则将失去其“骨髓”。正是罪刑法定原则以客观事实作为判断标准的行为主义为其核心内容，才使得该原则从一开始就与构成要件理论之间产生了天然的密切关系。在罪刑法定原则之下，刑法的评价对象只限于外部行为，它所关注的是什么行为是犯罪以及犯罪的类型化规定，正如日本学者庄子邦雄指出，“犯罪是根据罪刑法定主义的原则事先在法律上将违法行为类型化，而构成要件则是刑罚规范中规定的类型的法律要件”①。通过立法者对应当作为犯罪来追究的行为必须具备的各种条件以及不应当追究刑事责任的各种情况进行详尽的描述，防止法官恣意擅断，滥用刑罚或随意使用自由裁量权。“在罪刑法定主义要求下所规定之构成要件，非行为构成要件莫属”②，于是，罪刑法定原则在理论上被系统化为客观主义构成要件学说。“罪刑法定主义原则是法治的要求，这一要求的落实，其基础工程是构成要件论。它是现实的、实质规定性的、具有高度的法治约束力的基础工程，是传统的罪刑法定主义原则须臾不可离的。一句话，构成要件是贯彻罪刑法定主义原则的有力保证。罪刑法定主义原则如无与之相适应的构成要件理论这一基础工程，就成为架空的东西。”③可见，罪刑法定原则是构成要件理论产生的思想基础，构成要件理论则是罪刑法定原则的要求和内容的最彻底体现，它充实了罪刑法定原则的内涵。

由于构成要件是根据罪刑法定原则事先将犯罪行为在法律上进行的类型化，因而构成要件的最重要机能便是罪刑法定主义机能。“依传统之见解，构成要件乃对违法行为在法律上所予之记述，唯其如此，构成要件别称为行为构成要件。刑法所处罚之对象，限于行为，而构成要件

① 转引自李海东主编：《日本刑事法学者》（下），6页。
② 蔡墩铭：《现代刑法思潮与刑事立法》，34页，台北，汉林出版社，1996。
③ 甘雨沛主编：《刑法学专论》，15～16页，北京，北京大学出版社，1989。

之内容为行为，可见构成要件之内容符合非行为不得处罚之罪刑法定主义之根本思想。”[①] 而罪刑法定主义之要旨在于人权保障，防止公民受到国家刑罚权的恣意侵犯，因此，构成要件的罪刑法定主义机能也可称为人权保障机能。对于不符合构成要件的行为，不得以有罪处以刑罚；在构成要件定型化的犯罪行为之外，国民不受国家刑罚权的干预，故此，构成要件的人权保障机能又被称为自由保障机能。

与人权保障机能相联系，构成要件还具有个别化机能。为了实现构成要件的人权保障机能，不但应该以行为为其规定内容，而且构成要件的规定必须清楚明确，不可含混不清，因此，刑法中的构成要件必须对犯罪进行个别的、明确的规定。“如行为即便在人为地断绝他人的生命这一点上相同，但是，由于犯罪构成要件的事实不同而分别成立杀人罪、伤害致死罪、过失致死罪一样，必须实现犯罪个别化，构成要件必须具有能够进行个别化的机能。这一机能就是构成要件的个别化机能。”[②] 通过构成要件的个别化机能，区分此罪与彼罪。通过不同的构成要件，就能够掌握不同犯罪之间的区别，从而将各种犯罪区分开来。

（二）现代刑事法治国家构成要件之新机能：甄别值得处罚的法益侵害行为

正如前文所述，现代法治国家是结合了自由法治国与福利国家双重特性的法治国家，而与之相适应，现代刑事法治国家的罪刑法定原则兼具形式和实质双重侧面：形式的侧面包括成文法主义、法不溯及既往、禁止类推解释、禁止绝对的不定期刑等；实质的侧面则是指刑罚法规的适当性和明确性。形式和实质两方面的含义是当今各国刑法理论所普遍承认的罪刑法定原则的含义。传统罪刑法定主义是形式意义上的，传统罪刑法定的最重要机能是人权保障，而构成要件作为传统罪刑法定在刑法理论中的产物和体现，正是通过成文刑法对犯罪类型的规定而限制国家刑罚权的发动，它强调的是保护公民个人自由的人权保障机能，以及

① 蔡墩铭：《中国刑法精义》，59 页。

② ［日］大谷实著，黎宏译：《刑法总论》，84 页。

相应所具有的个别化机能。

随着刑罚法规的适当性和明确性原则成为罪刑法定原则实质侧面的内容，在罪刑法定原则被理解为“要使行为人的某种行为受到处罚，在该行为受到处罚之前就必须对该行为在成文法中加以明文规定，并且对该行为应该适用的刑罚种类”[①] 予以明文规定之外，还要求考察对某种行为的处罚是否具有正当性和合理性。构成要件的机能当然是人权保障机能及个别化机能，但是，现代罪刑法定主义于法律的安定性和可预测性之外，还追求法律的妥当性和合目的性。构成要件的机能随着罪刑法定原则内涵的变化而产生了变化。早期形式的罪刑法定主义重在通过规定什么是犯罪来为一般人预测自己的行为提供一个框架，而现今，随着形式法治国到实质法治国的演变，人们“对罪刑法定的内容本身提出了更高的要求，也就是说，不能简单地认为，‘只要有法律的规定，对什么样的行为都可以科以刑罚，而且可以科以任何刑罚’。根据犯罪的内容，是否有必要用刑罚进行处罚（处罚的必要性和合理性），而且对于该种犯罪所定的刑罚是否与其他犯罪相平衡（犯罪上刑罚的均衡），亦即从所谓实体的正当程序的角度来强调罪刑法定的意义”[②]。这样，现代罪刑法定主义所具有的实质侧面即刑罚法规的适当性和明确性，也要求构成要件在传统刑法理论所认为的人权保障和个别化机能之外，具备某种新的机能，以实现罪刑法定的实质侧面。与罪刑法定的实质侧面相适应，构成要件的新机能应该是“甄别值得处罚的法益侵害行为”之机能。[③]

刑罚法规的适当性要求刑事立法和司法活动尽量符合公平、正义之标准，即只有具备处罚必要性和合理根据的行为才能被规定为犯罪；对于形式上被规定为犯罪，但实质上不具备当罚性的行为应当排除在刑法圈之外；对于罪与刑的规定应当尽量明确，不明确的无效。构成要件作为法律上的犯罪类型，一方面它固然体现了法无明文规定不为罪、不为

---

① ［日］中山研一著，姜伟、毕英达译：《刑法的基本思想》，94页。

② ［日］野村稔著，全理其、何力译：《刑法总论》，46页。

③ 参见［日］前田雅英：《现代社会と实质的犯罪论》，183页。

刑的形式的人权保障思想，另一方面它也表明，作为立法者选定的犯罪类型，它是那些在立法者看来侵害法益达到了处罚的必要性和合理性程度的行为，易言之，是立法者从众多侵害法益的行为中选择出来的具备了当罚性的行为类型，因此，构成要件本身具有甄别值得处罚的法益侵害行为的机能。

构成要件本身代表了立法者对类型化行为的否定评价。这一点在大陆法系国家如此，在我国刑法理论体系之中更是如此。

在大陆法系国家，纵然古典的严格行为构成要件说试图将构成要件与违法性和有责性完全分离，但是，不容动摇的事实是，符合构成要件的行为正是立法者从大量的反社会行为中挑选出来的那部分危害性严重的，作为法律上的犯罪类型加以规定的当罚的行为；它们从一开始就不可避免地带上了立法者对该行为的否定性的价值评价。因为所有的构成要件都是表明公民行为的规范内容，禁止或要求公民做或不做某事，当公民违反该规范并符合构成要件时，表明其行为在原则上是要受到谴责的。当立法者在刑法中规定了各种具体犯罪行为的构成要件类型时，绝不是说他只是不带任何主观价值判断地描写了一个值得注意的行为而已，恰恰相反，“事实上，他在想：‘这些行为是社会无法忍受的，我要对这些行为进行谴责：所以我要惩罚这些行为，通过构成要件来规定它们。’”[①] 所以，构成要件所规定的行为不可能是一个不涉及价值判断的范畴。正如哈德维希（Hardwig）指出，“构成要件就是违法，因为构成要件只描述违法（即使当它不完整!）。因此违法是构成要件的描述对象”[②]。比如，当立法者将杀人行为规定在刑法之中时，这绝不表明立法者对该行为是毫无价值倾向的，恰恰相反，它表明立法者在设定杀人犯罪的构成要件时意在宣布，他认为该种行为是不对的、是需要以刑罚制裁的，所以，构成要件事实的判断同时也体现了立法者对某种行为肯定与否定、合法与违法的价值评价。所有犯罪行为如伤害、侵占、盗

① Claus Roxin，Offene Tatbestände und Rechtspflichtmerkmale，Berlin，1970，S. 170.

② Hardwig，Die Gesinnungsmerkmale im Strafrecht，in：ZStW 68（1956），S. 32.

窃、贿赂等，都是立法者从无数的侵害法益的行为中经过取舍才规定为刑法中的犯罪类型的。因此，构成要件并非单纯的无意义的行为类型，构成要件的本质就是对违法行为的描述。正因如此，在前述贝林提出构成要件符合性与违法和有责性无关的价值无涉的构成要件说之后，才会逐步形成迈耶的构成要件是违法性认识根据的学说，以及在此基础上进一步形成麦兹格的构成要件是违法性的存在根据的学说。这样，构成要件理论由贝林时代的“严格的行为构成要件说”发展为以迈耶为代表的“缓和的行为构成要件说”，即构成要件是违法性认识根据但与有责性没有关系，及至以麦兹格为代表的“违法类型说”，即前述所论及的构成要件成为“不法构成要件（Unrechtstatbestand）”。对于不法构成要件，当然应该从不法的角度进行理解，而不应该无视其非价内容，将构成要件符合性当作纯粹的事实判断。

（三）构成要件的新机能要求建立实质的犯罪论体系

对于构成要件机能的发展变化，前田雅英指出，“一般历来认为，在构成要件上，存在罪刑法定主义的机能和犯罪个别化的机能。强调构成要件的行为规范性的立场主张，重视罪刑法定主义的机能，应该采用形式上的构成要件论。的确，认为‘条文’必须是对于国民来说应尽可能地易于明白的（条文）。但是，如果是这样，在对现存条文解释之际，所谓‘采用国民最容易明白的构成要件’就是个别的问题。在作为解释的构成要件判断方面，实质上的当罚性的判断衡量是绝对必要的”[①]。

构成要件机能由人权保障到甄别法益侵害行为的变化，导致刑法理论上犯罪论体系由形式到实质的发展。一些原来主张形式的罪刑法定及相关观点的学者也受到了批判。如前所述，日本学者前田雅英反对形式的罪刑法定主义和形式的犯罪论，主张以实质的观点修正罪刑法定主义，修正构成要件理论。前田雅英认为：罪刑法定主义的民主主义与自由主义的思想基础，使得刑法在规制行为时必须考虑宪法上的必要性，

① ［日］前田雅英：《现代社会と实质的犯罪论》，48页。

即罪刑法定主义与实体的正当程序具有密切关系，故必须从实质上理解罪刑法定主义。因此，对刑法的解释必须符合宪法。解释刑法时，首先是确定用语尽可能具有的含义；然后确定该刑罚法规保护的法益，考虑刑法保护的必要性；其次，当符合构成要件的行为具有一定价值时，要对该价值与被害法益的价值进行衡量；再次，计算处罚该行为对其他案件的影响效果；最后，考虑解释结论与其他法律规范的协调统一性。前田雅英认为形式上的犯罪论是不充分的，构成要件符合性的判断，是从实质上判定是否存在值得科处刑罚的法益侵害行为。① 根据构成要件甄别法益侵害行为的新机能，存在处罚行为的法律本身并非意味着处罚行为就符合了罪刑法定主义的原则，因为罪刑法定主义还有实质的侧面，即它要求实现刑罚法规的适当性和处罚的均衡性。只有依照罪刑法定原则的实质侧面，排除实质上不应当处罚的行为，才能既符合罪刑法定原则的形式要求，又符合其实质内容，从而完全符合罪刑法定原则。这样，对刑法的解释就不能仅仅停留在形式的层面上，而应该如平野龙一所说，“从刑法的合目的性出发，对现有刑法条文作出实质的、合理性的解释”②。如果从形式上解释犯罪构成要件，虽然表面上看是以刑罚法规的存在为根据的，但是究其实质而言，是违反罪刑法定原则的。实质的犯罪论允许根据严重程度将不法分成不同的等级，并在量刑时给予不同的考虑。“实质的考察方法还使得根据作为构成要件基础的目的和价值观”③，来对构成要件作出实质的解释成为可能。

需要指出的是，构成要件的甄别值得处罚的法益侵害行为的机能与传统刑法理论所认为的构成要件的人权保障机能并不矛盾。刑罚法规的适当性和明确性作为实质的罪刑法定原则的具体内容，体现的是罪刑法定的实质的人权保障之机能；传统的罪刑法定和构成要件理论体现的是形式的人权保障机能；形式与实质的人权保障机能的结合，正是现代罪

---

① 参见［日］前田雅英：《刑法の基础——总论》，37～43 页，东京，有斐阁，1993。转引自李海东主编：《日本刑事法学者》（下），328 页。

② ［日］中山研一著，姜伟、毕英达译：《刑法的基本思想》，137 页。

③ ［德］耶赛克、魏根特著，徐久生译：《德国刑法教科书》（总论），289 页。

刑法定原则人权保障机能的完美内涵。构成要件的甄别值得处罚的法益侵害行为的机能正是为实现罪刑法定原则的实质人权保障机能而服务的，它本身是实质人权保障机能的一部分。

至于实质的犯罪论是否会导致以处罚的必要性为借口，将刑法上本没有规定的行为也作为犯罪处理，从而侵犯公民人权，笔者以为，这种担心是多余的。

其一，对于法律根本没有任何规定的而社会危害性严重的行为，能否作为犯罪处理？比如，我国刑法第236条“强奸罪”是以妇女为对象的犯罪，如果实践中发生强奸男性的案件，即使其社会危害性再大，也不能以实质上具备了处罚的必要性与合理性为由突破刑法的规定，而对强奸男性的行为法外定罪。换言之，在刑法对于某种行为根本没有任何规定的情况下，必须坚持普遍的正义而牺牲个案的正义，即使该行为的社会危害性再大也不能作为犯罪处罚。对于这类问题，在当今普唱法治之歌的世界各国，似无讨论的必要。

其二，对于某些行为法律有规定，但法律规定本身的“明确性”受到质疑，即是否属“明文规定”尚存疑问之时，能否以实质的处罚必要性和合理性为由对这些行为作出有罪评价？表面来看，如果对此问题作肯定回答，那么，与笔者所倡导的实质犯罪论的原意显然相违背。法无明文规定不为罪、不为刑，如果主张对法律没有明文规定的行为从处罚必要性角度进行实质的解释，其结果可能会造成刑法处罚范围的扩大。但是，实际上，笔者认为这与其说是实质的犯罪论所面临的问题，不如说是西方经典罪刑法定原则是否允许扩大解释，更具体地说，是是否允许不利于被告人的扩大解释的问题。可以说，这是针对实质的犯罪论提出的伪问题。传统罪刑法定原则允许有利于被告人的扩大解释，这是不争的事实；传统罪刑法定原则也面临要求适当地允许不利于被告人的扩大解释，这也是不争的事实。比如，日本刑法基于对共同犯罪中正犯的扩大解释而将共谋共同正犯作为正犯处理；德国刑法将“硫酸”解释为“武器”；中、德、日刑法将“电流”理解为盗窃罪中的“财物”；我国刑法将大型拖拉机解释为“汽车”；日本刑法将“汽油车”理解为“汽车”；我国刑法将“男男卖淫”解释为第335条“组织他人卖淫罪”“强迫他人卖淫罪”中的“卖淫”，对第269条中“犯盗窃、诈骗、抢夺罪”采取“较大数额不要说”和“广义盗窃、诈骗和抢夺罪说”；等等。中外刑法中的此类例子不胜枚举。很显然，不利于被告人的扩大解释正在是否违背罪刑法定原则的质疑之下且争且行。扩大解释虽然不同于笔者所言的实质犯罪论所力倡的实质的刑法解释，但很显然，作为论理解释方法的扩大解释更多的是从法理而不是从文理进行的，而从文理进行往往是从是否有利于实现刑法人权保障与社会保护双重价值目标的角度进行综合衡量，这意味着它们更多地要考虑处罚的必要性——保护社会要求处罚范围扩大、保障人权要求处罚范围缩小，可见，扩大解释更多的或者说主要的是从实质而不是从形式角度进行的。也因此，认为扩大解释不当地扩大了刑法处罚范围的指责似乎就很“自然”地过渡为对“实质的犯罪论是否会不利于被告人、是否会扩大刑法处罚范围”的担心。

对此，笔者的观点是，实质的犯罪论本身并不存在借用实质可罚性擅自扩大刑法处罚范围的问题，如果有，那也是当今刑法理论与实践允许使用扩大解释的结果，是扩大解释往往从实质可罚性角度分析犯罪成立与否的结果，这是扩大解释本身是否可行的问题，而不是实质的犯罪论的问题。在从实质可罚性角度进行扩大解释而使表面看起来似乎是实质犯罪论导致处罚范围扩大的情况下，就不应横加指责实质的犯罪论及立场，而应看到其背后深层的原因——那是扩大解释被允许使用之故。当然，从实现罪刑法定原则人权保障机能出发，笔者很希望禁绝不利于被告人的扩大解释，由此可避免因扩大解释的运用而致实质的犯罪论遭受不当的指责——“宜绝横拜，以塞觊觎之端”！然而，这在当今刑法学的理论和实践中何其不现实！因为当代刑法理论一致同意“类推解释是被禁止的，扩张解释是被允许的”，而适当的不利于被告人的扩大解释也被认为是合理的，因为，无论是有利于还是不利于被告人的扩大解释，其最大功效都在于能够实现行为的可罚性与法的安定性之间的良性平衡。刑法学者愈来愈认为，“在对法律规范的解释方面，法院不是选择对被告人最为有利的解释，而是选择正确的解释”①。在法律存在疑问或争议时，应当以一般的法律解释原则消除疑问，而非一概作出有利于被告人的解释。② 有利于被告人的出罪解释虽然缩小了刑法的处罚范围，但是不可能在任何场合都作出有利于被告人的解释③，而且，缩小刑法处罚范围并非就是合理的，“在现实中，人们解释刑法时，常常不考虑行为的可罚性……甚至在觉得某种行为应受刑罚处罚时，也采取限制解释，将值得处罚的行为排除在刑法规制之外”④，从而使刑法解释偏离刑法处罚范围必须适当的刑法解释理念。在此背景之下，笔者以为，如果因为扩大解释的运用而导致其与实质的犯罪论难以截然分清并致后者遭受指责，那么，今后需要进一步讨论的问题恐怕是以何种方式保证扩大解释，进而也等于保证实质的犯罪论及实质的刑法解释不会破坏罪刑法定原则的人权保障机能，而不是“实质的犯罪论是否会扩大刑法处罚范围”。

① ［德］耶赛克、魏根特著，徐久生译：《德国刑法教科书》（总论），190页。

② 参见［德］Claus Roxin著，吴丽琪译：《德国刑事诉讼法》，145页，台北，三民书局，1998。

③ 参见张明楷：《“存疑时有利于被告”原则的适用界限》，载《吉林大学社会科学学报》，2002（1），58～59页。

④ 张明楷：《刑法理念与刑法解释》，载《法学杂志》，2004（4），12页。

第六章　刑法方法论与实质刑法解释论

实质的犯罪论者主张实质的刑法解释。这一基本立论不但从犯罪论的角度出发具有合理性，从刑法方法论的立场考察，同样具有深刻的合理性。

黑格尔曾指出，学科的方法并不是外在的形式，而是内容（观点、体系等）的灵魂。[①] 任何体系都是暂时的东西，而包含在体系中真正有价值的方法却可以启人心智、发人深省；观点也可能随着时间的推移而过时或变成错误，但正确的方法却能给人们提出独立探索的合理途径。因此，一门学科成熟和发达的标志往往在于其自身方法论的觉醒和更新。然而，长期以来，中国刑法理论界与实务界对方法论问题一直未能给予足够的关注。虽然学界也有一些不同研究方法的运用，但是往往只是潜意识的，而缺乏积极的思考，未能使各种研究方法由分散过渡到完整，由零星发展到体系，由方法上升到方法论。正因如此，我国晚近以来采用不同方法研究刑法学的学者，往往是相互排斥的多，相互吸纳的少。理论刑法学贬斥注释刑法学是无独立品格的低层次的学问，而注释刑法学则自重身份，认为离开对法条的注释，刑法的适用几无可能；经验实证主义分析法学者又认为抽象思辨方法阻碍了刑法的发展。那么，究竟什么样的方法才适合我国刑法学的研究？各种研究方法间的关系如何？刑法方法论是否具备自身的独特性？所有这些问题都是目前我国刑

① 参见［德］黑格尔著，贺麟译：《小逻辑》，27 页。

法学研究过程中需要热切关注和认真对待的刑法方法论问题。笔者以为，这些问题的解决将直接关系到未来中国刑法学发展的方向，以及学术研究结论的正确概率和适用价值。

一、刑法方法论的本体论与工具论之争

（一）我国刑法学界刑法方法论问题意识的形成

我国刑法学界有关刑法方法论问题的意识，肇始于陈兴良教授撰写的《刑法哲学》（中国政法大学出版社，1991）一书。该书自问世以来，之所以能迅速在刑法学界甚至在整个法学界获得巨大声誉，并不是由于其学术思想与观点的创新，而主要的是因为该书所彰显的刑法哲学研究方法及其对刑法学界至今仍未削弱的冲击力！该书作者曾自我总结道："《刑法哲学》一书现在还有某些值得肯定的地方，那也只是在于它第一次表达了突破既存的刑法理论，建立某种刑法学体系新框架的愿望，并大胆地作了尝试。"但又不尽然是体系上的开拓性导致其具有迄今不衰的影响，尽管作者自谦"《刑法哲学》一书体系过于庞杂，在内容上包括刑法的哲理探讨与学理探讨，两个方面夹杂在一起，两败俱伤。若能拆开，则更为完美"。事实上，该书首次在"刑法学研究中，引入哲学方法，从而使刑法学成为一种更具哲理性的理论体系。哲学虽然是一门学科，但由于哲学研究的是世界的本原性问题，因而它同时又是一种世界观和方法论。因此，刑法哲学研究不是要使刑法学成为一种哲学，而是采用哲学方法研究刑法，更为关注刑法的本原性问题，例如人性、价值等"①。关于刑法学研究的方法问题，陈兴良教授也给予了相当多的论述，例如，在《刑法的人性基础》（中国方正出版社，1999）一书的序言中，陈兴良教授就深刻论述了刑法学自身的发展与注释刑法学之间的关系，呼唤刑法学研究中的主体意识，也就是强调理论刑法的研究。陈兴良教授的从《刑法哲学》到《刑法的价值构造》（中国人民大学出

① 陈兴良：《法外说法——陈兴良序跋集》，I，64、30、49页，北京，法律出版社，2004。

版社，1998)，再到《刑法的人性基础》一系列探究刑法本体性问题的著作，成为刑法学者们的一个关注点。可以说，正是《刑法哲学》的出版引起了我国刑法学界对刑法方法论问题的关注，刑法学的理论层次也由此得到了极大的提升，这已是不争的事实。

不过，《刑法哲学》及其带来的刑法方法论意识的启迪，还只是引起了刑法学界对方法论问题的关注，而随后的争论则使刑法方法论问题全面步入刑法学人的视野。刑法学界对方法论问题的争论起始于《刑法哲学》一书初版前言中的一段话："从体系到内容突破既存的刑法理论，完成从注释刑法学到理论刑法学的转变，这就是我们的结论。"[①] "由于转变一词具有'取代'与'否定'之意蕴"[②]，因而从注释刑法学到理论刑法学的转变的观点提出后，许多青年刑法学子纷纷抛却对注释刑法学的研究，转而研究刑法哲学问题——这种研究方法的置换一时成为学界的时髦。而在此之后，注释刑法学的名声更加糟糕，几乎成为低层次刑法学研究的代名词。

当然，此时也出现了为注释刑法学正名的声音。这一声音首先出现在张明楷教授撰写的《刑法学》(法律出版社，1997) 一书中。该书"导言"指出："刑法解释学不是低层次的学问，对刑法的注释也是一种理论，刑法的适用依赖于解释。因此，没有刑法解释学就没有发达的刑法学，一个国家的刑法学如果落后，主要原因就在于没有解释好刑法；一个国家的刑法学如果发达，主要原因就在于对解释刑法下了功夫。就适用刑法而言，刑法解释学比刑法哲学更为重要。不能要求我国的刑法学从刑法解释学向刑法哲学转变。因为刑法解释学不仅重要，而且与刑法哲学本身没有明显的界限……刑法解释学与刑法哲学并非性质不同的两种学问，甚至可以说，刑法解释学就是刑法哲学。这也是我们将刑法学理解为刑法解释学与刑法哲学的统一体的理由。"[③] 而张明楷教授1999年出版的《法益初论》(中国政法大学出版社) 则充分体现了其

① 陈兴良：《刑法哲学》，前言，1页。
② 陈兴良主编：《刑事法判解》，第1卷，卷首语，2页，北京，法律出版社，1991。
③ 张明楷：《刑法学》(上)，2～4页，北京，法律出版社，1997。

“刑法解释学就是刑法哲学”的观点，并将刑法哲学深深融入了刑法解释学之中。因为张明楷教授在《法益初论》中以具有深厚哲学基础和法理内涵的法益概念为研究起点，然后再以法益对个罪解释机能的发挥和运用为终结，形成了刑法学界将刑法哲学和刑法解释学融合在一起的一部极有影响的著作。张明楷教授的《刑法的基本立场》（中国法制出版社，2002）和《刑法分则的解释原理》（中国人民大学出版社，2004）两本著作，可以说是其这一思路的进一步延伸和发展。刑法解释学的声誉自此逐步恢复并在刑法学界重新获得了应有的地位。

此后，陈兴良教授1999年在《刑事法判解》第1卷的卷首语中指出，在经历了“一个逐渐认识的过程”之后，他也逐渐感悟到了“刑法解释学的重要性”。“在《刑法哲学》一书的前言中，我曾经提出刑法学要从刑法解释学向刑法哲学转变的命题。现在看来，‘转变’一词不尽妥当与贴切，而应当是‘提升’。当时，我主要是有感于刑法理论局限于、拘泥于与受掣于法条，因此以注释为主的刑法学流于肤浅，因而提出了从刑法解释学向刑法哲学的转变问题。”“如果用‘提升’一词，就能够以一种公正的与科学的态度处理刑法哲学与刑法解释学的关系：两者不是互相取代，而是互相促进。”[①] 在2004年修订3版的《刑法哲学》一书中，陈兴良教授虽然重申“注释刑法学和理论刑法学是并存关系，理论刑法学不能取代注释刑法学”[②]，但并不赞同张明楷教授“刑法解释学就是刑法哲学”的观点，认为从功能上看，刑法哲学的功用主要表现在对刑法的存在根基问题的哲学拷问上，而刑法解释学的功用主要表现在对刑法条文的诠释上。[③] 在认识到刑法解释学的重要性和“诧异于注释刑法学对社会的影响力”的情境下，在“刑法哲学的研究告一段落的时候”，陈兴良教授“又回归注释刑法学”[④]，撰写了一部刑法解释学的著作《刑法疏议》，并主编了《刑事法判解》这一以追求刑法的实践

---

① 陈兴良主编：《刑事法判解》，第1卷，卷首语，3、2页。

② 陈兴良：《法外说法——陈兴良序跋集》，Ⅰ，75～76页。

③ 参见陈兴良主编：《刑事法判解》，第1卷，卷首语，3页。

④ 陈兴良：《法外说法——陈兴良序跋集》，Ⅰ，49、76页。

理性为特点的连续出版物。自此之后，刑法哲学和刑法解释学之间的争论基本平息。

（二）刑法本体方法论与刑法工具方法论之分野

我国刑法学界刑法哲学和刑法解释学之间的争论，实际上是当代哲学中的本体论与认识论之争在刑法学中的体现。众所周知，存在是哲学研究中的根本问题。在西方哲学传统的演化中，本体论一词源于哲学中的元理论或元哲学，亦可称为“形而上学”（Metaphysics）。古希腊哲学教师安德罗尼柯在亚里士多德逝世三百多年后编纂其著作时，将亚里士多德论述的超感觉之外的“存在的存在”之哲学著述汇集起来，编排在论述有形物体的“物理学”著述之后，并冠之以“Metaphysics”。此后西方人便将以超感觉、超经验的“存在”或“本体”作为研究对象的最抽象的哲学称作“Metaphysics”。直到16世纪后期，德国经院学者郭克兰纽才第一次提出了“本体论”（ontology）一词。后来，本体论和认识论分离，ontology在有些哲学体系中便成为哲学一个分支学科[①]，这个学科便是形而上学本体论。海德格尔指出：“一切形而上学的思想都是本体论（ontologie），或者，它压根儿什么都不是。”[②] 认识论属于形而下的实践活动，属于哲学实践论的范畴。根据哲学的常识，认识就是探索现象和事物的原因，回答事物可否认识、如何认识等问题；它和实践是分不开的，因为认识从本质上来说是一种思维的实践活动；它不同于避开事物的发展变化以及事物之间的联系，相对静止地考察其不变本质的形而上学的本体论，它恰恰是针对处在联系之中不断变化发展的事物进行由感性到理性的反复循环的实践过程。同时，由于“‘形而上学’一词在汉语语境中是以‘形’为中介的，《易经·系辞》云：‘形而上者谓之道，形而下者为之器。’基于这样一种含义，用它来

① 参见桑新民：《呼唤新世纪的教育哲学》，29～41页，北京，教育科学出版社，1993。

② ［德］海德格尔著，孙周兴选编：《海德格尔选集》（下），764页，上海，上海三联书店，1996。

翻译西方哲学中那种以研究超验本体为对象的学问，也是十分妥帖的”①。汉语中的“道”即宇宙的本体和规律，它和形而上学本体论是同义的；而“器”则为“用具”之意，因此可以将西方哲学中的“实践认识论”置换为中国语境下的“工具论”，以便形成本体论—工具论相对应的范畴，在逻辑上更加清晰易解。

刑法学中存在的刑法哲学与刑法解释学之争，正是哲学中本体论与实践认识论或工具论之争的体现。前者注重研究刑法本体问题的方法及其理论，可称为本体意义的刑法方法论；而后者关注的是刑法规范的理解适用，即对刑法规范解释的方法及其理论，可称为工具意义的刑法方法论。本体意义的刑法方法论，超越于刑法规范之上，以抽象的刑法理论或刑法制度为研究对象，运用抽象思辨、实证研究或者比较研究的方法，试图建立一套完整的关于刑法本原、刑法本质、刑法机能、刑法价值、刑法与其他学科之间的关系等形而上学问题的独立体系，其学术追求在于建构一种作为哲学的刑法学。本体意义的刑法方法是多种多样的，具体包括哲学研究方法、社会学研究方法、经济学研究方法、历史学研究方法、比较刑法学研究方法、伦理学研究方法等。这种从整体上研究本体意义的刑法方法以及所有有关这些方法的理论所构成的知识体系，就是刑法本体方法论，或称刑法方法的本体论。

工具意义的刑法方法论，则是以具体的、不可避免地含有评价内容的刑法规范为研究对象的，从既有的案件事实出发来理解刑法规范的意义，其任务是将刑法规范具体适用于每一种特殊的案件事实。工具意义的刑法方法论探讨的是关于如何理解和解释具体的刑法规范，以获得对刑法规范及效力范围的掌握，建构的是作为解释的刑法学，即刑法解释学。它所关心的不是刑法的本体论，而是如何认识、理解和适用刑法规范的认识论。工具意义的刑法方法极为繁多，诸如逻辑—体系解释、扩大解释、限制解释、目的解释、字面解释、当然解释等。这种从整体上

① 杨学功：《本体论源流考（古代、中世纪部分）》，载查常平主编：《人文艺术》，第2辑，329页，贵阳，贵州人民出版社，2000。

研究工具意义的刑法方法以及所有有关这些方法的理论所构成的知识体系，就是刑法工具方法论，或称刑法方法的工具论。

以上分析表明，刑法哲学不同于刑法解释学。那么，刑法哲学和刑法解释学之间、本体论与工具论之间，何者应为刑法研究的主要方法论，换言之，适宜于刑法学科的方法论究竟是什么？

二、刑法本体方法论到工具方法论的范式转型

应该肯定的是，刑法本体方法论和刑法工具方法论之间不存在高低贵贱之分。在当代哲学中，本体论和认识论之间的关系向来是相互依存的：前者是后者的基础，后者是对前者的发展。海德格尔主义者认为，任何认识都是在存在的基础上展开的，认识不过是此在在世的样式。换言之，本体论是基础性的，而认识论只能在本体论的基础上加以探讨。这一见解事实上延续了叔本华以来的思维传统。两种方法论的共识在于，认识论和本体论实际上是不能割裂开来进行讨论的。[①] 本体论和实践认识论的关系表明，本体论不仅可以表示哲学中最抽象的研究领域，可以表示某种哲学的基本立场或倾向，还可以表示哲学地思考问题、论述问题、研究问题的一种最主要的方法——寻根问底，力图在最高的抽象层次上认识和探究事物起源、本质及其发展规律的思维方式和研究方法。但是，在当代哲学中，认识论必须以本体论为前提或基础，否则势必陷入哲学上的混乱，并在盲目的认识和探究中迷失方向；同样，本体论也必须依靠认识论作为中介和桥梁，才能发挥对实践的指导作用，并使自身获得验证和发展，脱离实践认识论的本体论研究只能在封闭的抽象王国中陷入独断论或怀疑论的哲学深渊。[②] 本体论和认识论之间的这种关系，决定了对刑法的渊源、本质、机能、价值、刑法效果等本体问题的研究，不能离开对刑法规范在实践中的解释、运用；而对刑法规范的解释、适用，也不能离开有关刑法本质、机能、价值等本体问题的理

① 参见俞吾金：《本体论研究的复兴和趋势》，载《浙江学刊》，2002（1），52页。

② 参见桑新民：《呼唤新世纪的教育哲学》，47～48页。

论指导。因此，刑法方法的本体论和工具论，犹如一纸二面，它们只存在着理论与实践的性质不同，而不存在高下之分。

然而，“17 世纪到 18 世纪哲学理论的一个重要变化”是，“哲学的重点发生了转移，由主要探讨存在的本性、本体，转变为主要探讨认识的本性、本原，即从以主体论为中心的理论转变为以认识论为中心的理论”①。这种重心转移并不是说本体论问题不再重要，而是表明对本体论的探讨方式已经发生改变，即近代哲学不再用本体说明一切，而用人对事物的实践认识来解释世界。法学的发展同样遵循了这一规律。“如果说近代法学的任务在于建构合理的规范，重塑法律的精神，其核心在于法律本体论和法律价值论的话，那么，现代法学的首要任务就在于这一价值的实现。因此，现代法学的核心就在于方法论。这从西方法学的方法论转向中可以得到确证。”② 与近代哲学观念的发展和法学方法论的转向相适应，刑法学研究的重心必然由本体论问题的研究转向刑法解释学的研究，实现从刑法本体方法论向刑法工具方法论的范式转型。这既是刑法学自身的学科特性所决定的，也是实现刑法的正义性所要求的。

(一) 刑法的学科特性要求进行范式转型

刑法是一门十分特殊的学问，有着自身的学科特性，即适用性和规范性。就其适用性而言，它通过成文的刑法典设定一系列刑法规则和制度，制定一系列犯罪成立的要件及相应的刑罚，对实践中发生的案件事实进行判断涵摄，最终确定某一行为是否成立犯罪或是否适用刑法总则中的某项制度。刑法的适用性决定了它自身具有极强的实践性，甚至在某种程度上决定了社会上一般人对法治的认识，“刑法的适用，较之任何其他的法律容易引起公众的注意。社会一般人士，往往即以他们所见到及读到的关于刑事案件的审判情形，来判断司法行政之良窳。因此为一般人尊敬及服从法律起见，必使刑法的适用能示威信于大众，这是极

① 高清海：《哲学思维方式变革》，157 页，长春，吉林人民出版社，1997。

② 周永坤：《法学的学科定位与法学方法》，载《法学论坛》，2003（1），99 页。

其重要的一件事。同时为社会安定起见，应使其发挥可能最大的效力，这也是十分重要的”[①]。这样，适应具有强烈实践性特点的刑法学，最急需的方法当然是刑法解释学，即如何解释、适用刑法规范，使之最好地发挥刑法的威信。而如何认识刑法规范并适用这些规范，应该从工具论的层面上加以探讨。“理解融入解释，解释融入适用。”[②] 如果离开了刑法解释，刑法的适用将会寸步难行。

就规范性而言，刑法本身属于规范法学，而规范法学的根本在于构建法律方法，揭示法律知识，即构造法解释学。从这种意义上界定，法学“以处理规范性角度下的法规范为主要任务”，它关切的是实证法的规范效力、规范的意义内容，以及法院判决中包含的裁判准则，“质言之，法学要认识隐含在立即可解的字义背后的意涵，并将之表达出来”。这样，从根本上说，法学是一门关于理解的学问，而理解需要“通过解释”[③] 来进行。因此，在刑法本体方法论和工具方法论之间，后者即刑法解释学具有更为重要的现实意义。只有通过刑法解释学的应用，才能实现刑法关注规范效力与内容以及如何取得适合个案的法官裁决等任务，才能使刑法学体现作为规范法学的特性。

但是，我国法学长期以来不重视规范法学的法律方法和技巧构造，刑法学也概莫能外。对此，有学者指出：我国法学界受“宏大叙事”思维的引导，受意识形态需要的牵制，太过于关注对法律本质的探求而缺乏“微观论证”；而规范法学应有的法律知识、规范构造、司法技巧等常常被遗忘，以至于法学理论愈多而法律行为愈加混乱，法律愈多而秩序愈加缺乏！而规范法学的根本不在于法律的本质，而在于揭示法律知识，创造法律方法，构建司法技巧。“一国有法律而无法律之知识与方法，无司法之专门技巧，法律唯有装点门面、铺陈摆设而已。而法律之

① ［美］罗斯科·庞德：《关于中国法律教育问题的初步报告》，载王健编：《西法东进》，519页，北京，中国政法大学出版社，2001。

② ［美］哈罗德·J.伯尔曼著，贺卫方等译：《法律与革命》，144页。

③ ［德］卡尔·拉伦茨著，陈爱娥译：《法学方法论》，77、84、85页，北京，商务印书馆，2003。

无法落实，不仅陷法律于不信，更令国民、律师、法官无所适从。是以西洋各国，无论奉行判例法律还是尊法成文规定，皆以培养、发展出大气磅礴、严谨缜密之法律知识、法律方法和司法技巧为所任。因此，法学自成一格，卓然而立于学术之林。它并不因携哲学、社会学、经济学……的术语和方法而壮大其声，反之，其自身之学术方法、思维路径、裁判技巧既影响到其他学人，也潜移默化，而渐成公众思维。这与我国反差何其巨也！虽然，法学教育在此渐呈显要，以至俨然无法（科）不能立校，学法最为时尚。但在此背后，无论法科教师，还是法苑学子，大都缺乏法学知识、方法和技巧之训练。”① 可见，时下我国刑法学方法论所面临的关键问题，不是如何解构刑法的本质、价值等本体问题，而是如何发展出一套精致的刑法解释论，即如何将具有内在的首尾一贯的逻辑体系的成文刑法规范，通过构造诸如目的—客观解释或漏洞补充或扩大解释等各种解释方法和技巧，演化为活动的刑法秩序。最近几年由于受司法改革以及法治秩序构建趋势的影响，这些法律方法的研究正在如火如荼地进行，“故法律解释、法律推理、法律论证、法律发现、漏洞补充、法律续造、先例识别、利益衡量、理由说明等关涉法律方法之词汇，在法学论著、法律家言行中日渐流行、走俏”②。因此，如何解释刑法规范并将之演化为适于个案的刑法秩序，如何发展出一套解释、适用刑法规范的法律方法，才是规范刑法学的根本。

（二）刑法的正义性目的要求进行范式转型

刑法工具方法论的范式转型，也是刑法正义性的要求。正义是法律的基本价值，法律是正义的价值体系，法学是探讨正义的学说；法律的目的是维护正义与社会安宁，法学的目的则是研究何种手段是维护正义的有效形式。刑法在根本上是一种特别的法律，因为它规定了严重违反其他一切法律的制裁措施，是所有部门法的保障法。依此，刑法是法律

① 谢晖：《〈法律方法〉总序》，载陈金钊、谢晖主持：《法律方法》，第2卷，2页，济南，山东人民出版社，2003。

② 谢晖：《〈法律方法〉总序》，载陈金钊、谢晖主持：《法律方法》，第2卷，3页。

体系内正义维护的最后防线，刑法的正义性因而成为刑法的核心命题。刑法的正义性不仅暗含了刑法安定性的形式诉求，也暗含了处罚适当性、罪刑均衡性等实质价值依归，同时还暗含了通过刑法实现社会正义的终极目的。由此，认识何谓刑法的正义性及其实现路径是整套刑法规范和刑法学的核心。但是，传统认识论上的“主体—客体”模式导致人们将刑法的正义性作为实体对象，进而当作思维的客体。“过去数百年，我们将‘正当的法律’，即正义，视为某种客观的东西，更确切地说，视为一个客体，一个实体上与认识中的意识相对立的标的。我们固守‘主体—客体’模式，据此，在认识上将客体与主体作严格的区分，也就是说，在认识上不掺入任何主观的东西。”① 然而，“后现代思想首先应克服现代的两元论：即，主体与客体的分离”②。这决定了必须联系认识主体和认识客体才能认识事物的本质。

事实上，认识论上的“主体—客体”模式早已过时，因为“主体—客体”模式将认识主体（如法官）和认识对象即刑法的正义性严格分开，断然拒绝将任何主观的东西（如法官的理解）纳入对刑法的正义性的认识之中，刑法适用者只能依照形式正当的刑法规范，毫无违拗地根据刑事立法者的意思来理解、适用刑法。但是，刑法的正义性概念并不是简单地出自抽象的普遍格式化的刑法规则，它在一定程度上是存在于程序化的行为之中，存在于刑事司法判决和刑法适用之中，存在于法官对刑法条文诚挚的理解之中。刑事法官对刑法的适用过程就是刑法正义性的运作实践过程。“主体—客体”的认识方式原则上对于认识刑法的正义性起不了什么作用，因为一个想要理解某种事物的人必然要融入其对事物的主观见解，正如加达默尔所说，将自我理解带进理解过程中，这种理解并不是对象性的，也不是主观的，相反，它始终是主体、客体同时并存的。

通过主体—客体同在性的认识论，借助统合的唯理性概念，即形式

① ［德］考夫曼著，刘幸义等译：《法律哲学》，371页。

② ［德］考夫曼著，米健译：《后现代法哲学》，7页。

唯理性的形式正义与内容唯理性的实质正义范畴，刑法方法论与刑法学自然而然地结合到一起，并且表明方法论问题并非与刑法学不相干；通过正确的方法论，刑法的正义性既可认识，亦可实现！形式唯理性代表着刑事法治国的根本标志和底线，实质唯理性代表着对内容正当性的刑法规范的诉求。考夫曼关于形式唯理性与内容唯理性的理论①，局限于概念和结构分析的形式唯理性，这决定了早期的刑法学方法论流行这样一种观点，即刑法大概是一种极为简单的逻辑堆砌，是对某种生活客观状况以法律规范形式所作的归纳；刑法适用不过是对刑法条文的机械复制，以产出无须任何解释的刑事判决书。这是一种概念法学的方法论。至于刑法追求正义之目的，借用歌德的话来说，对法学来说，目的这个问题“完全不是一个法学的问题”，而是一个“非常微小的观点”②。

但实际情况并非如此。刑法不仅仅是概念和逻辑的组合体，它更是一个互动的复杂系统，这一系统包含着创造性、辩证性以及动议性的因素，任何情况下都不会仅仅只有逻辑的因素；它是正义的底线，追求形式正义和实质正义永远是其终极目标。从古至今，法官适用法律包括刑法，从来都不是仅仅依据规则就能得出判决结论，而始终是立足于规则之上，同时求助于实质正义、社会经验和当下情境来形成判断。因此，一种唯理的刑法学不能仅注重刑法规范的形式、概念和逻辑上的结构，而必须同时关注其内容。所以，分析法学派攻击刑法哲学的实质内容取向，也并非毫无道理。然而，这些取向在长达几个世纪的时间里都与理性主义的自然法理论相一致，并决定了20世纪中期以后各国对刑法规范内容的研究成效：一是使刑法的人权保障机能更富有朝气，因为它导致在形式唯理性所彰显的公开性、预期性、普遍性、稳定性等刑法安定性的品质之外，出现了后来的刑罚法规的适当性、明确性、罪刑均衡性等以实质正义为特征的价值内涵，使刑法由早期的形式的人权保障法转而兼有实质的人权保障法的性质。二是使刑法方法论由单一到多元，由

① 参见［德］考夫曼著，米健译：《后现代法哲学》，21页。

② 转引自［德］霍尔斯特·海因里希·雅科布斯著，王娜译：《十九世纪德国民法科学与方法》，6～7页。

早期的概念刑法学过渡到刑法解释学。[①] 这种过渡不是对概念分析方法的抛弃，因为概念分析方法有助于拓展认识的概念基础；而是在合理使用分析方法的基础之上，致力于从刑法规范的形式中获得比较持久连贯的内容，探求刑法规范性的表述所具有的真理性的资质，以最终实现刑法的实质正义。刑法产生并存活于民众信念和社会总体现实，而后者缺乏客观可见的形式，因而要深刻理解刑法规范就必须结合一般民众的正义观和社会现实的生活需要。

（三）小结

一个有能力将自然理性法所体现的实质正义制定为刑法规范，并将其确定性作为编纂刑法典的目标的时代，永远不会到来。刑法规范的不确定性、刑法典的不完美性，注定不可避免。这不仅仅是法规范的宿命，其实还是自然科学面临的新挑战。“如果说相对论和量子力学的理论还传承了经典力学对确定性观念的信赖的话，那么在后来科学的发展中，连这种确定性的观念也完全被超越了。无论是海森堡的‘不确定原理’，还是玻尔的‘互补原理’；无论是哥德尔的‘不完全性定理’，还是扎德的模糊数学；无论是莫诺的生物学理论，还是曼德勃罗的‘非线性科学’，都在不同的程度上冲击了传统的、确定性的观念。”[②] 正如普利高津所说：“人类正处于一个转折点上，正处于一种新理性的开端。在这种新理性中，科学不再等同于确定性，概率不再等同于无知。”[③] 而“在一个已经拥有法的首要基本原则而且有能力通过这些原则取得法的完美性的时代中，法典不可避免的不完美性不会造成任何损失”。因为“比立法者更聪明的只能是适用制定法的人”[④]。甚至，不仅不完美、不确定的刑法规范需要解释，而且全部的刑法规范都需要解释。因此，拉伦茨认为，“需要解释本身并不是一种——最后应借助尽可能精确的

---

① 参见刘艳红：《开放的犯罪构成要件理论研究》，296页。

② 俞吾金：《本体论研究的复兴和趋势》，载《浙江学刊》，2002（1），48页。

③ ［美］马尔库塞著，刘继译：《单向度的人》，143页，上海，上海译文出版社，1989。

④ ［德］霍尔斯特·海因里希·雅科布斯著，王娜译：《十九世纪德国民法科学与方法》，48页。

措辞来排除的——‘缺陷’，只要法律、法院的判决、决议或契约不能全然以象征性的符号语言来表达，解释就始终必要”①。适用刑法的人根据正义、公平等法的基本原则对刑法规范进行阐释，以实现刑法的正义性之目的，将会在很大程度上克服刑法典的不完美，并使刑法在纷繁复杂的社会生活面前永葆活力，因为是事物应符合概念而非概念应符合事物。没有完美的、可以毫无争议地适用于一切案件事实的刑法规范，只有通过结合社会现实对案件事实进行解释才能明确其是否符合刑法规范，如赫尔穆特·科殷认为，只有“在解决个案之时，将隐含在法律中的正义思想、目的考量付诸实现，并据之为裁判”②，才能使刑法避免套上制定法的确定性、形式性和规则性与实质公平、正义之间矛盾的枷锁。

三、刑法方法论的未来趋势：走向实质的刑法解释学

（一）实质的刑法解释论之提倡

未来中国刑法学发展的必然趋势是实现刑法工具方法论的范式转型，未来刑法方法论的发达则有赖于构建一套精密的刑法解释方法和技巧。那么，构建刑法工具方法论应该从何种路径入手？易言之，对刑法规范的解释、运用，是从形式的角度还是从实质的角度进行？这既是刑法的立场问题，也是刑法方法论的路径问题。作为实质犯罪论的主张者，笔者当然提倡实质的刑法解释理论及方法。

在今天的我国刑法学界，从事犯罪论体系的形式化或者实质化研究的学者并不多，但是，自从现行刑法确立了罪刑法定原则之后，我国刑法学界初步产生了形式的解释论和实质的解释论之间的学术争论。前者如阮齐林教授所提出的“罪刑法定原则的确立，还将导致刑法解释方法论的转变，即由重视实质的解释转向重视形式的解释”之论断，后者则

① ［德］卡尔·拉伦茨著，陈爱娥译：《法学方法论》，86页。

② ［德］卡尔·拉伦茨著，陈爱娥译：《法学方法论》，9页。

是张明楷教授所提出的“只有从实质上解释犯罪构成，才使符合犯罪构成的行为成为严重危害社会的行为”之观点。笔者认为，前述法律实质理性对形式理性的介入，形式法治国到实质法治国的嬗变，兼具形式与实质内容的现代罪刑法定原则的兴起与古典罪刑法定原则的终结，形式的犯罪概念的解除，犯罪构成要件机能由形式的人权保障到实质的人权保障的变化，以及大陆法系中构成要件的无价值性到价值判断因素的确立，这一切，决定了犯罪论体系不单是纯粹形式的行为框架，而应该同时含有实质上的价值判断；对犯罪构成要件的解释不能仅从形式上进行，还要从刑罚法规的适当性的实质层面进行。简言之，应该建立以形式的、定型的犯罪论体系为前提，以实质的可罚性为内容的实质的犯罪论体系。相应地，对刑法规范应该从行为是否达到了值得处罚的程度进行实质的解释。

然而，罪刑法定原则的最初本意在于以形式的成文刑法保障国民的自由人权，这导致当下我国刑法学界对犯罪论的研究主要集中于形式问题。比如，建立形式的犯罪概念，建立形式的纯事实构成要件符合性的判断与价值的实质判断相分离的逻辑清晰的犯罪论体系，以及最终如何从更为经济的角度发挥犯罪论体系的诉讼机能与程序作用。“今天大多数的专家主要限缩在程序问题，原因在于，大多数人觉得内容比较不重要。他们认为，科学并不足以掌握正义之内容。”[①] 刑法中的构成要件是对生活事实的类型化，但它并非纯粹的经验事实，作为犯罪的成立条件，从一开始它就蕴含了立法者否定的价值判断，它是价值性的载体。对此，我们可以通过分析一个完整的刑法规范得出结论。法定的构成要件以及法律后果即刑罚组成了一个完整的刑法规范。比如，先描述“故意杀人”这一事实，然后才赋予该构成要件某个法律后果——处死刑、无期徒刑或10年以上有期徒刑等。而立法者对刑罚的规定实际上表明了立法者对法定的事实构成所涉及的生活事实过程进行的法律评价，“在任何完整的法律规范中，立法者都要处理某个典型的生活事实过程

① ［德］考夫曼著，刘幸义等译：《法律哲学》，2版，序，3页。

或利益状态并对此作出法律评价”①。这一评价就是，立法者认为它所规定的某种法定的构成要件或者说特定的事实类型的行为是需要予以刑罚惩罚的。法官的活动就是将某种业已发生的现实行为涵摄于法定的构成要件事实，如果涵摄成功的话，就可以直接适用刑罚。而在法官的对接活动中，他时时所依照的是什么样的行为是有处罚必要性的。因为通过现实的“事实构成与法律后果之间的连接，每个法律规范都将表明：在事实构成所描述的事实行为中什么才应该是适当的、‘正义的’”②。立法者显然认为，只有处罚值得处罚的行为才是适当的、正义的，这种正义就是具有实质合理性的正义，它正是对作为刑法规范的形式正义的实现。因此，在评价某一现实发生的行为是否符合刑法中规定的构成要件时，不能仅仅从纯事实性的描述中寻求答案，而且要从是否有助于实现刑法的实体正义，是否有助于实现刑法的人权保障机能与法益保护目的中寻求标准。

（二）实质的刑法解释论之意义

实质的刑法解释论有利于实现刑法的安定性。正如德国学者考夫曼所认为的，从实质正义的观点来看，一个不完善的法律应尽可能立刻予以改善；然而正义终究也绝不能忍受任何经常变更的立法，因为如此一来可能造成法律适用的不平等而导致违背正义。③ 而“刑法在根本上与其说是一种特别的法律，还不如说是对其他一切法律的制裁”④，易言之，刑法是所有法领域中性质最为严厉的法律，它涉及生杀予夺等公民最基本权利之变更，是国家的以恶制恶，也是违法行为不可突破的最后底线；同时，刑法还具有二次性和保障性，因此，刑法比其他部门法更需要安定性，刑法的频繁变动会降低其权威性，最终不利于保障人权和保护各种法益，不利于发挥刑法作为其他部门法保障法的重要作用，而且频繁变动的成本也很高昂。而最为可能且成本最低，因而也最有效的

① ［德］伯恩·魏德士著，丁小春、吴越译：《法理学》，63页。
② ［德］伯恩·魏德士著，丁小春、吴越译：《法理学》，64页。
③ 参见［德］考夫曼著，刘幸义等译：《法律哲学》，276页。
④ ［法］卢梭著，何兆武译：《社会契约论》，73页。

手段，就是对成文的刑法规范进行解释，建立起发达的刑法解释学，使之适应于不断变化的社会生活和各种特殊的案件类型。一部刑法典内容无论多么完备，都注定没有永不衰竭的生命力，唯有以刑法解释学为模式建立起来的刑法学体系，才能适应时代的需要。同时，从个案正义来看，形式正义固然要求法律的安定性作为形式上的要件，但对于具备了形式要件后的刑法的正义诉求，则是如何将体现形式正义的刑事规则公正地适用于每一个案。“只有在具体状况中，透过人类妥当衡量与行动所完成的裁判才真正呈现了正义。不是一般性之抽象规则，而是在对具体各个分殊差异的精致、充分而妥当的比较考量后所作出的裁判，才真正符合个案‘本性’之自然法。”[①] 因而刑法本身需要解释，只有经过解释作出的裁判才是符合正义理念的。“只有允许对具体案件公正地作出判决的法律秩序，才是公正的。罗马人将其称为‘aequitas’。”[②] 而实质的刑法解释论恰恰旨在对作为形式正义之体现的刑法规范进行解释，以阐明其蕴含的实质正义。通过对构成要件结合社会情境的实质解释，避免对不完善的刑法朝令夕改而削弱其可预测性，并将不值得动用刑罚处罚的行为排除在刑法的犯罪圈之外，以实现个案的正义。

实质的刑法解释论还有利于实现刑法的目的。如果说法学是“一门特殊的以解决法律价值判断问题为目的的‘修辞学’”[③]，那么，刑法学的目的就在于保护法益和保障公民的自由人权。与其他法律对法益的保护有所不同，刑法是通过处罚犯罪人来达到法益保护的目的的。因此，必须先有犯人侵害法益的行为，才产生法益保护的需要。可见，保护机能在于防止一般人民所加之侵害，因此有处罚犯罪人的必要；保障机能在于防止国家对公民所加之侵害，因此有限制国家权力之必要。诚如日本学者町野朔指出的：从刑法具有动用刑罚抑制犯罪与通过禁止不当的刑罚来保护国民的作用这一点来看，刑法解释较之其他法律解释不尽相同，这种不同之处在于，刑法的目的并非完全在于抑制犯罪，即刑法除

① 颜厥安：《法与实践理性》，227页。

② ［德］伯恩·魏德士著，丁小春、吴越译：《法理学》，175页。

③ ［德］伯恩·魏德士著，丁小春、吴越译：《法理学》，97页。

具有抑制犯罪的目的外，还具有保护国民权利的目的，因此在解释刑法时必须防止那种只注重前者而轻视后者的倾向。[①] 实质的刑法解释论恰恰在注重动用刑罚处罚犯罪人以实现刑法的法益保护目的的同时，更注重严格控制解释的尺度而只将那些值得处罚的行为解释为犯罪，从而实现对国民权利的充分保护，实现刑法保障公民的自由人权的目的。

四、结论

实质的刑法解释论孕育着刑法研究方法的变迁，是刑法条文本身安定性的实现途径。通过实质的解释，可以发挥犯罪构成要件的认知可能性、操作可能性与实践可能性。从这一点来说，实质刑法立场之构建，并非只是刑法学的理论问题，更是刑法研究方法的变迁问题。它表明在刑法理论的研究论证之上，重视的是对刑法问题的实证化、证成性方法的运用。而实质的刑法立场，不仅对本体意义的刑法方法论造成冲击，也呼吁对工具意义的刑法方法论的研究。因为，本体意义的方法最终都是通过工具意义的方法落实的。“法律逻辑和方法论是对不易看清的、实质正义的法律认识程序的反思。它追求的目标为，发现（在人的认识允许的限度内的）‘真理’，作出妥善说明理由的判断。”[②] 那么，实质的刑法解释论就是对作为形式正义的刑法规范所蕴含的实质的刑事正义的追寻过程，对于实质正义的价值判断以科学方法来审查；未来刑法方法论的发达，则是精密的刑法解释技巧与方法的构建！“如果一种法律解释能够激励普通法国家中的法理学活动，能够推动我们的法学论者和法学教师去引领法院和立法机构的工作，而不是跟随法院和立法结构的工作并满足于作一些条理化、系统化和协调化的分析，那么这种解释就能够很好地完成自己的使命。”[③] 这正是刑法解释学所肩负的使命。

---

① 转引自李海东主编：《日本刑事法学者》（下），307～309页。

② ［德］卡尔·恩吉施著，郑永流译：《法律思维导论》，序，2页，北京，法律出版社，2004。

③ ［美］罗斯科·庞德著，邓正来译：《法律史解释》，244页，北京，中国法制出版社，2002。

第七章　形式与实质刑法解释论的来源、功能与意义

形式和实质刑法解释论无疑是刑法学界近年来最受关注的话题，也是“走向学派之争的刑法学”① 中最引人注目的学术论战。围绕这一争论的各种声音层出不穷，相应地，形式与实质解释论的各自阵营也在论战中日益分明。形式解释论阵营的旗手陈兴良教授与实质解释论阵营的旗手张明楷教授早已高手过招、各自亮剑，两阵营之下的主力军们也纷纷加入其中且乐此不疲。喧哗热闹的背景下，形式解释论者对实质解释论也体现出诸多误解，其中之一是对形式与实质解释论的脉络来源之质疑。形式解释论者往往割裂形式/实质解释论与刑法犯罪论体系之间的关系，单纯从刑法方法论的角度来看待或使用形式/实质解释论；形式解释论者往往认为我国形式与实质解释论之争不是来源于国外而是单纯的中国刑法解释论之争的展开；形式解释论者也往往认为形式/实质解释论只应停留于构成要件领域而不是针对整个犯罪论甚至刑法体系而言。这些问题均属形式与实质解释论之争的理论前提，对此如果不加澄清或者没有准确的认识，只会将形式与实质解释论之争导向误区，最终影响形式刑法观与实质刑法观学派之争的深入进行。

一、形式与实质刑法解释论的语境澄清

形式与实质的刑法解释论究竟肇始于何时？这一范畴是在什么语境

① 陈兴良：《走向学派之争的刑法学》，法学研究，2013（1），144～148页。

下产生的？它们究竟与刑法犯罪论体系是相关的还是无关的？形式与实质的刑法解释论究竟是我国学者提出的，还是源自德日刑法学？为此，有必要对形式与实质的刑法解释论范畴的来源进行说明，方能澄清学界的一些误解，因为这些问题事关对形式与实质的刑法解释论的地位、意义与功能等重大问题的理解与定位。

（一）在时间上出现于确立罪刑法定原则之后

在时间上，形式与实质的刑法解释论出现于罪刑法定原则在我国刑法中法典化地位确立之后。可以肯定的是，正如陈兴良教授所指出的，我国“传统的刑法解释方法中，并无形式解释与实质解释之分”①。事实的确如此。在1997年之前，我国刑法学界对刑法解释的探讨并不多，已有的探讨主要集中在刑法解释的概念、基本思想与原则等极其基础的问题上，其中对刑法解释方法的探讨则类似于教科书式的，集中于介绍文理解释、扩张解释、当然解释等传统解释方法。② 因此，这一阶段的探讨从未出现形式与实质解释论这样的命题。

那么，形式与实质解释论这一范畴出现于何时？对此，陈兴良教授认为，是梁根林教授较早地在刑法解释的目标意义上提出了形式解释论与实质解释论这对范畴。③ 这一说法并不错，只是尚不全面和准确。在我国刑法学界，最早论及形式解释与实质解释的是阮齐林教授，阮齐林教授也可以算作最早的形式解释论的倡导者。现行刑法颁布之后，随着罪刑法定原则被确立为我国刑法基本原则，我国学者阮齐林教授指出，“罪刑法定原则的确立，还将导致刑法解释方法论的转变，即由重视实质的解释转向重视形式的解释。在罪刑法定原则之下，刑法形式上的东西将居于首要的、主导的地位”④。在阮齐林教授之后论及形式与实质

① 陈兴良：《形式与实质的关系》，法学研究，2008（6），109。

② 参见高铭暄主编：《中国刑法学》，41～42页，北京，中国人民大学出版社，1989；胡新主编：《新编刑法学·总论》，20页，北京，中国政法大学出版社，1990；陈兴良：《刑事司法研究——情节·判例·解释·裁量》，318页，北京，中国方正出版社，1996。

③ 参见陈兴良：《形式与实质的关系》，法学研究，2008（6），107～108页。

④ 阮齐林：《新刑法提出的新课题》，载《法学研究》，1997（5），152页。

解释的则是张明楷教授，与阮齐林教授的观点相反，张明楷教授则主张实质的刑法解释。在1999年出版的《刑法格言的展开》一书中，张明楷教授指出，“从解释学的角度而言，对刑法规定的犯罪构成，不能仅从形式上解释，而应从实质上把握。因为刑法是以一定标准在危害行为中选择若干严重危害行为并将其规定为犯罪的，犯罪构成不外是严重危害行为的法律标志。既然如此，符合犯罪构成的行为，一定是严重危害社会的行为。如果只是从形式上解释犯罪构成，就会使一些琐细之事都符合犯罪构成（在某些情况下也可能造成相反的不良后果）；只有从实质上解释犯罪构成，才使符合犯罪构成的行为成为严重危害社会的行为”①。在2000年出版的《法益初论》一书中，张明楷教授再次指出，为了符合“罪刑法定原则的民主主义思想基础以及‘禁止处罚不当罚’的实质性要求”，“对犯罪构成要件必须作出……实质意义的解释”；同时，该书首次将实质解释论与实质的犯罪论联系在一起，并作为后者的自然结论阐述出来，“我主张实质的犯罪，并且认为，即使在罪刑法定原则之下，也应当采取实质的犯罪论，即必须以犯罪本质为指导来解释刑法规定的构成要件”。“由于我主张实质的犯罪论（在刑法有明文规定前提下的实质的犯罪论），故主张对犯罪……要件进行实质意义的解释”②。紧接着，张明楷教授在《刑法的基本立场》一书中进一步在对立意义上分析形式的解释与实质的解释这一范畴。该书中明确抛出了“构成要件论：形式的解释论与实质的解释论”这一标题，首次使形式与实质解释论作为一对对立范畴出现，同时张明楷教授明确表达了“实质的解释论之提倡”③ 的命题，并在延续《法益初论》前述思路的基础上，详细地表明了提倡实质解释论的理由。在此之后，梁根林教授也论及了形式与实质解释论。梁根林教授曾经指出，在形式的罪刑法定观念支配下的19世纪的刑法解释论，一般倾向于采纳形式解释论与主观解释论，20世纪以来，在实质的罪刑法定观念的主导下的刑法解释论则

① 张明楷：《刑法格言的展开》，115页，北京，法律出版社，1999。

② 张明楷：《法益初论》，261、265页，北京，中国政法大学出版社，2000。

③ 张明楷：《刑法的基本立场》，110页，北京，中国法制出版社，2002。

多坚持实质解释论与客观解释论。[①] 此后，如陈兴良教授所指出的，“在引入日本刑法学形式犯罪论与实质犯罪论的基础上，进一步展开对形式解释论与实质解释论的研究。例如刘艳红教授提出了‘走向实质解释的刑法学’的命题”[②]。

可见，现行刑法颁布之后，随着罪刑法定原则在我国刑法典中法典化地位的确立，围绕着如何适用和理解罪刑法定原则这一新的事物，我国刑法理论上才开始出现形式与实质解释之命题。在现行刑法之前、我国第一部刑法典1979年《刑法》实施期间，之所以没有形式与实质解释的命题，是因为在旧刑法时代有类推制度的存在，罪刑法定原则并未被引入我国，人权保障理念尚未根植于社会大众甚至包括法律职业者的脑海之中，整个法学包括刑法学的发展都还在起步阶段，在此情形之下，真正意义上的刑法解释学也远未建立，所谓形式与实质解释这样深入探讨刑法解释学的问题自是无从谈起。因此，我国传统的刑法解释学中也就不可能有形式与实质解释这样的命题了。正是罪刑法定原则的法典化，才引发了如何在遵守罪刑法定原则的前提下解释运用刑法典的问题，围绕罪刑法定原则的形式与实质双重侧面，才进一步引发了形式与实质解释的问题。正因如此，“正确地解读罪刑法定原则的内在精神，才是对形式解释论与实质解释论作出正确判断的关键之所在”[③]。形式与实质的罪刑法定原则以及提倡实质解释论的理由正是基于这种思路而展开的。[④] 如果仅仅因为形式或者实质这类广普的词语，就认为它们早就存在于我国刑法学之中，那将是极大的误解。

（二）在问题上与形式与实质的犯罪论相关联

在问题上，形式与实质的刑法解释论从一开始就与形式与实质的犯罪论相关联。中国刑法自罪刑法定原则的法典化之后便产生了形式与实质解释论的概念及争论，那么，这是否意味着形式与实质解释论是中国

① 参见梁根林：《罪刑法定视域中的刑法适用解释》，载《中国法学》，2004（3），123页。
② 陈兴良：《形式与实质的关系》，载《法学研究》，2008（6），108页。
③ 陈兴良：《形式解释论的再宣示》，载《中国法学》，2010（4），29页。
④ 参见刘艳红：《实质刑法观》，64～70页，北京，中国人民大学出版社，2009。

刑法学本土化的产物？尤其是，这对看似纯解释论的范畴与我国刑法犯罪论体系有无关联？这两个问题，直接涉及形式与实质解释论的意义以及其对立的价值。对于第一个问题，陈兴良教授指出，“刑法的形式解释与实质解释是我国学者提出的，在德、日刑法学中并无形式解释论与实质解释论的对峙”[①]；形式解释论阵营中的劳东燕博士则和陈兴良教授持不同看法，她指出，“形式解释与实质解释是当前形式解释论与实质解释论之争中最为核心的范畴，它们源于德日刑法理论”[②]。对于第二个问题，陈兴良教授表示怀疑，“形式解释论与形式犯罪论、实质解释论与实质犯罪论，这两者之间到底是否存在逻辑上的关联性，这是首先需要厘清的问题”[③]。上述观点看似针对不同问题，实则都反映了形式与实质解释论缘何而来的共同问题，故有必要放在一起讨论。

罪刑法定原则的法典化，引发了我国学者对形式与实质解释论问题的关注，也引起了我国刑法学界对犯罪论体系构建问题的思考，进一步展开对形式与实质解释命题的研究。罪刑法定原则法典化之后，我国刑法学界开始重新思考以社会危害性概念为基础的、平面化的犯罪论体系是否合适的问题，并由此展开了去苏俄化的讨论。刑法学者致力于批判我国传统平面四要件，因为罪刑法定原则这一法治国的人权保障原则要求对我国传统四要件的犯罪论体系进行改造，这种平面犯罪论体系被普遍认为是一种“实际上是以犯罪已经成立为前提的”[④] 体系，换言之，它是以有罪为前提的，无罪判断是最后得出的逻辑结论，体现的是有罪推定的思维方式，这与罪刑法定主义原则的人权保障机能明显相悖。而且，我国平面犯罪论体系的问题，在罪刑法定原则法典化的激发之下，也引起了外国学者的关注。针对我国现行刑法的修改及由此可能造成的

① 陈兴良：《形式与实质的关系》，载《法学研究》，2008（6），107页。

② 劳东燕：《刑法解释中的形式论与实质论之争》，载《法学研究》，2013（3），123页。

③ 陈兴良：《形式与实质的关系》，载《法学研究》，2008（6），108页。

④ 杨丹：《感想与感悟，刑法学的一种观感式叙说——访著名刑法学家陈兴良教授》，载冯军主编：《比较刑法研究》，460页，北京，中国人民大学出版社，2008。

对我国刑法犯罪论体系的影响，日本学者大谷实先生一针见血地指出，“我认为，这次修改的特征，简单地加以概括的话，就是在维持旧刑法所规定的传统刑法体系的同时，加入了尊重自由主义或者个人主义的理念。如果这种理解正确的话，那么，在刑法的适用或者解释上，中国迄今为止的犯罪论体系能否被坚持下来，就应当成为问题，或者肯定成为问题”。大谷实先生还认为，“这大概就是最近在中国的年轻学者当中，对重新建立犯罪论体系表现出强烈兴趣的原因”。因为在大谷实先生看来，“在以罪刑法定原则为前提的犯罪论中，重视构成要件论的形式犯罪论是最为稳妥的，并以此为出发点，对犯罪论进行探讨，将刑法体系化”①。在大谷实先生看来，罪刑法定原则是以自由主义为基础，以人权保障为理念的，为了体现罪刑法定原则的精神，必须反思中国传统平面四要件体系，因为该体系存在入罪为导向、社会保护为理念的缺陷；同时，作为形式犯罪论和形式解释论的代表者，大谷实先生还主张，如果中国“迄今为止的犯罪论体系”即平面四要件体系不能“被坚持下来”，那么，就应该建立以罪刑法定原则为前提、以形式的构成要件为出发点的“形式犯罪论”。至于这种形式犯罪论是什么，缘何又与刑法解释论相联系，大谷实先生又深入分析指出，“承认构成要件的独立机能，以社会的一般观念为基础，将构成要件进行类型性的把握的犯罪论，通常被称为形式犯罪论”。形式的犯罪论者主张对犯罪构成要件进行形式的解释，“在构成要件的解释上，在进行处罚的必要性或合理性的实质判断之前，应当从具有通常的判断能力的一般人是否能够得出该种结论的角度出发，进行形式的判断”②。形式犯罪论与形式解释论之间的关系至此明朗。

在日本刑法学的研究中，“形式和实质的对立很久以前就存在，但是，作为新的学派之争即形式的犯罪论和实质的犯罪论对立则是近年来的事情”③。大谷实有关形式犯罪论的上述主张，都是针对日本实质犯

① ［日］大谷实著，黎宏译：《刑法总论》，中文版序Ⅰ，北京，法律出版社，2003。

② ［日］大谷实著，黎宏译：《刑法总论》，73页，北京，法律出版社，2003。

③ 黎宏：《日本刑法精义》，57页，北京，法律出版社，2008。

罪论的代表者前田雅英教授的主张而言的。前田雅英认为，强调形式上的罪刑法定原则是不充分的，构成要件符合性的判断，是从实质上判定是否存在达到值得科处刑罚程度的法益侵害。根据实质犯罪论者的主张，对刑法中的犯罪构成要件的判断不可避免地含有实质的内容，即某种行为是否构成犯罪应从处罚的必要性和合理性的角度进行判断，因此，“对刑罚法规和构成要件的解释应该从这种实质角度进行”。总之，实质犯罪论者主张的是“实质的刑法解释”[①]。形式与实质犯罪论针锋相对的立场，昭示了从形式与实质的构成要件到形式与实质犯罪论再到形式与实质解释论这一逻辑线索，从而使人们清晰地了解到形式与实质解释论的理论脉络。形式与实质解释论正是被作为与形式与实质犯罪论相一致的解释论立场而提出的，这也再次证明了形式与实质解释论恰恰是来源于日本刑法理论而非中国本土事物。

至于形式与实质解释论是否与德国刑法有联系，答案是并非如此。德国刑法深受法哲学思潮的影响，在19世纪末至20世纪初的法实证主义的影响下，贝林、李斯特的构成要件论是形式的。其后，强调探求事物本质的新自然法学派重新崛起，构成要件论从形式的发展为实质的。虽然我们可以根据德国刑法学中构成要件从形式到实质的变化提倡实质解释论，但是，在德国刑法学中，从来没有形式与实质刑法解释的命题。也许因为德国刑法在法哲学思潮的影响下，认为对刑法的解释不可能存在形式的，所以从来不提所谓形式与实质解释的问题；也许是因为在德国刑法中行为无价值论一直占据主导地位的情况之下，实质化思维本来就是其特征之一；也许是因为以罗克辛为代表的德国刑法教义学将刑事政策贯彻于规范刑法学之中，德国刑法的犯罪论呈现出强烈的实质化色彩并自然而然地要求进行实质解释，从而也不存在所谓形式解释的问题。总之，虽然原因也许有很多，但是可以确定的是，仔细考察德国刑法学的变化发展，并不存在形式与实

① ［日］前田雅英：《现代社会と实质的犯罪论》，47～50页，东京，东京大学出版会，1992。

质解释论这样的命题。因此，笼统地认为形式与实质解释论“源于德日刑法理论”的说法是不准确的。

总之，我国刑法规定了罪刑法定原则，导致学界关注罪刑法定原则适用中刑法的解释问题；罪刑法定原则兼具形式与实质的侧面，导致学者在讨论刑法解释时出现了形式解释与实质解释之分；罪刑法定原则的形式法治之意义与自由主义之理念，导致学者思考我国传统的以有罪思维为前提的四要件是否应予更新的问题；由于是以罪刑法定原则为前提讨论犯罪论体系的建立，因而出现了是以形式的罪刑法定原则为前提重视形式的构成要件论进而建立形式犯罪论体系，还是以实质的罪刑法定原则为前提重视实质的构成要件论并建立实质犯罪论体系的问题。自此，从罪刑法定原则至刑法犯罪论体系，再至形式与实质犯罪论体系以及刑法的形式与实质解释的对峙，这些就成为在同一条逻辑线索上层层推进发展而来的刑法问题了。同时，我国与日本刑法学中形式与实质解释论并非不同事物，而是一脉相承的，前者来源于后者，后者正好吻合了当下中国在罪刑法定原则指导之下变革传统平面犯罪论体系的需求，所以我国才会舶来此对范畴。只不过在我国刑法学界，形式与实质解释论的命题提出之后，一石激起千层浪，形式与实质解释论的争论也较日本的似乎更激烈、辐射范围更广泛些。有倾向于形式解释论的学者认为“形式解释与实质解释的概念在中国法理学中缺位”[①]，其原因也在于此。形式与实质解释论在刑法中也方兴未艾，作为部门法学的舶来之物，对该对范畴的研究显然还没有也不能确定是否会在法理学领域得以展开。不明白形式与实质解释论范畴之来源，就不可能真正了解这对范畴的含义；不澄清形式与实质解释论的真正语境，形式与实质解释论就难以在相同平台上展开，从而无法形成真正意义上的学派之争。

---

① 周详：《建立一座法律解释论的“通天塔”》，载陈兴良主编：《刑事法评论（第26卷）》，57页，北京，北京大学出版社，2010。

二、形式与实质刑法解释论的功能定位

（一）形式与实质解释论的适用层面

形式与实质解释论是仅仅针对犯罪成立条件之一的构成要件解释而言的，还是针对整个刑罚法规解释立场而言的？这一问题事关形式与实质解释论的功能，必须予以澄清。形式解释论者指出，“尽管均被冠以形式解释与实质解释之名，且与德日刑法学中的形式解释与实质解释之争在关注焦点上存在相当的重合，但与后者相比，我国刑法学中的形式解释论与实质解释论之争表现出重要的不同。这种不同不仅表现在，德日刑法学中的实质解释特指对作为犯罪成立条件之一的构成要件的实质解释，而我国刑法学中所谓的实质解释指的是对犯罪成立的所有条件的实质解释，且在实践中被进一步扩大到对刑法中其他刑罚规范或非刑罚规范的实质解释”[①]。这种观点是对形式与实质解释论的重大误解，且其在形式解释论者阵营中有一定的代表性，事实上，它不仅是对日本刑法中形式与实质解释论之争的重大误解，更是对形式与实质解释论功能的重大误解。

（二）形式与实质解释论是全体刑罚法规解释论的对立

形式与实质解释论的对立既是构成要件解释论，也是犯罪成立的所有条件亦即犯罪解释论的对立，同时也是全体刑罚法规解释论的对立。

首先，形式与实质解释论是构成要件该当性的解释论。前已述及，形式与实质解释论发端于对构成要件是形式的还是实质的的争论。当认为构成要件是抽象的行为类型时，对构成要件只能进行事实的判断；当认为构成要件是具体规范评价的类型时，对构成要件则必然要进行实质的价值判断，由此产生了形式与实质解释论的对立。在这一点上，无论是我国刑法学界的形式解释论者还是实质解释论者，可以说早已取得了共识，此不赘述。

---

① 劳东燕：《刑法解释中的形式论与实质论之争》，载《法学研究》，2013（3），136页。

其次，形式与实质解释论是犯罪成立所有条件即犯罪论的解释论。陈兴良教授认为，“对构成要件的实质解释论是实质的犯罪论的主要特色”，但是，“实际上，笔者认为只有形式的构成要件论与实质的构成要件论之分，而根本就没有形式的犯罪论”①。据此观点，自然也就没有实质犯罪。然而，这种观点值得商榷。事实上，有形式的构成要件论，就有与之相适应的形式犯罪论；有实质的构成要件论，就有与之相适应的实质犯罪论。

日本刑法犯罪论体系的发展和构成要件从形式到实质的变化，使构成要件呈现“肥大化”趋势，在一定意义上，构成要件论就是犯罪论；对构成要件的实质解释，当然也就意味着对犯罪成立所有条件亦即犯罪论的实质解释了。由于当下德日刑法理论普遍赞成构成要件是违法有责类型，构成要件与违法性和有责性之间的关系也日益紧密，因而构成要件之中包含了越来越多以往所不曾包括的内容，比如，从事实性要素到规范评价性要素，从客观行为要素到主观故意或过失心理要素，“构成要件是犯罪成立的一个要件这一概念已经消失了”②，构成要件与违法性和有责性之间的关系日益紧密甚至相互缠绕，构成要件中含有越来越多的讳法性和有责性的价值内容，构成要件论“肥大化”的趋势不可避免，“构成要件囊括了所有的违法要素和责任要素，夸张点说，‘犯罪论’就是‘构成要件论’”③。在此情况下，对构成要件的实质解释，当然也就意味着对犯罪成立所有条件亦即犯罪论的实质解释了。因此，认为形式与实质解释论只是对构成要件解释立场的对立，是没有正确地理解现代刑法构成要件意义的结果。当然，构成要件消失论或者构成要件论就是犯罪论的结论不一定准确，它或许源于自学者们对构成要件论在当下时代所受到的冲击之担忧，或许是学者们带有主观性的夸大结论；但有一点需要肯定的是，在维持罪刑法定原则意义上，构成要件不应该也不可能消失。构成要件是古典罪刑法定原则在犯罪论体系中的最大成

① 陈兴良：《走向学派之争的刑法学》，载《法学研究》，2013（1），147页。

②③ ［日］宗冈嗣郎著，陈劲阳、吴丽君译：《犯罪论与法哲学》，62页，武汉，华中科技大学出版社，2012。

果；即便是主张构成要件是违法有责类型的学者，维持构成要件的定型意义，也是一种理论上的共识。

退一步，即便抛开上述犯罪论就是构成要件论的观点，而立于充分实现罪刑法定原则的人权保障机能的立场来主张维持构成要件的存在意义，当主张形式构成要件论时，其犯罪论体系一般也是形式的，其解释论必然也是形式的；当主张实质构成要件论时，其犯罪论体系一般也是实质的，其解释论必然也是实质的。

形式犯罪论是存在的。形式犯罪论主张形式的构成要件。形式的构成要件也是存在的，这是形式与实质解释论者的共识。然而，在形式构成要件之外，根据形式构成要件所建立的犯罪论体系中的违法性判断也相应地是形式的。根据形式构成要件论，构成要件是中性无色的事实类型，对之当然应进行形式解释；同时，在构成要件与违法和有责的关系上，它们是绝对相互独立的，行为是否成立犯罪的判断是从形式构成要件该当性再至违法性和有责性的判断过程；在此过程中，对构成要件只需要进行形式的解释，构成要件与违法性、有责性之间的关系则是独立的，其判断进程被认为是从事实到价值、从形式到实质，换言之，此时违法性与有责性判断本身即处于实质评判阶段，所谓形式的解释，似乎主要是针对构成要件而言的。但是，以形式的构成要件论为前提的形式犯罪论的特色在于，它在强调定型的形式的构成要件之外，对于违法性主要是看其是否引起法益侵害[①]，而对法益侵害的程度并未刻意强调可罚程度的违法性。现今无论是形式犯罪论还是实质犯罪论，在认同违法性本质是法益侵害这一点上，二者并无不同，但是，在如何以法益侵害判断违法性的有无上，形式与实质犯罪论就显示出了差别。形式犯罪论者的违法性论，或者单纯根据法益侵害或威胁的结果（结果无价值论者），或者再辅之以其他标准如社会相当性或者伦理规范等（二元论者）之有无，来判断违法性的有无和程度，而不强调法益侵

① 此处是以结果无价值论作为违法性本质的立场，因此并未论及行为无价值论的违法性问题。

害的程度是否达到可罚的程度。比如形式犯罪论者大谷实教授基于结果与行为无价值二元论的立场就认为，“违法性的实质是违反社会伦理规范的法益侵害”，“侵害、威胁法益的结果就决定了违法性的有无和程度”，此外则是考虑是否违反社会伦理规范。[①] 这就有别于实质犯罪论主导下的违法性论，因为后者或者明确表示，违法性要么是以优越的利益为中心的实质判断，要么是导致法益侵害或者危险的行为，而这里的危险必须是一定程度以上的可能性[②]；或者直接指出，“刑法上的违法性是客观的法益侵害或者威胁，这种违法性当然必须达到值得科处刑罚的程度。换言之，刑法上的违法性是判断行为是否值得处罚的要件”[③]。

对于有责性，早期形式犯罪论主要是看行为人是否具有罪过心理，并不强调必须具备实施合法行为的期待可能性这一非难可能性的必要基础。晚近以来的刑法理论基本从规范责任论这一实质角度判断责任之有无，虽然从责任论的角度似乎很难分辨出形式犯罪论与实质犯罪论的界限，但是，即便如此，二者之间的区别仍然有迹可循。形式犯罪论者大谷实教授主张“可罚的责任理论”，即对行为人的谴责必须达到使用刑罚的程度，而且是具有适合使用刑罚性质的责任。[④] 这样的观点很容易使人误以为这是一种实质犯罪论和实质解释论。事实恰恰相反。实质犯罪论所主张的规范责任论，在责任的判断上，认为在故意或过失的心理之外，还必须要求行为人具备实施合法行为的期待可能性，在此种情况下，才能对行为人的违法性进行非难；从而，对于刑法规定的责任要件内容，不能进行形式的解释，而必须根据是否达到具备非难的程度亦即责任层面的可罚性进行实质的解释。例如，不能从纯心理

① 参见［日］大谷实著，黎宏译：《刑法讲义总论》，215～216 页，北京，中国人民大学出版社，2008。

② 参见［日］前田雅英：《刑法的基础——总论》，37～43 页，东京，有斐阁，1993；［日］前田雅英：《刑法讲义总论》，48 页，东京，东京大学出版社，2006。

③ 张明楷：《刑法学》，117 页，北京，法律出版社，2011。

④ 参见［日］大谷实著，黎宏译：《刑法讲义总论》，289 页，北京，中国人民大学出版社，2008。

学的角度解释故意与过失、目的与动机，而应从表明行为人的非难可能性的意义上解释上述要素。[①] 可见，实质犯罪论在对责任进行的实质解释的过程中，就是从责任的程度是否达到了可罚性的实质角度进行的，既然如此，可罚的责任理论就没有必要了。在责任论上，大谷实教授虽然也主张规范责任论，但从其主张可罚的责任理论可以看出，这恰恰是为了弥补形式犯罪论者对责任进行形式解释后的缺陷。张明楷教授反对实质犯罪论和实质解释论的倡导者所提出来的可罚的违法性论，也是基于类似的理由。实质犯罪论当然主张实质的违法性论，“刑法上的违法性是判断行为是否值得处罚的要件，所以，具有刑法上的违法性，也就具有了值得科处刑罚的违法性，没有必要再使用可罚的违法性的概念”[②]。对于实质论者而言，可罚的违法性或者可罚的责任理论都是多余的；实质犯罪论者使用了它们，是叠床架屋，纯属多余；形式犯罪论者使用了它们，则正好证明他们的体系是形式的，所以才需要在形式的体系之外发展出一个实质的概念以弥补形式体系的缺陷。

可见，由形式的构成要件论及缺乏从可罚程度角度评价的违法性与有责性而组成的犯罪论体系，就是形式犯罪论；对于形式犯罪论，发挥作用的是形式解释论，因为从构成要件到违法性及有责性，都没有考虑对行为实质可罚性的评价，这种解释，就是与形式犯罪论相一致的形式解释论。

实质的犯罪论也是存在的。根据实质构成要件论，构成要件不是中性无色的抽象类型，而是实质上可罚的行为规范评价型态，对其必然要进行实质解释；同时，在构成要件与违法和有责的关系上，构成要件实际上是作为“具有可罚性的违法、有责类型”[③]，它们之间难以相互独立，构成要件一方面是违法类型并被称为客观违法构成要件，另一方面

① 参见张明楷：《刑法学》，229页，北京，法律出版社，2011。

② 张明楷：《刑法学》，117页，北京，法律出版社，2011。

③ ［日］西田典之著，王昭武、刘明祥译：《日本刑法总论》（2版），60页，北京，法律出版社，2013。

是有责类型并被称为主观有责构成要件，行为是否成立犯罪的判断过程是从客观违法构成要件该当性再至主观有责构成要件该当性的判断过程。在此过程中，必然要求将法益所具有的甄别值得处罚的机能贯彻于客观违法与主观有责构成要件之中，亦即进行实质解释，前者具体体现为，行为必须达到值得刑罚处罚的法益侵害性，才能认定为该当于客观违法构成要件，后者则要求必须达到值得刑罚处罚的非难可能性，才能认定为该当于主观有责构成要件。在此，不仅解释的对象涵盖了构成要件、违法性与有责性亦即整个犯罪论的成立条件，而且对它们的解释均是从可罚性的实质角度进行的。可见，实质解释论贯穿的是整个犯罪论体系。

虽然实质解释论贯穿于整个犯罪论体系，但是，犯罪论体系中构成要件的存在必须维持，以构成要件为起点的阶层化思考逻辑也不能放弃。德国刑法学界曾经主张新古典犯罪论体系。该体系认为，在构成要件该当性的判断上，必须进行实质的违法性判断，即将构成要件符合性与违法性合为一体，主张行为、违法、责任的犯罪论体系。[①] 在日本，有学者主张在构成要件层面上决定所有问题的“一阶层论”，其逻辑是既然构成要件是违法有责类型，就意味着该当于构成要件的行为原则上是违法和有责的，“若此，构成要件论就并非是‘三阶层论’，而是在构成要件层面上决定所有问题的‘一阶层论’”[②]。这两种体系固然在解释论上充分体现了实质的立场，但其缺陷明显，难以被认同。前一种体系取消了构成要件而以违法性代之，虽然通过说明可以得知构成要件是与违法性合为一体了，但是，它彰显的意义却是对构成要件及其所具有的罪刑法定机能的极大冲击，应予反对。后一种体系则冲击了现代刑法教义学的最大成果即区分违法与有责，如罗克辛所指出的“‘不法’（亦即违法——笔者注）和‘责任’是刑法信条学（亦即刑法教义学——笔者

---

① 参见黎宏：《日本刑法精义》，64页，北京，法律出版社，2008。

② ［日］宗冈嗣郎著，陈劲阳、吴丽君译：《犯罪论与法哲学》，译者的话Ⅱ，武汉，华中科技大学出版社，2012。

注）的两个中心范畴"[1]，而且违法与责任也是各国刑法构建的两大支柱。而一阶层最大的问题恰恰是，使得违法与责任融为一体，这自然是以犯罪论体系为核心内容的刑法教义学难以容忍的，因此，它较前一种体系更难以令人接受。在犯罪成立所有条件亦即犯罪论中贯彻实质解释论必须有一个前提，即必须要坚持构成要件的定型性，并在坚持违法与有责相区分的基础上，构建实质犯罪论体系。

最后，形式与实质解释论也是对所有刑罚法规的解释论。当从形式构成要件论出发建立形式犯罪论并主张形式解释论，从实质构成要件论出发建立实质犯罪论并主张实质解释论时，形式与实质解释论就不再是对犯罪成立条件之一构成要件的解释论，而是通过对犯罪成立所有条件的解释而演变为实际上是对刑罚法规的解释论了。之所以如此，是由构成要件及犯罪论在刑法中的地位所决定的。刑罚法规的内容是"由保障权利或规定义务的构成要件和法律后果组成"的，除此之外，刑法的基本概念，有关犯罪、刑罚、违法与责任阻却事由等的规定，也是刑罚法规的组成部分。[2] 该当于构成要件的行为原则上就被认为是违法和有责的，所以，刑罚法规通常并不特别规定违法性和有责性的积极内容，而只是规定二者的阻却事由即消极内容；当对构成要件和违法性、有责性均进行实质解释时，就意味着是对刑法规定的构成要件内容、违法与责任阻却事由等进行实质判断，至于对刑罚即量刑等部分的适用，则因为它们是犯罪的法律后果，对它们的解释当然正是贯彻犯罪论部分的实质解释的结果。显而易见，正是"实质的考察方法"，使得在刑法解释论上可以"根据作为构成要件基础的目的和价值观"[3] 来对整个刑罚法规作出实质解释。这也正是为何前述前田雅英明确提出实质解释是指"对刑罚法规和构成要件的解释应该从这种实质角度进行"。虽然张明楷教

---

① ［德］罗克辛著，王世洲译：《国刑法学总论（第1卷）》，中文版序言Ⅰ，北京，法律出版社，2005。

② 参见［德］耶赛克、魏根特著，徐久生译：《德国刑法教科书（总论）》，64页，北京，中国法制出版社，2001。

③ ［德］耶赛克、魏根特著，徐久生译：《德国刑法教科书（总论）》，289页，北京，中国法制出版社，2001。

授表明，“笔者提倡的实质解释论，主要是针对构成要件的解释而言（包括构成要件符合性的判断以及与构成要件相关的未遂犯等问题的解释）”[①]，但是从刑罚法规的组成来分析，对构成要件的实质解释其实就意味着对所有刑罚法规的实质解释。

综上所述，犯罪的成立中是否包含实质判断并不是区分形式犯罪论与实质犯罪论的关键；是以形式构成要件论还是实质构成要件论为起点建立犯罪论体系，是否在违法性与有责性之中强调并贯彻实质可罚性，以及在构成要件与违法性和有责性之间的关系上是主张构成要件的独立性还是主张构成要件是违法有责类型，这三点才是区分形式与实质犯罪论体系的关键。实质解释论既是指对作为犯罪成立条件之一的构成要件的解释，也是指对犯罪成立所有条件的解释，同时还是对全体刑罚法规的解释；这就是实质解释论的功能，同时也是形式解释论的功能。

三、形式与实质刑法解释论对立的意义

形式与实质解释论并非只是构成要件该当性的解释论，二者的对立既是刑法不同解释理论与方法的对立，也是当下在刑法知识的教义学化道路上前进的中国刑法学不同犯罪论体系的对立，也必然是刑法学派亦即刑法观的对立。当下中国形式与实质解释论的探讨，大致可分三种类型：第一种主要是在刑法方法论意义层面对形式与实质解释论展开探讨[②]；第二种是将该对范畴涉及的阶层化与平面化、三阶层与二阶层以及方法论等诸多问题提取“最大公约数”，并“简化为对罪刑法定的不同理解”层面的探讨[③]；第三种是在刑法形式刑法观与实质刑法观的学派之争意义上展开探讨，如陈兴良与张明楷教授就此领域所撰写的论文

① 张明楷：《实质解释论的再提倡》，载《中国法学》，2010（4），49页。

② 参见王昭振：《刑法解释立场之疑问，知识谱系及其法治局限——一种法学方法论上的初步探讨》，载《环球法律评论》，2010（5），9～22页。

③ 参见魏东：《论社会危害性理论与实质刑法观的关联关系与风险防范》，载《现代法学》，2010（6），106～113页。

基本均属此列，另外还有一些学者也在此角度进行探讨。[①] 这三种不同层面的探讨均有其积极意义，但是，实质刑法观所说的形式与实质解释论主要是指第三种意义上的；第二种意义上的讨论具有简化问题的特点，很难说这些讨论未必与形式和实质刑法观完全没有关系，因而亦算可取；第一种意义上的讨论则最易使人误解，需要予以澄清。

（一）形式与实质解释论的对立有助于发展刑法方法论

形式与实质解释论的对立当然是一种方法论的对立，这是毋庸置疑的，也是几乎所有参与形式与实质解释论之争的学者的共识。但是，当在方法论层面探讨形式与实质解释论时，必须要明确，它们是刑法犯罪论体系层面的范畴；它们从一开始就与犯罪论体系的形式化与实质化密切相关，这决定了只有从刑法体系化层面思考形式与实质解释论才有意义，也决定了对形式与实质解释论的选择不可脱离犯罪论体系进行，否则，就会产生穿西装配草鞋的滑稽效果，而所谓形式或实质解释论的主张或者选择也会成为无源之水、无本之木并难以真正贯彻下去。如果只是认为形式与实质解释论的对立纯粹是刑法方法论的对立，那就无法体系化地理解其对于明确犯罪的界限和为犯罪认定提供统一的解释原理的功能和意义，而这些，正是对犯罪论进行体系化思考所要求具备的前提条件。

（二）形式与实质解释论的对立有助于发展犯罪论体系

形式与实质解释论的对立是犯罪论体系的对立，如前述，具体而言是阶层犯罪论体系的对立；选择形式或实质解释论，意味着与传统平面四要件体系的疏离和与阶层体系的趋同。源自如何看待构成要件以及其与违法性和有责关系问题，决定了形式与实质解释论是阶层犯罪论体系相联系的产物，只有在阶层体系之下，存在着作为先导的构成要件论，而且构成要件又经历了从形式到实质的发展，加之其与违法性和有责性之间的关系由独立到融合的变化，才延伸出形式与实质解释的问题。这

① 参见刘树德：《学派如何形成——刑法学论争中的形式与实质》，载陈兴良主编：《刑事法评论（第28卷）》，40～54页，北京，北京大学出版社，2011。

意味着，传统平面四要件的体系之下不存在形式与实质解释论的问题。但事实相反，当前形式与实质解释论的探讨中，有相当一部分学者就是在平面四要件体系之下展开的；这种类型的探讨，使得争论的语境与基础、内涵与外延均不在同一层面上，从而更加剧了形式与实质解释论之争的混乱程度。

我国平面四要件体系是以社会危害性为基础的，犯罪客体、客观行为、犯罪主体与主观心理四个要件是从不同侧面反映行为的社会危害性的，它们从来都是实质的，对它们的解释从来都是从社会危害性是否严重的实质程度进行的；同时，四要件中的每一个要件从来都没有独立的意义，更谈不上存在有形式意义的某一要件，也就谈不上形式解释的存在余地。而且，这里的形式与实质解释至多只是通常意义上形式与实质之意，并非本源意义上的形式与实质解释之内涵。遗憾的是，当下形式与实质解释论之争中很多讨论恰恰都是在平面四要件体系之下展开的，这些学者中既有形式论者又有实质论者，而且他们所说的形式与实质解释论往往只取了形式与实质解释论之一端，并未顾及它们的本源与意义，这对于深化刑法犯罪论体系的认识并无助益，反而降低了形式与实质解释论范畴的理论和实践价值。而且，这种探讨有的还导致很滑稽的局面，比如有学者将阶层化体系中讨论的形式与实质解释论范畴作为主张平面四要件的根据，从主张形式与实质解释相结合的角度得出“主张平面式综合判断的我国传统犯罪构成体系”[①] 之结论。主张形式与实质解释论恰恰是阶层论的体系，从中无论如何也不能得出可据此主张平面四要件体系的结论，否则就是自相矛盾。“我国刑法学界在‘四要件’的语境下所展开的关于实质的刑法解释论与形式的刑法解释论之争，其产生的原因实际上是不存在的，也就是说争议的开始源于一场误解。因此，实质的刑法解释论与形式的刑法解释论之争是在‘虚幻的对立’中

---

① 王志祥、敦宁：《形式和实质的解释论之争与犯罪论体系的选择》，载《现代法学》，2012（3），182～193页。

展开的。”[①] 换言之，在平面四要件之下，不存在所谓的形式与实质解释论的问题。“形式刑法观与实质刑法观是在破除苏联刑法学的教条及其意识形态的桎梏以后我国刑法学的两种学术走向。在否定苏联刑法学的整体理论框架这一点上，两者具有共同的学术立场。”[②] 因此，在“虚幻的对立”中展开的平面四要件体系的形式与实质解释论，不是形式与实质刑法观阵营的学者所主张的形式与实质解释论。

形式与实质解释论之争是在阶层式犯罪论体系的语境下展开的，尤其与在阶层犯罪论体系内部构建几阶层体系的分歧有关。主张形式解释论者一般主张三阶层体系，主张实质解释论者一般主张二阶层体系，当然也有例外。三阶层主张构成要件是独立于违法性和有责性的类型，而且，为了维护构成要件定型性的意义，形式论者往往非常强调构成要件该当性与违法性和有责性之间的独立关系，因此对于构成要件的理解，主张在抽象的、定型的形式的意义上进行，“对构成要件进行形式解释，而将实质判断置于违法性阶层”[③]。这样一来，形式解释论者主张的阶层体系也就明朗化了，即他们主张由构成要件该当性、违法性与有责性构成的三阶层体系。而且，以陈兴良教授为代表的中国学者所主张的三阶层体系，是在“回归古典学派”[④] 的宗旨下所试图建立的贝林时期的严格的形式犯罪论体系。这样的体系在违法性和有责性方面虽然也有实质判断，比如“将实质判断置于违法性阶层”，但是，一方面，如前述，这一实质判断的对象和内容与实质犯罪论者的有差别，即使两者都主张从实质上理解违法性，然而形式论者并不特别强调甚至是反对从值得处罚的可罚性的角度来分析违法性与有责性，而是主张最好恪守严格的文字意义来阐释犯罪的成立条件；另一方面，形式论者在实质判断的方法上也和实质犯罪论者不同，形式论者在坚守形式构成要件论及三阶层的

① 程红：《形式解释论与实质解释论对立的深度解读》，载《法律科学》，2012（5），79～86页。

② 陈兴良：《走向学派之争的刑法学》，载《法学研究》，2010（1），145页。

③ 陈兴良：《形式解释论的再宣示》，载《中国法学》，2010（4），47页。

④ 陈兴良：《回归古典学派》，载张士宝主编：《法学家茶座（第28辑）》，147页，济南，山东人民出版社，2009。

前提下，认为构成要件既不含有对违法内容的判断，也不含有对责任内容的考虑，对构成要件该当性的判断主要是一种事实的判断，对违法和有责性的判断才是实质的价值判断，即形式论者所说的从形式到实质、从事实到价值、从客观到主观的判断顺序。[①] 由于在构成要件该当性阶段只作事实判断，而没有进行是否有违法性和有责性的实质判断，因而，在违法性和有责性的实质判断中，只能进行积极的判断。“然而积极的违法性判断的资料是什么呢？对构成要件符合性的判断资料又将如何限定呢？”[②] 正如日本学者井田良教授所言：“主张在犯罪认定的第二阶段即违法判断阶段进行积极的违法性的确认，虽然可以认为对犯罪认定采用了更慎重的态度，但却带来构成要件符合性判断变得散漫、无限定的危险。”[③] 实质犯罪论者则是采用消极的判断。既然构成要件是实质的，是违法有责的类型，实质论者于是主张构成要件与违法性和有责性分别融合为一体，成为客观违法构成要件与主观有责构成要件的二阶层体系；对构成要件该当性的判断是从实质角度进行的，符合构成要件的行为原则上就可以推定为违法和有责，于是，在违法和有责性阶段只需进行是否具有违法和有责阻却事由的消极判断，由此，就避免了形式论者进行积极判断所导致的构成要件该当性认定上的问题。

可见，形式与实质解释论的对立，其实是阶层犯罪论体系之下的问题，它们与平面四要件体系无关而且意味着对后者的放弃。至少在当下中国刑法学界，一般而言，选择形式解释论则表明主张三阶层体系，选择实质解释论则表明主张二阶层体系。离开阶层犯罪论体系的立场讨论形式与实质解释论，将是无本之木、无源之水；这样的做法非但理解不了什么是形式与实质解释论，而且会给中国犯罪论体系的重新构建带来危害。

---

① 参见陈兴良：《犯罪论体系：比较、阐述与讨论》，载陈兴良主编：《刑事法评论（第14卷）》，31页，北京，中国政法大学出版社，2004。

② 程红：《形式解释论与实质解释论对立的深度解读》，载《法律科学》，2012（5），83页。

③ ［日］井田良：《讲义刑法学·总论》，91页，东京，有斐阁2008年版。

（三）形式与实质解释论的对立有助于发展刑法派别

形式与实质解释论的对立更是刑法观亦即刑法学派的对立。形式与实质解释论这两个命题分别代表了不同的价值诉求。形式解释论追求的是一种形式价值的学术立场，实质解释论则是“一种追求刑法的实质价值的学术立场”①。学派之争的起点就在于立场的不同，若没有完全不同的立场，就不可能有完全不同的学派；如不将各自的立场一以贯之，也就不可能有针锋相对的学派之争。当下中国在形式与实质解释论之争的引领与推动下，基本已形成了形式刑法观与实质刑法观两种不同的刑法学派。这一学派之争有别于传统的以客观主义和主观主义为分水岭的学派之争，因为在形式和实质刑法学派的内部，其实大多数学者都是主张客观主义的。可以说，形式与实质刑法观的争论主要是客观主义刑法观内部的争论。形式与实质刑法观分别代表了不同的犯罪论体系、不同的罪刑法定观、不同的构成要件论、不同的刑法解释论，从立场到体系再到方法，各种层面的对立，意味着形式与实质解释论的对立是体系化的对立，是不同刑法学派之间的对立，而非仅仅在某一个问题上的对立。正是在此意义上，陈兴良教授才会将形式与实质解释论之争定性为“走向刑法学派的刑法学”② 进程中的争论。

二战以前，刑法中的学派之争主要是指刑法旧派即古典刑事法学派与刑法新派即人类刑事法学派之争，这一学派之争二分战前德日学界。战后，在德国，以新派持续引领而告终，并且在机能主义刑法观的推动下，当下德国刑法呈现出日益明显的主观化趋势；在日本，则以旧派的领先而告终，客观主义成为主流，主观主义消退。但是，随着结果无价值论与行为无价值论的深入展开，最近日本刑法学派的发展，主观主义有一些抬头，但总体而言，仍然是主张客观主义的学者居多，当今日本最负盛名的刑法学者如西田典之、山口厚等，都是客观主义立场的代

---

① 陈兴良：《走向学派之争的刑法学》，载《法学研究》，2013（1），144页。

② 陈兴良：《走向学派之争的刑法学》，载《法学研究》，2013（1），144～148页。

表。然而在客观主义的内部，又产生了“新的学派之争”[①]，即形式与实质犯罪论之争，前者以大谷实为代表，后者以前田雅英为代表，他们均主张客观主义，均属于刑法旧派阵营之列；形式与实质解释论之争则分别属于形式与实质犯罪论这两个阵营之间的延续争论。虽然该争论源自罪刑法定原则的推动，但也许是形式与实质的命题看似简单且易讨论，更可能是因为中国人所具有的实质思维特性，日本的形式与实质犯罪论之争很快蔓延到中国并形成了各自强大的阵营，促进了刑法问题的争鸣。

在我国，2002年张明楷教授首次在中国刑法学界提出“学派之争”的命题，并出版了“旨在促进中国刑法学派之争的形成”的著作[②]，而且，在2005年他又发出了“学术之盛需要学派之争”的呐喊，提出“为了促进学术自由和学术繁荣昌盛，我国刑法学界应当开展学派之争，从而克服当前盛行的、没有理论根基、没有基本立场的低水平争论”[③]。但是，遗憾的是，种种原因导致我国刑法学界并没有形成“传统意义上的学派”之争[④]，没有形成刑法旧派与刑法新派。即便如此，在学派之争的学术感召之下，晚近十年来，越来越多的学者开始思考自己的立场到底是什么，越来越多的学者也开始形成了各具特色的立场和方法论。其中，以客观主义为代表的刑法旧派似乎得到了更多人的支持，例如，陈兴良、张明楷、周光权、黎宏等学者基本都是客观主义主张者。虽然也有学者主张主观主义的新派思想，比如冯军教授，但我国还没有形成明确的、有着阵营特色的新派以及随之而来的争论。因此，传统的刑法学派之争即旧派与新派之间的学术之争，在我国只有开始而没有推进、只有旧派而没有新派。在这种客观主义基本占据主流的前提之下，在罪刑法定原则于我国的法典化及其推动之下，我们刑法学界继受了日本刑法界形式与实质犯罪论之争，展开了形式与实质解释论之争。至此，我

① 黎宏：《日本刑法精义》，49页，北京，法律出版社，2008。
② 张明楷：《刑法的基本立场》，北京，中国法制出版社，2002。
③ 张明楷：《学术之盛需要学派之争》，载《环球法律评论》，2005（1），50～57页。
④ 参见储槐植：《走在刑法脉动的前沿》，载《人民法院报》2010-09-10。

国刑法学界初步形成了前述形式刑法与实质刑法的不同阵营，学派之争亦日益深入和细化。

作为学派之争的形式刑法观与实质刑法观，必然应该在体系上进行各自的思考，而不能仅仅停留在主张形式还是实质解释论的问题上。“近年来学习刑法的人最为欠缺的就是这样的论理的、体系的思考，而如果没有获得这样的思考，恐怕就不可能真正地理解刑法学乃至整个法学，就不可能自己展开有意义的法律论。”① 体系化的思考及其差别，才是学派之争的最重要体现；体系化的争论也才会使学派之争更加持久化和深入化。正因如此，笔者不但“力倡实质的解释论，还试图构建实质的犯罪论乃至实质的刑法观”，这样的做法被形式论者劳东燕博士评价为“刘艳红教授在实质化的方向上走得最远”②。但这并非刻意。通过体系化的思考，笔者明确了实质犯罪论何以建立以及如何建立，实质解释论能否贯彻以及如何贯彻，验证了实质刑法观的这两个核心命题的科学性和有效性。同时，也只有在此意义上，实质刑法观才能作为一个独立的学派得以存在。总之，既然主张实质犯罪论和实质解释论，必然主张将这种实质化的思考体系化，这正是学派之争的必然结果。

四、结语

形式与实质解释论不是中国的本土概念，而是来自日本刑法学的舶来品，其在中国作为本土化问题则始于 1997 年罪刑法定原则在中国的法典化；形式与实质解释既是对构成要件的解释，也是针对犯罪成立的所有条件亦即犯罪论的解释，同时也是针对整个刑罚法规的解释；形式与实质解释论的对立不仅仅是构成要件论的对立，也是犯罪论的对立；不仅是刑法体系的对立，也是刑法方法论的对立；同时也是法治观、刑法观、价值观、世界观的对立。对此，陈兴良教授明确指出，形式解释

① ［日］山口厚著，付立庆译：《刑法总论》，第一版前言Ⅰ，北京，中国人民大学出版社，2011。

② 劳东燕：《刑法解释中的形式论与实质论之争》，载《法学研究》，2013（3），122 页。

论与实质解释论之争不仅是构成要件论之争，也是刑法机能论之争、刑法观之争。种种对立，最终导致形式刑法观与实质刑法观，即不同学派的形成。形式与实质解释论之争日益超越构成要件及其解释论之争、形式与实质犯罪论体系之争，而发展成为形式与实质刑法观之争。这一点，和违法性本质问题上的结果无价值与行为无价值之争很像，后者早已从违法性领域发展成为整个犯罪论以至刑法立场的对立。而且，在我国，形式与实质解释论之争的深入与激烈程度，早已超越了其发源地——日本，并在某些问题上形成了本土化的创新性思考。

第八章　实质刑法观的体系化思考

自实质刑法观命题于 2009 年被提出之后，一度使刑法学界聚讼不断，批评者有之，肯定者有之；尤其是，在陈兴良与张明楷教授之间的形式与实质刑法解释论的论战下①，“实质刑法”日益成为最近两三年刑法学术研究中的关键词，批判或肯定“实质刑法观”的学者不断出现，对此问题的讨论方兴未艾。然而，什么是实质刑法观？它能否从体系化的角度贯彻下去？它仅仅是抽象层面的概念游戏，还是体系视角的思维方式？进一步，如果是后者，它又是如何展现其体系化的逻辑进程的？此外，面对学界近年来对实质刑法观的各种批判或者赞扬，实质刑法观又该如何化解或者应对？在形式与实质刑法的论战中，不乏对实质刑法的种种误解。这与实质刑法主张者并未系统、详细地展开其内容也许有一定关系。为此，本章将对实质刑法观的哲学基础、罪刑法定观、构成要件论、违法论、有责论、共犯论以及刑法解释论等内容进行体系化展开与解读。法学中的体系化研究由来已久，这种体系化的研究想真正发挥作用，其内在关联就必须成为一个统一体。② 通过体系化的思考，可以检阅实质刑法观能否以及是否首尾相连自成一体；通过实质的犯罪体系论和实质的解释论之思路，可以把刑法规范的素材体系化并为其适用提供基础，以推动刑法理论的发展；在此过程中，笔者也对实质刑法观的批判与质疑进行回应。

---

① 参见陈兴良：《形式解释论的再宣示》，载《中国法学》2010 (4)；张明楷：《实质解释论的再提倡》，载《中国法学》2010 (4)。

② 参见［德］冯·萨维尼、雅各布·格林著，杨代雄译：《萨维尼法学方法论讲义与格林笔记》，74 页，北京，法律出版社，2008。

一、什么是实质刑法观

在 2010 年 3 月 23 日中国法学创新讲坛第 3 期，张明楷教授主讲的“行为功利主义刑法观”的讲座上，作为评论人的陈兴良教授指出，“刑法观是指对刑法基本问题、基本方法、基本目的、基本价值的看法”，“前不久，刘艳红教授出版了一本专著，叫作实质刑法观，这里面涉及刑法观的问题，但是我没有在这本书里看到刑法观的定义”①。可见，作为“实质刑法观”的主张者，有必要对何为实质刑法观进行说明。

实质刑法观力主两个核心命题，实质的犯罪论和实质的解释论。实质的犯罪论认为，刑法应建立以形式的、定型的犯罪论体系为前提，以实质可罚性为内容的实质犯罪论体系。同时，实质的犯罪论者认为，强调形式上的罪刑法定原则是不充分的，构成要件符合性的判断，是从实质上判定是否存在值得科处刑罚的法益侵害，因此，对刑罚法规和构成要件的解释应该从这种实质角度进行。实质犯罪论与实质解释论之间存在着逻辑递进关系，主张前者就会主张后者。当然，实质解释论作为一种纯粹解释学的理论和方法，主张后者则不一定主张前者；很多学者主张实质的刑法解释理论，但是，却不一定甚或根本未及思索自己的犯罪论体系是形式的还是实质的。这并非不可以，但至少，这样的实质刑法解释论是缺乏体系论的支撑的，它可能更多的是纯粹方法论意义上的解释论，而不是与构成要件的实质化、犯罪论体系的实质化相关联的解释论；只有从后者的角度出发，才能更好地了解为何要提倡实质的刑法解释论。

因此，实质刑法观解决的基本问题是刑法的思维模式问题，即是以形式思维还是以实质思维解决刑法中的根本问题，以此出发解决了刑法中的犯罪论体系及刑法解释理论与方法的构建问题。在前者，是主张实

① 张明楷：《行为功利主义刑法观》，载《中国法学创新讲坛 3）讲座现场实录》，http：//www.lawinnovation.com/html/cxjt/hg/jtd3q/642647527173.shtml，访问日期：2013 年 7 月 16 日。

质的犯罪论，在后者，则力主实质的刑法解释论。实质刑法观的核心命题是实质的犯罪论与实质的刑法解释论；实质刑法观的基本方法是理性方法与实质方法，实质刑法观崇尚理性的方法，即以形式理性为前提，以实质理性为基点，提倡实质主义的思考模式；从实质可罚性角度对刑法中的构成要件（形式理性/形式的罪刑法定）进行解释，以使构成要件合乎刑罚法规妥当性（实质理性/实质的罪刑法定），使刑法适用仅限于处罚值得处罚的行为，以此限定刑法的处罚范围。总之，“实质的考察方法还使得根据作为构成要件基础的目的和价值观”①，来对构成要件作出实质的解释成为可能。实质刑法观的基本目的是，避免仅仅根据法条文字规定对构成要件作形式的理解，通过实质的解释阐述法条背后蕴含的正义理念，通过实质正义以矫正形式正义存在的不当出入人罪，实现刑法人权保障之机能与法益保护之目的；实现这一基本目的，也就是实质刑法观的基本价值。

既然称为“实质刑法观”，则意味着它是对刑法整体的一种看法，是关于刑法的基本立场，而不是关于刑法中某个或某一类问题的片段性观点。实质刑法观虽然只有实质的犯罪论与实质的刑法解释论两个核心命题，但前者针对的是刑法体系中最基本的犯罪论体系，后者则是刑法适用的方法论，因此，这两个核心命题带有根本性，也因此具有了概括性。为了更好地、整体性地展现实质刑法观的内容，有必要从体系化的角度对其层层推进进行解读。

二、实质刑法观的法哲学基础

在法哲学理念上，实质刑法观深受古典自然法学派思想的影响，并推崇其所主张的理性主义法律观。可以说，实质刑法观正是以古典自然法学派的思想为法哲学基础的。

古典自然法学派是在 17、18 世纪反封建的启蒙运动和革命斗争中，

---

① ［德］耶赛克、魏根特著，徐久生译：《德国刑法教科书》（总论），289 页，北京，中国法制出版社，2001。

代表新兴资产阶级利益的、以强调自然法为特征的一个法学派别，其主要代表人物有荷兰的 H. 格劳秀斯和斯宾诺莎、英国的霍布斯和洛克、意大利的贝卡里亚、德国的普芬多夫和沃尔夫、法国的孟德斯鸠和让-雅克·卢梭。美国独立战争时期以及法国大革命时期的许多政治活动家，如杰斐逊、潘恩、孔多塞和罗伯斯庇尔等人也都信仰古典自然法学。古典自然法所推崇的法律观是理性主义的。自然法的实质就是理性（霍布斯），理性、正义和自然法具有天然一致性（洛克），自然法象征着根本理性的存在，（世间）法就是这个“根本理性”和各种存在物之间的关系（孟德斯鸠），因此，法律的制定就是为了使人们遵守这个根本理性，亦即“正义的法则”，“并使正义能符合于它的目的”（卢梭）。18 世纪末至 19 世纪初，德国古典主义哲学家康德和黑格尔仍然采用了理性主义的研究方法，以理性法作为研究的重点。黑格尔从康德的观点出发建立了他的辩证法的法哲学体系。他认为，“理性的东西即自在自为的法的东西”，而所谓“自在自为的法的东西”其实就是自然法。在此基础上，黑格尔发展出了他的客观主义法哲学。他认为，法具有客观现实性，是实定的东西。“法的东西要成为法律，不仅首先必须获得它的普遍性的形式，而且必须获得它的真实的规定性。”① 黑格尔关于理性的著名命题是，“凡是合乎理性的东西都是现实的，凡是现实的东西都是合乎理性的”。黑格尔的理性主义法律观在自然法阵营中最具影响力与代表性。

19 世纪以来，古典自然法学遭到了哲理法学、分析法学、历史法学等其他法学流派的批判，而且随着现实主义法学、批判法学运动的兴起，古典自然法学逐渐走向衰落。然而，随着西方社会政治、经济的发展，到 20 世纪，西方社会又出现了新的矛盾与冲突，政治、法律乃至经济的发展是否应遵循一定的价值原则的问题，重新被人们提起，自然法所一贯强调的人的理性和道德准则重新被人们关注。在此历史条件下，自然法观念逐渐得到了复兴。经过德国学者施塔姆勒，法国的马里

① ［德］黑格尔著，范扬、张启泰译：《法哲学原理》，218 页，北京，商务印书馆，1961。

旦，美国的富勒、罗尔斯、德沃金等人的努力，自然法观点在 20 世纪重新得到人们的重视，并由此形成了新自然法思想。自然法的重新兴起，也使理性主义法律观具有了长盛不衰的生命力。然而，由于新自然法学派并未超出古典自然法学派的基本框架和理论观点，只是对古典自然法学派重新进行思考或阐述，“例如，罗尔斯的《正义论》之重要，其实并不是像许多中国法学家认为的那样是对正义这个古老问题的最系统、最全面或最正确的阐述，其成就在于这是到目前为止康德传统正义观的一个逻辑上最强有力的阐述”①。这也再次应验了康德所言，“人类理智多少世纪以来已经用各种方式思考过了数不尽的东西，而任何一种新东西都几乎没有不和旧东西相似的”②。而且基于法学流派的立场分析可知，“新自然法学派不是一个严格意义上的学派，它没有一个统一的学术纲领和一致的主张”③。因此，泛泛而论，实质刑法观虽是以自然法学派作为哲学基础的，但具体而言，则应说是以古典自然法学派为哲学基础的。

实质刑法观正是从古典自然法学派的理性主义法律观出发的。理性主义法律观的基本观点是，法律是人类理性的体系；世界上存在着符合人类共同理性的永恒不变的自然规律即自然法，自然法是合乎正义的，是实在法制定的基础，理想的法律就是符合某种“自然”即理性的法律。实质刑法观以此为出发点，认为在实然的刑法规范背后，存在着应然的法的公平正义之价值理念。实质刑法观崇尚理性的方法，认为刑法的解释，是在刑法规范的意义框架之内，致力于寻找立法原意，解释出实然的法背后应然的正义之法的理念，这正是理性主义法律观的体系。实质刑法观重视理性方法，但是却不忽视经验方法的实际运用，因此实质刑法观还具有实践理性的特征。刑法研究的目的在于，以刑法规范

① 苏力：《思想的组织形式》，载［美］波斯纳著，苏力译：《正义/司法的经济学》，译序 10 页，北京，法律出版社，2002。

② ［德］康德著，庞景仁译：《任何一种能够作为科学出现的未来形而上学导论》，北京，商务印书馆，1978，3 页。

③ 鄂振辉：《自然法学》，绪论 3 页，北京，法律出版社，2005。

(实然)为依据，对行为的合法性(应然)进行探讨，并形成具有指导性的理论体系。“我们惟有兼从实质和形式两方面来观察法律，才能窥见法的真谛，由此所得的观念才不致流于狭隘偏激。”“法的实质因素有助于社会秩序之安定，而法的形式因素，又使法有通权达变之可能，最终目的则在调节社会多方面的利益，以增进共同社会福祉。”①

三、实质刑法观的罪刑法定观

实质刑法观的罪刑法定观认为，罪刑法定原则可分为形式与实质的罪刑法定原则。前者即为刑事法治的形式合理性，后者即为刑事法治的实质合理性。刑事法治的构建，应该是在坚持形式合理性的前提下，展开对实质合理性的追求，即通过自然法所代表的正义价值对犯罪从实质上进行理解，亦即根据刑法的法益保护目的来解释和适用刑法规范，以实现罪刑法定原则的实体的正当性、处罚的均衡性等实质方面的要求。

从罪刑法定原则的内容分析，罪刑法定原则所具有的形式侧面与实质侧面，其实就是形式罪刑法定与实质罪刑法定的内容。罪刑法定的形式侧面包括成文法主义、禁止类推解释、法不溯及既往，实质侧面包括明确性原则与刑罚法规的妥当性原则。这意味着，将罪刑法定理解为形式的罪刑法定与实质的罪刑法定是没有疑问的。罪刑法定的实质侧面，也是在形式的罪刑法定得到充分发展并暴露出一些缺陷之后才发展出来的，而且，其实质意义也是附着于形式意义之上的或者说是以形式意义为前提的，如果舍却形式意义的罪刑法定，那么，罪刑法定就不能被称为罪刑法定了。这意味着，在刑法解释上，为避免对犯罪的理解落入形式合理性的窠臼，必须以实质合理性对法条的适用进行解释。单纯从形式或者从实质来理解罪刑法定原则是不充分、不完整的，正如将罪刑法定的派生原则之一明确性原则单独理解为形式侧面或者实质侧面都是不充分的一样，形式与实质侧面相互共存、相互补充，才是完整的罪刑法定原则。同时，实质刑法的罪刑法定观绝不是形式与实质罪刑法定两个

① 韩忠谟：《法学绪论》，24页，北京，中国政法大学出版社，2002。

侧面的简单统一，而是以形式的罪刑法定侧面为前提和基础，以实质的罪刑法定原则为补充的，因此，应该反对试图通过实质正义等实质标准来突破形式的罪刑法定，运用实质解释方法解释构成要件并不意味着对犯罪的扩张解释。毕竟，现代法律制度只能是外在强制的和形式合理性的。① 所以，那种认为实质刑法观的罪刑法定观是所谓的“统一论”并认为会在此二者中又“主张实质侧面的主导作用”②，那是对实质刑法观的误解，至少，这不是笔者所持的罪刑法定观。

对于罪刑法定的形式与实质侧面是否具有各自不同的功能，抑或共同发挥相同的功能，学者们有不同看法。张明楷教授指出，“罪刑法定原则的形式侧面”“是为了限制司法权力”，罪刑法定的“实质侧面”是为了“不仅限制司法权而且限制立法权”，但“主要在于限制立法权”③。对此观点，陈兴良教授深表赞同，并进一步明确指出，“罪刑法定原则的形式侧面旨在限制司法权”，“而罪刑法定原则的实质侧面旨在限制立法权”④。笔者认为，上述观点值得商榷。罪刑法定的形式与实质侧面既是对立法权的限制，也是对司法权的限制。

罪刑法定最重要的意义在于它“藉由事前之罪刑法定，防止刑罚权恣意发动，以保障个人自由之原理”⑤。刑法的自由保障机能正是产生于此。无论是形式的罪刑法定还是实质的罪刑法定，都只能从不同角度理解罪刑法定，这不能代表有两个不同的罪刑法定；既然罪刑法定原则的功能是限定刑罚的处罚范围，那么，无论形式还是实质意义的罪刑法定，其宗旨都在于限制国家刑罚权的发动。对刑罚权的限制，当然可以从不同层面进行。从立法层面，尽量压缩犯罪圈，控制刑法的处罚范围，严格规定并尽量明确每个罪的处罚条件；从司法层面，尽量坚持严

① 参见魏治勋：《法的“规范性稀薄化”及其历史谱系》，载《法学评论》2012（5），3页。

② 王昭振：《刑法知识转型与实质刑法解释的反形式主义》，载《法学评论》2013（5），57页。

③ 张明楷：《罪刑法定与刑法解释》，27、47页，北京，北京大学出版社，2009。

④ 陈兴良：《形式解释论的再宣示》，载《中国法学》2010（4），34页。

⑤ 黄朝义：《罪刑法定原则与刑法之解释》，载林山田等：《刑法七十年之回顾与展望纪念论文集（一）》，129页，台北，元照出版公司，2001。

格解释，允许有利于被告人的类推解释和扩大解释，禁止不利于被告人的类推解释，限制不利于被告人的扩大解释，充分发挥有利于被告人的原则，通过刑法适用严格控制司法中的定罪范围。可见，无论是形式抑或实质意义的罪刑法定，都是完整罪刑法定原则中的一个侧面；无论哪个侧面的罪刑法定，在立法和司法层面都具有限制刑罚权的发动之保障机能。陈兴良教授曾批判指出，“认为根据罪刑法定原则的形式侧面认定的只是形式的犯罪，还需通过罪刑法定原则的实质侧面才能排除没有严重侵害法益的行为，从而认定实质的犯罪。如此一来，罪刑法定原则的实质侧面就不是对立法权的限制，而成为对司法权行使的实体保障”[①]。既然罪刑法定的形式或实质侧面兼有对立法权与司法权的双重限制，那么这样的批判是值得商榷的。根据罪刑法定的实质侧面对刑法规范进行实质解释，其侧重点是为了解决罪刑法定的形式侧面之理解与贯彻，它只是对一种法律思维方式的强调，而并不意味着对刑罚处罚范围的扩大。正如将抢劫罪解释为以非法占有为目的，以暴力、胁迫或者其他方法，当场强行劫取公私财物的行为的通说观点，或解释为行为人当场实施了足以压制对方反抗的暴力，令对方事后交付财物的行为的个别观点，它们都是从实质意义上对抢劫罪进行的解释，尽管它们在实质上没有区别，只是解释的考虑基点不同而已，但不能因此就否定实质理性对刑法规范的解释作用，相反，这更加证明了根据罪刑法定的实质侧面对刑法规范进行解释是多么的须臾不可离。

在罪刑法定发挥对立法权与司法权的双重限制功能时，其对立法权的限制已然通过刑法典得以体现，对司法权的限制则须通过判断犯罪行为是否符合个罪的构成要件进行彰显，后者是通过刑法解释来完成的。在此，恰恰体现的是罪刑法定对刑法解释的指导功能，这正是其作为刑法基本原则的特点，即它具有全局性、贯穿性与指导性。刑法的基本原则体现了刑法的根本价值，它“是整个法律活动的指导思想和出发

---

① 陈兴良：《形式解释论的再宣示》，载《中国法学》2010（4），44页。

点”[①]。在立法层面，它约束着立法权的行使与罪名和罪状的制定；在司法层面，作为刑法基本原则的罪刑法定并非高高在上的抽象的文字表述，而是切切实实指导着司法过程中定罪量刑的适用。陈兴良教授批判指出，“刘艳红教授还对罪刑法定原则的司法功能作了过度解读。其实，对于司法而言，罪刑法定原则的精神，就在于法无明文规定不为罪。至于法律明文规定的行为在司法过程中是否一定有罪，这并非罪刑法定原则的功能”[②]。在此，陈兴良教授显然是回避了罪刑法定对刑法解释的指导功能，才会认为笔者对罪刑法定原则的司法功能作了“过度解读”，而这样的“解读”，正是罪刑法定作为刑法基本原则的应有功能，而非“过度解读”所得出的结论。

四、实质刑法观的犯罪论

实质刑法观主张建立实质的犯罪。构成要件在当下刑法理论中是违法有责类型，因此，构成要件的独立性意义固然存在，但它似乎更多只是应然层面的而非实然现状。为此，构成要件作为违法行为的类型化，符合构成要件的行为一般都是违法的；构成要件又是责任的类型，以非难可能性为内容的规范责任论是责任的本质；构建违法（构成要件）与有责（构成要件）二阶层的犯罪论体系就成为必然。

实质的犯罪论认为，仅仅从形式上强调罪刑法定原则是不充分的，构成要件符合性的判断，是从实质上判定是否存在值得科处刑罚的法益侵害。违法性的判断，也必须以法益侵害或威胁为中心进行考虑。首先站在解释作为违法类型的构成要件的立场，构成要件与违法性没有原则的区别。该当作为违法行为类型化的构成要件的行为，原则上可称为违法行为。[③] 其次是构成要件和有责性的关系。基于解释作为有责类型的构成要件的立场，构成要件与有责性其实也并无原则的区别，该当作为

---

① 沈宗灵：《法理学》，40 页，北京，高等教育出版社，1994。

② 陈兴良：《形式解释论的再宣示》，载《中国法学》2010（4），44 页。

③ 参见［日］前田雅英：《现代社会と实质的犯罪论》，10 页，东京，东京大学出版会，1992。

有责行为类型化的构成要件的行为，原则上就是有责行为。由此一来，犯罪的成立可以分为两个条件，即值得处罚的违法行为的客观的构成要件和值得非难的有责行为的主观的构成要件，行为是否符合客观与主观的构成要件，需要结合是否具有违法与责任的阻却事由来决定。[①] 这种犯罪论体系，从结构上杜绝了对犯罪构成要件可能存在的形式评价，从设计上赋予了构成要件实质判断的标准，即某种行为是否具有处罚的必要性与合理性，从而最终成为以可罚必要性为内容的真正意义上的实质犯罪论体系。

（一）实质刑法观的构成要件论

主张什么样的构成要件论，直接决定了主张何种犯罪论体系，进而直接决定着主张何种刑法观。在此问题上，笔者力主实质的构成要件论，并承认开放的构成要件论。

1. 构成要件的类型：形式抑或实质

刑法中的构成要件是形式意义的类型还是具有实质内涵的规范评价类型，是一个与犯罪论体系是形式的还是实质的有关的重要问题。实质刑法观的构成要件理论当然是主张实质的构成要件论，即构成要件是具有实质内涵的规范评价类型，这决定了，应该建立实质的犯罪论体系，并提倡实质的刑法解释方法。

构成要件历经了从形式的构成要件到实质的构成要件，及至形式构成要件论的彻底崩溃和实质构成要件论的确立的发展过程。这一发展过程是在规范性构成要件要素与主观构成要件要素的推动之下进行的。形式构成要件论起始于贝林。在贝林眼中，构成要件是中性无色的客观性的行为类型。但是，这种形式的构成要件理论在 M. E. 迈耶发现规范的构成要件要素之后很快被动摇了。麦兹格进一步推广了规范性要素的概念。自此之后，规范的构成要件要素概念得到了刑法理论的普遍赞同，刑法构成要件不再是价值无涉的抽象类型，而是具有价值内涵和评价必

① 参见［日］前田雅英：《刑法总论讲义》（4 版），39 页，东京，东京大学出版社，2006。

要的规范评价类型。主观构成要件要素的推广进一步推动了构成要件实质化的发展，并使构成要件与违法性之间的关系更加紧密。[①] 这样，构成要件不再是纯客观的，它也含有主观的内在的心理的判断，它需要法官根据行为人的内心世界进行价值补充。在主观构成要件要素得到普遍认同的情况下，构成要件由原来的违法类型演变为违法有责类型，“违法是客观的、责任是主观的”的观点也受到冲击。规范与主观要素给犯罪评价模式带来的冲击则使构成要件的非价内容具体化、实证化；构成要件由形式的类型化形态最终发展为实质的规范评价类型。以往从形式构成要件论出发的德日三阶层体系的特点是，通过构成要件符合性的判断递进至违法性和有责性的价值判断，以构造一个将犯罪成立的事实判断与价值判断相分离的、逻辑清晰的且便于刑事诉讼的体系结构。然而，构成要件从形式化到实质化的发展，要求建立实质的犯罪论体系，即将构成要件与违法性相融合发展为客观违法构成要件，将构成要件与有责性相结合发展为主观有责构成要件，构成要件的独立意义自此消逝。与之相适应，在刑法解释方法上，要求对构成要件采取新的解释方式，即将传统的对构成要件采取形式理解的诠释方法，更替为从实质角度即是否具有处罚必要性和合理性的角度来诠释构成要件的新方法。

对于构成要件的实质化，陈兴良教授曾经指出，“构成要件的实质化虽然具有一定意义，但这种实质化是事实上的实质化而非价值上的实质化。构成要件基本上属于一个事实判断的问题，将客观归责等纳入构成要件当中，克服构成要件过于形式化之弊，笔者是赞成的。但如果将价值判断也并入构成要件中考察，其结果是取消违法性要件，使之合而为一”[②]。陈兴良教授的看法有一定的合理性，比如客观归责理论是以实质评价为内容的，它克服了构成要件的形式化；但即便不承认构成要件实质化，一旦承认客观归责理论，则构成要件同样也被以法所不允许的风险这一实质的规范评价概念为内容的客观归责理论予以实质化了。

① 参见刘艳红：《犯罪构成要件：形式抑或实质类型》，载《政法论坛》2008（5），147页。

② 陈兴良：《判例刑法学》，203页，北京，中国人民大学出版社，2009。

这意味着，构成要件的实质化似乎始终是一个难以避免的结局。此外，关于构成要件的实质化是事实上的实质化而非价值上的实质化的这一命题，也值得商榷。前述表明，构成要件的实质化正是指在客观发生的事实是否符合或者说该当于构成要件的问题的判断上，如果仅仅只是对号入座式的、不加价值判断地将客观事实与构成要件规定加以对接，则为构成要件的形式化；反之，如果对客观发生的事实进行规范评价以判断其是否符合构成要件，则为构成要件的实质化。因此，构成要件的实质化是对事实是否符合构成要件掺入价值上的考虑这一问题的实质化；构成要件的实质化结果，是导致其与违法性和有责性紧密结合，这也是为什么二阶层体系之兴起的原因。

2. 构成要件的结构：封闭抑或开放

构成要件是违法有责类型，这一构成要件理论的现实状况，也决定了构成要件必然是开放的。主张阶层的犯罪论体系，必然要面对具有开放性的违法性与有责性概念，而构成要件作为违法有责类型通说地位的形成，决定了构成要件具有开放性而非封闭性。不管是否愿意，开放的构成要件之存在是事实，否认开放的构成要件，是逃避现实的非理性态度。陈兴良教授认为，对开放的构成要件应予反对，并认为开放的构成要件概念违背了罪刑法定原则，“推行开放的犯罪构成要件，甚至会消解罪刑法定原则的形式侧面的作用”①。问题是，开放的构成要件是实然存在，而并非主观上坚持认为的结果。刑法理论面对司法实务中的具体问题，与其回避不承认，莫如直接面对并且从理论上寻找其合理化的根据。

另外，如果拒不承认开放的构成要件，但为了解决实务问题又将之归入不成文的构成要件，这样的做法，其实是一种变相承认开放的构成要件的做法，或者说，所谓不成文的构成要件要素与开放的构成要件理论之间，其实并无本质区分，它更像是开放的构成要件的另一种表述而已。开放的构成要件是指，“由于立法者未能详尽地描述构成要件的各

① 陈兴良：《形式解释论的再宣示》，载《中国法学》2010（4），45页。

种要素，根据刑法规范对构成要件的字面规定，尚无法判断行为是否违法，还需要法官进行其他补充判断的构成要件”[①]。不真正不作为犯中的义务来源、过失犯中的注意义务、非法定目的犯中的目的等，均属于开放的构成要件。而根据张明楷教授的主张，所谓不成文的构成要件要素是“根据刑法条文之间的相互关系、刑法条文对相关要素的描述所缺的，成立犯罪所必须具备的构成要件要素”。因为“刑法不可能将所有犯罪的一切构成要件要素，都完整地记述下来。虽然大多数构成要件要素都是由刑法明文规定的，但是，也有不少构成要件要素不是由刑法明文规定的，而是经由解释形成的”。“例如，不真正不作为犯的义务来源、过失犯罪的结果预见可能性与结果回避可能性以及一些目的犯，刑法不可能没有遗漏地做出规定。”[②] 在此，无论内涵还是表现形式，所谓的“不成文的构成要件要素”都与开放的构成要件概念并无区分。既然如此，就没有必要主张不成文的构成要件要素概念。

很显然，构成要件之所以是开放的，正是因为立法者没有规定出来、但又为犯罪的成立判断所必需的一些构成要件要素，需要法官去补充解释、去填充。只不过，立于静态的层面对这些没有规定出来的构成要件要素进行概括，张明楷教授称之为“不成文的构成要件要素”罢了。但立于动态的层面分析，这些包含了未规定出来的构成要件要素又必须在法条适用时解释出来，这样一种构成要件当然是开放性的，亦即需要法官的补充解释。可见，承认开放的构成要件，无非是承认刑事立法的有限性和刑法解释的必须性而已，它绝非洪水猛兽，更不是什么违背罪刑法定。

承认开放的构成要件理论不会违背罪刑法定原则，不会削减罪刑法定形式侧面的意义。罪刑法定的形式侧面包括成文法主义、类推解释的禁止、禁止事后法。形式的罪刑法定之本义，要求构成要件的规定最好详尽无疑，以满足罪刑法定原则所要求的法无明文规定不为罪、法无明

---

① 刘艳红：《开放的犯罪构成要件理论研究》，148页，北京，中国政法大学出版社，2002。

② 张明楷：《犯罪构成体系与构成要件要素》，137页，北京，北京大学出版社，2010。

文规定不为刑之要求。但是，刑事立法技术的局限性、语言文字的不周延性、明文规定中何为明文的模糊性等决定了，罪刑法定的形式侧面之实现受到种种限制。为了充分实现罪刑法定的形式侧面，莫如直面有立法缺陷的一些构成要件，并发挥实质的刑法解释作用，以使不明确的刑法条文变得明确，这种做法并不是“推行”开放的构成要件，而是直面现实存在的开放的构成要件，从理论上加以认可并研究其问题；这种承认，不是对罪刑法定形式侧面的削减，而是通过对其进行补充解释适用之后，尽量充分实现罪刑法定的形式侧面。正因如此，有学者一针见血地指出，“实质上，否定开放构成要件的实现多有掩耳盗铃的心态，刑法规范的构成要件在很大程度上是开放的”①。在此问题上，刑法学者所能做的，不是一味地争论是否承认开放的构成要件，而应该秉持务实的态度，接受实务中这种构成要件的确存在之现实，在此基础上，尽量确定开放的构成要件的解释基点，尽量明确纳入构成要件的行为类型，以充分地实现罪刑法定的原则。总之，承认开放的构成要件，并不会出现“消解罪刑法定原则的形式侧面的作用”，相反，它正是让罪刑法定的不成文的构成要件得以明确，使形式的罪刑法定原则得以充分实现的途径。

承认开放的构成要件不会违背构成要件的违法推定机能，不会与构成要件是违法有责类型的通说相矛盾。张明楷教授认为，“如果肯定开放的构成要件，就意味着否定构成要件的违法性推定机能”，“如果在构成要件之外寻找违法性的根据，必然损害构成要件的保障机能”，“开放的构成要件理论，实际上是将需要补充的构成要件要素，从构成要件转移到违法性中去，从而将其排除在故意的认识对象之外”②。然而，构成要件作为违法有责类型，无论其在三阶层中独立存在，还是在二阶层中与违法性和有责性分别合二为一，其所具有的违法性和有责性推定机能都不会丧失；恰恰相反，正是因为承认构成要件的违法推定机能，而

① 时延安：《刑法规范的结构、属性及其在解释论上的意义》，载《中国法学》2011 (2)，104 页。

② 张明楷：《犯罪构成体系与构成要件要素》，138 页，北京，北京大学出版社，2010。

有些构成要件中推定违法性的构成要件要素并未在法条中予以明确规定，以至于法官无法判断行为是否违法，所以还需要进行补充判断，而这些构成要件就是开放的。可见，承认开放的构成要件并积极地探讨如何予以补充适用，反倒有利于充分发挥构成要件的违法推定机能。

（二）实质刑法观的违法性论

在违法性的本质上，实质刑法观赞同形式违法性与实质违法性的区分，但是反对单纯从实定法的角度看待行为是否违法的形式违法性，主张探究对违法性进行实体的充分说明。以此为基点，犯罪的本质是法益侵害的法益侵害说的观点认为违法是对法益的侵害或者威胁，在结果无价值与行为无价值的对立上，主张结果无价值。以此为出发点，在客观违法性与主观违法性的对立中，实质刑法观必然主张客观违法性论而反对主观违法性；在违法性的程度上，实质刑法观主张除了进行违法性有无之判断，还需进行违法性程度高低以及法益侵害程度高低之利益衡量，只有具备值得处罚的法益侵害性，才能判断为违法。

实质刑法观主张结果无价值论。结果无价值与行为无价值是关于违法性本质对立范畴中最重要的一对范畴，迄今为止，它甚至跨越了违法性领域而成为整个刑法观的对立，其所涉的问题也因此相当广泛。然而，在此，笔者只粗浅地就其作为违法性本质问题上的争论，发表作为实质刑法观的见解，而囿于篇幅及主题暂不涉及该对范畴的其他问题。中国目前结果无价值与行为无价值的争论主要是在实质刑法内部进行的。主张结果无价值的张明楷教授是实质刑法的旗手，主张行为无价值的周光权教授其实也是一位实质刑法论者，因为周光权教授主张“犯罪论的实质化”，主张实质的刑法解释，“在建构合理的犯罪论过程中，必须在法益保护的观念下，坚持实质主义的评价方式。由此一来，对于实行行为的概念、实行行为的着手、因果关系的判断、违法性的本质、作为义务的根据、放任的理解、（不可罚的）不能犯和未遂犯的区别等问题，都必须坚持实质论的立场”①。显然，主张结果无价值或行为无价

① 周光权：《刑法学的西方经验与中国现实》，载《政法论坛》2006（2），32页。

值并非判断是否主张实质刑法观的标准；原因在于，实质刑法观主张实质的违法性论，而结果与行为无价值都是主张实质违法性论者的观点，是实质违法性论的内部分歧。因此，只能说，本书的实质刑法观主张的是对违法性本质持结果无价值论的立场，但是这种结果无价值论不是全面否定一切主观违法要素的、如同山口厚教授所说的“极端彻底的结果无价值论”[①]，而是承认部分主观违法要素的结果无价值论。

违法性的实质是法益侵害还是规范违反，这是划分结果无价值与行为无价值的根本标准。由于笔者历来赞成法益侵害说，即犯罪的本质是法益侵害而非规范违反，因而在构成要件的机能上，赞成现代刑法的构成要件具有“甄别值得处罚的法益侵害行为”之新机能的观点[②]，在违法性的本质上，当然是主张以行为造成对法益的侵害或者威胁之后果的结果无价值论。“刑法的机能之一在于保护法益，即保护作为我们的生活利益的法益，那么，其归结自然为：违法性的实质当然在于行为的社会危害性即法益侵害、法益侵害的危险。这就是所谓的结果无价值。”[③]这体现在刑法解释论上，即允许对犯罪的认定根据结果无价值进行解释，如果是造成的法益侵害或者威胁后果程度很轻微的行为，则不具有违法性，不构成犯罪。行为无价值论者认为，仅以结果或者危险是否发生作为违法性判断的对象基准，并不全面，而主张只有同时以行为（包括伴随的主观要素）、结果（法益侵害或者危险）作为判断对象，才能有效防止刑法评价对重要的要素的遗漏。[④]但是，将行为人的主观要素包括故意、过失、目的、动机等归入违法性领域，将会使“有责意识”的主观内容全面侵入违法性的客观判断之中，从而使违法性与有责性之

---

① ［日］山口厚著，金光旭译：《日本刑法学中的行为无价值与结果无价值论》，载《中外法学》2008（4），593页。

② 参见［日］前田雅英：《现代社会と实质的犯罪论》，183页，东京，东京大学出版会，1992。

③ ［日］西田典之著，王昭武、刘明祥译：《日本刑法总论》（2版），108页，北京，法律出版社，2013。

④ 参见周光权：《违法性判断的基准与行为无价值论》，载《中国社会科学》2008（4），126页。

间的界限日益模糊。

在违法性的本质上主张结果无价值论，这也直接表明了实质刑法观在违法性本质的另一对争论领域即客观与主观违法性论的问题上的基本立场。结果无价值论以客观违法性论为基础，行为无价值论以主观违法性论为基础，主张结果无价值论，毋庸置疑，自然主张客观违法性论。根据违法是客观上违法还是主观上违法，违法性论中可分为客观违法性论与主观违法性论。客观违法性论认为，刑法规范作为客观评价规范，发挥着评价何种利益具有刑法保护价值的作用，是否违反这种评价规范，即属于违法性判断，因此，只要引起了法益的侵害或者威胁，无论是人的行为还是动物的行为均可被评价为违法。主观违法性论主张，行为是否违法与人的意思能力相关联，将客观上引起的法益侵害一律评价为违法并无意义，因为动物或者无责任能力之人并不能理解刑法规范的含义，其行为引起的后果不能评价为违法。问题是，行为主体是否能够理解行为的意义，其实完全可以纳入责任领域解决，诚如西田典之教授所言，“这里并不是禁止、命令规范发动，而是责任被否定。总之，‘肯定无责任之违法’这属于客观违法论之归结”①。换言之，诸如动物或无责任能力之人的行为所引起的后果，可以先评价为违法亦即“无责任之违法”，然后，再通过有责性的评价否定其责任，最终则否定了行为的犯罪性。事实上，主客观违法性争论的根源在于，随着主观违法要素的被提出，学者们日益认为违法也不再是客观的，它兼含主观的成分。这样的认识带来的冲击是，将直接消解违法与有责之间的界限。问题是，如前所述，区分违法与有责，这已经是当代刑法教义学的共识。为此，当今很多学者反对主观的违法性论，例如日本学者曾根威彦明确指出，“我基本维持‘违法是客观的、责任是主观的’这一古典纲领，因此结论就是主观违法要素否定论。从客观违法状态还是意思决定规范违反的角度出发的话，从对象的客观性来看不

① ［日］西田典之著，王昭武、刘明祥译：《日本刑法总论》（2版），108页，北京，法律出版社，2013。

得不采取违法状态说”[①]。可见，客观的违法性论既有助于问题的解决，还有助于积极地发挥有责性的作用，更重要的是，它使得违法与有责相区分，从而有利于现代刑法教义学的这一最重要成就得以贯彻。

关于违法性程度问题。一般论及违法性论时，学者们往往关注其违法性的有无，而忽略了违法性程度高低的问题。实质刑法观既然主张建立以形式的、定型的犯罪论体系为前提、以实质可罚性为内容的实质犯罪论体系，那么，在违法性的问题上，当然主张以形式违法性为前提、以实质可罚性为内容的违法性论。违法性论中所说的实质可罚性问题，其实就是“违法性的程度问题”，“至今在学说上，在违法性论中大致只论及违法性的存否，即违法性阻却事由的有无。但是，存在违法性时，有必要进而一并论及其存在的程度问题”，该问题被刑法理论视为“违法性论中第二要探究的课题”[②]。

在违法性的本质上主张结果无价值论，基于对法益的侵害或者威胁考虑违法性之有无的结果无价值，必然重视对法益的衡量，从而直接延伸出实质刑法观的实质违法性论所蕴含的利益衡量说这一重要观点。结果无价值论与行为无价值论的一个重要分歧是，前者认为刑法规范首先是裁判规范，后者主张刑法规范首先是行为规范。裁判规范面向适用刑法规范的法官，行为规范面向社会大众；裁判规范表明对行为是否违法的判断是个别的，行为规范表明对行为是否违法的判断是抽象的。但是，“将社会一般人的认识作为认定行为违法的判断标准，显然会使法律处于十分尴尬的境地”[③]。因此，将刑法规范首先视为行为规范是有疑问的。笔者早已指出，虽然刑法规范具有行为规范与裁判规范的双重性质，但是，“刑法规范是适用中先行的裁判规范”[④]，这决定了应该首先将刑法规范作为裁判规范看待，并发挥法官的裁判功能以判断行为是

① ［日］川端博、曾根威彦、日高义博：《对谈结果无价值论と行为无价值论》，载《现代刑事法》1999（3）。

② ［日］大塚仁，冯军译：《刑法概说（总论）》（3版），346页，北京，中国人民大学出版社，2003。

③ 黎宏：《刑法总论问题思考》，32页，北京，中国人民大学出版社，2007。

④ 刘艳红：《实质刑法观》，208页，北京，中国人民大学出版社，2009。

否违法。法官在适用刑法规范进行法益侵害与威胁的结果之个别化判断时，必然会涉及法益高低之衡量，比如在紧急避险等领域，为了保护更高法益而实施某种侵害低度法益的行为，就会被认为阻却了违法性，由此便产生了利益衡量说。

（三）实质刑法观的有责性论

“没有责任就没有刑罚”是近代刑法的基本原则，坚持责任主义是贯彻罪刑法定原则的基本要求。刑法的目的是保护法益，在发生了法益侵害或者威胁事实这一客观外部的情况下，则应首先考虑评价行为的违法性问题；其次则是有责性问题，即行为人是否具有认识自己实施行为的意义及后果的能力，对这一主观内部的情况进行判断，只有具有非难可能性的行为人，才能令其对自己的行为承担责任。此即近代刑法的责任主义。然而，责任主义的实现在不同刑法立场的学者那里路径是不同的。

以这样的责任理念为前提，在责任的本质上，实质刑法观的有责性论主张规范责任论。有责性也称为责任，它主要是解决行为人是否具有可谴责性问题，有责最基本的含义是“法律不认可的思想意识”[①]。因此有责的内涵，一直被认为主要是“有责意识”的精神态度。行为人是否具备“有责意识”，便成为是否具有可谴责性的判断依据。有责性意味着主观的归责可能性或者说可非难性。非难的前提是，除却责任能力和责任条件即故意或过失之外，还必须要求行为人有实施合法行为的可能性但却没有实施，这时行为人才值得非难而有责任。为此，在实质犯罪论体系之下，在责任的本质问题上，当然主张规范责任论，而非心理责任论、社会责任论或者实质责任论。

规范责任论认为，责任即非难可能性，即从法规范的立场对行为与结果之间的心理事实进行非难可能性的价值评价。刑法规范既是行为规范又是裁判规范，后者由裁判者即法官适用，当发生了侵害法益的行为时，由其根据法规范的内容评价某种行为是否成立犯罪，该规范对于法

① Wilhelm Gallas，Beiträge zur Verbrechenslehre，1968，S. 56.

官而言即为评价规范；前者则针对一般国民，为其提供行动指南，当国民明确了规范的含义，仍然决定实施某种行为时，该规范对于国民而言是行为规范。可见，从决定规范的角度而言，当具有自由意志的行为人能够理解法规范的意识，但又作出了违法的意思决定时，则意味着其违反了法规范对其本应遵守的规范内容的期待和守法的义务，此时行为人的违法行为才会成为有责性应该讨论的问题。由此一来，期待可能性理论得以被引入责任的范畴内，成为其中的规范性要素，规范责任论“将故意和过失统一理解为规范要素，要求行为人具有实施合法行为的期待可能性，认为即便有责任能力及故意、过失，但没有期待可能性的话，也仍没有责任”①；自此责任不再是仅仅以心理认识为内容的事实概念，而是一个以义务违反为前提的规范概念，亦即从规范的立场对事实进行非难可能性的评价。②

心理责任论是19世纪自然科学主义的产物，因为过于考虑类似于心理学上的故意与过失的事实概念，对行为人责任的评价只重事实的心理联系而不进行规范的价值评价，所以早已受到摒弃。社会责任论立足于刑法新派的预防论，其着眼点是人的性格而非行为本身，主张出于防卫社会的目的对于显现了危险性格之人采取防卫措施追究其刑事责任，其强烈的主观色彩也令其受到了学者们的排斥；实质责任论立足于社会责任论并结合了规范责任论的内容，但其本质仍然是强调社会责任论对犯罪的预防，其刑事政策的意味过于强烈，规范刑法学的色彩受到了冲击。而前述表明，规范责任论克服了上述几种责任理论的缺陷，一方面，它在对行为与结果的心理事实进行联系的基础上，掺入了是否具有实施合法行为的期待可能性的规范评价，从而使责任论脱离了自然主义的轨道，使其从存在论发展为规范论；另一方面，它立足于行为与其结果之间的因果联系，强调的是对行为人违法心理的评价，它以古典自由主义为基础，面向的是过去的行为心理，而不是面向未来的预防主义。

① ［日］大谷实著，黎宏译：《刑法讲义总论》（新版2版），286页，北京，中国人民大学出版社，2008。

② 参见冯军：《刑事责任论》，引言5页、235页，北京，法律出版社，1996。

因此，实质刑法观当然主张规范责任论。

在责任的要素上，实质刑法观的责任观主张其包括责任能力、故意/过失和期待可能。既然认为责任的本质是规范责任论，那么，实质刑法观必然认为，责任的要素包括责任能力、故意或过失以及“由规范责任论所提出的实质阻却罪责事由——期待可能性”[①]。据此，在责任的考察上，必须结合是否违反义务、是否具有期待可能性等进行规范评价与实质考察，而这正是实质刑法观所要求的实质可罚性在责任领域里的体现。但是，一般情况下，具备责任能力的人都具有期待可能性，只要其行为是处于故意或过失的心理状态下实施的，其责任即可成立。因此，一般而言，不需要在任何案件中都判明行为人是否具备期待可能性，只有在少数例外情况下，才需要判断行为人是否具有期待可能性。因此，在承认期待可能性是责任要素的前提下，将“缺乏期待可能性作为责任阻却事由”[②] 来对待即可。由此一来又产生了新的问题，“由规范责任论所提出的实质阻却罪责事由——期待可能性”[③] 应该在多大范围内承认其适用？是将期待可能性作为一般性的还是例外性的责任阻却事由？在实质刑法观所主张的实质犯罪论体系之下，应反对将期待可能性作为一般性责任阻却事由，而将之作为“调节性刑罚恕免事由”，在“极其稀有的特殊案例中”作为责任阻却事由予以使用。[④] 这样的做法，一是因为刑法条文大多将缺乏期待可能性的行为排除在了犯罪之外，在刑法明文规定之外因缺乏期待可能性而阻却责任的情形并不多见；二是考虑到我国缺乏西方国家深厚的法治基础，缺乏对期待可能性理论的深厚积淀和深入理解，为了维持形式的罪刑法定原则，哪怕有时候牺牲掉实质的处罚妥当性的部分也不应承认其为一般的责任阻却事由。

---

① 许玉秀：《主观与客观之间》，185页，台北，作者自印，1997。

② 张明楷：《刑法学》（4版），231页，北京，法律出版社，2011。

③ 许玉秀：《主观与客观之间》，185页，台北，作者自印，1997。

④ 参见刘艳红：《调节性刑罚恕免事由：期待可能性理论的功能定位》，载《中国法学》，2009（4），115页。

五、实质刑法观的共犯论

共犯论是犯罪论体系的试金石。作为体系论的试金石，实质刑法观所主张的实质的犯罪论必须要经受共犯论的检验。因此可以说共犯论是实质刑法观的体系化思考中最重要的部分。实质刑法观与实质刑法观的罪刑法定观以及实质的犯罪论体系相一致，并继续贯彻刑法的任务是保护法益、犯罪的本质是法益侵害、违法性的本质是引起法益侵害或威胁的后果之结果无价值论等三大基本主张。在共犯论领域，实质刑法观则自然应提倡法益侵害这一结果无价值论立场的客观主义视角，运用以实质可罚性为内容的实质分析方法，来回应或处理诸如共犯的处罚根据、共犯本质、共犯与正犯的区分等众多具体问题。这种实质刑法观的共犯理论，可以简单概括为客观实质的共犯理论。

共同犯罪的立法宗旨是解决将违法事实归属于哪些参与人的行为的问题，至于各参与人的责任则应在有责性领域里解决。因此，共同犯罪是违法类型而非责任类型。[①] 基于这一理论前提，并基于刑法的任务是保护法益、犯罪的本质是法益侵害、违法性的本质是引起了法益侵害或者威胁的后果这一结果无价值三大基本主张，笔者所持的实质刑法观主张，从行为人与其行为所造成的法益侵害后果的因果关系角度解释共犯的处罚根据。详言之，在共犯的处罚根据上，提倡以结果无价值为基础的因果共犯论。在共犯的本质问题上，主张以客观主义为基础的犯罪共同说。在共犯与正犯的关系上，主张共犯的可罚性从属于正犯的从属性说，同时为了贯彻共同犯罪是违法类型之观点，在共犯从属性各种学说之中，主张限制从属性说。在正犯与共犯的区分上，主张客观实质的共犯理论，即只考虑各参与人的违法性，对实行行为从价值规范的角度予以考察、从各参与人作用大小的角度区分正犯与共犯；在此种实行行为与共犯理论实质化思潮影响之下，在共同正犯的认定范围上，承认共谋共同正犯，即主张参与共谋而未实行的人如果对于共同犯罪的发展和完

① 参见张明楷：《刑法学》（4版），348～349页，北京，法律出版社，2011。

成起到了巨大作用，其操纵指挥行为与实行行为者具有同值性甚至比实行行为危险性更甚的，也应被作为共同正犯而不是教唆犯或者帮助犯等共犯看待。在共犯脱离的判断基准上，以因果共犯论为基础，主张以因果遮断说作为其认定基准，但是反对以事实的因果关系遮断说为基准，即反对仅仅从事实因果关系是否遮断的角度考察脱离成立与否，而主张从法规范评价角度，考察脱离者与其他共犯者之间的因果关系是否成立遮断，即提倡规范的因果关系遮断说。

首先，在共犯的处罚根据上，与结果无价值的前述主张一脉相承，实质刑法观之下的客观实质的共犯论主张因果共犯论。关于共犯的处罚根据，学说上向来有责任共犯论和因果共犯论两种不同主张。责任共犯论以团体责任为基础，基于人的违法观和行为无价值论之立场，从违法与责任连带考察的视角讨论共犯的处罚根据，认为之所以处罚共犯，是因为其诱使他人犯罪，而不是造成了客观的法益侵害。比如教唆犯和间接正犯均是如此。共同意思主体说这一责任共犯说中的有力学说，正是在此思想基础上发展起来的。问题是，责任共犯论无法解释共同正犯、帮助犯或者说从犯等的可罚性来自何处，而且此种学说将共犯的处罚根植于人性之主观善恶，这与当今时代重视行为及后果的客观主义背道而驰，直接导致共犯处罚上的主观主义和伦理主义，易致出入人罪，因此应予反对。实质刑法观主张因果共犯论。前述实质刑法观关于刑法的任务、犯罪的本质、违法性本质等重大问题的基本观念已表明，刑法的任务是保护法益，犯罪的本质是侵害或威胁法益，而违法性的本质在于引起了法益的侵害或威胁的后果，因此，“之所以处罚共犯，是因为其与他人所引起的法益侵害之间具有因果性”①，此即因果共犯论。尽管因果共犯论中有纯粹说、混合说与修正说等不同主张，但其从法益侵害的结果无价值立场寻求共犯处罚根据的做法则是共同的。因果共犯论坚守了近代刑法的个人责任原理，为共犯的处罚提供了外在的、易把握的操

① ［日］西田典之著，王昭武、刘明祥译：《日本刑法总论》（2 版），302 页，北京，法律出版社，2013。

作标准，有利于根据法益侵害的行为与后果之间的因果性来限定共犯处罚范围，有利于实现刑法的人权保障机能。

其次，在共犯的本质问题上，实质刑法观之下的客观实质的共犯论主张犯罪共同说。共犯的本质亦即共犯到底是什么共同的问题，它是关于共犯成立的学说，即二人以上怎样才是“共同”？在此问题上存在犯罪共同说与行为共同说的对立。犯罪共同说认为，共同犯罪是指数人共同对同一法益实施侵害或者威胁的行为，它强调的是构成要件实行行为的共同。行为共同说主张，共同犯罪中的共同不是共犯一罪的共同，而是共同表现各参与人主观恶性之共同，因此，共同犯罪是指数人以共同的行为而实现各自犯意。基于前述笔者的刑法的任务是保护法益、犯罪的本质是法益侵害、违法性的本质是对法益的侵害或威胁之结果无价值的基本立场，在共犯的本质上，笔者所持的实质刑法观则当然主张犯罪共同说，反对行为共同说。共同犯罪是违法类型，犯罪共同说立足于法益侵害之结果无价值的基本立场来认定共犯，有利于维护构成要件的定型性，有利于限缩共犯的成立范围。

我国学者张明楷教授和黎宏教授均主张行为共同说，而且，这两位学者均主张“站在客观主义的立场来采取行为共同说”[①]，并指出，“现在这种强调人的主观恶性的行为共同说已经不复存在，取而代之的是以客观主义立场为基础的行为共同说。本说在共同犯罪不是数人共同实施特定犯罪，而是数人通过共同行为实现各自犯罪，即‘数人数罪’的一点上，继承了传统的行为共同说的精髓，但这里所说‘共同行为’中的‘行为’，并不是指‘先于构成要件的行为，而是指实现构成要件之外在、客观事实限度内之实行行为’。在犯罪构成上，必须和各自所实施的犯罪构成行为具有本质上的重合，并且和自己所追求的结果之间具有因果关系”[②]。此种看法值得商榷。其一，所谓客观主义立场的行为共同说，将行为共同说中的共同之行为理解为“实现构成要件之外在、客

① 张明楷：《刑法学》（4版），359页，北京，法律出版社，2011。

② 黎宏：《刑法总论问题思考》，478页，北京，中国人民大学出版社，2007。

观事实限度内之实行行为”，那么，这样的行为难道不就是犯罪共同说所说的实施符合构成要件的共同行为吗？很显然，这样的行为共同说其实质是犯罪共同说。而且，既然是行为共同，何来“和各自所实施的犯罪构成行为具有本质上的重合”之要求？这岂非就是犯罪共同说的体现？而且，这样的行为共同说完全松懈了共犯的意义：既然只是客观事实相同，如何与同时犯相区分？将数人数罪作为共犯的精髓，又如何能说他们是共同犯罪？其二，现今的犯罪共同说早已不是早期严格的或者完全的犯罪共同说，而是部分犯罪共同说。为了克服早期犯罪共同说所要求的在犯罪构成要件上的完全一致从而导致共犯难以认定的缺陷，当今刑法理论早已发展出部分犯罪共同说，只要部分构成要件有重合，即可在重合部分以共犯论处。这一学说也有利于贯彻共同犯罪是违法类型的思想。因为各人的责任并不相同，重合的只是造成法益侵害的部分行为及其后果，而各人的责任则留待有责性领域解决。其三，主张行为共同说的学者的一个重要理由是，根据犯罪共同说无法解决过失共犯与片面共犯的处罚问题，为此应该主张行为共同说。然而，对于过失共犯，也有有力观点立足于犯罪共同说指出[①]，即便是过失犯，既然存在违反了客观性注意义务的危险行为这一实行行为，那么只要能认定行为人之间具有共同实施危险行为的意思与事实的，就可肯定过失共犯的成立。很显然，如果是为了解决过失共犯的问题，基于犯罪共同说的“共同义务的共同违反”理论即可解决，不必通过行为共同说。对于片面共犯，持行为共同说者亦有从限制处罚范围出发而对其持反对态度的。可见，是否承认片面共犯，难以成为区分犯罪共同说与行为共同说的标准。[②]总之，对于主张没有必要要求共同实现特定构成要件的行为共同说不能支持，从重视构成要件论的立场出发，认为各个参与者的犯罪行为只要

① 参见［日］西田典之著，王昭武、刘明祥译：《日本刑法总论》（2版），345页，北京，法律出版社，2013。

② 参见陈家林：《共同正犯研究》，69页，武汉，武汉大学出版社，2004。

在构成要件上重合的限度内就是共同正犯的部分犯罪共同说是正确的。[①]

再次，在共犯与正犯的关系问题上，实质刑法观之下的客观实质的共犯论主张共犯从属性说。共犯与正犯之间是何种关系，即共犯从属于正犯而成立还是独立于正犯而成立，对此存在共犯从属性说与共犯独立性说两种对立的学说。共犯从属性说从客观主义立场出发，认为共犯的可罚性从属于正犯，共犯独立性说从主观主义立场出发，认为共犯具有独立于正犯的可罚性。延续前述共同犯罪是违法类型的思维，在共犯从属性说的立场上，实质刑法观主张限制从属性说。

共犯从属性说内部又分为最极端从属性说、极端从属性说、限制从属性说和最小限度从属性说。由于最极端从属性说与极端从属性说均要求在正犯具备构成要件与违法性的同时还要具备有责性，这与“共犯是由于间接地引起对法益的侵害，所以才受处罚”[②] 的共犯原理相违背，因而均不能被采纳；更何况，最极端从属性说在极端从属性说的基础之上还附加了具备正犯本身条件的苛责要求，这两种学说都会使教唆犯、帮助犯等失去其作为共犯的类型化意义因而不宜提倡。最小限度从属性说脱离违法层面考察共犯，只强调正犯的构成要件符合性。比如，甲教唆乙杀丙，乙实施了杀丙的行为，但恰好乙的行为是正当防卫，因为当乙欲杀丙时丙也正欲对乙实施杀人行为。此时，乙符合杀人罪的构成要件但其行为不具备违法性。根据最小限度从属性说，只要乙的行为符合杀人罪的构成要件而无须具备违法性就可以成立共犯，于是甲从属于乙成立杀人罪的共犯即教唆犯。至于该教唆行为是否值得处罚则是另外的问题。[③] 这样的结论显然难以为人所接受。为了解决这一难题，理论上又需要为解决甲教唆犯不成立的问题另外谋求出路。可见最小限度从属

① 参见［日］大谷实著，黎宏译：《刑法讲义总论》（新版2版），365页，北京，中国人民大学出版社，2008。

② ［日］大谷实著，黎宏译：《刑法讲义总论》（新版2版），371页，北京，中国人民大学出版社，2008。

③ 参见［日］前田雅英：《刑法总论讲义》（4版），426页，东京，东京大学出版会，2006。

性说或者导致共犯范围的扩大或者导致问题的复杂化，因此现在基本不被采纳。根据前述实质刑法观的共犯论主张，共同犯罪是违法类型，因果共犯论是共犯的处罚根据，则必然会关注各参与人所造成的法益侵害后果与参与人之间的关系，于是，必然首先要在违法性层面关注法益侵害之事实有无和归责于谁的问题，因此，主张正犯具备构成要件符合性和违法性即可成立共犯的限制从属性说是合理的。

最后，在正犯与共犯的区分问题上，实质刑法观之下的客观实质的共犯论主张客观实质的正犯论。共犯论的核心问题在于如何区分正犯与共犯，亦即我国刑法中所说的实行犯与狭义共犯。以形式的罪刑法定为前提、实质的罪刑法定为补充的前述法治理念之下，则当然主张限制的正犯概念，反对松弛实行行为定型性的扩张的正犯概念；而限制的正犯概念由于其与形式客观说暗合，同时由于后者将亲自实施构成要件实行行为的人定义为正犯的做法无法解释间接正犯、共同正犯等诸多问题，故而其自然主义视角受到了质疑。刑法存在论到规范论的变化，使得形式客观说逐渐为客观实质说所取代。客观实质正犯论对构成要件实行行为从价值规范的角度予以考察，从各参与人对犯罪完成所起的客观作用之大小的视角来区分正犯与共犯，因此它天然契合了实质刑法观所主张的实质的考察方法。

根据客观实质的共犯论，参与共谋而未实行的人如果对于共同犯罪的发展和完成起到了巨大作用，其操纵指挥行为与实行行为者具有同值性甚至比实行行为危险性更甚的，自然会被作为共同正犯来看待，此即共谋共同正犯理论。共谋共同正犯作为以日本为代表的大陆法系国家和地区的刑法概念，在我国并没有受到足够的重视。我国以往的刑法理论与实践承认在单纯共谋者与实行担当者之间成立共同犯罪，但未讨论其作为何种性质的共犯人处理。基于客观实质共犯理论，承认共谋共同正犯是必然之结果。

客观实质的正犯论，必然主张以规范的因果关系遮断说作为共犯脱离的判断基准。以因果共犯论作为共犯的处罚根据，意味着在共犯脱离的判断上，应该以因果关系是否还存在为标准，判断脱离成立与否。同时，根据实质刑法观所要求的实质的考察方法，对共犯关系的脱离反对仅仅从事实因果关系是否中断的角度考察，主张从法规范评价角度考察行为人与其他共犯者之间的因果关系是否遮断，有时即使事实上的因果关系并未完全遮断，但只要规范地评价行为人在实质上与其他共犯者之间的共犯关系已完全消解，也能认定共犯脱离的成立。规范的因果关系遮断说实际上是客观实质的共犯理论在共犯脱离领域中的运用或者说具体化，是在贯彻实质刑法观所主张的实质的犯罪论体系下客观实质共犯理论的特色之一。

结　语

实质刑法观与形式刑法观在刑法解释论领域的对立，体现为形式的解释论与实质的解释论之间的对峙。这一对立被陈兴良教授认为是形式与实质刑法观在一系列重大问题上的对峙中“最具有价值的，也是最能彰显两种观点之间的冲突”，同时也是“最有实体内容的”学术争论。[①]对此观点，笔者深为赞同。之所以如此，盖因形式与实质刑法观在法治国、罪刑法定原则、犯罪概念等方面的对峙，毕竟都停留在抽象的理论层面，真正落到实处的，能体现出具体问题的解决方法和结果的不同的，则只有通过对刑法规范的解释才能实现。于是，形式与实质的解释自然成为最能代表形式与实质刑法观对立阵营中的矛盾部分了。不过，通过实质刑法观的体系化构建，不但建立了实质刑法观自身独有的实质的犯罪论，而且在此过程中，贯彻始终实质的解释论，实质解释论的重要性彰显无遗，实质解释论的作用发挥得清晰无比，任何再对实质的解释论自身如何重要以及作用如何发挥的论述自此都显得多余。

实质刑法观的体系化构建有助于深化和发展我国当下对犯罪体系的研究。经过晚近以来长时间的争论和探讨，当下刑法学界对犯罪论体系的争论已由兴奋期进入平稳期，刑法学者对犯罪论体系的不同态度也形成了相对稳定的阵营，平面四要件体系与阶层犯罪论体系在刑法理论与

---

① 参见陈兴良：《走向学派之争的刑法学》，载《法学研究》2010（1），147页。

实务中共存。形式与实质的犯罪论之争属于阶层化体系阵营中的内部分歧，它是围绕三阶层或二阶层的争论。如果按照目前盛行的“移植论”者主张的直接引入大陆法系三阶层的犯罪论体系，那就意味着当前日本刑法学界所存在的犯罪论的形式化与实质化的争论，日后在我国的犯罪论中是不可避免的；与其引进之后来面对，莫如引进之时就结合此问题直接构建具有形式或实质特色的犯罪论体系。以此角度审视，根据德日三阶层犯罪论体系的缺陷，结合实质主义评价方式，应构建客观违法构成要件与主观责任构成要件二阶层的实质犯罪论体系。其现实意义在于，一举解决了我国犯罪构成的改造问题，完全实现了中国犯罪论体系的“去苏俄化”。其理论价值则是，其直面日本学界形式与实质犯罪论之争，并且基于后一立场对于中国引进该体系之后所必然面临的同一问题提前加以解决。

体系化视野下的实质刑法观是刑法知识教义学化的体现，它是对我国刑法知识的建设性思考。从刑法教义学发展的时代需要来说，实质刑法观主张的实质的犯罪论以及实质刑法解释论，其内核来源于刑法教义学的兴盛地即德日等大陆法系的刑法知识体系，其思维方式、结构概念、理论话语全然是教义学的，“如果说去苏俄化是对我国刑法知识的一种批判性思考，那么教义学化就是对我国刑法知识的一种建设性思考”①。从这个角度而言，实质刑法观无疑是建设性的。借助陈兴良教授对刑法教义学的思考②，实质刑法观正是刑法知识教义学化的一种体现、一种尝试。实质刑法观首先是一种对待刑法的态度。实质刑法观向来主张释法中心主义，反对立法中心主义，提倡对刑法法规的解释，反对对刑法条文动辄批判以及以立法解决问题的模式。这决定了实质刑法观是创建性的，而不是消极回应式的。实质刑法观不仅仅是对刑法的一种态度，还是刑法研究的一种独特方法。实质刑法观提倡释法中心主义，必然提倡对刑法的解释，而在对解释论的选择上，实质刑法观主张

① 陈兴良：《刑法知识的教义学化》，载《法学研究》，2011（6），27页。

② 参见陈兴良：《刑法知识的教义学化》，载《法学研究》，2011（6），27～30页。

实质的刑法解释论，即主张理性主义和实质主义的研究方法。这种实质的解释论，不但将使“法律容易被理解，甚至可以在一定限度内填补法律的漏洞”①，而这正是刑法教义学的特点。实质刑法观不仅仅是对刑法的一种态度和一种研究刑法的方法，而且是一个以刑法规范为起点而形成的知识体系。这个体系以刑法规范为中心，在其形式理性之外同时考虑刑法规范的实质理性，以刑法的基本框架和脉络为中心，主张建立以实质可罚性为核心的实质的犯罪论，加上实质的刑法解释论，从而形成了一个逻辑自洽且又能司法证成的刑法理论体系。

总之，实质刑法观是一种以实质化思维为线索的充满个人印记的理论体系，它可能有很多缺陷，但它对于推动我国刑法理论的深入发展，推动刑法学界的学派之争有所助益。从刑法理论知识更新层面而言，实质刑法观不单单是一种刑法观，它更是一种哲学观、法哲学观，它将对刑法的思考非常深入地与法哲学的思考联系起来；它超越规范刑法学的视域，寻找法哲学的刑法犯罪论体系与刑法解释的机理，这种研究理论及其方法有助于拓展我国刑法学理论的研究视野。

① 陈兴良：《刑法知识的教义学化》，载《法学研究》，2011（6），28页。

参考文献

（一）

1. 马克思恩格斯全集．第1卷．北京：人民出版社，1956

2. 马克思恩格斯选集．2版．第3卷．北京：人民出版社，1995

3. 毛泽东选集．第1卷．北京：人民出版社，1991

（二）

4. [古罗马] 柏拉图．理想国．郭斌和，张竹明译．北京：商务印书馆，1986

5. [古希腊] 亚里士多德．政治学．吴寿鹏译．北京：商务印书馆，1965

6. [古罗马] 西塞罗．论共和国，论法律．王焕生译．北京：中国政法大学出版社，1997

7. [意] 托马斯·阿奎那．阿奎那政治著作选．马清槐译．北京：商务印书馆，1963

8. [英] 霍布斯．利维坦．黎思复，黎廷弼译．北京：商务印书馆，1985

9. [英] 洛克．政府论（下篇）．叶启芳，瞿菊农译．北京：商务印书馆，1982

10. [法] 孟德斯鸠．论法的精神（上册）．张雁深译．北京：商务印书馆，1961

11. [法] 卢梭．社会契约论．何兆武译．北京：商务印书馆，1980

12. [法] 卢梭．论人类不平等的起源和基础．李常山译．北京：商务印书馆，1961

13. [德] 康德．法的形而上学原理．沈叔平译．北京：商务印书馆，1991

14. [德] 黑格尔．法哲学原理．范扬，张企泰译．北京：商务印书馆，1961

15. [德] 黑格尔．小逻辑．贺麟译．北京：商务印书馆，1980

16. [法] 笛卡尔．谈谈方法．王太庆译．北京：商务印书馆，2000

17. [英] 边沁．政府片论．沈叔平译．北京：商务印书馆，1995

18. [英] 边沁．道德与立法原理导论．时殷弘译．北京：商务印书馆，2000

19. [法] 马里旦．人和国家．霍宗彦译．北京：商务印书馆，1964

20. [英] 戴雪．英宪精义．雷宾南译．北京：中国法制出版社，2001

21. [德] 马克斯·韦伯．社会科学方法论．李秋零，田薇译．北京：中国人民大学出版社，1999

22. [德] 马克斯·韦伯．经济与社会（上）．林荣远译．北京：商务印书馆，1997

23. [德] 马克斯·韦伯．经济与社会（下）．林荣远译．北京：商务印书馆，1997

24. [美] 庞德．通过法律的社会控制·法律的任务．沈宗灵等译．北京：商务印书馆，1984

25. [英] 麦考密克，魏因贝格尔．制度法论．周叶谦译．北京：中国政法大学出版社，1994

26. [英] 哈特．法律的概念．张文显等译．北京：中国大百科全书出版社，1996

27. [英] Dennis Lloyd. 法律的理念．张茂柏译．台北：联经出版

事业公司，1984

28. ［德］阿图尔·考夫曼．法律哲学．刘幸义等译．北京：法律出版社，2004

29. ［奥］凯尔森．法与国家的一般理论．沈宗灵译．北京：中国大百科全书出版社，1996

30. ［美］E. 博登海默．法理学：法律哲学与法律方法．邓正来译．北京：中国政法大学出版社，1999

31. ［英］韦恩·莫里桑．法理学．李桂林等译．武汉：武汉大学出版社，2003

32. ［德］威廉·冯·洪堡．论国家的作用．林荣远，冯兴元译．北京：中国社会科学出版社，1998

33. ［美］哈罗德·J. 伯尔曼．法律与革命．贺卫方等译．北京：中国大百科全书出版社，1993

34. ［英］米尔恩．人的权利与人的多样性．夏勇等译．北京：中国大百科全书出版社，1984

35. ［美］昂格尔．现代社会中的法律．吴玉章，周汉华译．北京：中国政法大学出版社，1994

36. ［德］阿图尔·考夫曼．后现代法哲学．米健译．北京：法律出版社，2000

37. Bernhard Rehfeld.，Die wurzeln des Rechts，1951

38. ［英］弗里德里希·冯·哈耶克．自由秩序原理．邓正来译．北京：三联书店，1997

39. ［美］约翰·罗尔斯．正义论．何怀宏等译．北京：中国社会科学出版社，1988

40. ［德］古斯塔夫·拉德布鲁赫．法律智慧警句集．舒国滢译．北京：中国法制出版社，2001

41. ［英］丹宁勋爵．法律的正当程序．李克强译．北京：法律出版社，1999

42. ［美］伯纳德·施瓦茨．美国法律史．王军等译．北京：中国

政法大学出版社，1990

43. ［美］欧内斯特·盖尔霍恩，罗纳德·利文．行政法和行政程序法概要．黄列译．北京：中国社会科学出版社，1990

44. ［美］杰罗姆·巴伦，托马斯·迪恩斯．美国宪法概论．刘瑞祥等译．北京：中国社会科学出版社，1995

45. ［英］威廉·韦德．行政法．徐炳等译．北京：中国大百科全书出版社，1997

46. ［德］K. 茨威格特，H. 克茨．比较法总论．潘汉典等译．贵阳：贵州人民出版社，1992

47. ［德］霍尔斯特·海因里希·雅科布斯．十九世纪德国民法科学与方法．王娜译．北京：法律出版社，2003

48. ［德］H. 科殷．法哲学．林荣远译．北京：华夏出版社，2002

49. ［美］赫伯特·西蒙．管理行为．詹正茂译．北京：北京经济学院出版社，1988

50. ［德］伯恩·魏德士．法理学．丁小春，吴越译．北京：法律出版社，2003

51. ［英］戴维·W. 沃克．牛津法律大辞典．北京社会与科技发展研究所组织翻译．北京：光明日报出版社，1988

52. ［德］京特·雅科布斯．规范·人格体·社会．冯军译．北京：法律出版社，2001

53. ［意］贝卡里亚．论犯罪与刑罚．黄风译．北京：中国大百科全书出版社，1993

54. ［英］吉米·边沁．立法理论——刑法典原理．孙力等译．北京：中国人民公安大学出版社，1993

55. ［意］杜里奥·帕多瓦尼．意大利刑法学原理．陈忠林译．北京：法律出版社，1998

56. ［苏］皮昂特科夫斯基等．苏联刑法科学史．曹子丹等译．北京：法律出版社，1984

57. ［意］加罗法洛．犯罪学．耿伟等译．北京：中国大百科全书

出版社，1996

58. ［德］弗兰茨·冯·李斯特．德国刑法教科书．徐久生译．北京：法律出版社，2006

59. ［德］汉斯·海因里希·耶赛克，托马斯·魏根特．德国刑法教科书（总论）．徐久生译．北京：中国法制出版社，2017

60. ［日］上田宽．犯罪学．戴波等译．北京：商务印书馆，2016

61. ［日］中山研一．刑法的基本思想．姜伟等译．北京：国际文化出版公司，1988

62. ［日］小野清一郎．构成要件理论．王泰译．北京：中国人民公安大学出版社，1991

63. ［日］大塚仁．刑法概说（总论）．3版．冯军译．北京：中国人民大学出版社，2003

64. ［日］野村稔．刑法总论．全理奇，何力译．北京：法律出版社，2001

65. ［日］福田平，大塚仁编．日本刑法总论讲义．李乔等译．沈阳：辽宁人民出版社，1986

66. ［日］大谷实．刑法总论．新版2版．黎宏译．北京：中国人民大学出版社，2009

67. ［日］川端博．刑法总论二十五讲．余振华译．北京：中国政法大学出版社，2003

68. ［日］西原春夫．刑法的根基与哲学．顾肖荣等译．北京：中国法制出版社，2017

（三）

69. 徐爱国．李桂林．西方法律思想史．北京：北京大学出版社，2014

70. 徐爱国．法学的圣殿：西方法律思想与法学流派．北京：中国法制出版社，2018

71. 张文显．法的概念．北京：法律出版社，2011

72. 陈金钊．法制及其意义——法律解释问题研究．西安：西北大

学出版社，1994

73. 刘红婴．法律语言学．北京：高等教育出版社，2018

74. 谷春德．史丹彪．西方法律思想史．北京：中国人民大学出版社，2017

75. 刘星．法律是什么．北京：中国法制出版社，2015

76. 季卫东．中国的司法改革：制度变迁的路径依赖与顶层设计．北京：法律出版社，2016

77. 吕世伦主编．现代西方法学流派．北京：中国大百科全书出版社，1999

78. 李龙主编．西方法学名著提要．南昌：江西人民出版社，1999

79. 谢晖．法学范畴的矛盾辨思．北京：法律出版社，2017

80. 王威海编著．韦伯：摆脱现代社会两难困境．沈阳：辽海出版社，1999

81. 周天玮．法治理想国．北京：商务印书馆，1999

82. 葛洪义主编．法理学．4 版．北京：中国人民大学出版社，2015

83. 苏力．法治及其本土资源．3 版．北京：北京大学出版社，2015

84. 周世中．法的合理性研究．济南：山东人民出版社，2004

85. 颜厥安．法与实践理性．北京：中国政法大学出版社，2003

86. 吕海荣．法律的客观性．台北：蔚理法律出版社，1987

87. 陈新民．德国公法学基础理论（上册）．济南：山东人民出版社，2001

88. 陈新民．德国公法学基础理论（下册）．济南：山东人民出版社，2001

89. 陈新民．法治国公法学原理与实践．北京：中国政法大学出版社，2007

（四）

90. 马克昌．比较刑法原理．武汉：武汉大学出版社，2003

91. 马克昌主编．百罪通论．北京：北京大学出版社，2014

92. 马克昌主编．犯罪通论．3 版．武汉：武汉大学出版社，1999

93. 马克昌主编．近代西方刑法学说史．北京：中国人民公安出版社，2016

94. 高铭暄，马克昌主编．刑法学．北京：中国法制出版社，1999

95. 高铭暄主编．中国刑法学．北京：中国人民大学出版社，1989

96. 甘雨沛，何鹏．外国刑法学（上册）．北京：北京大学出版社，1984

97. 金凯．比较刑法学．郑州：河南人民出版社，1985

98. 王作富主编．刑法．6 版．北京：中国人民大学出版社，2016

99. 甘雨沛主编．刑法学专论．北京：北京大学出版社，1989

100. 陈兴良．刑法哲学．6 版．北京：中国人民大学出版社，2017

101. 赵秉志主编．刑法争议问题研究．郑州：河南人民出版社，1993

102. 刘艳红主编．刑法学（上）．2 版．北京：法律出版社，2016

103. 张明楷．刑法的基本立场（修订版）．北京：商务印书馆，2019

104. 张明楷．外国刑法纲要．北京：清华大学出版社，1999

105. 张明楷．刑法格言的展开．3 版．北京：北京大学出版社，2012

106. 张明楷．犯罪论的基本问题．北京：法律出版社，2017

107. 张明楷．刑法的私塾．北京：北京大学出版社，2017

108. 张明楷．刑法学．5 版．北京：法律出版社，2016

109. 李海东．刑法原理入门．北京：法律出版社，1998

110. 杨春洗主编．刑法基础论．北京：北京大学出版社，1999

111. 高格．定罪与量刑．北京：中国方正出版社，1999

112. 陈忠林．意大利刑法学原理（注评版）．北京：中国人民大学出版社，2004

113. 李海东主编．日本刑事法学者．北京：法律出版社；东京：成文堂，1999

114. 冯亚东．理性主义与刑法模式．北京：中国政法大学出版社，

1999

115. 徐久生．德语国家的犯罪学研究．北京：中国法制出版社，1999

116. 王勇．定罪导论．北京：中国人民大学出版社，1990

117. 刘艳红．开放的犯罪构成要件理论研究．北京：中国政法大学出版社，2002

118. 刘艳红．实质犯罪论．北京：中国人民大学出版社，2014

119. 黎宏．日本刑法精义．2 版．北京：法律出版社，2008

120. 黎宏．不作为犯研究．武汉：武汉大学出版社，1997

121. 洪福增．刑法理论之基础．台北：刑事法杂志社，1977

122. 林山田．刑法特论（上册）．台北：三民书局，1978

123. 蔡墩铭．中国刑法精义．台北：汉林出版社，1986

124. 高仰止．刑法总则之理论与实用．台北：五南图书出版公司，1986

125. 陈朴生．刑法专题研究．台北：三民书局，1988

126. 苏国勋．理性化及其限制．上海：上海人民出版社，1988

127. 陈志龙．法益与刑事立法．台北：作者自版，1992

128. 蔡墩铭．现代刑法思潮与刑事立法．台北：汉林出版社，1996

129. 许玉秀．主观与客观之间．台北：作者自版，1997

130. 林山田．刑法通论．增订版．上册．台北：菩菱印刷公司，1998

131. 苏俊雄．刑法总论Ⅰ．台北：作者自版，1998

132. 许迺曼等．法治国之刑事立法与司法．台北：春风煦日论坛，1999

133. 韩忠谟．刑法原理．北京：中国政法大学出版社，2002

134. 柯耀程．变动中的刑法思想．北京：中国政法大学出版社，2003

（五）

135. 刘刚．德国“法治国”的历史由来．交大法学，2014（04）

136. 王莹．法治国的洁癖　对话 Jakobs“敌人刑法”理论．中外法学，2011，23（01）

137. 刘敏，徐爱国．德国“法治国”的实践与启示．北京行政学院学报，2015（06）

138. 陈兴良．罪刑法定的价值内容和司法适用．人民检察，2018（21）

139. 陈兴良．罪刑法定主义的逻辑展开．法制与社会发展，2013，19（03）

140. 梁根林．刑事一体化与罪刑法定、刑事政策与刑法体系的深度融通．中国检察官，2018（01）

141. 刘艳红．中国刑法教义学化过程中的五大误区．环球法律评论，2018，40（03）

142. 张明楷．阶层论的司法运用．清华法学，2017，11（05）

143. 周光权．阶层犯罪论及其实践展开．清华法学，2017，11（05）

144. 陈兴良．回顾与展望：中国刑法立法四十年．法学，2018（06）

145. 郎胜．我国刑法的新发展．中国检察官，2018（03）

146. ［奥］埃利希．实际生活中的法律概念．周林译．见：夏勇主编．公法．第 2 卷．北京：法律出版社，2000

147. ［英］罗伯特·萨莫斯．形式法治理论．钱弘道译．见：夏勇主编．公法．第 2 卷．北京：法律出版社，2000

148. 郑永流．德国“法治国”思想和制度的起源与变迁．见：夏勇主编．公法．第 2 卷．北京：法律出版社，2000

149. 刘军宁．从法治国到法治．见：刘军宁等编．经济民主与经济自由．北京：三联出版社，1997

150. 陈新民．德国十九世纪“法治国”概念的起源．政大法学评论，1996（55）

151. 赵林．古典主义与启蒙运动．法国研究，2004（1）

152. 严存生．法的合理性研究．法制与社会发展，2002（4）

153. 马克昌．罪刑法定主义比较研究．中外法学，1997（2）

154. 马克昌．论我国刑法的基本原则．中央检察官管理干部学院学报，1998（2）

155. 王勇．关于犯罪的社会危害性．社会科学，1984（3）

156. 姜伟．犯罪构成比较研究．法学研究，1989（5）

157. 陈兴良．法治国的刑法文化——21 世纪刑法学研究展望．人民检察，1999（11）

158. 陈兴良，刘树德．犯罪概念的形式化与实质化辨正．法律科学，1999（6）

159. 陈兴良．刑事法治的理念建构．见：陈兴良主编．刑事法评论．第 6 卷．北京：中国政法大学出版社，2000

160. 阮齐林．新刑法提出的新问题．法学研究，1997（5）

161. 樊文．罪刑法定与社会危害性的冲突．法律科学，1998（1）

162. 王世洲．中国刑法理论中犯罪概念的双重结构和功能．法学研究，1998（5）

163. 梁根林．二十世纪的中国刑法学——反思与展望．中外法学，1999（3）

164. 刘艳红．刑法调控范围之理性思考与启示．法律科学，1999（3）

165. 刘艳红．晚近我国刑法犯罪构成理论研究中的五大误区．法学，2001（10）

166. 刘艳红．刑事立法技术与罪刑法定原则之实践．法学，2003（8）

167. 刘艳红．我国与大陆法系犯罪论之比较研究．中外法学，2004（5）

168. 郑鲁宁，肖中华．从实质特征上解释虚开增值税专用发票罪的构成．检察日报，2002－11－11

169. 苏俊雄．刑法法治国家原则之实践观察．台大法学论丛，1995 年第 24 卷第 2 期

（六）

170. ［日］木村龟二．刑法总论．增补版．阿部纯二增补．东京：

有斐阁，1978

171. ［日］竹田直平．法规范及其违反．东京：有斐阁，1961

172. ［日］团藤重光．刑法纲要总论．3 版．东京：创文社，1990

173. ［日］大塚仁．人格的刑法学の构想．法学教室，1990（2）

174. ［日］前田雅英．刑法的基础——总论．东京：有斐阁，1993

175. ［日］前田雅英．现代社会と实质的犯罪论．东京：东京大学出版社，1994

176. ［日］前田雅英．刑法总论讲义．6 版．东京：东京大学出版社，2015

177. ［日］西原春夫．刑法总论（上卷）．东京：成文堂，1995

178. ［日］町野朔．刑法总论讲义案．2 版．I. 东京：信山社，1995

179. Karl Binding. Handbuch des Strafrechts，Band I，1885

180. Heinz Zipf. Kriminologischer und strafrechtlicher Verbrechenbegriff，in：Monatsschrift für Deutsches Recht 1969.

181. Beling. Die Lehre vom Verbrechen，1906

182. M. E. Mayer. Der allgemeine Teil des deutschen Strafrechts，2. Aufl，1923

183. Edmund Mezger. Vom Sinn der Strafrechtlichen Tatbestände，1926

184. Grünhut. Begriffsbildung und Rechtsanwendung im Strafrecht，1926

185. Erik Wolf. Die Typen der Tatbestandsmässigkeit，1931

186. H. A. Fischer. Die Rechtswidrigkeit，1911

187. Hegler. Die Merkmale des Verbrechens，in：ZStW36（1915）

188. Edmund Mezger. Strafrecht. Ein Lehrbuch. 3. unveränderte Aufl，1949

189. Edmund Mezger. Strafrecht I. Allgemeiner Teil，15. Auf. 1973

190. Claus Roxin. Strafrecht Allgemeiner Teil，Bd. I，4，Aufl，2006

191. M. E. Mayer. Der Allgemeiner Teil des deutsch strafrechts. 1915.

192. Claus Roxin. Offene Tatbestände und Rechtspflichtmerkmale，1970

193. Hans Welzel. Das Deutsche Strafrecht，11，Aufl，1969

194. Günter Jakobs. Strafrecht Allgemeiner Teil，2. Aufl，1993

195. Gallas. Zum gegenwärtigen Stand der Leher vom Verbrechen，in：ZStW67（1955）

196. Listz. Rechtsgut und Handlungsbegriff im Bindingschen Handbuche，in：ZStW 6（1886）

197. Listz. Der Begriff des Rechtsgutes im Strafrecht und in der Encyclopädie der Rechtswissenschaft，in：ZStW 6（1888）

198. Otto. Rechtsgutsbegriff und Deliktstatbestand，in：Müller-Dietz，Heinz（Hrsg. ）. Strafrechtsdogmatik und Kriminalpolitik，1971

199. Hardwig. Die Gesinnungsmerkmale im Strafrecht，in：ZStW 68（1956）

200. R. E. Gushman. Due Process of Law，in Encyclopedia of the Social Science. vol. Ⅴ，1930

201. W. Blackstone. Commentaries on the Laws of England. 9th ed.，London，1783

202. H. H. Marshall. Natural Justice. London：Sweet & Maxwell，1959

203. Tozer v. United States，4 Inters. Com. Rep. 245，52 Fed. 917，919

204. Water-Pierce Oil Co. v. State of Texas，212 U. S. 86（1909）

后　记

博士毕业至今，已恍然三年！本该于两年之内完成博士后出站报告并出站，却延宕了三年方才勉力完成。先哲黑格尔早已明言，历史的车轮呼啸前进，丝毫不会怜惜车轮下被碾坏的花草！慨叹韶光易逝虽然徒劳无用，然而对于激励我辈有惰性之人，好过慵慵乎无动于衷！

我的研究自博士阶段开始，应该说是在一个一以贯之的思路下进行的，这一思路就是主张从实质的刑法立场对犯罪构成要件进行解释。该思路发端于我的博士论文《开放的犯罪构成要件理论研究》（以下简称《开》文）完成之后。《开》文使我认识到，如果承认刑法中有开放的犯罪构成要件，那么，就应允许裁判者对之进行实质的解释，因为形式的解释对于适用开放的构成要件难以奏效。在与我博士后期间的导师马克昌教授商量后，最终确定了此题。本报告中，第三章“犯罪概念”是唯一一篇曾经发表过的文章，发表时该文题为《社会危害性理论之辩证》（以下简称《社》文）［《中国法学》，2002(2)］，且放在“博士论文精粹”栏目。但是，博士论文完成后篇幅太长，加之没有《社》文似不影响博士论文的完整性，在导师张文教授的建议下，最终没有把《社》文放进博士论文中。因为《社》文是站在实质的犯罪概念立场而作的，最终，《开》文和《社》文一起奠定了我“实质刑法观”这一课题的基础。

本报告曾试图对从构建刑法体系到探讨刑法解释方法、从分析抽象的法律理性问题到解释具体的刑法制度及至个罪等进行全方位的研习，在内容上曾试图有大的创新并曾设想达到“大醇而小疵”之境界，然而，由于本人水平所限、懒怠所致，原来设定的计划并未完成；至于文章的内容，也不敢枉称有何创新，“大醇而小疵”也可能只是“小醇而大疵”甚至“无醇而尽疵”！现在呈现在读者诸君面前的拙文，是一篇不成熟、不完整的幼稚之作，文中错误、疏漏之处在所难免，因而也是为了接受各位贤人厚学的指点而作。还望各位老师、同学不吝指教！

由于我的德语水平有限，书中所引注的德文资料可能并不准确，对此，恳请方家指教！书中所涉及德国刑法学者的中译名，系统一按照《德语姓名译名手册》（商务印书馆，1999）翻译。

在顺境中心存感恩，在逆境中依旧心存喜乐，是我的处世哲学。为此，容我首先感谢我在北大攻读博士期间的导师张文教授！攻博期间，恩师张老师对我欣赏有加并倍加栽培！恩师在我进校伊始就送给我一句话——非求变无以为新，非创新无以为行！这句励志励学之言，至今未敢稍有疏忘。然而，毕业迄今，我在学术上并未有大的作为，每每想起这句话总觉惭愧万分，自感无颜面对恩师！如今，我终于完成了我的博士后出站报告，虽然绝不敢说此乃求新求变之作，但是，从中可见我对刑法的感悟似略有所增！果如此，当是恩师对我殷殷期望并长期激励的结果！在此，我衷心祝愿已从教席上荣休的张老师能够在澳门科技大学健康、平安地发挥余热！并祝师母身体健康、生活如意！

其次，我要衷心感谢我做博士后期间的导师马克昌教授！马先生以刑法学界泰斗之尊，不但在同龄人已然颐养天年之时仍孜孜不倦于学术，而且对于提携青年后学、发展学科建设等各种杂务也尽心尽力！2002年，马先生同意接纳我进入武汉大学开始博士后研究工作；2003年，承蒙马先生错爱，在马先生及刑法学教研室各位老师的支持下，我又得以进入武汉大学法学院任教。自此，我有幸成为“马家军”这个品牌团队中的一员，并且能够师从马先生继续我在刑法专业上的深造！在出站报告的写作过程中，马先生从出站报告的选题，到报告中的具体问题，如刑法规范首先是行为规范还是裁判规范、罪刑明确性原则，及至报告中的遣词造句、注释校正等，无不费心指导。然而，令我愧疚的是，出站报告的完成在质量上离先生的标准还相差甚远；如果不是先生的宽容，出站可能还要假以时日。马先生在学术上的深厚造诣和博闻强识，在治学态度上的认真严谨与一丝不苟，使我常感到自己学问的浅薄和行文写作的粗糙！同时，我也深深体会到学问如无前辈知识的累积与传授，必无从展开！在以后的治学之路上，先生的谆谆教诲和殷殷期望，将是我前进的动力！

对于刑法教研室的莫洪宪教授、林亚刚教授、刘明祥教授、李希慧教授、康均心教授、皮勇副教授、陈家林博士和田蒿博士，我也深表感谢！感谢各位在我进入武汉大学及至随后的工作和学习中所给予的种种帮助和支持；感谢他们在学业上所给予的交流、点拨和启悟！尤其感谢刘明祥教授，感谢刘老师对于本报告的写作所提的宝贵意见，感谢刘老师将他从日本带回的宝贵资料慷慨借于我阅读、复印，否则，本报告的完成会更加延误！对于武汉大学法学院的其他各位院领导、各位老师在此也一并致谢，感谢各位在我进入武汉大学之时及随后的工作学习中所给予的大力扶持和帮助！

我还要感谢我的母校——中南财经政法大学！作为在中南财经政法大学经历了从学士到硕士、从学生到老师等角色的转换，并在那里学习、生活、工作15年的我，对母校有着一份深深的眷念！对于吴汉东校长、齐文远院长等母校的各位领导和老师，我都怀有一份深深的谢意！谢谢他们在我求学成长的过程中所给予的大力支持和帮助！谢谢他们在我从北京大学毕业回校后给我创造的各种有利条件！可以说，没有母校的培养，没有母校各位领导和老师多年的扶持和帮助，就没有今天的我！虽然目前我已经离开了母校，然而，我对母校的感情，反而随着置身于外而有增无减！

感谢武汉大学法学院2004级的刑法硕士生！为了保证年底答辩，我多次调整他们的上课时间，方便了自己但麻烦了他们。对于他们的支持和理解，我深表感谢！感谢我自己指导的研究生！因为忙于撰写出站报告，不但疏于指导他们，甚而让他们分担我的工作，在此，我深表感谢！感谢许富仁博士，他帮助我翻译了本报告中的部分日文资料，在此，我谨致以诚挚的谢意！

对于其他关心、爱护我的老师、同学、亲朋、好友，在此一并致以诚挚的感谢！并祝各位身体健康、工作顺利、事事遂心！

刘艳红

2005 年 1 月 19 日于武汉大学南山区

补　记

本书是我的博士后出站报告，报告原题为《理性主义与实质刑法观》，考虑到我正在以及以后进行的课题在题目上的对称性，同时也是在陈兴良教授的建议下，出版时我将题目修改为目前的《实质刑法观》。本书同时也是我目前正在主持的国家社科基金“实质的犯罪论”（07BFX056）的阶段性成果。

2002年1月至2005年1月，我在武汉大学法学院博士后流动站，师从马克昌教授，从事刑法专业的博士后研究工作。在武汉大学法学院刑法教研室各位同人的关照下，我于2005年1月完成了博士后出站报告并顺利通过了答辩。至今，报告搁在书斋中已四年余。之所以如此，皆因自报告完成并通过出站答辩之后，我便迎来了人生最幸福的事，随后，又经历了人生最痛苦的事……感谢东南大学给了我修身养性的机会。在风景秀丽、史韵深厚的金陵古都，我终于能够重新整理好自己的情绪，调整好自己的心态，从大喜大悲中回归平静并重新出发。

为了纪念博士后研究这最后一段类似于读书的快乐时光，为了让读者诸君了解我博士后出站报告的原貌，此次出版博士后出站报告，除做了一些校对性质的工作外，未对报告原有内容加以修改，同时，报告完成时所写“后记”均如实附于文后。

需要特别说明的是本书第六章“刑法方法论与实质刑法解释论”。2004年11月，我参加了在北京大学深圳研究生院举办的主题为“刑法方法论研究”的首届中青年刑法学者专题研讨会，并提交了题为《正义、路径与方法——刑法方法论的发端、发展与发达》的会议论文，该文经修改以《走向实质解释的刑法学——刑法方法论的发端、发展与发达》为题（以下简称《走》文）发表于《中国法学》2006 年第 5 期，同时，该文还被收录于会议文集——《刑法方法论》（梁根林主编，北京大学出版社，2006）。《走》文的观点与本报告一致，《走》文的内容也与本报告有重合之处——《走》文第三、四部分就是本报告第五章第五部分，故此，本报告出书之际我将《走》文收录于本书作为第六章，同时删去了重复的后者。

作为国内刑法学界首部系统回应新一轮刑法学派之争即形式犯罪论与实质犯罪论之争的著作，本书存在着诸多不足之处，因此，作者尤其期待并感谢读者诸君的批评指正！本书只是从论理上形而上地表明了我的实质刑法观。全书实际上只论述了一个问题：为什么主张实质刑法观？至于形而中地论述什么是实质犯罪论，以及形而下地讨论什么是实质刑法解释论及其运用，本书则未有涉及；后两者，正是当前及以后我研究的课题。实质刑法观—实质犯罪论—实质刑法解释论，这三部曲，也因此将成为我的实质刑法立场研究系列！

感谢张文教授一直以来的鼓励和支持！感谢陈兴良教授对于本书出版所给予的无私帮助！

刘艳红

2009 年 5 月 27 日于东南大学翠屏山麓

第二版后记

部门法的哲学愿景

为什么会写《实质刑法观》一书？现在回想起来，对法律理性主义的兴趣和思考是最主要的原因。不知为何，从博士毕业时起一直到现在，我始终喜欢古典自由主义哲学家们的思想、理论和观点，这样的兴趣无形中引导着我始终去思考什么是刑法、为什么需要刑法、刑法的核心问题是什么等根源性的问题……虽然迄今为止这样的思考也未必找到了答案，但正是在思考的过程中，才有了当年在电脑上写下“实质刑法观”这几个字的那一刻……或许，它表达的是我对刑法的哲学愿景吧。

作家米兰·昆德拉云，“书籍自有书籍的命运”，这句话，用在拙著《实质刑法观》上最合适不过了。自2009年《实质刑法观》出版以后，批判者有之，支持者有之，论战者有之，围观者有之……一时间引得学界热议，完全出乎我的意料。2013年，拙著获得重要奖项，对于作者而言，这无疑是莫大的鼓励，同时，也是我从未想过的事情……现在回头来看，拙著存在很多不足，有些内容不够严谨，有些内容可能是错误的，忝列大奖，心中惶恐。蒙读者错爱，此书初版得以售罄；现在，受出版社之约，修订出版第二版。

2013年10月21日，由北京大学“杨春洗法学教育与研究基金”资助，北京大学法学院、清华大学法学院、中国人民大学法学院、中国政法大学刑事司法学院和中国青年政治学院法律系五校联袂主办的“当代刑法思潮论坛”系列讲座第二十一场，在清华大学法学院模拟法庭隆重举行。我是该场讲座的主讲嘉宾，讲座的题目是“实质刑法观的体系性思考”，讲座围绕着什么是实质刑法观、实质刑法观的哲学基础、实质刑法观的罪刑法定基础、实质刑法观的犯罪论、实质刑法观的共犯论、实质刑法观的解释论六个方面一一展开，系统地阐述了实质刑法观的有关思想。此后，该演讲的内容全文刊发在《法学评论》2014 年第 4 期上。同时，在该场讲座结束之后，结合现场各位老师以及同学们针对实质刑法观提的问题，我写成了“形式与实质刑法解释论的来源、功能与意义”，该文全文刊发在《法律科学》2015 年第 5 期上。此次修订拙著，正好将这两篇文章一并汇入书稿之中，并作为本书的第七章、第八章，以使读者更好地了解实质刑法观的全貌，尤其是我对学界批评或质疑实质刑法观的回应。

从 2009 年拙著初版，到今年本书第二版出版，恰好十年时间。十年间，实质刑法与形式刑法之争，已经成为中国刑法学界不可抹去的理论风景。同时，在这十年中，中国刑法理论发生了巨大变化和进步，刑法教义学也早已在实质刑法与形式刑法之争的问题之外有了更多的发展。然而，“学术之盛需要学派之争”。回首十年，中国刑法学的学派并没有如同刑法教义学一样有明显的发展，学派还停留在以往的层面，争论也似乎在实质刑法与形式刑法之争的时代达到顶峰，之后的结果与行为无价值等争论，虽然也有一定的高度并形成了气候，但离学派的形成还有一定的距离。对于进一步推动刑法学派之争而言，《实质刑法观》第二版也许具有一定的意义，尤其是，日本学者前田雅英教授的《刑法总论讲义》的中译版也于 2018 年在中国出版，该书的出版被学界认为是“实质刑法观卷土重来”。实质刑法是“卷土重来”还是“一直都在”，这或许是个问题，但无论如何，未来中国刑法学，如果真正意义上的学派能够产生，学派之争能够盛行将是中国刑法学的幸事。同时，也许更重要的是，该书体现的是作者自己对刑法基本立场的思考，并在此书之后，作者将立场的思考贯彻到问题与体系的思考之中，从而形成了自己的学术特色。

在拙著第二版的修订过程中，我的学生们做了很多工作，他们认真地帮我校对了文字并指出其中的很多失误。在此，我要真诚地感谢他们：魏超、王俊、冀洋、夏伟、杨楠、高磊、王兵兵、王耀彬、冯文杰、赵龙、乐志怡、陈鹏，他们有的已毕业，有的还在读。感谢他们抽出了宝贵的时间，为拙著的二版修订费心费力。

此外，本书第二版有机会面世，我也要感谢中国人民大学出版社所给予的大力支持；尤其要感谢编辑认真仔细的校核，不但校正了本书第一版中的一些失误，而且最大限度地减少了第二段中的一些失误。

刘艳红

2019 年 1 月 10 日于东南大学翠屏山麓

图书在版编目（CIP）数据

实质刑法观/刘艳红著．—2版．—北京：中国人民大学出版社，2019.9
（中国当代青年法学家文库．刘艳红刑法学研究系列）
ISBN 978-7-300-27330-3

Ⅰ.①实…　Ⅱ.①刘…　Ⅲ.①刑法-研究-中国　Ⅳ.①D924.04

中国版本图书馆CIP数据核字（2019）第177383号

中国当代青年法学家文库・刘艳红刑法学研究系列
实质刑法观（第二版）
刘艳红　著
Shizhi Xingfaguan

出版发行	中国人民大学出版社		
社　　址	北京中关村大街31号	**邮政编码**	100080
电　　话	010－62511242（总编室）		010－62511770（质管部）
	010－82501766（邮购部）		010－62514148（门市部）
	010－62515195（发行公司）		010－62515275（盗版举报）
网　　址	http://www.crup.com.cn		
经　　销	新华书店		
印　　刷	固安县铭成印刷有限公司	**版　　次**	2009年8月第1版
规　　格	720 mm×1000 mm　1/16		2019年9月第2版
印　　张	21.75 插页2	**印　　次**	2025年8月第6次印刷
字　　数	307 000	**定　　价**	69.00元